跬步斋文丛

KUIBUZHAI WENCONG

唐华生 著

西南财经大学出版社

图书在版编目(CIP)数据

跬步斋文丛/唐华生著．—成都:西南财经大学出版社,2014.8
ISBN 978-7-5504-1501-0

Ⅰ.①跬… Ⅱ.①唐… Ⅲ.①高等教育—中国—文集②统一战线工作—中国—文集③基础教育—中国—文集 Ⅳ.①G649.2-53②D613-53③G632-49

中国版本图书馆 CIP 数据核字(2014)第 166951 号

跬步斋文丛

唐华生 著

责任编辑:林 伶
封面设计:墨创文化
责任印制:封俊川

出版发行	西南财经大学出版社(四川省成都市光华村街 55 号)
网　　址	http://www.bookcj.com
电子邮件	bookcj@foxmail.com
邮政编码	610074
电　　话	028-87353785　87352368
照　　排	四川胜翔数码印务设计有限公司
印　　刷	郫县犀浦印刷厂
成品尺寸	185mm×260mm
印　　张	19.25
字　　数	430 千字
版　　次	2014 年 8 月第 1 版
印　　次	2014 年 8 月第 1 次印刷
书　　号	ISBN 978-7-5504-1501-0
定　　价	58.00 元

目 录

一、高等教育

二、高职与成教

三、基础教育

四、教师队伍

五、德育工作

一、高等教育

发展地方高等教育是加快人力资源向人力资本转化的突破口

江泽民同志指出："在当今世界上，综合国力的竞争，越来越表现为经济实力、国防实力和民族凝聚力的竞争，无论就其中哪个方面实力的增强来说，教育都具有基础性的地位。"[1] 人力资本理论揭示通过教育可以形成人力资源向人力资本的有效转化，从而促进经济快速增长，是比投资形成物质资本更为重要的经济投资道理，使人们越来越深刻地认识到：人力资源质量的改进是经济增长的一个重要源泉。人力资本投资是效益最佳、回报率最高的投资，要树立人才资源开发理念，促进人力资源向人力资本的有效转化，必须努力办好包括地方高等教育在内的一切教育。因为高等教育的发展对经济建设、科技提升和社会进步起着基础性的支撑和促进作用；树立人才资源开发理念，促进人力资源向人力资本的转化，是实现跨越式发展"显得更为紧迫和重要"的任务，是贯彻落实党的十六大提出的全面建设小康社会目标的有力措施。

一、牢固树立人才资源是第一资源的思想

首先，我们要正确理解资源与资本的概念，然后才能弄清人力资源与人力资本、人才资源与人力资本的区别和联系。

资源，是指生产资料或生活资料的来源；资本，是指能够带来剩余价值的价值（马克思语），它必须体现出成本的投入及收益的获取（预期）；人才，指有才识学问的人或德才兼备的人。人力资源是一个概括性的范畴，既包括没有经过任何教育而投入经济活动的自然人力资源，又包括能明确反映劳动力思想、文化、健康等基本素质程度的人力资本资源。劳动力素质特征也就是人力资本价值的标志，是凝固在劳动者身上的资本。人力资本是开发了的人才资源，是能够创造货币资本的最宝贵的财富。研究表明：一个国家的人力资源总量可以是一个国家在法定年龄之内并具有劳动能力的全体劳动者，而人力资本总量则只是人力资源中全部教育和健康投资等费用的凝固。在一个国家或地区，虽然劳动力众多，但因其素质较低，其人力资本总量可能并不多；反之，虽然劳动力相对较少，但因其素质较高，则人力资本总量就相对较多。

其次，国运兴衰系于人力资本强弱，人力资本兴废取决于国力强弱。著名经济学家、清华大学公共管理学院教授、中国科学院—清华大学国情研究中心主任胡鞍钢博士通过对20世纪以来，世界经济发展史上先后出现的后进国家和地区追赶先行国的三个

成功范例（美国对英国的追赶、日本对美国的追赶、以韩国为代表的“亚洲四小龙”对西欧国家的追赶）的分析，得出了这样的结论：每一次成功的经济追赶都同时伴随着人力资本的追赶，人力资本的快速积累是经济迅速增长的重要推动因素，人力资本的追赶一般先于经济追赶；中国要最终实现在经济上对发达国家的追赶，就必须优先实现教育发展和人力资本积累上对发达国家的追赶。[2]这样的结论是切中时弊、振聋发聩的。

最后，要实现人力资源向人力资本的转化，必须牢固树立人才资源是第一资源的思想。在知识经济形态中，高技术产业迅速增长，以知识为基础的产业逐步上升为社会的主导产业。技术密集、智力密集的产业的就业比重显著上升，就业机会倾向于智力密集的群体，经济的分配也主要以对知识的占有量为基础。人才资源已成为最重要的战略资源，其数量和质量是经济增长和社会发展的关键因素。正因为如此，人才资源的开发已经成为世界各国经济和社会发展的战略制高点。人才已成为经济和社会发展的第一资源，成为一种比资金更重要的资本。能否拥有和保持一支规模宏大的高素质的人才队伍，已经成为一个国家、一个地区在日趋激烈的经济竞争中兴衰成败的重大战略问题。

二、发展地方高等教育是加快人才资源向人力资本转变的有效途径

教育是产生新增人力资本的主要口径，人力资本积累同教育发展密切相关。在现代国民教育体系中，高等教育占有重要的位置，承担着重要的使命。要在21世纪前20年实现全面建设小康社会的目标，对高等教育提出了更高的要求。

1. 发展地方高等教育是全面建设小康社会的必然要求

全面建设小康社会不仅包含经济指标，而且包含文化指数，其基础在于教育，尤其是高等教育要提供强有力的人才资源基础。党的十六大报告指出：“我们要在本世纪头20年，集中力量，全面建设惠及十几亿人口的更高水平的小康社会，使经济更加发展、民主更加健全、科教更加进步、文化更加繁荣、社会更加和谐、人民生活更加殷实。”同时又指出，“现在达到的小康水平还是低水平的、不全面的、发展很不平衡的小康。”其中很重要的原因是：当前中国的生产力和科技、教育还比较落后，人力资源面临着严峻挑战。原教育部部长陈至立认为，人力资源的挑战来自三个方面：一是国民科学文化素质偏低，我国人均受教育年限数为8年，而世界许多国家人均受教育年限都超过了10年，我国高等教育毛入学率为14%左右，低于世界平均水平；二是我国劳动力知识结构重心偏低，与发达国家差距较大；三是我国人才状况不适应国际竞争和产业结构调整的要求。[3]

要实现全面建设小康社会的目标，高等教育必须在战略上进行调整，要在建设“国家队”（即重点建设好一批国家级重点大学）的同时，把高等教育发展的视点转向提高和建设“地方队”上来，即高等教育发展的重心应适当下移，走高等教育地方化的道路。

2. 高等教育发展的不均衡性是制约区域经济发展的瓶颈

据教育部发展规划司编著的《中国高等学校（2001年版）》统计，在大陆普通高

等学校（1033所）中，4个直辖市拥有138所，28个省会城市拥有417所，占我国全日制高校总数的53.73%；在成人高校中，4个直辖市拥有121所，省会城市拥有337所，占我国成人高校总数的64.06%。[4]这说明，我国的高等学校主要集中于直辖市和省会城市。地级城市的高等教育（指分布在省会城市以外、中心城市以下的地级市、州、盟所在地城市由不同办学主体主办的高等教育机构）的分布也是不均衡的。据初步统计，目前全国有地级市290个，共有高等学校735所（其中普通高校478所，成人高校257所）。通过分析，不难看出两个特点：一是越是经济不发达地区，高等学校的分布就越集中。在全日制高校中，地级城市高等学校在本省高校所占比例最高的是河北省，占74.51%，最低的是青海省，仅有的7所高等学校，有6所在西宁，地级城市只有1所，仅占14.29%；成人高校中，地级城市高等学校在本省所占比例最高的也是河北省，占71.43%，最低的青海省仅有的两所成人高校全部设在省会城市，地方没有一所成人高校。二是高等学校过于集中在中东部地区。西部地区的土地面积占全国的56.8%，人口占20.23%，GDP占14%，其地级城市所拥有的普通校数与成人高校数只占全国地级城市高校数的16%和15%。

3 发展地方高等教育是实施西部大开发战略的突破口

许多专家对经济发展与高等教育需求关系比较研究后认为：当一个国家或区域处于经济转型的特殊阶段，尤其是由劳动密集型和资源密集型向技术密集型和知识密集型转变时，高等教育都有一个加速扩张的特殊需求时期，以实现人力资源向人力资本的快速转化。[5]近几年来，西部地区与东、中部地区的差距不但没有缩小，反而有拉大的趋势，其原因是多方面的，但与西部地区的“四大贡献”不无关系：一是“人才贡献”，即西部地区本就偏少的人才大量外流，其流向主要是东、中部地区；二是“资源贡献”，即西部地区丰饶的物产资源由于缺乏技术，资金和人才不得不以初加工或半成品的方式及低廉的价格向东、中部地区的大城市、大企业提供；三是“劳力贡献”，即西部农村打工群的南下、北上、东进，为东、中部地区的快速发展提供了源源不断的廉价劳动力；四是“财力贡献”，即由于历史原因，高校布局大多位于东、中部地区和中心城市，西部地区的莘莘学子不得不跋山涉水出外求学，同时也带走了数百亿的求学和生活资金，使本已捉襟见肘的地方财政更是困难重重。西部地区要最终实现在经济上对东、中部地区的追赶，就必须优先实现地方高等教育的发展和人力资本的积累。只有这样，才能为实施中央提出“三大战略”（科教兴国、可持续发展、西部大开发）提供大量的高层次、高素质人才，才能增强我国的综合国力和参与国际竞争的实力。

三、地方高等教育发展的对策

地方高等教育的发展要遵循“跳出传统、更新观念、眼睛向下、明确定位、服务地方、突出特色”的办学思路，注重地方性、应用性、多科性、高教性的特点。具体说来，应采取如下对策：

1. 正确认识学校与政府的关系，不断争取完全的自主权

必须正确认识学校与政府的关系，不能继续把目前仍然在实施的行政管理同必须发

展的教育管理混淆起来，以行政管理代替教育管理，或以行政行为管理教育。教育与行政是两种不同的行为范畴，政府的行政管理重在平衡和一致，学校的教育管理重在公平与个性。高校的内部管理虽然有行政一列，也有与政府主管部门之间的行政管辖关系，但这是高校管理中的一部分，这种行政管理不能代替高校更重要的教育管理。在同一行政主管部门管辖下的若干高校，其办学理念可以不同，教育管理的机制也可以有异。行政管理应该逐渐地由实际上的主位退于次位，政府的行政职能就是如何为学校服务，就是调动社会上的各种积极性因素办学或支持学校办好学，并与社会上的中介组织、专业协会一道通过评估的程序来督促高校的健康发展，以满足本地区公民对高等教育的需求。高等教育不是不要计划，而是不能再受计划体制的束缚。一批部属全国重点高校由于教育部改革先行了一大步，获得了许多的自主权，计划体制的约束权相对少了许多。地方高校则不然，所以地方高校更要正确认识学校与政府的关系，不断争取自己应有的自主权，才能较好地去做自己应做的事。而随着审批权逐渐回归到高校，完全的自主权也才能实现，教育的资源配置才可能通过市场由地区对地方高等教育的需求、地方高等教育的特色优势和地方高校的竞争力等方面进行合理分配，地方高校才有可能较好地解决影响自身发展的重大问题。

2. 加强学科建设，注重灵活性与特色性的结合

学科建设是高等教育的关键环节，学科建设先进，学校就会出品牌专业，就会引进优秀的人才和培养出优秀的人才，就会有纵向和横向科研项目，就会有经费，就会有好的生源。高校学科建设犹如城市的高层建筑建设，是高校的标志、招牌和内涵的重心。但是，地方高等教育的学科建设受到种种困难的制约，从学科基础条件到梯队构成，从经费投入到项目的申报，比重点高校的学科建设难度大得多。地方高校应该根据自己的实际，注重学科建设的灵活性与特色性相结合。

所谓灵活性，就是学科建设应该根据社会的需求来实施。在实践中，社会对高等教育的需求是多样的、常变的，不仅在教学培养人才的需求上是如此，而且在科研项目的合作和科研成果的需求上也是如此。地方高校在教学科研上，水平要向高处看，服务要向基层看，只要是社会需求，就应该调整自己的教学科研，或是创新自己的教学科研；有不少的应用性学科，本学年可以改变上一学年的教学内容，甚至改变专业设置；即使是基础性、理论性学科，也应该把更新的周期缩短，让学生学到更新的东西，让社会得到更新的科研成果。目前，中国的高等教育还是卖方市场，但是卖方市场并不等于一意孤行，要想提高自己的水平，增强自己的竞争力，卖方还得多为买方着想。这样，灵活性才能表现在教学科研越来越多地运用信息技术的过程中，在教育市场渐趋完善的过程中更有其现实意义。

所谓特色性，不仅具有地方性的内涵，更重要的是具有前瞻性、独创性的内涵，这是高等教育的超前使命和特性所决定的。没有前瞻性、独创性，地方性很可能就是低水平的满足和重复，与高等教育的职责和发展目标不相符。[6]福建台州被誉为中国的“小化工王国”，化工人才紧缺。台州学院立足发展与台州密切相关的特色、优势和紧缺专业，拓展应用型专业，重点发展化工工艺、医药化工等专业，从而赢得了较好的声誉和

效益。这就是很好的例子。

3. 加强与企业的合作，争取更多的横向支持

加强与企业的合作是当前地方高校的弱项。原因不仅在于地方高校科研力量较弱，难以像重点高校那样对企业有吸引力；而且也在于地方高校缺乏与企业合作的主动性。高校与企业的合作，不仅可以在科研项目上，在如何解决企业的产品开发问题上进行，也可以在教学上，在如何培养企业乃至整个社会所需要的人才问题上进行。山东临沂师范学院将本校的500名教科人员的研究方向和资料印制成《专业科研优势与服务项目》和《500名高级专业技术人员名录》分发给辖区各企事业单位，将人才推向社会，从而争取到横向科研经费1000多万元，同时也提高了学校的知名度和科研水平，就是很好的范例。[7]

4. 真正改变人才质量观念，推动教学合乎社会需求

人才质量如何，由人才质量标准来衡量。标准是人为的，是由特定的社会对人才的需求提出来的，所以人才的质量标准是主观与客观的结合，具有不同的时空性。我们目前统一提出的人才观是“四有”，提倡培养有较高综合素质的、有创新能力和科学精神的、德智体全面发展的人才，这是我们培养人才标准的大原则。高等教育在这种大原则指导下，应提出自己的具体目标来实现这个大目标，而且高等教育中的不同层次、不同类型、不同地区的高校还应该有更为具体的培养目标，且便于操作，体现特色。当前，有一句很有吸引力的口号——“为了帮你找到满意的工作”，很有意思。这句口号如果作为培养人才的目标似乎太具体、太现实、太实惠了，但是我们不能否认它对教育解释的合理性及其包含的人才质量的丰富内容。社会对高等教育培养的人才的需求往往是具体的，求职者找到满意的工作与社会对求职者的满意度是相辅相成的。在现代社会中，社会对高等教育培养出来的人才需求绝不只是一种工具；大学生为了找到自己满意的工作也必须在受教育的过程中全面发展自己。高等教育自身专业的设置和教学改革的实施，是以经济发展和社会进步的需要为动机的。动机的实现，靠的是高等教育的最主要产品——培养的学生来实现，这种实现用最普通的话语来解释就是让受教育者在社会上获得自己满意的工作；而且，只有当受教育者在社会上能实现自己的价值，即找到自己满意的工作时，高等教育的社会与经济意义才能真正得到体现，才真正满足了人民大众对高等教育的需求和社会主义建设对高校的期待。为了实现“找到满意的工作”这个具体的目标，学校必须在合乎社会所需要的人才标准上下功夫，培养学生较高的思想道德水平、合理的专业知识结构和较高的文化素养，以提高学生的综合素质，使学生具备一定的创新能力和科学精神，也就是德智体全面发展，也就是“四有”的公民。

由于种种原因，我们的高等教育的教学水平和毕业生质量的确存在着下滑的问题。但是在提高水平和质量的同时，不能用过去的眼光和标准来制约今天的发展，不能以国家重点高校的水平与质量来要求地方高校。这里不是说今天的水平和标准可以降低，而是要用今天的经济发展和社会进步的要求，用地方高校办学的目标和理念来认识新的教学水平和毕业生质量。地方高等教育、地方高校应该在大原则的指导下提出自己的具体标准来，向受教育者和社会宣布自己的具体目标，同时认认真真去根据自己的目标实施

教学，去接受社会的挑选，接受市场的考验。一些地方高校提出了“办学有特色，教学有特点，学生有特长，社会有市场”的办学理念，这是值得肯定的。[8]

5. 加强国内与国际合作，提高市场竞争能力

国内高校的合作，是充分利用有限资源或尽可能合理配置一部分教育资源的一项重要举措。地方高校要主动与国家重点高校合作，还要在地方高校之间进行积极的合作。应该说，地方高校之间的合作成功率和平均利益率更高。地方高校的合作，主要是优势互补、力量互助、资源共享、共获成果。科研和教学都可以跨校合作。教学方面的跨校听课、互认学分，应尽快实施，不仅为教学质量的提高提供良好的条件，对学生也有很大的吸引力，地方高校的市场竞争就能随之得到提高。[9]地方高等教育一定要采取国际合作的方式进入国际高等教育市场。当前，国外高校已对中国国内教育市场长驱直入，国内重点高校以其科研和教学优势在国内国外具有很强的竞争力，它们已获得了国内高等教育市场中很大的份额和国际高等教育市场的一部分份额。地方高校的竞争力较弱，但是不能因此而不采取主动的行动。市场竞争力可以通过合作互动的办法获得，地方高校可以通过与国内高校合作的形式获得这种合力，也可以通过与国外高校合作的形式获得竞争的合力。有了这种合力，不仅可以在国内高等教育市场上具有更强的竞争力，还可以把这种竞争力引向国外高等教育市场，去分得国际教育市场的份额。

参考文献：

[1] 江泽民. 在第三次全国教育工作会议上的讲话 [N]. 人民日报，1999-06-16 (1).

[2] 胡鞍钢，熊义志. 大国兴衰与人力资本变迁 [J]. 教育研究，2003 (4).

[3] 尹鸿祝，吕 诺. 教育部部长陈至立解读中国教育发展目标 [N]. 中国教育报，2002-12-19 (1).

[4] 国家发展研究中心. 2000 年中国教育绿皮书 [M]. 北京：教育科学出版社，2000.

[5] 清华大学 21 世纪发展研究院. 中国高等教育的改革和发展 [M]. 北京：教育科学出版社，2001.

[6] 文兴吾. 科学地认识人才强省战略中的两个转变（化） [J]. 四川政报，2003 (12).

[7] 唐华生. 高等教育大众化进程中的矛盾和对策 [J]. 临沂师范学院学报，2002 (5).

[8] 唐华生. 达州市高等教育发展的理性思考和可行性研究 [J]. 达县师范高等专科学校学报，2003 (1).

[9] 唐华生. 试论地方高等教育发展的困境及对策 [J]. 四川师范大学学报，2003 (4).

高等教育大众化进程中的矛盾和对策

当今世界已迈入知识经济时代。知识经济的主要特征是以知识和信息作为基本生产要素，而不再主要依靠劳动力密集型和粗放型生产。所以，知识经济的关键是知识创新。

教育，尤其是高等教育是知识创新的源泉。教育作为知识和人力资源的生产部门，在综合国力的形成中处于重要的战略地位，在知识经济中具有基础性和决定性的作用。到21世纪中叶，我国要基本实现社会主义现代化，离开科学教育事业的发展，离开全民族科学文化水平的提高，这一光荣而艰巨的任务是不可能完成的。为实现这一宏伟战略目标，我国高等教育从1999年起连续数年扩大招生，进入了高等教育从精英化到大众化的转型时期。高教大众化是我国高等教育发展的趋势，但在这一发展过程中已出现或即将出现的矛盾又不容我们忽视。

一、大众化是我国高等教育的发展趋势

知识经济时代要求劳动主体智能化，即广大劳动者是具备一定知识容量和科学创造精神及智力的人才。培养高素质的劳动者和各类专业人才，主要依靠高等教育。从精英教育走向大众教育是知识经济时代教育发展的必然，大众化正成为我国高等教育不可阻挡的发展趋势。国家高等教育规模的大小是其综合国力强弱的重要标志。当今世界各国，无论是发达国家，还是发展中国家，其高等教育规模都已具有了相当可观的规模。根据2000年的统计，人口只有我国五分之一的美国有大学3500所；我们的邻国印度有10亿人口，有综合大学200多所，高等院校6000多所，研究院2000多所。相比之下，我国有13亿人口，大学只有1034所。改革开放以来，我国教育，包括高等教育已经获得了可观的发展，招生规模大幅度增长，但离人民群众对接受高等教育的期盼还有一段距离。

随着我国经济的持续发展和人民群众收入水平的逐年提高，群众的消费结构正在由温饱型向小康型转变。这种转变的重要特征之一就是物质消费在全部消费中的比重下降，精神消费上升，教育成为新的消费热点。相对而言，我国高等教育的现状还远不能满足日益富裕起来的人民群众对接受高等教育的强烈需求。

美国著名教育史学家马丁·特罗根据大学适龄人口（18~22岁）的入学率，将高等教育的发展分为三个阶段：精英阶段，其入学率低于15%；大众化或大众阶段，入学率为15%~50%；普及或普及化阶段，入学率为50%以上。[1] 我国大学的毛入学率，1978

年为1.4%，1998年为4%；我国受过高等教育者在人口中所占的比率仅为2%，还达不到世界低收入国家2.7%的平均值。这与当今我国的现代化建设需求，以及我国在世界的地位是很不相称的。1999年国务院批转教育部的《面向21世纪教育振兴行动计划》（简称《行动计划》）明确提出，到2010年，我国高等院校入学率要达到适龄青年的15%，加快了我国向大众化高等教育迈进的步伐。经过连续几年的扩招，2000年，我国高等教育的毛入学率已经超过了11%。由此可见，《行动计划》提出的目标有望提前实现。

二、高等教育大众化进程中已凸显出来的矛盾

（一）教育内部的资源约束与教育外部的需求扩张之间的矛盾

需求压迫资源的现象是当前推进高等教育大众化进程中十分突出的矛盾。据国家统计局调查，中国90%的家长希望子女能接受高等教育，而在2000年，我国高等教育毛入学率已经超过11%；到2005年，将会大大超过原定的2010年达到15%的目标。在高校急剧扩张的情况下，由于历史的原因，我国高校内部的资源约束却十分明显地凸现出来：一是人力资源的约束，二是物质资源的约束，三是投入严重不足的约束，尤以后者为关键。我国是一个发展中的人口大国，与发达国家相比，经济基础相对薄弱，制约高等教育快速发展的主要原因是国家投入的经费不足。1995年全国人大通过的《中华人民共和国教育法》，对教育投入方面的"三个增长"立了法，然而至今为止，"三个增长"的执行情况不容乐观。财政性教育经费占GDP的比例，在"八五"期间一直下降。本届政府上任后，制止了下降趋势，逐年缓慢回升，2000年恢复到2.87%，但仍未恢复到1992年的2.99%，距4%尚有一定距离；教育财政拨款的增长跟不上财政经常性收入的增长，8年中有5年前者低于后者。全国各级财政支出总额中教育经费所占比例8年中有6年下降，已经有两年低于15%。2000年有15个省市下降，包括天津、江苏、浙江这些发达省市。教育财政拨款近年来虽有较大增长，但增加的教育经费主要用于解决教师工资。在教育规模不断扩大的情况下，生均公用经费增长缓慢，且地区间差距巨大；以2000年为例，全国高等院校生均公用经费平均为2921.23元，低于此限的有16个省市。[2]不少学校的生均公用经费连日常开支都不够，更谈不上实施信息技术教育，添置图书仪器和修缮房屋等。

（二）高校逐年连续扩招与教育质量保证之间的矛盾

经过几年连续扩招，高校在校生规模有了很大发展，规模效益有了很大提高，满足了一部分家长送子女上大学的愿望。但是，规模的急剧扩展给高等学校办学造成巨大的压力，特定的环境使得高等教育数量和质量的矛盾凸现出来。2002年3月12~27日，中国教育与科研网主页上刊登了一则高校教学质量调查问卷，共有12 398人参与调查，结果近八成学生对目前的教学质量不满意。

从高等教育的特定功能看，高等教育承担着培养人才、提供科研成果和服务社会三大传统基本功能。在进入大众化之后，高等教育还要承担促进整个社会的可持续发展和进步的新使命。具体地说，首先要"培养高素质的毕业生和负责的公民，使他们能够融

合于人类活动的各个领域，要通过学习不断适应当前与未来社会所需的课程，使他们获得适当的职业资格，包括高水准的知识和能力”，并且“为学习者提供可以终身接受高等培训和学习的空间”；其次，是“通过研究，创造和传播知识”；最后，高等教育应当具有积极参与社会的功能与道德作用，高校师生“在尊重道德规范和科学知识的严肃性的同时，应当能够完全独立与负责地发挥其基本职能，对伦理、文化、社会问题发表意见，行使一种智慧权威。这是一种社会所需要的权威，它有助于社会思考、理解与行动。”[3] 高等教育在这种功能增加的过程中，质量标准也在发生着时代的变化：精英时代的高等教育，主要是为了培养统治阶级所需要的接班人；而大众化高等教育，除了传统的任务外，还要培养促进经济社会发展的高级人才，并通过科技成果的转化促进经济和社会的发展。由此观之，高等教育的发展及其变化只有满足经济发展和变化的需要，才能有效地促进教育效益的实现。反之，如果教育系统培养出来的专门人才结构不合理，专业不对口，供需不对路，那么即使这些人才个体质量是好的，水平是高的，教育效益也不能实现，甚至会出现人才过剩和人才短缺的双重现象。

（三）高等教育为社会提供的人才供给与市场对人才需求之间的矛盾

高校扩招才实施几年，但近年来社会上已产生一种人才供需矛盾的“过量教育”现象：一方面，一些企业、单位求贤若渴，纷纷打出了“高薪诚聘”、“优厚待遇”的纳才广告；另一方面，大量的高校毕业生求职困难。曾有专家预测：多年来我国高校毕业生就业形势保持平稳状态的形势将“好景不再”。从2002年开始，我国高校毕业生供给规模将有较大幅度的增加：今年是145万，2003年将是212万，2004年毕业生将超过250万人。从另一个角度看，2002年我国经济一般预期将保持平稳增长，因此市场对毕业生的需求将不会出现较大增长。尽管有许多人预测，加入世界贸易组织后我国对高层次人才的需求会增加，但是目前看来这种迹象还不明显。相反，由于加入WTO后我国经济与全球经济的相互依存性增加，产业结构调整的压力加大，某些竞争力不强的行业、企业会受到较大冲击，因此从短期看毕业生就业形势对经济发展形势的依赖性将进一步增强，产业结构的调整变化也将对毕业生的专业结构提出更高要求，毕业生就业形势中长期存在的结构性不平衡有可能会扩大。

（四）社会对人才不同层次的需求与人才结构之间的矛盾

在计划经济时期，我国高校毕业生是“皇帝的女儿不愁嫁”；而市场经济的显著特征之一，就是将对人才的选择权更多地交给了企业、行业和社会。在国际化、行业化、市场化的背景下，用人单位纷纷把目光盯住了高素质、高学历、高职称的复合型人才。除了不同学历毕业生在就业形势之间存在较大差别之外，不同专业毕业生在就业形势上也存在显著差别。以2001年为例，截至6月中旬，中央部委所属高校本科毕业生的初次就业率约为90%，专科毕业生达到62%；而地方高校本科毕业生的初次就业率约为75%，专科毕业生为40%左右。中央部委院校毕业生就业也存在分化：教育部直属高等院校的毕业生的初次就业率达到89%，其中本科生达到92%，专科毕业生达到62%，双学位毕业生达到95%；其他中央部门（单位）所属高校的毕业生为64%，双学位毕业生达到84%。[4] 这说明，市场需求继续向名牌大学集中，不同类型学校毕业生就业形势的差距不断扩大。

三、实现高等教育大众化的对策

（一）打破政府包办高等教育的格局，实行投资主体多元化和教育模式多样化

国家经济发展水平是高等教育发展的重要基础。如今发展教育需要的投资越来越多，但教育属于更注重社会效益的公益性的、非营利性的事业。广泛筹集教育经费是世界各国发展高等教育的普遍做法。以当今经济最发达的美国为例，像哈佛大学这样世界闻名的大学每年自筹的经费数额高达数亿美元。我国是一个发展中的人口大国，与发达国家相比，经济基础薄弱，制约高等教育快速发展的主要原因是国家投入的经费不足，在短期内仅仅依靠政府增加高等教育的财政投入来解决高等教育经费供不应求的矛盾是困难的。为适应经济体制的变革，我们必须以政府与民间的成本分担机制构建为主题，将市场机制合理导入高等教育领域，逐步建立和完善以政府财政拨款为主，多渠道筹措办学经费的高等教育投资机制，打破政府包办高等教育的格局，实行投资主体的多元化，教育模式的多样化，大力发展民办公助的高等院校和鼓励兴办民办高校。事实证明，西方国家的高等教育大众化多得益于多样化的办学体制，其中私立高等教育起了巨大的作用。在美国，私立学校系统十分发达，既满足了规模扩张的需求，又在一定程度上减轻了政府的负担。在日本，大众化起步相对晚于西方国家，它主要也是靠私立高等教育系统完成了大众化的进程。

（二）推进教育技术的跨越和教育信息化进程，实现教育资源共享和低成本扩张

21世纪是知识经济的时代，同时又将是教育技术、手段、内容等革新的时代，教育与社会将更加紧密结合，教育将更加注重质量和人才的素质。在这样的时代里，信息高速公路、多媒体技术、网络系统与现代高等教育相结合，必将引发高等教育的一场深刻变革。教育如何迎接现代化科学技术特别是信息技术的挑战，如何及时应用现代科学技术以提高教学质量，培养高素质的劳动者，已引起全世界的普遍关注。美国克林顿政府于1996年提出的“教育技术规划”指出：到2000年，信息高速公路要连到美国的每间教室和每一个图书馆，让每个孩子都能在21世纪的技术文化中受到教育。我国教育部也指出，面临21世纪知识经济的挑战，必须加快我国教育信息化的步伐，分三个层次推进信息化教育：一是以计算机多媒体为核心的教育技术在学校的普及与运用；二是组织学校上网，利用网上资源；三是开办远程教育，提供广泛的学习资源，不断满足社会终身教育的要求。对此，我们必须有清醒的认识，并采取积极措施，努力推进教育技术的跨越和教育信息化进程，构建现代化的教学模式，大力发展远程教育，降低教育成本，实现教育资源共享和低成本扩张。

（三）坚持规模、结构、质量和效益的统一，确保人才培养质量

三年扩招使多数高校的规模迅速扩大，最早直属教育部的30余所重点院校的在校生都达到了1.5万人以上，其中一些超过两万人的学校甚至把“将在校生增加到3万人”列入自己的“十五”发展规划。是否是规模越大越好？高等教育大众化理论创始人马丁·特罗认为，在精英、大众、普及这三种高教系统中，典型的学校模式在规模和特

点上各有不同：精英型大学一般是两千寄宿生的小社会，如果超此规模，学校将被分成若干像牛津大学学院那样的分校；大众型大学的标志是综合性，就一所大学而言，此综合非包揽大学各层次教育的综合，而是由三四万学生和教师组成的寄宿与走读相结合的“大学城”；普及型大学的规模不受限制，人们聚集起来只是为了教或学，其大多数学生很少去校园，相互也没有什么联系。但看我们的扩招却使许多重点院校兼备了以上三种类型大学的所有特征。除一些重点院校走与地方政府共建的道路，出现了一种类似美国州立大学发展模式的趋势外，许多重点院校不惜花大量精力与一般院校争抢生源，预科、专科、专升本、函授、网络学院等哪个都舍不得放弃。难怪有专家感叹，这一切只能使我们未来产生卓然超群的一流大学的梦想更加遥远。其实，研究型（精英型）大学总是少数，绝大多数学校应该追求规模、结构、质量和效益的统一，立足培养社会需求量最多的应用型人才。国家应有多样化的质量标准，高校扩招后的质量才能真正提高，高等教育大众化的目的才能真正实现。

（四）以结构调整为主线，加大对西部高校的支持和扶持力量

高等教育的发展是多层次、多途径的。一方面，我们要在办好国立一流大学和研究型大学，培养数以千万计的专门人才的同时，加快发展周期短、实用性和社区性强的高等职业教育，采取更为宽松、更为灵活的政策，积极促进民办高校的发展，以培养数以亿计的实用型技术人才和熟练劳动者，实现蓝领工人的高素质化。另一方面，我们也应看到，中国加入 WTO 以后，西部地区高等教育的迟发展效应将会更加突出。这种迟发展效应从正面来看，简言之，是西部地区可学习借鉴的视野更为广阔，可借助的力量来源会更多。但从负面效应看，西部地区有可能遇到两个主要问题：一是追赶效应。中心城市和发达地区高等院校规模的数学级数发展，往往是后进地区的几何级数目标——一方面西部地区要追赶先进发达地区已达到的目标，另一方面还要努力适应其目前发展速度。二是容易形成畸形的教育结构。西部地区如不根据资源配置、人才需求、财政支持力度等方面的特点，盲目采取粗放型的发展模式，往往会引发急进的倾向，求规模而轻质量，重速度而轻效益，造成巨大的资源浪费。而且这种教育冒进的发展还有可能带来一系列的社会问题，如致使人才结构不合理，就业压力增大，教育催进的大众期望值上升引起部分民众对现状的不满等。因此，政府加大对西部地区高校的支持力度，实行政策倾斜和重点扶持，是推进高等教育大众化进程的必不可少的有效措施。

参考文献：

[1] 宋厚淳. 关于高等教育发展与教育资源问题的若干思考 [J]. 南开教育论丛，2001 (4).

[2] 王　浒. 从数字看投入不够花 [N]. 光明日报，2002-03-08.

[3] 潘懋元. 高等教育大众化的教育质量观 [J]. 江苏高教，2000 (1).

[4] 桑锦龙. 2002，大学生就业“有点难” [N]. 人民政协报，2002-05-23.

建设高等教育强国：地方高校的“位”与“为”

改革开放以来，我国高等教育经过大改革和大发展，实现了建设高等教育大国的目标，现已进入大提高阶段，即提高教育质量，提高办学水平，着力建设高等教育强国阶段。地方高校作为我国高等教育的重要组成部分，在实现高等教育大众化、建设高等教育大国的历史进程中发挥了重要作用。当前，在建设高等教育强国的时代背景下，地方高校如何认识并履行自身所肩负的历史使命理应引起我们的高度重视。

一、准确定位：地方高校在建设高等教育强国中的历史使命

根据《2008年全国教育事业发展统计公报》数据显示，2008年全国共有普通高等学校2263所，在校生平均规模为8679人，在校学生总数达到2907万人，高等教育毛入学率达到23.3%。[1]高等教育规模先后超过了俄罗斯、印度和美国，稳居世界第一位，成为名副其实的高等教育大国。这不仅大大提高了我国公民接受高等教育的入学机会，为建设全面小康社会和向学习型社会过渡打下了坚实的基础，同时也成为举世公认的巨大成就，是谋划未来高等教育发展新的历史起点。然而，我们也应清醒地看到，我国高等教育与世界发达国家的高等教育相比，虽然在规模和数量上具有一定的优势，但在管理水平、教师队伍建设、人才培养质量，特别是科技创新能力方面还存在较大差距。如何进一步提升高等教育的整体实力，进而增强我国高等教育在国际舞台的核心竞争力，已引起了社会各界的广泛关注。正是基于这样的思考和认识，党和国家在研究发达国家走过的历史进程，学习世界各国发展高等教育的先进经验，分析国内经济、社会、文化发展的状况，特别是近年来高等教育发展状况的基础上，适时提出了建设高等教育强国的宏伟战略目标，使我国高等教育站到了一个新的历史起点和发展平台上。

建设高等教育强国，不仅是党和政府以及高等教育理论工作者和实践工作者的共识，也是中华民族伟大复兴赋予高等教育发展的重要使命，是未来相当长一段时期内高等教育系统为之奋斗的目标。[2]而要实现这样一个目标，需要各方面长期坚持不懈的努力，是每所高等学校责无旁贷的历史使命。不可否认，重点院校尤其是“211”、“985”工程学校在建设高水平大学、培养高层次人才、开展高水平研究以及开展国际交流与合作等方面具有十分突出的优势，在建设高等教育强国的进程中起着先导和引领作用。而地方高校作为我国高等教育的主体，是地方区域经济、社会发展和科技创新的生力军，

在我国高等教育体系中占据着十分重要的地位，同样也是建设高等教育强国必须依靠的一支重要力量。目前，我国大部分地级市都建有至少一所地方高校，其学校总量之多、分布范围之广、服务面向之宽，是重点高校完全不可比拟的。从这一意义来看，地方高校在建设高等教育强国的进程中更多的是起到基础和支撑的作用。因而，地方高校在建设高等教育强国的进程中，绝对不能妄自菲薄，目光短浅，而应在科学发展观的统领下，进一步更新观念，深化对建设高等教育强国的认识，明确自身在建设高等教育强国中的地位、作用及所应承担的历史使命，努力为建设高等教育强国做出新的贡献。

二、有“位”有“为”：地方高校在建设高等教育强国中的功能发挥

在建设高等教育强国的进程中，对数量众多的地方高校来说，深化认识固然重要，但最大关键的还是要找准自身功能发挥的渠道和途径。唯有如此，地方高校才能为建设高等教育强国做出应有的最大贡献。结合地方高校的办学特点和办学优势，我们认为，其功能发挥的途径主要有以下三种：

一是要进一步提高人才培养质量，为建设高等教育强国贡献力量。党的十七大报告把“优先发展教育、建设人力资源强国”置于以改善民生为重点的社会建设的六大任务之首。这是新时期新阶段党中央为进一步实施人才强国战略提出的新的重大战略目标，对我国高等教育必将产生巨大的推动作用。[3]而要建设人力资源强国，既需要相当数量的高层次专门人才，也需要数以千万计的各级各类、各行各业的生产、管理、服务的职业性、技能型的专门人才。这就要求各高等院校要按照社会多元化的不同需求，根据院校的不同类型、定位和培养目标，培养出能够满足这种需求的高质量人才。因而，地方高校在建设高等教育强国的进程中，必须认真调研、准确分析区域经济社会发展对人才需求状况和人才素质结构提出的新要求，充分发挥学校在长期的办学实践中形成的办学特色和办学优势，如教师教育、农林科技教育、医疗卫生教育、社会文化建设等社会服务和公共管理优势，在全面提高人才培养质量的基础上，深挖内部潜力，采取切实措施，进一步深化教育教学改革，着力培养适应地方经济社会发展需要的各类技术人才、管理人才、文化人才、创新人才等，满足地方经济建设和社会发展的人才需求。这不仅是地方高校人才培养职能的实现，也是地方高校为建设高等教育强国做贡献的主要途径。

二是要进一步提升科学研究水平，为建设高等教育强国贡献力量。虽然，目前学界对高等教育强国的内涵、标准和特征等还没有较为统一的认识和界定，但在相关论述中，都无一例外地将高等教育对经济发展和社会进步的贡献率作为一个重要的指标。①而科学研究作为高等院校的一项重要职能，历来是高等院校服务社会发展、促进社会发

① 大多数专家、学者都认同，在高等教育强国中，高等教育对经济发展和社会进步的贡献率应不低于15%。有关研究表明，目前美国高等教育对经济发展的贡献率为17.62%，而在其经济崛起阶段则高达35.38%；日本高等教育在其经济腾飞时的贡献率为38%。（谢和平．深入贯彻党的十七大精神　努力为建设高等教育强国贡献力量［J］．中国高教研究，2008（2）．）

展、推动社会发展的重要手段和途径，这也正是检验和评价高等教育对经济发展和社会进步的贡献率的重要指标。从这一意义来看，建设高等教育强国这一宏伟目标内在地要求进一步提升高等院校的科研水平。对地方高校来说，由于其学科平台、专业水平、人才队伍、实验设备、资金来源等方面与重点高校存在较大差距，在开展基础理论研究和高水平应用研究方面难以有较大的突破和创新，因而其提升科研水平的出发点主要立足于提高科研工作的针对性和实效性，要注重解决地方经济社会发展中存在的突出问题、热点问题、重点问题和难点问题，努力成为地方经济社会发展的“思想库”与“智囊团”，成为所在区域内的科技创新中心和技术推广中心。这不仅能为地方经济建设和社会发展提供新理论、新技术，同时，科研成果的转化，还能使地方高校取得最大的经济效益和社会效益，从而进一步拓展学校的生存和发展空间。

三是要进一步拓展社会服务内涵，为建设高等教育强国贡献力量。建设高等教育强国本身是一项极其复杂的系统工程，是一项十分艰巨的历史任务，需要调动各个方面力量参与其中。具体来说，除了政府和教育主管部门的宏观管理、市场的合法介入、高等学校的自觉努力外，还需要社会各界的广泛支持。这是因为，高等教育作为一个系统存在，离不开一定的外部环境支持。换言之，如果高等教育的发展离开了社会环境的支持与配合，那么建设高等教育强国无异于“空中楼阁”、“海市蜃楼”。事实上，自19世纪中叶，“威斯康星思想”产生以后，作为现代大学三大职能之一的社会服务职能，已越来越成为高等院校获取社会支持和关注力度的重要途径。因而，在建设高等教育强国的时代背景下，作为在人力资源、知识资源、技术资源、文化资源等方面具有比较优势的地方高校，必须树立“以创新求生存、以服务求支持，以贡献求发展”的理念，进一步增强社会服务的自觉意识，充分利用自身的人才优势、科研优势、文化优势和资源优势，利用学校在长期的办学实践中与区域社会形成的特殊的地缘关系、人缘关系和情感关系，加强同地方各个领域的合作，积极参与到区域社会的各项活动中去，增强对区域社会的情感与联系，为地方经济社会的和谐发展贡献自己的力量。[4]如此，定能树立良好的公众形象，提升学校的社会美誉度和公众信任度，打造具有强大影响力的高等教育品牌，从而为建设高等教育强国营造良好的外部发展环境。

三、以“为”促“位”：地方高校在建设高等教育强国中的发展思路

建设高等教育强国这一重大战略目标的提出，既赋予了高等教育新的历史使命，同时也为我国高等教育的改革与发展提出了新的要求，并指明了方向，是我国高等教育改革与发展的重要机遇期。地方高校理应以此为契机，采取多种措施，进一步提升学校的办学水平和办学实力，以期能为建设高等教育强国做出更大的贡献。

一是要树立积极的发展理念。地方高校既没有重点院校的办学实力、资金保障和文化底蕴，又不具有方兴未艾的民办高校的活力，普遍面临着资金短缺、人才流失、生源萎缩等困境，在竞争激烈的高等教育市场中处于相对劣势。在此情况下，唯有发展才能凝聚人心，唯有发展才能有效化解各种矛盾，唯有发展才能增强学校的办学实力和办学水平，唯有发展才能最大化实现师生员工的经济政治文化利益，唯有发展才能不断提升

学校的社会公信力和影响力。在发展问题上任何等、靠、要、拖的思想和做法，只能失去发展良机，最终走入困境。因此，地方高校要想进一步拓展学校的生存空间，提升学校的办学水平和办学实力，首先就必须树立积极的发展理念，自觉按照科学发展观的要求，紧紧抓住发展主题，更新发展观念，丰富发展内涵，开拓发展思路，破解发展难题，突出发展重点，凝聚发展力量，协调各方利益，闯出一条使学校走上办学效益好、教学质量高、人才培养对路、教育结构合理和资源更加优化的新路子。

二是要选择有特色的发展模式。在高等教育个性彰显和建设高等教育强国的时代背景下，创建特色高校已成为一种共识。而从目前的实际情况来看，一些地方高校在发展过程中，还存在不以社会需求为导向，不顾自身的实际和特点，盲目向重点大学看齐，贪大、求全、攀高、喜新、尚名、逐利等弊端，其结果是忽视了自身的特色和优势，造成了办学模式趋同、缺乏个性、适应性差、竞争力不强等问题，有的甚至陷入了发展危机。[5]面对“十一五”期间高等教育前所未有的发展机遇，地方高校要想进一步提升学校的办学水平和办学实力，就应选择和确立有特色的发展模式，在办学理念、办学体制以及发展战略、发展途径、发展手段等方面有新的思考、新的谋划、新的举措，不断增强学校的凝聚力、创造力和竞争力。这不仅是地方高校自身发展的内在逻辑要求，也是地方高校在竞争激烈的高等教育市场中拓展生存与发展空间的必然选择和有效途径。

三是要构建和谐的发展机制。制度和机制带有根本性、全局性、稳定性和长期性的特点。任何一项工作的深入开展，都必须依赖于制度和机制的建立与完善。因而，地方高校要想进一步提升学校的办学水平和办学实力，还应着力构建和谐的发展机制，以保障学校的各项事业能够按照预定的发展规划向前推进。具体来说，一是要坚决破除各种思想障碍和制度障碍，使一切有利于学校发展的创造愿望得到尊重、创造活动得到支持、创造才能得到发挥、创造成果得到肯定，着力构建和谐发展的动力机制；二是要在处理好高等教育系统与外部环境的关系以及系统内部各子系统的关系的基础上，对影响学校发展的诸要素进行有效的协调和控制，着力构建和谐发展的调节机制；三是要改变过去那种只注重监督和规范作用的监督方式，建立起与社会主义市场经济体制相适应、与学校实际情况相适应的监督评价体系，着力构建和谐发展的监督机制；四是要围绕“规模、质量、结构、效益”这一核心，对学校的发展方向、发展思路、发展规模、发展速度、发展质量等做出科学的评价和判断，着力构建和谐发展的评价机制。[6]

参考文献：

[1] 2008 年全国教育事业发展统计公报［N］. 光明日报，2009-07-18（1）.

[2] 孟兆怀，唐华生. 建设高等教育强国背景下的地方高校教育质量提升［J］. 孝感学院学报，2009（1）：104-107.

[3] 郝昌满. 发展高等工程教育　建设人力资源强国［J］. 中国高校科技与产业化，2008（11）：44-46.

[4] 唐华生，叶怀凡. 和谐社会进程中地方高校社会服务职能的发挥［J］. 龙岩学院学报，2009（3）：111-116.

[5] 唐华生. 基于生存和发展模式的地方新建本科院校特色创建［J］. 西南民族大学学报：人文社科版，2008（12）：275-279.

[6] 叶怀凡. 地方高校和谐发展的理性选择［J］. 四川文理学院学报，2009（4）：94-96.

试论地方高等教育发展的困境及对策

一、地方高等教育的发展压力

所谓的地方高等教育，是指依托地方高校而实施的主要以满足本地区高等教育需求的区域性高等教育。中国的地方高等教育在近10年的时间里，尤其是在过去连续4年的扩招中，发展十分迅速。据统计，扩招任务的90%以上是由占全国高校总数80%的地方高校完成的。随着高等教育入学率的提升，社会上高等教育的供需矛盾逐步得到缓解，教育资源的配置突破过去几十年由国家计划一统天下的格局，开始走向了市场。

但是，正如其他的领域或产业一样，由于历史和现实的原因，中国的各类、各层、各地区的高等教育发展是不平衡的。各类、各层的高等教育属于结构性问题，本文暂不论及。各地区的高等教育发展不平衡首先表现在包括教育部在内的中央部属院校与各省、市、自治区地方所属院校之间的不平衡。长期以来，我国高等教育办学体制是在高度集中的计划经济体制下形成并发展起来的。自1952年起，全国范围进行的院系调整，不仅把全国的高等院校改为公立，而且形成由国家办学的单一办学体制。这种体制实质上是一种完全行政化了的办学体制，而并非合乎教育自身规律的办学体制。当这种体制规定数百所各类、各层高校为中央和地方两级政府管理之时，它体现的就不仅是计划经济体制的特征，还有行政级别管理的特征。这一体制一直延续到20世纪90年代。虽经几次调整，但调整都是局部性的，不同归属与不同利益在不同的行政权力管辖之下，难以有大的改变。

值得注意的是，近两三年来，由于管理体制改革中教育部对一部分重点高校的倾斜性支持和地区经济水平对高校发展的决定性作用，各地区高等教育的发展越来越表现得不平等和不平衡了。即使在今天，我国的高等教育在宏观管理体制改革上做了不少有益的尝试和探索，但由于原有的高校行政归属和高等教育的计划体制特征未有根本改变，地方高校与中央部属高校之间的不平等和不平衡、经济发展水平较高地区的高校与经济发展水平较低地区高校之间的不平等和不平衡不仅依然存在，而且难以打破；本应在平等条件下高校应有的竞争力，在数十年计划经济体制与行政管理中由于对行政的服从和对经济的依赖反而萎缩了许多。

从目前地方高等教育发展的现实看，这种不平等与不平衡造成的压力主要表现在以下几个方面：

1. 教学和科研队伍不稳定

不少优秀教师和科研人员从地方高校流出，教学和科研出现滑坡。人才本应流动，才可以保持自身水平的不断提高，但我国长期形成的人事制度却极大地限制了人才的合理流动，户口制、档案制、人员编制等使人才的合理流动变得十分艰难。当优秀人才的引进决定着高校的科研项目立项、博士点和硕士点的申报，因此也决定着高校的立足与发展之时，高校也就利用着不合理的人事制度对优秀人才进行违反人才发展规律的管理。在这种管理中，人才以牺牲自身的发展作为前提，保持了相对的稳定甚至是绝对的固定。20 世纪 90 年代初期开始，一些对人才迫切需要的高校以优裕的物质条件为手段，展开了引人注目的高校人才争夺战。这一时期，地方高校如果有较好的经济条件作背景，则能引进一批教学与科研骨干。这一争夺战在世纪之交，由于国家对部分重点高校的倾斜性支持和部分经济发达地区对高等教育的巨大支持，大部分经济欠发达地区高校不得不承受着大量优秀的教学与科研人才只出难进的窘境。由此而产生的悖论是，国家计划体制性的高等教育政策构建起了市场经济性的高等教育人才流动。在这种悖论中，既无计划性高等教育政策可享，又无市场经济性高等教育人才引进之力的地方高校困难重重，压力越来越大。

2. 教学和科研经费捉襟见肘

虽说教育是一种可以透支的行业，但宽绰有余、借债度日、捉襟见肘毕竟是三种不同的现状并因此而导致不同的办学思路和不同结果。由国家投资、重点支持若干所争取达到国际一流水平的高等院校的决策是对的，但由于我们在整个资源配置上主要还是计划性的，不仅国家各级政府的教育财政投入是计划性的，学生的招生数及其构成、学科点的建设、各层次学位点的设置，还有教职员工的职称评聘、教辅机构、行政机构、人事编制等，几乎都在各级政府的严格控制之下，资源配置权并不在高校，尤其不在地方高校。在这种情况下，那些未能得到国家重点支持的高校，特别是地方高校，教学和科研经费必然入不敷出，用起来捉襟见肘，地方高等教育的发展压力怎能不大？如果国家能把高等教育投入全包揽下来，投入和支出当然可以由政府来计划；而国家确实包揽不了，又提倡多渠道投资教育，那么教育资源的配置权和教育经费的投入、支出权就应该由高校自己来掌握，否则，多渠道投入就会因教育资源配置的不公平而发生障碍。

3. 学生数量与质量的矛盾日益突出

好的大学，当然应该招收到好的学生，一流的大学与一流的生源是相匹配的。国内一批名校，历史悠久，再加上国家的重点支持，教学科研力量雄厚，这几年在扩招工作中注意到了扩招可能会带来的教学资源的供需矛盾问题，即利中之弊，故采取了较为谨慎的做法，一直处于良性的发展态势，学生的质量与数量之间基本上不存在矛盾，也没有多大的压力。地方高等教育则不然，特别是由于扩招后学生数量猛增，而教学科研经费远远跟不上扩招的需求，教学资源的供需矛盾日益突出。教师，特别是优秀教师；教室和实验室，特别是合乎现代教学需要的教室和实验室；其他教学硬件设备，特别是一些必需的设备；还有学生生活设施，特别是在后勤服务一时难以实现社会化或社会化难以符合实际需求的高校的学生生活设施，都存在着较大的供与需的矛盾。因此，要保证既定的教学质量，特别是要保证像重点大学那样的教学质量，压力之大，是难以想象的。

二、地方高等教育的自我定位与目标

地方高等教育的自我定位，首先必须突破教育的行政计划体制，突破服从行政依赖计划而谋求生存地位的观念，突破服从行政依赖计划而谋求发展途径的观念。不可否认，行政和计划都可以给地方高等教育带来若干利益，但那毕竟是眼前之利，非长远之利；是简单再生产之益，而非持续扩大再生产之益。当前地方高等教育需要积极地树立自主办学的思想，培养自己生存发展的竞争能力，以适应中国高等教育市场发展的趋势。

1. 地方高等教育的自我定位

地方高等教育应该积极地“为地区经济发展和社会进步”服务。这个定位是正确的，地方高等教育如果不能为本地区的经济发展和社会进步服务，不仅在师资、经费和生源上会发生困难，成为无根之木、无源之水，而且自身也难以有发展的社会舞台。只有很好地为本地区经济发展和社会进步服务，地方高等教育才能获得地方政府的支持，获得地方企业的支持，获得地方各界的支持。这三个支持非常重要，不仅是今天地方高等教育生存发展的三大支柱，也是高等教育进入市场的三大支柱，是高等教育有了自主权后继续生存发展的外部基础。

“为地区经济发展和社会进步”服务主要有两大内容：一是积极发展科学技术和社会文化，以科学（包括人文、社会和自然）和技术产品实现服务；二是培养各类、各层次的人才，为社会不断积累人力资本服务。

2. 地方高等教育自我定位的原则

地方高等教育应该从自己的实际出发，从教育自身发展的规律出发，从有利于自己发展的经济和社会条件出发，自我定位，并制定相应的发展目标。

地方高等教育要坚持自己的相对高水平发展和相对超前发展的自我定位原则。以积极地“为地区经济发展与社会进步”服务为基本任务，同时突破行政区划的束缚，在更宽广的经济活动平台上和更大的社会活动空间掌握前沿知识，寻求并不断拓展市场，增强教学与科研活力，谋求更高水平的发展。

3. 地方高等教育发展的目标

一是要积极发展先进的科学技术和社会文化，积极培养各类、各层次的人才，以科学（包括人文、社会和自然）和技术产品的提供以及人力资本的不断积累实现“为地区经济发展与社会进步”服务；二是要根据自己的实际，追踪学科前沿，发展有特色的学科并使之达到国内或国际先进水平。

三、地方高等教育发展的对策

1. 正确认识学校与政府的关系，不断争取完全的自主权

必须正确认识学校与政府的关系，不能继续把目前仍在实施的行政管理同必须发展

的教育管理混淆起来，以行政管理代替教育管理，或以行政行为管理教育。教育与行政是两种不同的行为范畴，政府的行政管理重在平衡和一致，学校的教育管理重在公平与个性。高校的内部管理虽然也有行政系列，也有与政府主管部门之间的行政管辖关系，但这是高校管理中的一部分，这种行政管理不能代替高校教育管理。在同一行政主管部门管辖下的若干高校，其办学理念可以不同，教育管理的机制也可以有异。行政管理应该逐渐地由实际上的主位退于次位。政府的行政职能就是如何为学校服务，就是调动社会上的各种积极性因素办学或支持学校办好学，并与社会上的中介组织、专业协会一道通过评估的程序来促进高校的健康发展，以满足本地区公民对高等教育的需求。高等教育不是不要计划，而是不能再受计划体制的束缚。一批部属全国重点高校由于教育部改革先行了一大步，获得了许多的自主权，计划体制的约束权相对少了许多。地方高校则不然，所以地方高校更要正确认识学校与政府的关系，不断争取自己应有的自主权，才能较好地去做自己应做的事。而随着审批权逐渐回归到高校，完全的自主权也才能实现，教育的资源配置才可能通过市场由地区对地方高等教育的需求、地方高等教育的特色优势和地方高校的竞争力等方面进行合理分配，地方高校才有可能较好地解决影响自身发展的重大问题。

2. 加强学科建设，注重灵活性与特色性的结合

学科建设是高等教育的关键环节。学科建设先进，学校就会出品牌专业，就会引进优秀的人才和培养出优秀的人才，就会有纵向和横向项目，就会有经费，就会有好的生源。高校学科建设犹如城市的高层建筑建设，是高校的标志、招牌和内涵的重心。但是，地方高等教育的学科建设受到种种困难的制约，从学科基础条件到梯队构成，从经费投入到项目的申报，比重点高校的学科建设难度大得多。地方高校应该根据自己的实际，注重学科建设的灵活性与特色性相结合。

所谓灵活性，就是学科建设应根据社会的需求来实施。在实践中，社会对高等教育的需求是多样的、常变的，不仅在教学培养人才的需求上是如此，在科研项目的合作和科研成果的需求上也是如此。地方高校在教学科研上，水平要向高处看，服务要向基层看，只要是社会需求，就应该调整自己的教学科研，或是创新自己的教学科研。有不少的应用性学科，本学年可以改变上一学年的教学内容，甚至改变专业设置；即使是基础性、理论性学科，也应该把更新的周期缩短，让学生学到更新的东西，让社会得到更新的科研成果。目前，中国的高等教育还是卖方市场，但是卖方市场不等于一意孤行，要想提高自己的水平，增强自己的竞争力，卖方还得多为买方着想。这样，灵活性才能表现在教学科研的过程中，在教育市场渐趋完善的过程中更有其现实意义。

所谓特色性，不仅具有地方性的内涵，更重要的是具有前瞻性、独创性的内涵，这是高等教育的超前使命和特性所决定的。没有前瞻性、独创性，地方性很可能就是低水平的满足和重复，与高等教育的职责和发展目标不相符。

3. 加强与企业的合作，争取更多的横向支持

加强与企业的合作，是当前地方高校的弱项。原因不仅在于地方高校科研力量较弱，难以像重点高校那样对企业有吸引力，而且也在于地方高校缺乏与企业合作的主动

性。高校与企业的合作，不仅可以在科研项目上，在如何解决企业的产品开发问题上进行，也可以在教学上，在如何培养企业乃至整个社会所需要的人才问题上进行。山东临沂师范学院将本校的500名教科人员的研究方向和资料印制成《专业科研优势与服务项目》和《500名高级专业技术人员名录》分发给辖区各企事业单位，将人才推向社会，从而争取到横向科研经费1000多万元，同时也提高了学校的知名度和科研水平，就是很好的范例。

4. 真正改变人才质量观念，推动教学符合社会需求

人才质量如何，应由人才质量标准来衡量。标准是人为的，是由特定的社会对人才的需求提出来的，所以人才的质量标准是主观与客观的结合，具有不同的时空性。我们目前统一提出的人才观是“四有”，提倡培养有较高综合素质的、有创新能力和科学精神的、德智体全面发展的人才，这是我们培养人才标准的大原则。高等教育在这种大原则指导下，应提出自己的具体目标来实现这个大目标，而且高等教育中的不同层次、不同类型、不同地区的高校还应该有更为具体的培养目标，且便于操作，体现特色。当前，有一句很有吸引力的口号——“为了帮助你找到满意的工作”，很有意思。这句口号如果作为培养人才的目标似乎太具体、太现实、太重实惠了，但是我们不能否认它对教育解释的合理性及其包含的人才质量的丰富内容。社会对高等教育培养的人才的需求往往是具体的，求职者找到满意的工作与社会对求职者的满意度是相辅相成的。在现代社会中，社会对高等教育培养出来的人才需求绝不只是一种工具，大学生为了找到自己满意的工作也必须在受教育的过程中全面发展自己。高等教育自身专业的设置和教学改革的实施，是以经济发展和社会进步的需要为动机的。动机的实现，靠的是高等教育的最主要产品——培养的学生来实现，这种实现用最普通的话语来解释就是受教育者在社会上获得自己满意的工作。而且，只有当受教育者在社会上实现自己的价值，即找到自己满意的工作时，高等教育的社会与经济意义才能真正得到体现，才真正满足了人民大众对高等教育的需求和社会主义建设对高校的期待。为了实现“找到满意的工作”这个具体的目标，学校必须在符合社会所需要的人才标准上下功夫，培养学生较高的思想道德水平、合理的专业知识结构和较高的文化素养，以提高学生的综合素质，使学生具备一定的创新能力和科学精神，也就是德智体全面发展，也就是“四有”的公民。

由于种种原因，我们的高等教育的教学水平和毕业生质量的确存在着下滑的问题。但是在提高水平和质量的同时，不能用过去的眼光和标准来制约今天的发展，不能以国家重点高校的水平与质量来要求地方高校。这里不是说今天的水平和标准可以降低，而是要用今天的经济发展和社会进步的要求，用地方高校办学的目标和理念来认识新的教学水平和毕业生质量。地方高等教育、地方高校应该在大原则的指导下提出自己的具体标准，向受教育者和社会宣布自己的具体目标，同时根据自己的目标实施教学，去接受社会的挑选，接受市场的考验。一些地方高校提出了“办学有特色、教学有特点、学生有特长”的办学理念，是值得肯定的。

5. 真正实施学分制，获得良好的发展机制

目前，各高校都在实施学分制，但是实施的情况不容乐观。实际上学分成了计算学

年的手段，名为学分制，实为学年制，充其量是学年学分制而已。学分制难以真正实施的原因很多，如教学设备难以供学生选择，教师难以供学生选择，课程难以供学生选择等。还有一个主要原因，是我们的学生管理没有实施大的变革，尤其在地方高校。分班、分年级、分学院管理学生的制度不仅陈旧，而且难以改革。其主要原因又在于我们对学生的观念仍然停留在陈旧的“管”与“被管”的关系上。在学校后勤社会化过程中，由于为了“管好”和“好管”学生，学校对学生的生活管理基本上还是包揽下来。学分制的真正实施是需要学生不仅对学习，同时也对生活有较大的自主权和选择权为前提条件的。失去了这些条件，学分制当然难以真正实施。

完全的学分制给学生提供了一种可以根据市场对人才需求的变化而提高自己适应能力的机会，提供了一种可以根据自己的学习目的和经济条件、学习条件和学习兴趣而采取灵活学习措施的机会。如果真正实施完全的学分制，对学生会有更大的吸引力。完全的学分制也给学校的教学管理合符教育规律、优秀的教师获得更多的发展提供了机会，对学校争取更多的教育资源配置，健康快速发展提供了机会。因此地方高校不能浪费这种有利于学校发展的机制，尽快克服实施完全学分制的各种障碍，以良好的机制来弥补目前还滞后的体制改革带来的不足，争取尽快的发展。

6. 加强国内与国际合作，提高市场竞争能力

国内高校加强合作，是充分利用有限资源或尽可能合理配置一部分教育资源的一项重要举措。地方高校要主动与国家重点高校合作，还要在地方高校之间进行积极的合作。应该说，地方高校之间的合作成功率和平均利益率更高。地方高校的合作，主要是优势互补、力量互助、资源共享、共获成果。科研和教学都可以跨校合作。教学方面的跨校听课、互认学分，应尽快实施，不仅为教学质量的提高提供良好的条件，对学生也有很大的吸引力，地方高校的市场竞争能随之得到提高。

地方高等教育一定要采取国际合作的方式进入国际高等教育市场。当前，国外高校已对中国国内教育市场长驱直入，国内重点高校以其科研和教学优势在国内外具有很强的竞争力，他们已获得了国内高等教育市场中很大的份额和国际高等教育市场的一部分份额。地方高校的竞争力较弱，但是不能因此而不采取主动的行动。市场竞争力可以通过合作互动的办法获得，地方高校可以通过与国内高校合作的形式获得这种合力，也可以通过与国外高校合作的形式获得竞争的合力。有了这种合力，不仅可以在国内高等教育市场上具有更强的竞争力，还可以把这种竞争力引向国外高等教育市场，去分得国际教育市场的份额。

参考文献：

［1］联合国教科文组织国际教育发展委员会. 学会生存——教育世界的今天和明天［M］. 北京：教育科学出版社，1996.

［2］赵中建. 教育的使命——面向二十一世纪的教育宣言和行动纲领［M］. 北京：教育科学出版社，1996.

［3］联合国教科文组织总部中文科. 教育——财富蕴藏其中［M］. 北京：教育科学

出版社，1996.

[4] 国家发展研究中心. 2000年中国教育绿皮书 [M]. 北京：教育科学出版社，2000.

[5] 清华大学21世纪发展研究院. 中国高等教育的改革与发展 [M]. 北京：教育科学出版社，2001.

[6] 周绍森，陈东有. 科教兴国论 [M]. 济南：山东人民出版社，1999.

[7] 唐华生. 试析四川师范专科教育发展的困境与对策 [J]. 四川师范学院学报，2002（4）.

[8] 宋厚淳. 关于高等教育发展与教育资源问题的若干思考 [J]. 南开教育论丛，2001（4）.

[9] 唐华生. 高等教育大众化进程中的矛盾和对策 [J]. 临沂师范学院学报，2002（5）.

[10] 邢兆远. 临沂师院教师挺进市场 [N]. 光明日报，2002-09-26.

试论高校扩招与弱势高校的生存与发展

江泽民同志指出："在当今世界上，综合国力的竞争，越来越表现为经济实力、国防实力和民族凝聚力的竞争。无论就其中哪一个方面实力的增强来说，教育都具有基础性的地位。"[1]高等教育的发展对经济建设、科技提升和社会进步起着基础性的支撑和促进作用，大力发展高等教育，加快推进高等教育大众化步伐是我国推行"科教兴国"战略的一项紧迫任务。

自1999年开始，我国高等教育开始走上了超常规发展道路。高校扩招受到社会的广泛关注，尤其受到莘莘学子、社会各界以及高等院校的普遍欢迎，但也给高校的教育质量、后勤保障等带来较大压力，特别是给"弱势高校"包括一些新升格的本科院校、部分农林师范地矿类院校、大部分普通专科学校、绝大部分高职学院、所有成人高校和民办高校造成的压力更甚，一些院校已步入举步维艰的困境。对此，社会上众说纷纭，各执一词；报刊上也常有文章评述，各抒已见。

一、高校扩招是我国经济、社会发展的客观需要

我国高校扩招是在高等教育总体规模严重不足的低起点上起步的，虽然扩招比例大，但毛入学率仍远低于发达国家，甚至低于一些欠发达国家。有资料表明，每百个居民中具有大学文化程度的人数，美国为46.5人，日本为20.7人，泰国为5.1人，而我国仅为2.7人。从18~23岁大学年龄段的入学率看，我国则要到2010年左右才能达到15%，无法与美国、法国、加拿大等国家相比。再看这样一个例子：联合国宣布1999年10月12日为60亿人口日，全世界大学生数量正好约有6000万，而美国就有1400万，占世界大学生总数的24%；当时美国大学生占人口比例为5.591%，而我国为0.186%，他们是我们的30多倍！令人深思的是，当年我国人均GDP首次达到800美元以上，而美国GDP也正是我们的30多倍。[2]在知识经济时代，我们这样一个高等教育入学率如此低的国家，其经济发展速度何以能长期超过高等教育入学率高出我国几倍甚至十几倍的发达国家？因此，高校扩招是加快缓解我国高等教育资源严重不足的必由之路。

1. 我国经济的快速发展客观需要高等教育的大力发展

通过考察发达国家的经济发展规律，不难看出：超常规扩张高等教育几乎是发达国家成功实现经济转型的共同经验。有专家对经济发展与高等教育需求关系比较研究后得出这样的结论：当一个国家或区域处于经济转型的特殊阶段，尤其是由劳动密集型和资源密集型向技术密集型和知识密集型转变时，高等教育都有一个加速扩张的特殊需求时

期。具体表现为高校的毛入学率增长呈非均衡性，且大幅度超过国民经济增长率，这样才能为社会发展和经济建设输送充足的智力资源。我国正处于经济转型的非常时期，随着社会经济形态和科学技术的新进展，我们既要面对发展工业经济和知识经济的双重任务，又要面对信息技术和经济全球化引起的激烈的国际竞争，以及我国加入WTO后所面临的挑战。遵循经济发展的规律，分析我国的经济发展状况和人力资源状况，可以得出这样的结论：发展我国经济必须大力推行“科教兴国”战略，必须超常规地发展高等教育。因为在这样的转型时期，人力资本是极其重要的制约因素，只有加快高等教育事业的发展，才能为实施中央提出的“三大战略”（科教兴国、可持续发展、西部大开发）提供大量的高层次、高素质人才，才能增强我国的综合国力和参与国际竞争的实力。

2. 大力发展高等教育能满足我国社会的客观需要

长期以来，由于传统的“学而优则仕”的观念影响，人们总是把接受高等教育作为改变自身命运的桥梁，作为获得理想生活的根本途径。随着社会和经济的转型，以及经济领域“两个根本性转变”战略的实施，新经济结构中技术含量比重不断增大，产业结构也进行了较大的调整，由此产生了与结构性就业的矛盾冲突加剧。而且人力资源的配置逐步市场化，高等教育与就业前景的关联度显著提高，文化素质低的人面临巨大的生存压力。当前人们的竞争意识出现了空前强化的态势，而且随着普及九年义务教育的完成及‘三大战略”的加快实施，人们对教育层次需求的重心不断上移，对接受高等教育的需求表现得越来越强烈，且其已成为社会各界的迫切追求和努力目标。因此，加快高等教育的发展速度，大规模扩大高校招生数量，不但能满足人民群众对高等教育的渴求，而且能缓解就业压力，确保国家的稳定，尽快缩短我国高等教育与世界平均水平的差距。

二、弱势高校现象不容忽视

弱势高校是相对于国家“211”、“985”工程重点高校，其他省、部（委）属重点高校，老牌的本科院校而言的，它是在推进高等教育大众化进程中的必然产物。我们对弱势高校现象应不足为怪，但也不能不予以高度关注。

弱势高校具有以下基本的特点：

1. 师资匮乏且“跳槽”现象严重

按照世界通行的评价一流高校的九条标准，教师素质乃第一要素。综观我国的弱势高校，教授少、博士少，更不要说“两院”院士了。随着一批经验丰富的老教师相继退休，教师断层现象相当突出；由于自身条件的限制，不少弱势高校实施的“引智工程”结果并不理想；自己送出培养的中青年教师回流少；近年来一些重点高校、老牌本科院校又挖走了不少弱势高校的教学科研骨干，使本已贫弱的师资队伍更是雪上加霜。对当前高校教师的无序流动趋势，法律的力量爱莫能助，感情留人略显苍白，使得弱势高校的领导扼腕叹息，上演了一幕幕“月下追韩信”的悲剧，也使得留在学校的教职员工凝聚力大为减弱。

2. 生源质量差且数量少

比起近几年重点大学、重点学科的大规模扩招，弱势高校的生源质量差且数量少已是不争的事实。虽然教育行政主管部门采取“本科从严、专科放宽”的招生政策，但一些颇有实力的本科院校仍有我行我素之势，本科、专科、预科“一个也不能少”、“直通车”（本科读硕、专升本）和“点招”（计划外招生）也颇有诱惑力。加之社会对人才资源的畸形消费心理，故而使得众多考生产生了一种宁愿读重点大学的专科，也不上弱势高校本科就读的片面追求“名牌效应”观念，使得弱势高校的生源质量不断下降。

3. 办学条件滞后且科研水平不强

教育部把高校的办学条件分成生均占地、生均校舍、生均教学及辅助用房、生均教学仪器设备、生均图书、生师比共六个指标，弱势高校以上各指标均处于下游。就科研水平来看，由于弱势高校大多远离中心城市，地处边远地区，交通不便，信息不畅，图书资料奇缺，教学仪器设备老化，加之队伍的不稳定，以及科研主管部门资助重心上移等原因，故而整体科研水平不强。

4. 影响力不大且可持续发展能力弱

由于弱势高校受到外部环境的制约和自身条件的限制，竞争能力不强，故而社会影响不大，可持续发展能力后劲不足。

三、弱势高校生存和发展策略

科教兴国战略、可持续发展战略和西部大开发战略的深入实施，“两个根本性转变”的实现，必将推动我国国民经济持续、快速发展。与之相伴，教育，特别是高等教育在经济建设和社会发展中的基础性、先导性、全局性作用受到了社会各界前所未有的关注，这为弱势高校的生存和发展奠定了基础，也带来了前所未有的机遇。

（一）激发内在动力，提高自身素质

1. 观念创新

解放思想、更新观念、与时俱进、改革创新是实现教育跨越的前提和动力，而在“四个创新”（观念创新、体制创新、管理创新和人才培养模式创新）中，观念创新是加快我国高等教育发展的先决条件，[4] 也是弱势高校摆脱困境，提升品质的必由之路。由于历史的原因，我国的高校一直沿袭着重点综合性大学、一般普通本科院校和高职高专院校（包括成人高校和民办高校）的办学层次发展。尽管弱势高校的办学形式各有自己的发展历史、服务领域、办学特点和文化积淀，但都有一个共同的本质特征，即为生产、建设、管理、服务第一线培养高等技术应用型人才。如何突破传统，创立全新的教育模式，是弱势高校观念创新的关键因素。第一，要在培养目标上与普通高等教育中传统大专、本科教育有根本区别。弱势高校应以培养有良好职业道德的高级应用型、技术型人才为目标，以使学生能真正掌握某一工作岗位所需的实际工作能力，毕业后能直接上岗，并很快成为业务骨干和能工巧匠。第二，在办学模式上，弱势高校必须始终坚持为经济和社会发展服务的方向，坚持以市场为导向，以培养能力为本位，以提高质量和效益为中心，建立与本地经济、社会和教育发展相适应的多种模式。第三，在培养手段

上，要在重视技术科学基础的前提下，对基础理论教学本着“实际、实用、实效”的原则，坚持以“必需、够用”为度，不片面追求学科的系统性和完整性。第四，在课程体系上，要把加强职业道德、职业理想教育和创业教育放在首位，帮助学生树立正确的择业观、创业观，培养良好的职业道德素养。特别是要在联系实际、适应社会和提高本领上下功夫，把知识和能力的培养紧密结合起来，增强课程的灵活性、适应性和实践性，构建适应经济建设、社会进步和个人发展需要的课程体系。

2 突出特色

目前，弱势高校之所以举步维艰，很重要的一个原因就是没有自己的办学特点。就专业设置来看，大多数弱势高校仍未摆脱普通教育专业模式的影响，以学科本位设置专业，过分要求系统性、完整性，知识分割过细，能力培养不突出，既不能突出自己的办学特色，也影响了学生就业的适应能力。同时，一些学校为了争夺生源，抛开自身的特色专业，置自身的设备条件于不顾，盲目设置所谓的热门专业，导致资源浪费和所培养的人才质量下降。为此，弱势高校必须走“学校有特色、专业有特点、学生有特长”的内涵式发展道路，在专业结构调整上下功夫。首先，在保持与国家产业政策相适应，与劳动力流向相一致的基础上，立足行业、面向地方、跟踪市场、服务经济，以创办优势专业、特色专业为重点，突出实用性，增强实效性，加快面向二、三产业的专业调整和改造步伐。其次，结合学校的布局调整，认真分析当前经济发展和产业结构需要，根据职业岗位或职业岗位群的需要，增设一批新型专业和缺门专业，不断拓宽专业口径，重视现代科技知识的交叉和人文综合素质的培养，提高学生的创新能力和适应能力。[5]最后，高度重视农村地区、边远山区和少数民族地区职业教育的发展，适应农村经济和现代农业发展的需要，增设信息技术、环保技术应用和商贸与旅游服务等第三产业领域的专业，优化专业结构，提高专业教育资源的利用率和整体效益，逐步形成与我国经济结构和产业结构布局相适应的学校布局和专业结构，从而增强弱势高校的个性与特色。

3 人才强校

建设一支高素质的师资队伍，是弱势高校在教育现代化进程中面临的共同任务。师资队伍建设应遵循“坚持方向、发展规模、建设梯队、优化结构”的指导思想，以《中华人民共和国教师法》、《中共中央国务院关于深化教育改革全面推进素质教育的决定》等为依据，以全面提高教师队伍素质为中心，以培养中青年带头人和骨干教师为重点，坚持数量、结构、质量、效益协调发展的方针，深化改革，建立有利于教师资源合理配置和优秀人才脱颖而出的有效机制，努力建设一支数量足够、素质优良、结构合理的高质量的师资队伍。[6]第一，要拓宽师资渠道、壮大师资队伍。可采取到高校挑选优秀毕业生、鼓励校内教师在职学习、引进高学历高层次人才、聘请校外兼职教授等办法。第二，要竭力扶植培养青年教师。可采取定任务、压担子的方法，让青年教师在教育教学实践中逐步成熟起来；针对青年教师实际，分别采用岗前培训、“导师制”培养、组织各种竞赛以夯实教学基本功等措施。第三，加大力度，培养学科带头人和骨干教师队伍。一是要严格筛选，鼓励拔尖；二是要明确目标，加大压力；三是要措施得力，经费落实；四是要消除陈腐观念，打破论资排辈的束缚。第四，引入竞争机制，加强师资队伍的管理、使用、培养、考核、晋升环节，使教师的职、责、权、利紧密地统一起来，提高人才使用的社会效益和经济效益。第五，实行优惠政策，营造良好的学术与工作环境，稳定师资队伍。

4. 科研兴校

弱势高校的科研人才、条件、经费、项目等虽不及重点高校，但亦可“以其所长，克其所短”，在坚持传统的学科研究、管理研究、理论研究的前提下，另辟蹊径，主动从经济建设和社会发展的边缘地带走向经济建设和社会发展的中心，使自己的科研创出特色，使自己的科研队伍迅速发展壮大，实现科研提升的目标。

（二）优化外部环境，提升弱势高校品质

品质提升不仅是弱势高校的愿望，也是高等教育大众化的内在需要，因而是全社会义不容辞的职责。政府和有关部门不能因其弱势就视其为“问题高校”撒手不管，任其自生自灭。相反，应依法履行自己的教育职能，对弱势高校给予更多的重视、引导和支持，使之能迅速摆脱困境，快速发展。

1. 舆论支持

针对社会上一些公众对弱势高校所持的怀疑、否定等态度，政府和有关部门要运用各种形式和手段，引导公众正确认识弱势高校，转变教育观念，淡化精英意识，终结精英情结，为弱势高校的发展创造有利的社会和舆论环境。

2. 政策扶持

弱势高校大多属地方办学、联合办学或社会办学，与所在地的经济发展和精神文明建设往往有着千丝万缕的联系，故而往往有“高校是城市的名片”之说。政府和有关部门应把弱势高校的发展纳入本地经济和社会发展的规划与其他事业统一考核，对弱势高校的征地、科研、人才引进、校办产业特别是高科技企业在政策上和税费上给予支持和优惠。

3. 经费倾斜

各级政府和教育行政部门要依照《中华人民共和国教育法》和《中华人民共和国高等教育法》等有关法规，利用财政、国债、银行贷款或政府贴息贷款，尽可能地加大对弱势高校的经费支持。或牵线搭桥，沟通校企之间的联系，做好捐资、引资、融资的工作，增强弱势高校的办学实力。

4. 业务指导

教育行政部门要积极帮助弱势高校深化改革，优化资源，增强实力，提高档次，加快发展。在基建项目、师资队伍及学科专业建设、科研项目及专项资金的分配以及招生计划等方面向弱势高校适当倾斜；要根据不同类型的弱势高校，建立、健全不尽相同的质量评价体系和质量监控体系，加强对教学质量的评估和监控。同时，在高校体制改革中，尤其是学校的合并、升格、布局等重大调整中更要注重科学论证，慎重决策，避免重复建设和新的弱势高校的产生。

参考文献：

[1] 江泽民. 在第三次全国教育工作会议上的讲话 [N]. 人民日报，1999-06-16.

[2] 吴昌顺. 教育的贫困是最大的贫困 [N]. 人民政协报，2002-06-27.

[3] 何茂勋. 高校超常规扩大招生规模及其教育质量保证 [J]. 桂林工学院学报，2002 (增刊).

[4] 丁学良. 什么是一流大学 [J]. 中国大学教学，2002 (4).

[5] 杨泉明. 在四川省高教学会2001年学术年会上的讲话 [A]. 加强信息化建设，推动高等教育的改革和发展 [C]. 成都：电子科技大学出版社，2001.

[6] 江泽民. 在北京师范大学百年校庆大会上的讲话 [N]. 光明日报，2002-09-09.

新建本科院校发展定位研究

《中国教育改革与发展纲要》指出：高等教育的发展“要区别不同的地区、种类和学校，确定发展的目标和重点，制订高等学校分类标准和相应的政策措施，使各种类型的学校合理分工，在各自的层次上办出特色”。这就要求各高校应从全局出发，根据客观环境和主观条件考虑办学定位，实现整体优化。对大多数新建本科院校而言，如何摆脱当前困境，实现学校的快速、稳定、可持续发展，科学定位显得尤为重要。

一、高校发展定位的内涵和依据

高校的发展定位，就是根据高等教育系统及其特定条件下所具有的功能要求，确定一所或一类高等学校在高等教育系统中的合适位置，是学校办学理念的价值追求，是办好学校的行动指南，是学校生存、发展的基础和前提。[1]我国高等教育面临着前所未有的发展机遇，但也进入了前所未有的改革与竞争时期。面对现实严峻的挑战，每所高校的建设与发展，都离不开先进、准确、合理的定位。一所学校的定位准确与否，关乎学校办学的成与败、得与失、进与退；能否为自己学校找准定位，已成为衡量一所高校高层次决策者水平高低的主要判别依据之一。

科学分析定位的依据是搞好高校发展定位的关键。一般说来，高校发展定位要充分考虑以下几个方面：

1. 整个社会体系的发展态势

任何社会都是由政治、经济、文化三部分组成的，它们相互依存、相互协调、相互贯通，共同组成一个有机整体。高等学校属文化领域，文化具有内在的学术性和外在的社会性。文化内在的学术性，着重强调大学的超越性和探究真理、追求知识的责任；外在的社会性，则主要强调社会的开放性和社会责任。高等学校作为社会系统中的一个子系统，其定位一定要考虑国家和社会发展的需要，考虑在完善社会主义市场经济体制的过程中，产业结构和就业结构的调整，考虑社会对从业人员综合素质要求普遍提高的趋势以及人才需求多样化的趋势，从而面向社会和市场，找准位置，找对路子，抓住机遇，发展自己。

2. 高等教育的改革与发展态势

高等学校定位研究是我国高等教育管理体制改革适应社会主义市场经济体制的必然，也是高等学校面向社会行使办学自主权的需要。[2]克拉克·科尔认为：“一个社会至少应该具备三种类型的高等学校。”[3]即“X”模式、“Y”模式和“Z”模式。根据我国的国情。我们认为将我国的普通高校分为四层为好，也就是我们常说的研究型大学、教学研究型大学、教学应用型大学和职业技能型大学四个层次。前者数量最少，但水平最高；后者所占比例最大，其主要任务是根据社会的任何需要和用人单位的选择，培养职业技能型人才。每一所高等学校都处于整个高等教育系统之中，在此系统中的定位也相应体现在办学类型、办学层次、办学特色等方面。高等学校在进行定位研究时，必须了解高等教育改革与发展态势，了解国内其他高等学校的发展状况，明确自身的相对优势，做到"人无我有，人有我优，人优我特"，形成自己的办学理念和办学特色。

3 学校内部各要素的制约

自身办学环境、办学水平、办学资源等内部要素是高校科学定位的基础。立足学校实际，扬长避短，是高校定位的明智之举。高校必须清楚认识到自己学校的历史地位、办学环境、办学条件、办学基础和现有水平，切不可脱离学校实际，一味追求高标准、高水平大学，盲目提出办"国内一流"和"世界一流"的大学。一定要从实际出发，充分考虑校情，对学校自身的办学条件与实力，如师资力量、科研实力、学科优势、管理水平、资金来源和筹措能力进行客观评估，积极寻求自己的比较优势，发挥自己的长处，突出自己的特色，不贪大求全，好高骛远，要科学预测，具有一定的前瞻性，使确定的目标既要鼓舞人心又能经过大家的努力得以实现。

4. 社会公众对高校的期望和要求

一所高校的社会声誉是社会公众对其知名度和美誉度的确认，表现为对高校内涵和外延的整体感觉、印象和认知。它是高校综合实力和办学水平、办学特色总体情况的社会反映，是高校的公众印象被反复强化的结果。一所高校良好的社会声誉有一个长期的形成过程，而非一蹴而就就能实现。社会公众在这所高校的社会声誉基础上，会产生对该校的期望和要求，而这种期望和要求会促使和激励高校在定位时更加冷静、务实、创新。

二、新建本科院校发展定位存在的误区

本文所指的新建本科院校，包括新近成立的由专科学校独立"升本"和由多所学校合并成立的本科院校。新建本科院校在各方不断抢占教育资源、内外竞争日趋激烈的今天，如何准确定位，站稳脚跟，实现自身的可持续发展，是学校发展面临的头等大事，关系到学校的命运和前途。与资深本科院校相比，在学科建设、发展规模、管理经验、经费投入、人才队伍、校园文化等方面，新建本科院校都处于相对弱势的地位。要想在教育市场上占有一席之地，就必须准确定位、扬长避短，发挥自身优势，走一条特色办学之路。

然而，一些学校在确立发展战略的过程中，立足点和出发点都出现了偏差，严重脱离自身实际，盲目向那些一流高校看齐，片面追求"高水平、大规模、全学科"的发展模式，在提高办学水平、扩大办学规模、增加学科和专业设置等方面形成了一系列带有盲目性的思维定式。这种不切实际的发展定位，不仅给这些刚刚从专科升格上来的"新兵"现阶段的教育实践带来了许多问题和困难，同时也给高等教育的长远发展带来了极

其严重的隐患。

1. 求大求全的片面发展观

近年来，国家为了优化高等教育结构，对部分省、部属高校进行了合并与重组，并取得了良好的效果，高等教育力量大为增强，一些学校由此步入全国一流高校行列。但一些刚刚升格为本科的院校却不顾自身的功能、条件和特点，片面追求“高水平、大规模、多学科”的发展模式，盲目追求多科型、综合性，攀高求大，将学校建设和发展目标定位在追求“世界一流”、“全国一流”、“全省一流”上。[4]这种定位是否科学，是否符合新建本科院校的实际，却值得商榷。当前，各高校求大求全有着其特定的时代背景和多方面的现实需求，如近年来高校扩招的推波助澜，高等教育的改革和竞争日益急剧所产生的生存危机等，使得这种做法具有相当的积极意义。但对于刚刚从专科升格上来的本科院校来说，盲目地以一流高校为样板，与它们比水平、比规模、比学科门类和专业设置，却是严重脱离了自身实际，给学校的后续发展带来严重后患。一些学校在办学规模上求大，只求数量，忽视质量，不注重规模、结构、质量和效益四者之间的协调发展；在专业建设上求新求全，却由于师资和实验条件缺乏，导致教学质量下降，人才培养质量不高。这在本质上反映了学校领导层对学校自身在整个社会系统和全国高等教育系统中所处的地位、功能和作用缺乏正确的理解、清醒的认识和精确的把握。

2. 面向不清的服务观

《中华人民共和国高等教育法》明确规定，高等学校必须贯彻国家的教育方针，为社会主义现代化建设服务。其任务是“培养具有创新精神和实践能力的高级专门人才，发展科学技术文化，促进社会主义现代化建设”。一方面，地方高校必须明确其面向“主要为地方培养人才”服务的根本任务，建立主动适应地方科学技术、教育文化和经济建设要求的机制，坚持为地方经济和社会发展服务；另一方面，地方高校如果在人才培养和服务方向上没有一个正确定位，不能主动适应、满足地方经济建设与社会发展的需要，就会逐步地失去社会的信任和支持，从而失去其应有的市场份额和生存空间。但是，办学性质模糊，加之我国高校长时期较大程度上游离于社会之外，办学者的市场意识、服务意识、质量意识、成本意识、竞争意识等都很薄弱，导致相当一部分新建本科院校没有主动应对地方经济社会发展需要和行业、部门的需求，服务面向变得模糊不清。[5]服务面向不清必然导致地方高校的人才培养的目标不明，培养的人才难以适应地方社会经济发展对各类人才的要求，必然影响到高校为地方发展服务的水平和危及其自身的发展。

3. 模糊淡化的办学特色

所谓办学特色，是指一所学校区别于其他学校所具有的标志性特征，是高校发展的历史与现实结合的能动反映，不仅代表着高校的学术地位和水平，而且也反映着学校的办学风格和理念、人才培养质量和学校的管理水平等。当前，不少新建本科院校由于主观上忽视和放弃了对自身办学规律、特色和优势的研究与把握，对办学特色的研究和重视程度是不够的。加之盲目的发展目标与有限的教育资源的矛盾所造成的人、才、物力进一步的分散，使学校的重点专业和学科得不到保证，原有的特色和优势得不到发挥。

在激烈竞争的高等教育领域里，原本就处于劣势的新建本科院校如果丢掉了自身的特色和优势，势必会失去其应有的生存能力和竞争能力，并最终失去生存和发展空间。

三、科学定位、特色办学，实现新建本科院校的可持续发展

1. 正确定位学校的类型和功能，明确办学目标

这实际上是对学校“身份”的确认，是对学校的管理体制、学科取向、职业取向、办学模式以及学校的形象、特色、规模等进行的判断和选择，是对学校发展方向的总体把握。[6]依部属重点高校与地方高校来划分，新建本科院校与升格前一样，大多属地方高校。依研究型、教学研究型、教学应用型、职业技能型划分，[7]新建本科院校多由高职高专独立或合并升格而成，应将自己的发展目标定位在教学应用型高校上，快速实现从职业技能型向教学应用型的转型。教学应用型高校主要承担着面向生产、管理、服务一线的高级应用型人才的培养，主要致力于社会现实问题和生产实际问题的研究与探索，主要从事将高新技术转化为现实生产力，从而促进经济与社会的发展。这与升格前的高职高专院校所承担的培养职业技能型人才的任务有着很大区别。管理一所大学，首先要搞清楚哪些事情该做，哪些事情不该做，而且搞清楚不该做哪些事情与懂得该做哪些事情同样重要。新建本科院校由于规模普遍偏小、办学经验不足、办学层次较低、学科专业设置面窄、缺乏名牌效应等劣势，在与其他成熟本科院校的竞争中居于相当不利的地位。在这种情况下，新建本科院校必须以高级应用型人才为培养目标，加快实现从高职高专教育向本科教育的转变，瞄准社会需要，牢牢抓住本科教育这条生命线，努力办出特色，在本科教育中博得一席之地。

2. 充分考虑地方社会经济状况，正确定位服务面向

新建本科院校要充分考虑地方经济社会的需要与支持的可能。这里的“需要”既包括地方教育、经济、社会、科技、文化发展对各类人才的需要，也包括地方国民对高等教育的需要；这里讲的“支持”主要是指地方政府的拨款力度与社会各界对教育的融资力度，以及国民对教育成本的分担力度。只有把这两者综合起来考虑，才能科学评价所属地方高校发展的客观条件和可能，才能科学预测学校的发展方向和目标。[7]同时，新建本科院校应做好为地方服务这篇“文章”。必须清楚为哪些地域服务，能辐射到哪里，兼顾哪些方面，并明确这些地区政治、经济、文化发展的客观实际和基本趋向、结构。这直接体现为学校所培养的毕业生的主要就业层面和就业范围。新建本科院校大多在中小城市，且以招收本地学生为主，毕业生一般就近就业。只有在办学思想上突出鲜明的地方性，在人才规格、培养目标、专业设计和办学形式上有较强的为地方服务的针对性，地方高校才能对促进地方社会经济、文化的发展，对促进高等教育大众化才会发挥应有的作用。新建本科院校既要承担好为地方培养急需的专门人才，积极推进本地高等教育大众化的进程，主动融入本地经济建设的主战场，同科技产业密切结合、促进地方经济的快速发展，为本地下岗职工再就业培训服务等任务，又要处理好“服务”与“依托”的关系。一方面要强化地方院校为地方经济社会发展服务，另一方面要充分依托和利用地方的经济、文化、教育等方面的丰富资源和优势，充分利用地方对高等教育的需

求，在“服务”与“依托”方面努力形成一种良性互动的机制。这样就可以在促进地方经济的快速发展中不断获得地方更大的扶持和资助，进而扩大自身的生存与发展空间。

3. 大力挖掘自身优势，整合自身资源

合理定位学校的发展目标，推进学校的改革发展，必须依托和发挥学校自身的办学资源优势。在整个高等教育结构中，新建本科院校由于办学层次较低，一般处于中下层次；但就某些学科、专业来讲，其师资队伍、科研水平和社会服务等方面却有可能超过学校所处的层次，甚至赶上或超过某些综合性大学。新建本科院校的发展必须充分依托和发挥自身的这些优势。为此，新建本科院校尤其是那些合并升格的学校，必须迅速整合学校现有资源，把现有优势作为学校进一步发展的基础，紧紧围绕形成新的更大优势来思考学校的改革与发展思路，进一步打造学校的优势学科和特色“品牌”；要把优势作为培植新的学科与专业群的“生长点”，也就是要充分发掘、拓展和增强现有优势，扩大学校的学科门类和专业面，以形成有一定实力的学科群；要把优势作为提升学校发展水平的平台。新建本科院校与中央部属院校和老牌本科院校相比，在办学实力、规模和水平等方面都有较大的差距。要增加实力和提升水平，新建本科院校只能从已有的某些优势学科和特色专业着手，倾斜投入，重点建设，使一些专业成为省级乃至国家级重点专业，建设一些省级和国家级重点实验室，大力推进科学研究与经济建设和社会发展紧密结合等，以此迅速而有效地增强学校的整体实力。

4. 正确分析学校发展情势，突出办学特色

办学特色是指学校与其他学校相比所显现出来的独特的办学内涵。新建本科院校必须坚持走以特色求发展的道路。办学特色主要包括四个方面：一是学科专业特色，即建立一批自己的优势学科和特色学科；二是地方特色，即满足依托地方特有的丰富的历史文化资源、经济社会资源，当地对高等教育特有的需求和对人才的数量和规格特有的要求等；三是人才培养模式特色，即根据当代社会经济发展对人才的一般性要求，结合自己的办学传统和服务面向，提出个性化的人才培养目标和要求，建立与之相适应的培养机制；四是治校特色，即经过长时间的探索与积淀形成特有的办学理念、校风学风和校园文化等。[7]形成学校的办学特色，进行科学的、系统的调查研究是基础。新建本科院校要在实事求是、一切从实际出发原则的指导下，认真调查和分析好三种情势：一是社会发展对高层次人才需求的态势；二是同类学校、相关学科和专业发展的趋势；三是纵横比较找出学校自身的优势。在综合分析上述三种情势的基础上，或按社会急需的人才确立培养目标；或按拾遗补缺的原则开设各类课程；或按扬长避短的思路调整学科、专业结构，真正做到“人无我有，人有我优，人优我特”，从而推动学校的快速、稳定、可持续发展。

参考文献：

[1] 张爱淑，等. 关于不同类型高等学校定位研究［J］. 中国矿业大学学报，2004（5）：76-80.

[2] 潘懋元，等. 高等学校分类与定位问题 [J]. 复旦教育论坛，2003 (3)：23-28.

[3] ClarkKerr. HigherEducation CannotEscapeHistory. StateUniversity ofNew York Press，1994：70.

[4] 袁小鹏，等. 地方高校发展战略误区及其矫正 [J]. 咸宁师专学报，2002 (2)：59-62.

[5] 刘旭，叶巧先. 论我国地方高校的发展定位 [J]. 现代大学教育，2005 (1)：98-101.

[6] 张金磊. 对我国高校定位的再思考 [J]. 长春工业大学学报：高教版，2005 (2)：10-12.

[7] 董泽芳，刘桂生. 地方高校发展目标刍议 [J]. 湖北教育学院学报，2005 (1)：98-102.

地方高校核心竞争力的培育与构建

随着高等教育的大众化、国际化及教育需求的多样化，我国高校面临重大的机遇和挑战。如何在激烈的竞争中培育自己的核心竞争力，进而获得可持续发展的能力，是每一所高校迫切需要解决的问题。地方普通高校因其规模、效益和地域性特征，在与其他重点高校的竞争中明显处于弱势。因此，培育和构建自己的核心竞争力对地方高校的发展具有更为重要的意义。

一、高校核心竞争力的内涵与特征

"核心竞争力"（Core Competence）一词最早见于美国学者普拉哈拉德和哈默20世纪90年代初发表在《哈佛商业评论》上的《公司核心竞争力》一文，是指以企业的技术能力为核心，通过战略决策、生产制造、市场营销、组织管理等整合而使企业获得持续竞争优势的能力，是企业在发展过程中建立和发展起来的一种资产与知识互补系统。[1]张维迎更形象地把企业核心竞争力的特征概括为：偷不去，买不来，拆不开，带不走，溜不掉。[2]虽然高校与企业具有本质的不同，但作为经济社会一种具有特定功能的组织，高校同样为利益谋求发展，为效益参与竞争。高校获得社会效益的大小和经济效益的多少取决于它本身竞争力的强弱，因此我们同样可以将这种理论运用到高校的运行管理策略中。据此，笔者赞同赖德胜、武向荣在《论大学的核心竞争力》一文中对高校核心竞争力的定义，即以技术能力为核心，通过对战略决策、科学研究及其成果产业化、课程设置与讲授、人力资源开发、组织管理等的整合或通过其中某一要素的效用凸显而使学校获得持续竞争优势的能力。[3]

高校核心竞争力应有以下几个层面的内涵：其一，这是一种使高校长期保持可持续竞争优势的能力，它以技术能力（学术水平）为核心，通过对高校软硬件资源的有效整合或通过其中某一要素的效用凸显而使学校获得持续竞争优势，是高校竞争优势的源泉；其二，这是一所高校独有的、高人一筹的、造就特色竞争优势的核心能力，不能轻易被竞争对手模仿与替代；其三，它具有自身的生命周期，必须审时度势，与时俱进，使核心竞争力不断升级转换，才能使高校在持续的竞争中立于不败之地。[4]

高校核心竞争力具有如下四方面的特质：一是独特性，它是高校在办学过程中形成的区别于竞争对手且不易被竞争对手模仿的某些独特竞争优势；二是系统性，它是由各种积极因素构成的有机统一整体，其大小取决于各个要素综合作用的结果；三是动态性，竞争过程中各种相关因素的发展变化导致高校核心竞争力的内涵也会不断发生变化，因此它又是一个动态平衡的开放系统；[5]四是延展性，核心竞争力延展、渗透于高校的各个方面，是产生长期竞争优势的竞争力。

二、制约地方高校核心竞争力的主要因素

地方高校核心竞争力是地方高校基于自身条件和定位，适应社会发展要求和人才成长规律，有效获取资源，优化内部运行，强化办学特色，保持持续竞争优势的能力。深入分析和准确把握影响地方高校核心竞争力的主要因素，对于针对性地解决地方高校普遍存在的竞争力不强的问题，指导地方高校在激烈的市场竞争中有效获取资源、优化运行、构建特色、培育核心竞争力，具有直接而重要的作用和意义。制约地方高校核心竞争力的因素主要表现在以下四个方面：

1. 办学资源的稀缺性

办学资源是高校在运行过程中所拥有或支配的能够实现其战略目标的各种要素组合，包括财力资源、人力资源、品牌资源、物力和信息资源等。就其普遍性而言，办学资源的稀缺已成为制约地方高校生存和发展的瓶颈。但我们也清醒地认识到，面对日趋激烈的竞争环境，办学资源不仅成为地方高校办学的基本条件和基础，而且成为培育和形成核心竞争力的重要支撑与载体。由于资源的可选择性和稀缺性特点，相对于其他部属重点高校而言，多数地方高校处于资源竞争的劣势地位。能否获取办学所需的有效资源就成为地方高校生存、发展和形成核心竞争力的重要约束和制约条件。[6]

2. 发展空间的局限性

这种局限性主要表现在：一是政策允许空间小。部属重点院校具有更广泛的办学自主权，而地方高校则受到诸多限制，办学自主权较小。二是生源范围小，质量差。部属重点高校生源广泛，可供选择的概率较大，因而生源质量也相对较高。而地方高校生源绝大部分来自本地区。即使有一些地方院校也能够跨省招生，但因学校知名度小等原因很难有较好的生源。同时，生源质量的降低，也加大了地方高校的培养难度。三是毕业生就业难。地方高校本身所具有的地方性特征，决定了其毕业生就业主要是面向地方。而地方高校一般地处中小城市，经济发展水平相对落后，所能提供的就业岗位有限，故毕业生选择面窄，就业困难。毕业生就业困难反过来又直接影响到学校的声誉和生源。

3. 地理位置的偏远性

地方高校一般地处中小城市，大多位置偏远，交通不便，信息不畅，经济环境、人文环境较差，中心城市对其的辐射力有限。不利的地理条件既增大了办学成本，也使学校在获取优质师资与生源、毕业生就业等方面遇到了难以克服的障碍，制约了其核心竞争力的培育。

4. 学术研究的低效性

学术研究是现代高校的三大职能之一，学术研究水平的高低直接关系到一所高校核心竞争力的强弱。大学的学术能力表现在两个方面：一是纯理论的研究，一是应用研究。纯理论的研究集中于前沿的基础性学科，主要是为应用研究提供理论支持；应用研究则是面向应用领域和社会实际生活，把科技成果转化为现实生产力的研究。[7]地方高

校由于多方面的原因，其学术研究成果的数量和质量以及推广运用的范围和价值均显得差强人意。在纯理论研究方面，多是低水平的重复研究，有所创新、有所突破的比较少；在应用研究方面，能直接为工农业生产和社会生活服务的成果寥若晨星。

三、提升地方高校核心竞争力的策略

高校的核心竞争力不是自发产生的，它是学校在长期发展过程中根据自身的优势和特色有意识地培育，并在办学过程中逐渐整合各种资源而形成的竞争优势。地方高校的比较优势就在于其地方性特征。因此，地方高校的发展应结合地方性特征，对自身资源进行优化整合，发挥比较优势，办出特色，逐渐培育自身的核心竞争力。[8]地方高校核心竞争力的培育是一项系统工程，具体来讲，应通过转变观念、科学定位、加强学科建设和管理创新等策略，逐步打造核心竞争力。

1. 转变观念是先导

地方高校要培育并进一步提升自身的核心竞争力，必须以教育思想观念的变革为先导。具体来讲，就是要做到“五个树立”和“两个坚持”，即：树立紧密结合地方经济与社会发展的功能观，树立适度超前于当地经济发展速度的发展观，树立多渠道筹措资金的投资观，树立适当规模与合理结构的效益观，树立培养服务地方的高素质人才的质量观；坚持以人为本的科学发展观，坚持规模、结构、质量、效益和谐统一的可持续发展观，不断从战略高度增强竞争意识，为学校发展提供不竭动力。高校核心竞争力并非一成不变，它具有阶段性和变化性，为了保持核心竞争力，高校还必须与时俱进，不断创新。要适应时代发展的要求，结合地方经济、社会发展需要，不断拓宽研究领域，积极开办新专业，改革教学内容和方法，为地方经济社会的全面发展培养创新型人才。

2. 科学定位是关键

高等学校的定位是指高校根据区域经济社会发展对高等教育的要求、自身的办学条件以及发展的可能性而确定的学校的性质任务、办学目标和发展方向，主要包括办学方向和目标、办学类型和层次、办学水平和特色的定位等。[9]地方高校要充分认识办学定位的重要作用：一是科学准确定位能为学校发展指明努力方向，能为全校师生树立一种具有凝聚人心、振奋精神、形成合力的奋斗目标，树立一种奋进、开拓、创新的校园文化精神；二是科学准确定位能使地方高校清醒理性地认识自己所处的外部环境和内部条件，可以增强教职工的忧患意识、机遇意识、开放意识和发展意识，有利于学校持续健康的发展；三是科学准确的定位是地方高校科学管理的方法论基础。一方面，准确定位能为学校走上科学管理、加快发展提供理论前提；另一方面，科学准确定位能为学校选择“有所为，有所不为”的发展思路提供科学依据，同时为学校确立自身办学特色、形成自己的办学风格提供途径和方法。[10]

每一所高校都有自己的比较优势，如何把这种优势、特色和潜能发挥出来，从而在竞争中超越对手，这是培育核心竞争力的关键。科学定位的关键取决于学校对自身的评价。地方高校主要面向地方经济建设和社会发展提供人才资源、科研成果和社会服务，带有浓厚的地方性色彩，所以其发展定位正确与否不仅关系到我国高等教育大众化的进

一步提高和区域经济的协调发展，同时也关系到学校自身优势的发挥以及对当地经济和社会发展的服务。因此，要以科学发展观指导地方高校的科学定位，因地制宜，避免攀高现象；要树立精品意识，避免贪大求全；要求真务实，避免浮躁虚名；要积极发展，避免急功近利；要扬长避短，避免平均用力。

3. 学科建设是根本

学科建设是高校的立足之本，是一所高校教育教学改革的核心问题，也是一所高校整体实力的象征。“某一学科建设失败或学科建设跟不上全国乃至全球的发展步伐，将会影响高校整体建设和学校声誉；而一门学科建设的成功有可能改变一所高校的整体格局或学术地位。”[11]高校只有抓住了学科建设这个中心，才能找准学校改革和发展的突破口，才能以点带面，促进学校整体办学水平的提高，进一步增强学校的核心竞争力。地方高校的学科建设应充分考虑本校学科发展的实际情况，合理规划，确定学科建设目标，突出学科建设的前瞻性、综合性、稳定性；以促进地方经济社会发展为导向，进一步加强重点学科建设；围绕学科目标，大力加强学科带头人和学科队伍建设；加强学科基地和学科基础设施建设，不断优化学科建设机制；开展广泛的学术交流和创新，不断提高学术能力，促进核心竞争力的形成。

4. 管理创新是途径

核心竞争力的形成离不开规范科学的管理。高校的组织管理，特别是核心组织管理能力，对于大学的各种资源和能力的整合具有非常重要的意义。一般情况下，大学的核心竞争力是由不同的资源和能力整合而成的，很少有某一种资源或能力成为组织的核心竞争力，这就需要对组织管理进行整合。整合的水平和效益取决于组织管理的水平和能力，它包括大学组织管理者的认知与竞争预见能力、期望水平、资源利用能力、创新能力等。[12]

独特、高效、科学的管理体系，不仅是高校核心竞争力的标志，还是高校核心竞争力的生成机制，它可以将分散的人力和技术资源等要素有效地组织、协调、管理和控制起来，进行整合，从而发挥各要素的整体优势。管理制度是管理体系得以运行的基本依据。每一所致力于形成和提升自己核心竞争力的高校，在建立健全科学合理、切实可行的管理制度过程中都应注重创新。这种创新具体体现在管理体制、运行机制、学科建设、激励机制、竞争机制等方面。[13]管理创新既是地方高校核心竞争力形成的必要过程和途径，也是地方高校核心竞争力形成的根本方式。

参考文献：

[1] Prahalad CK, Hemel G. The Core Competence of the Corporation [J]. Harvard Business Review, 1990 (3): 79-91.

[2] 杨仑赛，李刚. 谈核心竞争力 [J]. 合作经济与科技，2005 (8): 20.

[3] 赖德胜，武向荣. 论大学的核心竞争力 [J]. 教育研究，2002 (7): 43.

[4] 徐敏，李明. 关于高校核心竞争力的思考 [J]. 江苏高教，2005 (3): 37.

[5] 李璐岚. 论大学核心竞争力的内涵与特征 [J]. 漳州师范学院学报：哲学社会

科学版，2004（4）：99.

［6］朱明. 地方高校核心竞争力的主要影响因素［J］. 教育理论与实践，2004（12）：57.

［7］王生卫，李惠玲. 论大学核心竞争力及其培育［J］. 北京航空航天大学学报，2004（3）：64.

［8］罗锋. 地方性高校核心竞争力及培养路径［J］. 中山大学学报，2005（2）：12.

［9］黄威，许树沛. 科学发展观与地方高等学校的发展［J］. 学术论坛，2005（4）：181.

［10］唐华生. 我国地方高师院校发展定位管窥［J］. 达县师范高等专科学校学报，2005（1）：78.

［11］冯苏中. 谈谈高校学科建设和学科管理［J］. 北京邮电大学学报，2002（2）：42.

［12］王明洲. 论大学核心竞争力的构建［J］. 吉林工程师范学院学报：教育研究版，2003（10）：16.

［13］禹元蔚. 试论如何提升高校核心竞争力［J］. 武汉科技学院学报，2005（6）：77.

基于生存和发展模式的
地方新建本科院校特色创建

在高等教育个性彰显和全面贯彻落实科学发展观，切实提高教育教学质量的时代背景下，创建特色高校已成为一种共识。地方新建本科院校作为高等教育阵营里的新生力量，在高等教育日益多样化、竞争日趋激烈的形势下，如何摆脱传统办学模式的束缚，走上特色发展之路，应是高等教育理论研究者和实践者亟待解决的重要课题。

一、把握地方新建本科院校特色创建的内涵

特色是优质事物的规定性，代表着事物发展和前进的方向，具有独特性、统一性、代表性和积淀性等特征，既是事物"人无我有，人有我优，人优我精"的优异本质的表现，又是事物在发展中的历史沉淀。[1](113)据此，我们结合高等教育学的相关理论知识，综合借鉴其他研究者的研究成果，对高等院校的办学特色作如下界定：其是指高校在长期的人才培养、科学研究和社会服务的办学实践中，依据自身条件和社会需求，在一定的办学理念指导下，逐步形成的具有优于他校的独特、稳定和富有创新性的发展方式和被社会公认的、独特的、优良的办学特征。高等院校的办学特色一经形成，所产生的功效与影响将会是多方面而且深刻、持久的。它有利于学校树立独特的、良好的公众形象，有利于形成自己独特的人才市场体系，有利于产生自身地位的不可替代性。当前，创建办学特色，坚持特色办学，已成为高等院校的生存之本、发展之源。地方新建本科院校，无论是办学历史、办学经验、办学资源，还是办学的吸引力、影响力和辐射力，都与部属高校和老牌本科院校无法相比，在高等教育市场竞争中相对处于劣势。因此，地方新建本科院校实施特色创建工程，不仅具有普遍层面的现实意义和价值，更是其自身发展的内在逻辑要求，是在竞争激烈的高等教育市场中扩展生存与发展空间的必然选择和有效途径。

一般来说，地方新建本科院校特色创建都要经历三个阶段。一是办学特色的孕育阶段，即提炼和谋划特色。这个阶段的主要任务是在实事求是、一切从实际出发的原则指引下，认真调查、分析学校的办学现状、办学基础，并结合整个高等教育体系和地方经济社会的发展态势，凝练学校的特色创建目标，准确认知学校应发掘和培植的办学特色的主要内容，并形成系统的特色创建方案。二是办学特色的实践阶段，即形成和发展特色。地方新建本科院校特色创建的目标、内容和具体方案确定后，要充分发挥特色建设

目标的召唤力和凝聚力，进行多种形式的反复宣传、强化，如集中学习、会议贯彻、学术研讨等，将学校特色创建的相关内容传达到各部门、各院系和全体教职员工，使其明确自己在学校特色创建中的具体任务和目标。三是办学特色的升华阶段，即完善和巩固特色。地方新建本科院校创建特色的过程，实际上就是一个把办学思想转化为办学实践的过程，是把自己的优良传统和优势发扬光大的过程，是适应社会需求培养合格建设人才的过程，是学习先进经验、创新发展未来的过程。任何一所学校的办学特色都不是一朝一夕就形成的，它需要经历几代人甚至于十几代人，历经数年的努力，才能打造出学校的品牌与特色。[1](145) 因此，办学特色形成后，还需要长期坚持，不懈追求，进一步完善、巩固和升华特色。

二、找准地方新建本科院校特色创建的途径

面对社会对高等教育的需求与期待，形成各自的办学特色，已成为地方新建本科院校在竞争中扩展生存与发展空间的必然选择和有效途径。那么，地方新建本科院校到底该如何来创建特色呢？笔者认为，主要应从以下几方面着手：

1. 要确立办学理念特色

大学的办学理念实质上是一所大学的理想，它主要指的是大学在自身发展和社会发展过程中对大学的定位、性质、职能与使命等根本性问题的理性认识，是办学实践的导向和指针。大学的办学理念是一个具有全局性的上位概念，它统摄着大学里许多发展战略的制定以及其他实际工作的开展，支配着大学的发展方向。[2] 国内外一些著名大学之所以形成了鲜明的办学特色，首先就是因为这些大学具有独到的办学理念。如，北京大学在“兼容并包”、“学术自由”的办学理念指导下，将西方科学教育和中国人文教育有机结合，成为了各种学术思想争鸣、共存的沃土，为北大的发展奠定了坚实的基础；清华大学在梅贻琦任校长时提出“大学者，非有大楼之谓也，有大师之谓也”的办学理念，使20世纪30年代的清华名师云集，睿才荟萃，群星灿烂，成就了当今清华大学在国内的名校地位。又如，英国的牛津、剑桥并非最早出现的大学，它们之所以能在欧洲众多的古典大学中标鼎史册，就在于较早地突破了宗教的束缚，提出了追求学术性、培养有教养的人的办学理念。正是在这种突出学术性的办学理念指导下，它们开创基础研究、学院制、导师制等，培养了大批世界级大师人才。事实证明，一所高校一旦有了办学特色，就会找到适合自己的发展道路，并获得相应的生存和发展空间。地方新建本科院校作为高教阵营中的新生力量，既没有重点大学的办学实力和文化底蕴，也欠缺本科办学经验的积淀，同时，又不具有方兴未艾的民办高校的活力。要想进一步提升学校的核心竞争能力，在高等教育系统占有一定的位置并保持持续发展，就必须树立特色的办学理念，以其鲜明的个性和特色来取胜。在当前形势下，地方新建本科院校对办学理念的设计和谋划，应坚持以科学发展观为指导，准确把握高等教育改革和发展的趋势，立足于学校办学的区位实际，秉承优良的办学传统，形成既符合社会发展要求，又符合学校办学实际，还能集中体现地方性和先进性的鲜明的办学理念。

2. 要打造学科专业特色

学科水平的高低，代表并决定着一所大学的办学水平、人才培养的质量、社会服务的水平和地位。世界一流大学的标志性特征就是具有优势的学科，优秀杰出的师资，开拓创新的研究，以及为社会培养的大批创新型人才。正是这些优秀学科为社会发展做出了巨大贡献，产生了广泛的社会影响，从而提升了学校的知名度和美誉度，确立了学校的学术地位。如哈佛大学的政治学、医学，耶鲁大学的法学和生物学，斯坦福大学的信息学，加州理工学院的航空工程，伯克利加州大学的理论物理学等，皆是其著称于世的重要标志。地方新建本科院校与其他老牌本科院校和综合性大学相比，发展历程较短，基础较为薄弱，且主要是以为地方经济建设和社会发展培养高素质人才为目标，因此，在打造学科专业特色的过程中，必须结合学校实际，不断强化学科建设的意识，加大学科建设的力度，找准学科建设的途径。具体来说，首先，学科的设置必须立足地方经济建设需要，使学科建设与地方经济建设相互促进共同发展。对原有的已不适应地方经济建设和社会发展需要的学科，应逐步加以调整；对地方经济发展所急需的学科，应积极创造条件加以设置。其次，要考虑本校的现有资源情况，包括学科带头人、学科基础、经费等条件，切忌不切合实际地追求学科上的大而全，一哄而上盲目追求热门学科。这不仅将导致资源浪费，而且还会降低学科水平。再次，必须努力创造条件，积极设置新兴学科。由于校情、区情的不同，一所学校不可能在所有的新兴领域中都去布点。对地方新建本科院校来说，只能根据自己的实际，认真分析新学科设置的现实性与可能性，从中选择若干领域进行布点。最后，在创建学科专业特色的过程中，必须保持和发展学校自身的学科优势与特色。尤其是在新形势下，学科的个性特征或学科特色，将成为高校的“品牌”或办学特色，会影响、带动高校的整体发展，也将提升高校的社会地位和学术地位。[3]同时，地方新建本科院校还应参照国家申报学位授权制度，建立规范的学科建设工作管理机制，制订切实可行的重点学科建设管理文件，规范学科带头人、学术带头人、科研骨干的选拔，规范重点学科申报程序，把学科带头人的选拔，重点学科的申报、管理、评估、验收等内容和环节规范化、制度化，使学科建设工作有章可循，从而保证学科建设工作的可持续发展。

3. 要突出人才培养特色

高等院校的根本任务是培养人才，人才特色是高校办学特色的集中体现。北京大学之所以被誉为“思想家和革命家的摇篮”，不仅仅因为北大是中国新文化运动的中心、“五四爱国运动”的策源地、最早传播马克思主义和民主科学思想的发祥地，以及中国共产党最早的活动基地，更主要的还在于他培养了一大批学术大师，对我国的社会发展发挥了重大作用。而清华大学之所以被誉为“工程师和实干家的摇篮”，就是因为其在为国家培养工程技术人才方面做出了巨大贡献，在“两弹一星”元勋中，有14位是清华校友；在中国科学院和中国工程院院士中，近25%为清华大学校友。由此可见，人才培养特色既是高校办学特色的重要内容，同时也是高校办学特色的重要支撑和直接体现。一般来说，人才培养理念能够为培养特色人才打牢思想基础，人才培养目标能够为培养特色人才指明方向，人才培养过程能够为培养特色人才提供保障，而人才培养质量则是衡量人才特色的主要尺度。[4]因此，地方新建本科院校要培养特色人才，首先必须更新人才培养理念，树立适应性、差异性、创业性和区域性的特色人才培养理念，推动人才培养的个性化和人才培养的优势。其次，要按照“育人为本”的原则，确立“坚持以面向地方、培养企事业单位生产、管理第一线的科技、管理、策划、维修、保养、社会服务等方面的高层次、高水平、高质量的一专多能的通才型、复合型、应用型人才为主”的人才培养目标。在此基础上，针对社会经济发展对人才的要求和生源质量参差不齐的特点，大力开展人才培养模式的改革与创新，为特色人才的培养提供环境和制度保障。当前，地方新建本科院校开展人才培养模式改革主要应抓好以下几件事：一是要按照学术标准与专业实践能力要求相结合的原则，进一步加强“双师型”教师队伍建设，提高教师队伍素质；二是要通过加强基础，拓宽专业口径，强化实践能力和创新能力的培养，加强素质教育，深化课程体系改革；三是要以“产学研”结合为培养途径，分阶段、分层次地对学生进行职业技能、专业能力的训练，构建实验、实训、实习“三位一体”的实践教学体系；四是要加强试题库建设，大力推行教考分离；五是要注重学生的素质拓展，既包括专业技能、专业素养的拓展，也包括社会综合能力的扩充，还包括学生精神气质的陶冶和身心品质的全面提升；六是要从应用型人才培养的特征和规律出发，有目标、有计划地在教学中融合职业培训的内容，积极引导学生在完成修业学分的同时，取得各种职业技能资格证书。[5]

4. 要体现社会服务特色

以服务求支持，以贡献求发展已成为地方高校发展战略的重要选择。从某种意义上说，地方高校如果没有为地方的社会经济发展提供服务和做出贡献，也就很难获得地方政府尤其是学校所在地政府的大力支持。反之，如果地方高校能够卓有成效地服务于地方社会经济社会的发展，不仅能够使地方政府和群众受益，更能进一步拓展学校的生存空间，促进学校的又好又快发展。尤其是在当前高等教育竞争日趋激烈的形势下，地方新建本科院校只有立足地方、面向地方、服务地方，针对地方经济社会发展的需要确定自己的服务内容和服务特色，才能确立学校的生长点和立足点，也只有在这一点上立住了脚，才能为学校的发展赢得时间和空间，才能走得更稳、走得更远。新形势下，地方新建本科院校要想体现社会服务特色，就必须做到以下几点：一是把自身的发展目标建立在为地方经济和社会服务的基础之上，利用同地方政府关系紧密、直接的优势，参与地方的政治、经济、文化等领域的建设，“成为地方社区发展的思想库，成为地方经济社会所需创新人才的培养和培训基地，成为地方高新产业的‘孵化器’和技术改造创新的服务站，成为地区的教育文化中心”。[6]二是要主动融入本地经济建设的主战场，同科技产业密切结合，促进地方经济的快速发展。一方面要强化地方院校为地方经济社会发展服务，另一方面要充分依托和利用地方的经济、文化、教育等方面的丰富资源和优势，充分利用地方对高等教育的需求，在“服务”与“依托”方面努力形成一种良性互动的机制。这样就可以在促进地方经济的快速发展中不断获得地方更大的扶持和资助，进而扩大自身的生存与发展空间。[7]三是面向地方调整科研科技政策，不断提高基础研究、应用研究和教育研究的水平。按“优势互补，互惠互利，共同发展”的原则，推进"产学研"体制创新，鼓励科技人员深入企业参加科技项目的应用开发和科技服务，直接推动地方经济和社会发展。

5. 要构建内部管理特色

符合高等教育发展规律和高校发展自身特点的健全的管理模式，是高校办学特色的一个非常重要的外在表现形式，也是高校创建办学特色的坚强保障。但长期以来，我国在高等教育领域实行的是高度集中的管理体制，高校基本上没有办学自主权。这种体制使高校缺乏主动适应国民经济和社会发展需要的条件和内在动力，难以加强与生产、科研和社会其他各方面的联系，不利于高校增强办学活力，形成特色意识。并且，这种高度集中的管理体制目前仍然在发生作用，不少高校在管理思想和观念上产生了"体制依赖"，仍然受这种统一体制的约束，影响了学校办学特色的形成。[8]随着地方新建本科院校办学层次的提升、办学规模的不断扩大以及组织管理实践的不断深入，学校的管理工作将面临更大的挑战。传统的管理模式、管理理念已很难保证学校在竞争激烈的高等教育市场中占据有利位置，从而实现"内涵升本"的目标，以求得继续生存和发展的需要。[9]因此，地方新建本科院校在创建办学特色的实践中，还必须在创新理念指导下，创造性地采用新的措施手段，对管理要素进行扩展更新和优化组合，以构建独具特色的内部管理模式，产生新的管理效果。具体来说，就是要创新管理理念，实现从"物本管理"向"人本管理"的转变、从"封闭管理"向"开放管理"的转变、从"命令管理"向"服务管理"的转变；创新管理体制，强化学术权力，通过建立健全各级学术组织，将学术问题的决策权回归给相关学术组织，使其真正担负起学术的权力和责任，并建立起一种公平、公开、公正、民主的学术管理框架及制度，使其规范运作；创新管理手段，以科学制定的制度作为组织协作行为的基本约束机制，主要依靠外在于个人的、科学合理的制度权威管理；创新管理目标，深刻认识时代发展的总趋势，把握国内外高等教育发展的方向和道路，明晰学校自身的现状，从而适时确定院校发展的方向和道路，规划院校发展远景，制订可行的、可持续发展和院校发展计划；创新管理方法，管理者要根据教育自身的自然法则，把现代网络技术、可行性分析技术、全面质量管理技术等先进管理技术成果引入教育领域，并加以调整、改革，以便人们推广创新教育和培养创造性思维；创新管理过程，即在管理实践中要坚持依法管理、民主管理、动态管理和积极管理。[10]

6. 要营造校园文化特色

校园文化是学校在"校园"这一特定的区域里经过长期的办学实践，由师生共同创造、培育出来的具有校园特色的文化环境和精神氛围的综合个性表现，它包括师生员工在从事教学、科研、管理等工作和活动中形成的，在学校软硬件建设中融汇的具有学校特色的共同的精神、传统、作风。[11]校园文化能够表达社会的主导思想观念、理想信念、社会风尚、行为规范、价值取向，其建设与发展不仅能够为引领现时段的主流价值文化起到重要的作用，而且对未来社会文化的发展方向也能起到启示和形塑的作用。[12]同时，高校校园文化所具有的强大的导向和辐射功能不仅可以影响在校学生的思想和行为，让大学生感受、认同并深深习得这种文化，学校毕业生走上工作岗位时，他们的思想水平、价值观念、行为作风因受到校园文化的作用而对社会环境产生着不同的影响，不仅影响到地方新建本科院校特色形成，更是在提升学校品位和声誉方面发挥着重要作用。从这一意义来看，一所大学最本质、最重要的特色应该是文化特色，这也是一所大学的精神、灵魂和标志性特征。因此，凝练办学特色是大学校园文化建设的内在要求，而加强校园文化建设就必须着眼于突出和彰显办学特色。这就要求地方新建本科院校在开展特色创建的实践中还必须营造校园文化特色。一方面，地方新建本科院校要深刻认识学校所在地的地域文化，如敦厚朴实的中原文化、散逸精巧的吴文化、保守稳重的内地文化、开放灵活的沿海文化等，注意分析这些文化要素对校园文化产生的种种影响，并且努力在学校的各项工作中加以体现，进而形成有自己特色的大学文化。另一方面，还要提升学校的办学理念，凝练大学精神，重视校风建设，精心培育大学精神文化；营造良好学术氛围，促进国际学术交流，加强学生科技文化活动，支持学术团体及学术刊物的繁荣，着力建设大学学术文化；坚持依法治校，加强民主管理与监督，完善管理规章制度，规范各类重大仪式活动，不断创新大学制度文化；规范学校形象标识，塑造良好社会形象，建设人文校园环境，努力打造大学形象文化。[13]

三、遵循地方新建本科院校特色创建的原则

高等院校的办学特色不是一朝一夕“自贴”或“被贴”的标签，也不是一时广告宣传和媒体炒作的产物，而是在长期的办学实践中培育和形成的。因而，地方新建本科院校在特色创建的实践中，还必须遵循以下基本原则：

一是要坚持实事求是的原则。地方本科院校如果要创建自己的办学特色，必须充分考虑校情，客观、全面而又准确地把握现有的基础、优势和不足，既不能盲目乐观，也不能妄自菲薄。尤其是在确定发展目标、制定发展战略时，更要结合学校的办学实际，量力而行，决不能脱离实际、盲目跟风。唯有如此，地方新建本科院校特色创建的实践才能脚踏实地而不至于盲目模仿。反之，地方新建本科院校在特色创建的实践中如果脱离或忽视自身的实力和条件，急功近利，贪大求洋，一味地向重点大学或老牌本科院校看齐，势必难以办出特色。

二是要坚持继承与创新相结合的原则。地方新建本科院校在长期的办学实践中，已形成了自己的办学风格、办学模式和发展方式。同时在不断适应外部环境、寻求发展机遇的过程中，也逐步促进了办学特色的形成。因此，创建办学特色，既要善于继承自身已经形成的有一定社会影响的传统特色，在继承的基础上，不断赋予传统特色以新的内涵，进一步强化传统特色，使其逐步成为学校的品牌；还要在继承传统办学特色的同时，根据社会、经济、科技发展的需求，围绕传统办学特色积极、主动地开展创新，使传统办学特色不仅能够保持，而且更具有鲜明的时代色彩，以适应社会发展的要求。同时，地方新建本科院校还要根据社会需求和学校自身发展的需要，善于培育新的办学特色，围绕国内外经济、科技和区域社会发展的需求，积极开展知识创新和科技创新，形成具有时代意义和竞争优势的新的办学特色。[14]

三是要坚持整体设计与重点突破相结合的原则。地方新建本科院校办学特色涉及的

内容非常广泛，体现在办学实践的各个方面，通常包括办学理念特色、学科专业特色、人才培养特色、社会服务特色、内部管理特色以及校园文化特色等。因此，在办学特色的规划、设计和培养上，一方面要树立长远的发展战略和长期目标，从整体上规划、设计，拟订重点建设、分步实施相结合的整体计划；另一方面要在总体规划、设计的基础上，综合分析学校自身的优势与不足以及办学特色的建设计划，按照分层次、有步骤、有计划、有重点的建设目标，突出局部重点建设，实现学校办学特色某一方面的率先突破，依靠局部突破带动学校整体的发展。[15]

参考文献：

[1] 江红霞. 地方本科院校定位与特色问题研究 [D]. 湖南师范大学，2007.

[2] 彭旭. 新建本科院校办学理念探析 [J]. 黑龙江高教研究，2006 (2)：82-84.

[3] 唐华生. 新建本科院校学科建设的理性思考 [J]. 四川文理学院学报，2006 (6)：91-95.

[4] 章兢. 人才特色是高校办学特色的集中体现——兼论湖南大学的人才培养特色 [J]. 中国高教研究，2005 (10)：12-14.

[5] 杜侦. 新建本科高校办学特色创建的几个问题 [J]. 南昌工程学院学报，2007 (2)：63-68.

[6] 许霆. 论新建本科院校的发展战略选择 [J]. 江苏高教，2005 (1)：40-42.

[7] 唐华生，何霖. 新建本科院校发展定位研究 [J]. 西华师范大学学报：哲学社会科学版，2006 (4)：96-99.

[8] 蔡首生，李轶芳. 试论地方高校办学特色的创建 [J]. 中国成人教育，2007 (3)：27-28.

[9] 张志远. 新建本科院校内部管理制度化的理论与实践思考 [J]. 四川文理学院学报，2006 (6)：96-99.

[10] 唐华生. 管理创新：新建本科院校核心竞争力提升的必然选择 [J]. 临沂师范学院学报，2007 (4)：37-40.

[11] 康胜. 当前校园文化建设存在的问题与对策 [J]. 西南民族大学学报：人文社科版，2004 (7)：350.

[12] 叶怀凡. 高等院校参与和谐文化建设初探 [J]. 当代教育论坛：宏观教育研究，2007 (11)：133-134.

[13] 夏宏奎. 新建本科院校文化建设的路径选择 [J]. 黑龙江高教研究，2006 (8)：99-100.

[14] 徐浩贻. 高校办学特色的时代内涵与创建原则 [J]. 湖南文理学院学报：社会科学版，2005 (4)：81-83.

[15] 赵杨群. 新建地方性综合学院办学特色形成研究 [D]. 西南师范大学，2004：21.

高等教育大众化进程中的发展质量评价

发展是人类亘古以来的追求，人类对发展问题的理论思考至少已有数百年的历史。时至今日，世界范围内的发展研究已经成为国际社会科学界一个经久不衰的重大课题。尤其是进入21世纪以来，有关社会发展的问题受到了全社会的普遍关注，党的十七大报告也首次将提升经济社会发展质量作为“十一五”时期乃至更长时期政府工作的中心。高等教育的发展是社会发展的重要组成部分，不断提升高等教育的发展质量已成为大众化时代高等教育发展面临的突出问题。但迄今为止，高等教育发展的质量问题还没有真正引起专家、学者与教育行政管理人员的高度重视。理论界对高等教育的发展研究仍主要局限于发展理念、发展目标、发展模式、发展机制、发展动力、发展规律等方面，而对发展质量的研究为数不多，尤其是对发展质量评价的探讨尤为鲜见。基于此，笔者拟对高等教育大众化进程中的发展质量评价问题作一粗略探讨，以期能对提升我国高等教育发展质量有所裨益。

一、高等教育发展质量评价的内涵解读

基本概念是正确思维的首要条件，如果对基本概念的内涵没有明确的认定，那么研究的尺度就难以确定，研究也就难以细致深入、切中要害。正如列宁所言：“要进行论争，首先就要确切地阐明各个概念。”[1]因而，要评价高等教育的发展质量，首先就必须对高等教育发展质量的内涵要有明确的界定。但从目前的实际情况来看，学界对高等教育发展质量还没有形成统一的认识，一些学者分别从不同视角对这一问题进行了研究。就一般意义的社会发展而言，发展质量是指社会有机体在发展过程中所体现的内生性、协调性、共生性和效能性的总和，它反映在一定时空里社会有机体在其运行过程中以其资源总量满足其内在需要的特性及其各种构成要素呈现出来的优化状态。换言之，有质量的发展，必须是社会内生的；能有效协调社会政治、经济、文化等各个环节、各个层面；使人与自然、人与社会、人与人彼此共生、和谐相处；能够为社会发展带来良好的效益、效率和功能。[2]在此基础上，我们可以对高等教育发展质量作如下界定：其是高等教育由小到大、由弱到强运动变化过程中的人才培养、科学研究、社会服务等满足受教育者及国家、社会及相关利益团体要求的能力。需要指出的是，高等教育发展质量概念虽然内在地包含着发展数量的规定性，但它却不同于“发展水平”的概念。“发展水平”主要表征的是高等教育发展所达到的规模，侧重于“量”的规定性；而“发展质量”概念则在“量”与“质”的辩证统一中，侧重于“质”的规定性，表征的是在一

定的社会资源总量的条件下，高等教育系统运行的优化、完善状态。由此可见，高等教育发展质量是一个多维的、变化的并可以通过一定标准和方法来进行评价的概念。也正是基于这样的认识和理解，评价高等教育发展质量才具有了可行性和必要性。

那么，我们应该如何界定高等教育发展质量评价的内涵呢？此时，我们还必须对评价这一基本概念进行明确的界定。“评价作为一个哲学问题，是19世纪末伴随着价值论的诞生而确立起来的。”[3]评价与价值有密切关系。从本质上说，“评价是一种价值判断的活动，是对客体满足主体需要程度的判断”。[4]也有学者从管理学的角度对评价进行界定，认为评价是“描述、收集和分析有用的、客观的资料并将这些资料转变成资讯，提供给决策者作为主观价值判断的历程。其目的主要在于提供改进之道，并进而协助决策者选择合理的行动方案”。[5]由此我们不难看出，评价在本质上是一种价值判断活动，它不仅是判断客体对主体需要的满足程度，而且强调评价的最终目的是为了改善、促进客体自身发展。至此，我们结合高等教育发展质量的内涵，可对高等教育发展质量评价的内涵作如下界定：其是依据高等教育的性质和目的，系统收集有关信息，对高等教育发展质量进行价值判断，从而提出改进的行动，促进高等教育发展质量的持续改进和不断提高的实践过程。其核心目的是全面反映高等教育适应社会需求的程度，其本质在于做出价值判断，目的在于行动。要言之，高等教育发展质量评价是一种“目的在于行动”的价值判断，是一个为决策者收集、描述、使用信息，提供决策服务价值的过程。

二、高等教育发展质量评价的价值诉求

进入21世纪以来，我国高等教育经历了大改革和大发展，在实现了高等教育大国目标的基础上，现在已进入了大提高阶段，即提高教育质量，提高办学水平，着力建设高等教育强国。在此背景下，研究和探讨我国高等教育发展质量评价的相关问题，不仅具有重要的理论意义，而且还具有重要的实践价值。

1. 高等教育发展质量评价的导向价值

高等教育发展质量评价活动的目标和标准对被评价对象而言，起着指挥棒的导向作用，既是其努力的方向，也是其发展的方向。正如有关人士所指出的一样：科学有效的评价不仅会对成功的经验起到强化作用，使被评价对象更加努力，产生获取更好业绩的动力，还能使被评价对象充分认识其不足，形成一种无形的压力，激发高校求上进、求发展的精神。同时，通过评价高等教育的发展质量，还能引导各高等学校认清社会需求的特点，明确高等教育发展的形势以及自身在整个高等教育行业中所处的位置和面临的问题，增强高校在同行中求声誉、求发展的意识。

2. 高等教育发展质量评价的诊断价值

近年来，我国高等教育的规模发展取得了较大的成就，在一定程度上满足了人民群众接受高等教育的需求，提升了我国人力资源开发水平，提高了我国的综合国力和国际竞争力。但是，在蓬勃发展的背后，高等教育发展也暴露了一些突出问题。一些高等教育机构对大众化时代的高等教育究竟应该怎样发展、发展什么还没有清醒的认识和准确的把握，不切实际地求规模、档次和强效益，致使高等教育的发展出现一定程度的盲目

性。而高等教育发展质量评价本身所具有的诊断和反馈功能，不只发现问题，而且还研究问题，解决问题，以指引和帮助各高等教育机构进一步坚定发展信念，理清发展思路，把握发展规律，转变发展方式，破解发展难题，提高发展质量和效益。从这一意义来看，其诊断价值更显弥足珍贵。

3. 高等教育发展质量评价的反省价值

高等教育发展质量评价的对象主要是高等教育机构发展状态和整体发展质量、发展规模、发展结构。政府和教育主管部门是高等教育发展的决策者和教育资源的主要支配者，他们对高等教育发展速度与发展规模、发展模式与发展结构、发展水平与发展效益等负有不可推卸的责任。因此，在高等教育发展质量评价中，政府和教育主管部门常常会自觉或不自觉地反省对高等教育发展决策的正确与否，并能根据高等教育发展质量评价中反映出的问题，矫正失误，提出与时俱进的高等教育发展的新思路、新战略。[5]

4. 高等教育发展质量评价的中介价值

在我国高等教育成功由精英教育转型为大众化教育后，高等院校与社会的联系也越来越紧密了，高等教育已成为经济以至整个社会关注的中心，承担着越来越重要的责任，发挥着越来越重要的作用。与此同时，高等教育的发展也离不开良好的社会环境支持。如何争取更多的社会资源改善学校的办学条件和发展环境，已成为许多高等院校最重要的发展战略。由于高等教育发展质量评价的服务对象本身具有多元性和广泛性，开展切实有效的评价活动，不仅能使高等教育系统在发展理念上具有一定的认同性，而且通过评价过程和评价结果的发布，还能在高等教育系统内部和外部形成一种相互理解、相互支持的氛围。从而在高等教育系统与社会、与市场之间建立一条信息沟通的渠道，使之接触更直接，更易收集社会、市场对高等教育发展的信息、批评和建议。这也有利于把高等教育的投资者、管理者和办学机构紧密联系在一起，架设一座相互支持的桥梁。

三、高等教育发展质量评价的体系构建

在高等教育大众化时代，怎样不断提升发展质量已成为高等教育改革与发展所面临的重要问题。而构建高等教育发展质量的评价体系则是提升高等教育发展质量的关键环节之一。那么，到底应该怎样来构建这一评价体系呢？笔者以为，当前主要应着力解决以下四个问题：

1. 在评价理念上，要体现先进性

正确的理念是正确行动的指南，构建适合我国国情、具有科学性的高等教育评价体系迫切需要科学的理念指导。当前，主要应树立三种评价理念。一是要树立服务性的评价理念。这既是高等教育发展质量评价的出发点，也是高等教育发展质量评价的落脚点。第四代评价理论认为：评价应是评与被评者之间民主协商、共同参与的过程，而非仅仅是评价者对被评价者进行价值判断、控制与监督被评价者的过程。因此，评价不仅具有判断与管理的功能，更重要的是具有服务与建设的功能。这就要求我们在高等教育发展质量评价的指导思想上，必须转变以往以监督控制型评价为主的理念，树立起以服

务性评价为主的理念，充分发挥评价的建设性功能。二是要树立发展性的评价理念。发展性评价是一种依据目标、重视过程、及时反馈、促进发展的形成性评价，一种与传统的终结性评价不同的新型评价理念。在高等教育发展质量评价中，树立发展性的评价理念，就要求我们不仅要注重评价对象的现实表现，更要重视评价对象的未来发展，重在使评价对象“增值”。也即是说，在评价过程中要强调评价者对评价对象的现实表现、发展特点、水平以及未来潜在的发展需求与可能，进行完整的、综合的评定，从现实条件、当前需要出发，以未来可持续发展为出发点和归宿，通过双方共同协商，为评价对象制订发展目标，促进评价对象现实表现与未来发展的融合。[7]三是要树立协调性的评价理念。高等教育发展质量评价本身是一项复杂的系统工程，涉及诸多因素和诸多环节。因此，为了最大限度地提高评价体系的运行效率和效益，我们还要树立协调性的评价理念，正确处理和协调好评价活动中各要素、各环节之间的关系。这也有利于减少内耗，避免重复评价、频繁评价带来的人力、物力、财力等资源的浪费。

2. 在评价标准上，要突出科学性

如前所述，高等教育发展质量本身是一个多层次、多维度的概念，因而其评价标准必须建立在科学研究基础之上，各项指标的确立要充分调查分析，明确其名称、概念、内涵和范围等内容，在理论上要有科学的依据，在实践中要有可行的措施。同时，与其他事物一样，高等教育发展质量标准也是动态的，即随着发展环境的变化而变化、随着发展条件的不同而不同，因此评价标准还要适时进行调整，以便与发展的形势相吻合，真正成为高等教育发展的“晴雨表”。[8]这就要求我们在实践中，要根据科学发展观的要求，从高等教育发展的科学性、有效性、充分性、协调性、持续性、创新性、稳定性、分享性等特征出发，着力构建可操作、可度量的有中国特色的高等教育发展质量评价指标体系，从而客观反映高等教育发展质量的优劣，为国家的宏观管理和相关决策提供真实有效的参考依据。但从目前的实际情况来看，国内还没有这方面可供实证研究的具体指标。在此，笔者试图结合我国高等教育实际，从高等教育发展质量的内涵出发，按照层次性、系统性、简单性、可操作性的原则，设计“三个层面十个点”的评价指标体系。具体来说，该评价指标体系主要包括认识层、操作层和控制层三个层面。其中，认识层的主要评价指标为：发展理念是否先进、发展目标是否清晰、发展特色是否鲜明；操作层的主要评价指标为：发展条件的优劣、发展效益的高低、可持续发展能力的强弱；控制层的主要评价指标为：发展速度如何、发展规模如何、发展结构如何、发展方式如何。笔者认为，这一评价指标体系能够大致反映我国高等教育发展质量。但其科学性还有待于进一步验证，迫切需要各位专家、学者进一步完善。

3. 在评价主体上，要强调多元化

评价主体是指参与制定评价标准，发动、承担、实施一系列高等教育发展质量评价的组织、机构、法人。一个良好的评价体系，必须要有多元的评价主体，以获得更加广泛的支持和参与。但长期以来，我国高等教育评价主体具有一元性，一般都是由教育行政部门任命或成立的，其组成人员都是来自高等院校的专家、学者，一般情况下，行业、企业的专家并未参与评价，学生参与评价更是少见，这使得评价结果的权威性令人质疑。而高等教育发展质量的本质就是评价对象与评价者双方共同进行的价值判断和评价，而评价则是一种主体性的活动，它随着主体本身的不同而不同。因而，在评价高等教育发展质量时，我们还要特别强调评价主体的多元化，要将更多的评价主体纳入评价活动中，特别是要使评价对象成为评价主体，提高他们的参与意识，发挥其积极性。实践中，主要应充分发挥三类评价主体的作用：一是政府及教育主管部门，二是社会及相关利益者（如用人单位、捐资助学者等），三是学生及学生家长。同时，政府也应积极鼓励和支持建立一些独立的评价机构，并将相应的评价活动交给他们去实施，让他们可以独立地评价高等教育的发展质量，从而提高评价的社会化程度。需要指出的是，在当前我国高等教育规模以前所未有的速度获得发展的情况下，评价主体的多元化有可能导致在评价实践中出现“政出多门”、“各自为战”或互相扯皮的状况，从而影响评价功能的充分体现和发挥。因此，在实践中，我们还必须要明确各个评价主体在评价中的地位与作用，理顺各自的评价重点和相互关系，增强各评价主体之间的协作意识，从而提升评价的实效性。

4. 在评价方法上，要把握综合性

高等教育发展质量的评价方法很多，但没有哪一种评价方法和手段是绝对优异的。它们都有各自的适应范围，只有将多种方法结合起来，发挥各自的优势和作用，才能从不同的侧面反映实际状况，增强评价的准确性。因此，在评价高等教育发展质量时，还应使用综合化的评价方法。具体来说，就是要实现“三个相结合”。一是共性评价与个性评价相结合。我国经济发展的不平衡性，导致高等教育发展质量呈现明显的地域性差异。不仅沿海地区、中部地区、西部地区高等教育发展质量存在较大差异；就算是在同一地区，由于办学历史、办学水平、办学条件的不同，其发展质量也参差不齐。因此，评价高等教育发展质量既要考虑高等教育发展质量的共性要求，也要兼顾不同区域、不同层次、不同类型高等教育发展的特点和基础。二是定性评价与定量评价相结合。定量的描述是以定性分析为前提的，定性分析又是以定量描述为基础的。[9] 因此，在评价高等教育发展质量时，凡是能够用一定数量确定的，应尽量给出定量要求。而对一些抽象层次高、找不到典型价值事实的评价对象，则应以定性评价为主，如评价标准中的发展理念、发展特色等，无法进行量化评价，只能采取定性分析。三是自我评价与外部评价相结合。发展是高等院校的永恒追求，因此，建立高等教育发展质量的自我评价机制应当成为高等院校的自觉要求，成为学校建设和发展中的重要任务。但由于受自身条件和各种因素的影响与限制，自我评价机制也存在一定的局限性，其评价结论的客观性、可信性和有效性难以得到保障。而外部评价与自我评价相比，其起点更高、视野更宽，更具客观性、权威性，对院校的宏观指导战略意义更大。因此，评价高等教育发展质量，还必须将外部评价与内部评价相结合，并使二者相互融合与促进，如此才能得出真正意义上的公正合理的评价结论。

参考文献：

[1] 列宁. 列宁全集（第23卷）[M]. 北京：人民出版社，1958：34.

[2] 张兰英. 论发展的质量 [J]. 南平师专学报, 2006 (3)：20-22.

[3] 李雁冰. 课程评价论 [M]. 上海：上海教育出版社, 2002：25.

[4] 陈玉琨. 教育评价学 [M]. 北京：人民教育出版社, 1999：7.

[5] 中国教育学会. 教育评鉴 [M]. 台北：师大书苑, 1995：44.

[6] 王明伦. 高等职业教育发展质量评价标准的研究 [J]. 吉林工程技术师范学院学报：教育研究版, 2003 (7)：10-14.

[7] 潘武玲. 我国研究生教育质量评价体系研究 [D]. 上海：华东师范大学, 2004：133-139.

[8] 李德方, 王明伦. 高等职业教育发展质量标准初探 [J]. 教育与职业, 2006 (23)：10-11.

[9] 王运峰, 张蕾, 张亮. 研究生教育质量发展性评价体系的构建 [J]. 学位与研究生教育, 2006 (2)：69-72.

教学质量管理体系构建：从理念、原则到内容

——以新建本科院校为视角

2005年以来，我国高等教育在经历了规模扩张之后开始重新回归质量本位。党和国家领导人多次在不同场合强调，要将提高高等教育质量作为当前和今后一段时间教育领域的一项重要工作来抓。教育部也分别于2005年1月、2007年1月、2007年2月下发了《关于进一步加强高等学校本科教学工作的若干意见》（教高［2005］1号）、《关于实施高等学校本科教学质量与教学改革工程的意见》（教高［2007］1号）和《关于进一步深化本科教学改革全面提高教学质量的若干意见》（教高［2007］2号），对今后一段时间高等院校提高教育教学质量进行了全面而具体的安排和部署。同时，围绕高等教育质量问题，教育部还实施了“新世纪高等教育教学改革工程”，启动了“高等学校教学质量与教学改革工程”，开展“高等学校名师奖”的表彰奖励，建设“国家精品课程”，推动“大学英语教学改革”，积极开展高等学校本科教学水平评估等。这些重要的举措既是在向世人昭示我们党和国家对提升高等教育质量的信心和决心，同时也是各高等院校贯彻落实科学发展观，着力提升教育教学质量的指导思想和实践动力。有鉴于此，笔者拟就新建本科院校实施教学质量管理的理论与实践问题作一粗略探讨，以期能对新建本科院校教学质量的稳步提升有所裨益。

一、把握新建本科院校教学质量管理的内涵

准确把握教学质量管理的内涵是新建本科院校有效开展教学质量管理的前提。因为对教学质量管理内涵的不同理解，必然会形成不同的教学质量管理标准、原则和方法，从而引起教学质量管理行为上的混乱，最终影响教学质量管理的有效性。而要探讨教学质量管理的内涵，首先必须搞清教学质量的基本内涵和属性。但就目前的实际情况来看，无论是在教育理论研究还是在教育实践探索中，教学质量还仍是一个比较模糊的概念，不同的学者从不同研究视角入手对教育质量进行了界定或说明，从而得出了不同的结论。参考和借鉴各位专家、学者的研究成果，我们认为，高等院校的教学质量是“高等教育满足主体需要的程度，是一种价值判断和评价”，[1]其质量的高低（质量标准）是“教育教学活动所产生的结果（或效果）达到既定目标的程度，或者满足社会及受教育者需求的程度”，“它最终体现在人才培养对象的质量上，其衡量标准是各级各类学校教育目的的贯彻程度和人才规格的达成状况”。[2]教学质量是一个不断发展、逐步形成的系统，是学校根据党和国家的教育方针，确立办学理念和进行教学管理的总体成果。其本

质是学校教育紧跟科学技术发展和社会发展的基本特点和趋势，适应并自觉服务于社会需求并反作用于社会的发展，其基础在于人才个体为适应社会需求而充实和丰富自我的总体素质的程度。

据此，我们可以对新建本科院校教学质量管理的内涵作如下界定：其是指新建本科院校为使其教学服务满足学生、用人单位、社会和国家相关要求，围绕保障和提高教学质量这个中心，针对学校各项具体教学环节实施所开展的一系列指挥、协调和控制活动。这些活动通常包括制订质量方针和质量目标，以及质量策划、质量控制、质量保证和质量改进等。此外，教学质量管理还涉及学科、专业、课程、教材、实验室、实践教学基地、教学队伍、教学管理制度的建设与管理，以及教风、学风建设。新建本科院校教学质量管理的内容主要包括教学计划的管理、教学过程的管理、教学辅助过程的管理、科学化考试的管理、教学工作评价等；其主要目的不仅在于证明已经取得的“质量”，更重要的在于持续不断地改进学校人才培养活动的效果，不断提高人才培养活动满足社会需要的能力，实现教学质量的“动态管理”和“逐步提高”。[3]

二、明确新建本科院校教学质量管理的价值

对新建本科院校来说，实施教学质量管理不仅能够促进学校教学质量的稳步提升，而且还能够体现以下两方面的重要价值：

1. 新建本科院校开展教学质量管理是贯彻落实科学发展观的重要体现

科学发展观是我们党对社会主义市场经济条件下经济社会发展规律认识的深化，是指导我国经济社会和文化事业更好更快发展的世界观和方法论的集中体现，是改革开放和现代化建设必须长期坚持的重要指导思想。高等院校如何在数量、结构、规模、质量、效益协调的高等教育科学发展观指导下，切实提升本科教学质量值得我们关注。当前，部分新建本科院校仍处在以规模扩张和校园建设为主要任务的外延式发展阶段，对教学质量的重视程度和管理力度还有待进一步加强。因而，新建本科院校以加强教学质量管理为手段，全面提升教学质量，不仅是为了贯彻“以人为本”、“质量永恒”、“质量就是生命”的管理理念，为了“接受社会监督和组织评估的需要，自身发展和以质取胜的需要，以及理顺校内体制和规范教学管理的需要”，[4]更是贯彻和落实高等教育科学发展观的重要体现。

2. 新建本科院校开展教学质量管理是学校内涵升本的迫切需要

新建本科院校由专科升格为本科，标志着其已经具备了举办本科办学的基础和条件。但这只能说是取得了本科办学资格，还不能说已经是合格的本科院校。因为学校升格为本科，不是简单的学制延长和名称变化，而是办学层次的提升，是质的飞跃，这就需要在办学理念、队伍建设、培养目标、管理方式以及办学条件等方面进行根本性的转变，以实现学校的内涵升本。[5]教学质量既是高校独特内涵的重要体现，也是高校开展内涵建设的主要着力点。新建本科院校通过开展教学质量管理，不仅能够引导全校师生员工树立以满足社会需要为目的，树立以质量求生存、以质量求发展、以改革促质量提高的管理观念，进一步巩固学校的教学中心地位，还能形成领导重视教学、教师潜心教

学、学生发奋求学、经费保证教学、部门服务教学、政策倾斜教学的良好局面，从而为学校教学质量的稳步提升打下坚实的基础。从这一意义上来看，新建本科院校实施教学质量管理不仅是必要的，而且是紧迫的。

三、构建新建本科院校教学质量管理的体系

建立健全新建本科院校教学质量管理体系，促进教育质量的稳步提升，不仅是全社会对高等教育确保人才培养质量的期望与要求，也是新建本科院校增强内部自我约束、自我发展，提高人才培养质量和整体办学水平，促使教学管理走向成熟和规范的具体体现。当务之急，新建本科院校应着力构建以下四个方面的教学质量管理体系：

1. 构建新建本科院校教学质量管理的目标体系

第一，要保障教学质量管理目标的指向性。一方面要根据社会经济和科学技术发展需要，立足自身发展实际，合理确定人才培养目标定位，并以此指导教学管理目标的确定，并在教学管理实践中一以贯之；另一方面，教学管理目标要明确合理，要符合自身实际和发展潜力，能为管理主客体所接受并自觉实践。第二，要坚持教学管理目标的全面性。一方面目标内容和体系要系统客观，在设计子目标时应考虑与总目标的一致性和相应权重；另一方面要考虑目标主客体之间的关系，要把思想统一到如何提高教学质量上来，紧紧围绕人才培养目标开展各项工作，形成管理合力，使教学质量管理目标和实践符合人才培养需要。第三，要充分考虑目标的连续性和发展性。教学质量管理目标连续性是指目标一经确定就应该成为工作指南，不能轻易变动；教学质量管理目标的发展性是指目标要有前瞻性，并能根据形势发展要求和管理实践效果适时予以修正和改进。第四，要考虑教学质量管理目标的激励性。教学质量管理目标不应单纯成为一种规约工具，而应成为激励管理主客体工作激情的有效手段。[6]

2. 构建新建本科院校教学质量管理的组织体系

为进一步加强新建本科院校的教学质量管理，必须强化“学院党政一把手是教学工作的第一责任人，主管教学的院领导是直接责任人”[7]的观念，设立在学校党委、行政领导下的，由分管校领导具体负责的，以学校为主，院（系）、教研室密切配合的三级教学质量管理组织体系。一方面，要通过设置权威性的常设的校级教学质量管理机构，如教学工作指导委员会、教学督导专家组、教学条件保障委员会等，负责教学政策导向、教学质量标准的建立与完善、教学组织与教学完成情况检查、教学目标考核与评价等，形成专家教授与管理人员共同负责学校教学质量的运作机制。另一方面，院（系）作为实施教学及管理的实体，也是实施教学质量监控与保障最重要的组织，既要承担本单位教学过程的监督与协调、教学标准执行、教学政策落实等，还要对学校教学发展规划、教学改革等重大教学问题，对专业建设、课程建设、实验实训基地建设等进行专业的评议，并结合专业实际提出富有建设性的意见。同时，教研室作为实施教学及管理的最基层单位，是实施教学质量管理最直接的组织，不仅要具体负责各门课程（含实践教学环节）的教学质量管理、监督与评价工作，在实践中把握教学质量标准，还要积极组织教师开展教学研究与教学改革。

3. 构建新建本科院校教学质量管理的评价体系

评价是实施教学质量管理的主要环节和有效手段。一方面借助评价手段并以相应的评价结果为主要依据，能够实现对教学过程的动态管理，总结存在的问题，加强对薄弱环节的管理，以发挥评价的管理功能和总结功能。另一方面，还可以通过评价来帮助、激励、指导教师改进教育教学方法，提高教育教学水平；帮助各院（系）改进人才培养管理工作，提高院（系）级教学管理水平，达到“以评促建、以评促改、以评促管”之目的，充分发挥评价本身具有的导向、改进和激励功能。[8]新建本科院校构建教学质量管理评价体系的首先要从学校的实际情况出发，根据各项工作规范制订出既符合实际又具有较强可操作性强的评价标准。其次，要组建相应的评价主体，既要重视评价主体的权威性，将教学名师、教学管理专家等纳入评价主体，还要重视评价主体的广泛性，在校学生、院教学督导组、中层以上领导干部、教师、已毕业学生都应作为教学评价的主体参与各类评价。尤其是要重视校外评价主体在教学质量评价中的作用，要通过他们了解市场对人才需求的变化，以及社会对学校人才培养质量的评价情况。最后，在组织实施评价时要做到形成性评价和终结性评价并重，既要重视对各个教学环节的评价，又要重视结果的评价。

4. 构建新建本科院校教学质量管理的研究体系

一方面，教师的知识水平和教学能力是决定教学质量的重要因素之一，而通过开展持续、深入的教育科学研究活动，能够帮助教师进一步了解学科知识前沿、深化对教学规律的认识、改革旧的教育教学方法，从而不断提升教学质量。另一方面，在高校内，无论是一些重大教改举措的出台，抑或教学制度的修订，还是教学评价指标的界定，乃至一门课程的内容改革和方法更新，都建立在周密的调查和深入的研究基础之上的。[9]基于这两个方面的思考，新建本科院校构建教学质量管理的研究体系不仅是必要的，而且是紧迫的。这就要求各新建本科院校要高度重视教育教学研究模块在教学质量管理实践中的地位和作用，坚持“理论在先”的原则，充分发挥高等教育研究人员和研究机构在教学质量管理中的咨询和参谋功能。对高等教育研究人员和研究机构来说，则要进一步增强工作使命感和责任感，有计划、有目的地开展有关高等教育质量管理的研究工作，并要将研究成果及时应用到管理实践中去，为学校教学质量的稳步提升提供强而有力的理论决策指导。

四、遵循新建本科院校教学质量管理的原则

为了确保教学质量管理的有效性，新建本科院校在实施教学质量管理的实践中，还应该遵循以下四个基本原则：

1. 要遵循以人为本的原则

新建本科院校教学质量管理中的“以人为本”主要体现在以教师为本和以学生为本两个方面。以教师为本，是指学校的一切教学质量管理活动都要以调动教师的积极性为目的，要在关注教师的生活需求和工作条件的同时，更多地关注教师和管理人员自身发展的高层次内在需求，关注他们对教学和管理工作的意见和建议，客观公正地评价教师

和管理人员的工作业绩和工作质量，营造和谐的工作环境，激发教师的主人翁精神和工作责任感；以学生为本，是指教学质量管理必须高度关注学生及其成才的需求，要根据学生的认知水平和智能潜质设计人才培养目标，改革人才培养模式，科学合理地安排教育教学活动、配置教育教学资源，始终将学生的成长成才作为教学质量管理的基本宗旨。

2. 要遵循全面管理的原则

教学质量管理中的全面管理可概括为“三全”管理模式，即全方位管理、全过程管理和全员参与管理。首先，新建本科院校的教学质量管理应是全方位的质量管理，它要求对从专业设计到招生，到培养再到学生就业的整个教学过程中可能影响教学质量的各种教学信息、内外部因素都进行有效的监督和控制；其次，新建本科院校的教学质量管理应是全过程的质量管理，它强调教学质量管理的每一个环节都必须符合预定的目标，重视预防的积极意义，而非仅重视评价及终结性评价的作用；最后，新建本科院校的教学质量管理应是全员参与的质量管理，它不仅仅只是学校领导和管理者的责任，而是涉及教师和学生、教学保障、后勤服务等全校各个部门的所有工作人员，要求调动每个师生员工的积极性、主动性和创造性，促使他们为提高教学质量而勤奋工作。

3. 要遵循动态管理的原则

传统教学质量管理的核心是“质量控制”，其质量标志是学生学业成绩与教学要求之间的符合性程度，是一种静态的管理。现代教学质量管理强调的是有目的、有计划、持续地进行质量改进，其质量标准是人才培养适应于满足高校利益相关者需求变化的适用性程度，是一种动态的教学质量管理。[10]它反映了在激烈的市场竞争中，高校对人才培养质量追求永无止境的现实，是确保高校在激烈竞争的高等教育市场中占领一席之地的重要举措。这就要求新建本科院校在开展教学质量管理的实践中，必须遵循动态性原则，要根据社会发展需要和学校教学、管理工作的需要开展持续有效的教学质量改进活动。要建立定期的教学质量体系的评审制度，对教学质量体系要素、质量体系的运行状态等进行评审，并不断地完善与改进质量体系，以适应人才培养质量标准提高的需要。

4. 要遵循行政管理与学术管理相结合的原则

教育教学活动的开展，涉及学生、教师和全体管理者，涉及具体的教学内容、管理内容和管理机制。就教育活动的内容、步骤、要求等而言，往往具有规定性、规范性、秩序性，更多地体现出行政特性。这就需要用行政的手段，用行政管理的理论和方法解决。而诸如教学的要求是否恰当，是否客观实际，是否符合现实条件和水平，质量的标准是否合理，质量的内涵是否全面和科学准确，考核质量的方法和手段是否科学可行，为人所接受等问题，则更多地反映出学术特征，这就需要用学术管理的思想、理论和方法来解决。[11]例如，建立质量管理机构、制订质量管理文件、进行教学调度、组织课程考试、进行学籍处理等，只需要程序化、规范化、制度化，集中体现为定制度、立程序、重执行。这就是行政管理。而要制订科学、合理、客观的教育质量标准以及各个教学环节、每项教学工作内容的要求，就要召开多种形式各方面人员的会议加以研究讨论，在发挥专家的作用，充分听取各方面的意见的基础上，采纳吸收合理意见，使之更加符合教育教学规律，更加符合客观实际。这些都是些学术性问题，因而需要用学术管理的思想、理论和方法加以解决。

参考文献：

[1] 李福华. 高等教育质量：内涵、属性与评价 [J]. 现代大学教育，2003 (2)：17-20.

[2] 陈文贵，等. 高等院校教学质量保障体系建构探析 [J]. 内蒙古师范大学学报：教科版，2005 (11)：34-36.

[3] 王旭林. 论本科教学质量管理体系的构建 [J]. 成都中医药大学学报：教育科学版，2005 (1)：1-2.

[4] 李建辉. 高师院校构建教学质量监控体系刍议 [J]. 集美大学学报：教育科学版，2000 (1)：51-55.

[5] 孟兆怀. 把四川文理学院尽快建成合格本科院校的思考 [J]. 四川文理学院学报，2006 (6)：1-6.

[6] 朱强. 论高校教学质量管理的价值取向 [J]. 求索，2006 (8)：147-148.

[7] 孟兆怀. 坚持科学发展，深化教学改革，全面提高学院本科教学质量——在学院升本后第一届教学工作会议上的报告 [J]. 四川文理学院学报，2008 (1)：4-9.

[8] 欧阳丽. 提高认识，强化管理，全面提升教育教学质量——顺德职业技术学院教学质量管理探索与实践 [J]. 顺德职业技术学院学报，2006 (1)：66-69.

[9] 李建辉，詹曙萌. 论高等学校教学质量管理体系的构建与运作 [J]. 大学·研究与评价，2007 (6)：37-41.

[10] 张典兵. 关于高校教学质量管理几个基本问题的思考 [J]. 继续教育研究，2006 (3)：58-60.

[11] 曹军，韦成龙，刘绍勤，张拥华. 高校教学质量管理体系的构建研究与实践 [J]. 云梦学刊，2006 (3)：119-122.

管理创新：新建本科院校核心竞争力提升的必然选择

近年来，随着高等教育改革与发展的不断深入，我国已有 140 多所专科层次的普通高校通过整合资源、扩大规模等多种途径升格为本科院校。就大多数新建本科院校而言，随着学校办学规模的不断扩大以及组织管理实践的不断深入，学校的管理工作将面临更大的挑战。传统的管理模式、管理理念已很难保证学校在竞争激烈的高等教育市场中提高教育教学质量，从而实现“内涵升本”的目标，以求得继续生存和发展的需要。有鉴于此，新建本科院校要进一步提升学校的办学水平，增强学校的核心竞争力，就必须走管理创新之路。

一、把握新建本科院校管理创新的内涵

管理创新立足于提高管理的适应性，为最大限度地满足人们对组织的需求，通过重组管理资源，以更有效的管理行为赢得竞争优势的指导思想和实践活动。作为一种实践活动，至少应具有五个特点：一是首创性，它不是对前人或他人的简单模仿再造，而是包含对过去所没有的新的因素或成分的借鉴和利用；二是变革性，它不只是对旧的管理活动的改进和完善，更是对旧的管理活动的否定和扬弃；三是先进性，它符合管理活动发展的规律，能够代表现代管理发展的方向；四是科学性，管理创新不是主观的猜想和臆断，而是科学研究的成果；五是有效性，管理创新能带来明显的效益。[1]

根据目前企业界和管理界对管理创新的定义，结合高等教育的实际，新建本科院校的管理创新是指为了培养创新人才而对学校管理进行创造性的变革，也就是指学校领导者在创新理念指导下，创造性地采用新的措施手段，对管理要素进行扩展更新和优化组合，以形成新的管理格局，产生新的管理效果，从而更好地培养创新人才的活动。它是一项复杂的系统工程，涉及高校管理理念、管理体制、管理手段、管理目标、管理方法、管理组织、管理环境、管理过程等诸要素，其中管理观念是整个管理创新的核心。

二、明确新建本科院校管理创新的价值

新建本科院校开展管理创新，至少能体现以下三个方面的价值：

首先，管理创新是学校内涵升本的重要体现。新建本科院校由专科升格为本科，标志着其已经具备了举办本科的基础和条件。但这只能说取得了本科办学资格，还不能说

已经是合格的本科院校。因为，学校升格为本科，不是简单的学制延长和名称变化，而是办学层次的提升，是质的飞跃，这就需要在办学理念、队伍建设、培养目标、管理方式以及办学条件等方面进行根本性的转变，以实现学校的内涵升本。[2]但从目前的实际情况来看，新建本科院校大多还是采用专科时期的管理方式，管理工作还存在一些问题。主要表现为：管理思想落后，还没有摆脱计划经济思想的束缚，“等、靠、要”思想严重，市场观念、竞争意识不强，缺少以人为本、自主办学的先进理念；管理目标保守，以得过且过、渐进发展为标准，以“慢慢来”为借口，没有赶超的思想和跨越式发展的意识；管理方法简单，以生硬僵化的行政管理方法和松散拖拉的假学术管理方法来代替科学的院校管理，不注重管理的效果和效益；管理手段陈旧，仍以召集会议、印发文件、走走看看为主，现代化、信息化的管理手段没有得到很好的利用；管理组织单一，简单套用党政机关和传统大学的组织建制，不考虑当代科技和社会发展的新特点；管理制度缺失，不仅管理制度不健全，就是现有的一些管理制度也没能得到很好的落实，形同虚设；管理环境差，还没有营造出浓厚的管理文化氛围；管理体制僵化，信息闭塞，人们思想观念保守。[3]从这个意义上讲，新建本科院校管理创新不仅是必要的，而且是紧迫的。

其次，管理创新是提升学校核心竞争力的重要保障。高校核心竞争力是一种使高校长期保持可持续竞争优势的能力，这种能力以技术能力（学术水平）为核心，通过对高校软硬件资源的有效整合或通过其中某一要素的效用凸显而使学校获得持续竞争优势，它是一所高校在办学过程中形成的区别于竞争对手且不易被竞争对手模仿的某些独特竞争优势。新建本科院校的核心竞争力是其基于自身条件和定位，适应社会发展要求和人才成长规律，有效获取资源，优化内部运行，强化办学特色，保持持续竞争优势的能力。因此，管理创新既是新建本科院校核心竞争力形成的必要过程和途径，也是提升其核心竞争力的基本保证和战略核心。此外，独特、高效、科学的管理体系，不仅是高校核心竞争力的重要组成部分，还是高校核心竞争力的生成机制，它可以将分散的人力和技术资源等要素有效地组织、协调、管理和控制起来，进行整合，从而发挥各要素的整体优势。

最后，管理创新也是对高等教育大发展的时代回应。伴随着高等教育的大众化，国家对高等学校的管理开始由微观管理转向宏观指导，由单纯行政管理转向市场调节和法治管理。这就要求新建本科院校要按照“转换机制、优化结构、增强活力、提高效益”的原则，学校内部管理逐步摆脱计划经济的思维模式，积极主动地进行管理创新。新建本科院校应以此为契机，不断完善学校的管理制度，积极开展管理创新，以管理创新来促进学校的整体创新，使学校能够在竞争激烈的高等教育市场中占有一席之地。

三、找准新建本科院校管理创新的途径

从专科升格为本科是一次历史性的跨越。专科时期的管理思维、管理方式根深蒂固，必将在相当长一段时间内存在并制约着学校的发展，这就要求新建本科院校在学校管理活动中要敢于创新，善于创新，不断提高学校的管理水平和管理效益。

1. 管理理念要创新

新建本科院校要实现管理创新，首先就要在管理理念上有新的认识，有新的突破。具体来说，就是要实现三个转变，即从“物本管理”向“人本管理”的转变、从“封闭管理”向“开放管理”的转变、从“命令管理”向“服务管理”的转变。[4]这就要求我们要彻底转变过去那种把“物”作为管理的目标而把“人”视为完成工作任务的工具的管理理念，全面贯彻“以人为本”的思想，把“人”放在管理活动的主体位置上，并以之作为高校管理活动的核心，尊重人、关心人、依靠人来推进高校管理。同时，新建本科院校还要树立“服务管理”的理念，要使学校的一切管理工作都汇聚于为培养社会主义现代化建设所需要的各种各样的创新型人才服务、为地方经济建设和三个文明建设服务、为学生的全面发展和可持续发展提供服务上来。

2. 管理体制要创新

长期以来，大多数新建本科院校的机构设立基本上是参照政府的行政机构设置的，政府内部有什么样的部门，学校也相应地设置什么样的机构，并实行与政府相同或相似的运行机制。这种体制必然造成管理不善等问题。创新新建本科院校的管理体制，从宏观来看，就是要遵循现代大学的发展规律，建立和完善现代大学制度，逐步形成在政府的宏观调控下，大学面向社会、依法自主办学、实行民主管理的格局，促使大学逐渐完善自我发展和自我约束相统一的机制，提高自我发展和自我约束相协调的能力。从学校内部的管理体制来看，就是要明确校、院（系）两级职权，下移管理重心，使学校院（系）等二级机构在组织教学、科研、对外交流等方面拥有更多的自主权，逐步实现两级管理，充分发挥院系办学的积极性、自主性。同时，新建本科院校还要强化学术权力，通过建立健全各级学术组织，将学术问题的决策权回归给相关学术组织，使其真正担负起学术的权力和责任，并建立起一种公平、公开、公正、民主的学术管理框架及制度，使其规范运作。

3. 管理手段要创新

新建本科院校必须变革传统的管理手段，代之以制度化管理手段。即以科学制定的制度作为组织协作行为的基本约束机制，主要依靠外在于个人的、科学合理的制度权威管理。制度化管理本身具有极强的权威性，鲜明的目的性，以及科学性、系统性、强制性、通用性、稳定性和应变性等特征。与传统的随意性很大的“人治”管理相比，新建本科院校实行制度化管理至少具有以下几个优势：一是个人与权力相分离。在制度化管理中，职务是职业，不再是个人身份，所有管理行为都来自规章制度的规定。在规章制度面前人人都享有同等地位，从而排除了个人偏好或专断的影响，减少了管理的随机性和主观性，加强了精确性、连续性、可靠性和稳定性。二是理性精神、合理化精神的体现。理性精神、合理化精神是制度化管理的指导思想，也是管理者科学精神的体现，是一种不徇人情的管理体系。三是适应现代大学发展的需要。现代大学应该有自己的特色，有自己的优势，有自己的战略目标。制度化管理可以使组织行为做到高度统一，出现整合效应，实现自己的战略目标，使学校得以持续发展。[5]

4. 管理目标要创新

新建本科院校首先要深刻认识时代发展的总趋势，把握国内外高等教育发展的方向和道路，明晰学校自身的现状，从而适时确定院校发展的方向和道路，规划院校发展远景，制订可行的、可持续发展和院校发展计划。其次要冲破惯常的静态战略规划思维，倡导“战略思考”，即管理人员在对现实环境观察与分析的基础上，联系自身的想法与经验，由洞见与创意来预见未来发展对人才素质的总体要求，把握院校的性质与特点，确定院校全面的、富有战略特点的管理目标，建立融人文精神、价值观念、行为准则、道德规范以及全体教职员工的责任感和荣誉感为一体的校园文化。再者要以时代发展为导向，规划院校管理队伍的自身发展目标。[6]

5. 管理方法要创新

新建本科院校管理方法创新的实质就是管理者要根据教育自身的自然法则，把现代网络技术、可行性分析技术、全面质量管理技术等先进管理技术成果引入教育领域，并加以调整、改革，以便人们推广创新教育和培养创造性思维。管理方法创新的途径主要有三种：一是原创或首创，即用先进的管理科学理论指导实践直接产生新的管理方法；二是“嫁接或杂交”，即将先进的管理科学理论与高等教育系统的管理工作进行融合，实现方法创新；三是迁移或移植，即直接利用其他领域的现成办法。[3]同时，为了使管理方法符合信息化时代教育管理的新要求，管理者还必须适时对现行的管理方法进行重新评估，并根据管理对象的性质和具体情况，对管理方法进行整合和创新。

6. 管理组织要创新

管理组织是管理活动的载体。新建本科院校必须适应时代发展的需要，遵循高等教育的发展规律，并结合学校实际，强化学校管理组织机构的设置，构建扁平式的管理组织结构。扁平式组织结构的特征是从最上面的决策层到最下面的操作层，中间相隔层次极少，它最大可能地将权力向组织结构的下层移动，让下层单位拥有充分的自主权，并对产生的结果负责。同时，由于管理层次少，管理人员也少，还可以节约管理费用，降低管理成本。新建本科院校管理组织结构扁平化的首先是要加强职能部门的专业化建设，要完善校院二级管理，并给予二级管理单位一定的自主权，要在学科建设、人才培养、科学研究、机构建设等方面充分发挥二级管理单位的积极性。其次是要建立一支具有较高政治素质、知识水平和科学管理能力的专业化的管理队伍。要像重视教师队伍建设一样，加强管理人员的队伍建设。具体来说，就是要重视对管理人员的进修和培训工作，给他们创造学习和研究的机会，促使他们不断提升理论水平；要加强校际间的交流，创造条件经常到各高校考察、学习先进的学校管理经验；要通过举办学校管理研讨班，或请国内外知名专家、学者讲授最新的教育发展趋势，探讨科学的学校管理方法；要关心管理人员的切身利益，在工资待遇、职称评定、在职攻读学位等方面对管理人员予以政策上的倾斜，以保证管理队伍的稳定性。

7. 管理环境要创新

管理环境分为外部环境和内部环境。新建本科院校在营造良好的外部管理环境方面作用有限，但在营造良好的内部管理环境方面却大有作为。因此，要以先进的管理观念为灵魂，以卓越的管理文化为支撑，构建良好的内部管理环境。管理文化可分为三个层次：表层是以物质载体表现出来的物质文化；中层是以各种校规校纪表现出来的制度文化；深层则是以校园氛围和师生员工的精神状态表现出来的精神文化。因此，新建本科院校要克服各种困难和阻力，着力创建优美的校园物质文化，着力构建先进的制度文化，着力培育个性鲜明的精神文化。

8. 管理过程要创新

新建本科院校的管理过程创新，主要是指在管理过程中要依法管理、民主管理、动态管理和积极管理。所谓依法管理，从宏观的角度来看，就是学校的管理行为要合法，应按照《中华人民共和国教育法》、《中华人民共和国高等教育法》和《中华人民共和国教师法》等法律法规开展管理活动，以法律为准绳来调节校内外各种关系；从微观的角度来看，就是要建立和完善各项规章制度，严格按规章制度办事，并要善于用法律来维护学校、教职工和学生的合法权益，使法律和规章制度在学校管理实践中真正发挥其功用。所谓民主管理，就是在管理过程中，要建立健全教职工代表大会、校务公开、平等协商、调查研究等各种民主管理制度，着力体现教职工的主人翁地位，引导教职工增强责任感和使命感，提高民主意识。尤其是涉及教职工切身利益的重要事情和重大方案，更要给予教职工充分的知情权、参与权、审议通过权。要为在最大范围内充分调动广大教职工的积极性和创造性提供机会和条件，这不仅能增强他们工作的内动力，同时也能增强学校的凝聚力、向心力，为高校的建设和发展带来生机和活力。[7] 要坚持普遍参与的原则，组织教职工参与民主管理的实践。高校党组织要加强对民主管理的领导，行政要支持各种形式的民主管理工作的开展，为民主管理提供良好的政治环境和制度环境。所谓动态管理，就是要求高校在管理决策方面，要注重掌握和运用决策支持系统，提高管理者的决策水平和工作效率，提高决策的科学性、可靠性。与此同时还应建立一个整体处理高校与其外部环境相互联系的战略性的动态信息系统，及时做出动态应对的决策。[8] 要善于运用互联网等现代科学技术手段开辟广泛的吸收信息的渠道，学会及时收集、加工处理、利用各种信息的能力，特别要重视收集、掌握竞争信息，经常与国内外高校进行校际交流，正确分析竞争态势，及时动态调整学校战略。所谓积极管理，就是要转变以往认为管理就是解决问题的陈旧观念和为了管理而管理的消极心态，积极适应知识经济和信息技术的高速发展与广泛应用，树立全面管理的新观念，加快信息传递和反馈的速度，及时对管理内容和形式进行更新。

参考文献：

[1] 陈保平，罗云. 管理创新：提升甘肃高校竞争力的关键 [J]. 天水师范学院学报，2004 (1).

[2] 孟兆怀. 把四川文理学院尽快建成合格本科院校的思考 [J]. 四川文理学院学报，2006 (6).

[3] 陶永生. 建构高职教育管理创新的多元模块 [J]. 科学与管理，2005 (5).

[4] 张志远. 新建本科院校内部管理制度化的理论与实践思考 [J]. 四川文理学院

学报，2006（6）.

[5] 蒋冀骋. 现代大学应该有什么［J］. 湖南师范大学教育科学学报，2003（6）.

[6] 张清. 教育管理新理念与高等院校管理创新探讨［J］. 甘肃科技纵横，2006（1）.

[7] 程勉中. 高校管理创新的观念解读［J］. 大学教育科学，2005（2）.

[8] 程勉中. 对促进高校管理创新的思考［J］. 教育探索，2005（1）.

新建本科院校专业建设的特色化思考

专业建设是高校教学基本建设的重要内容，是体现高校办学水平和办学特色的一项重要指标，直接影响着高校人才培养的质量、科学研究的水平和社会服务的优劣。新建本科院校作为我国高等教育阵营里的新生力量，无论是办学历史、办学经验、办学资源，还是办学的吸引力、影响力和辐射力，都是与部属高校和老牌本科院校无法相比的，在竞争激烈的高等教育市场中处于相对劣势。[1]因而，新建本科院校如何以专业建设为抓手，通过实施专业建设特色化策略，进一步提升学校的办学水平，凸显学校的办学特色，应是我们重点关注的课题。

一、新建本科院校专业建设特色化的内涵解读

基本概念是正确思维的首要条件，如果对基本概念的内涵没有明确的认定，那么研究的尺度就难以确定，研究也就难以细致深入、切中要害。正如列宁所言："要进行论争，首先就要确切地阐明各个概念。"[2]因而，我们要探讨新建本科院校专业建设特色化的内涵，首先就必须对什么是专业、专业建设的主要内容、专业建设特色化的概念等基本理论问题有比较清楚、准确的认识和把握。但从世界范围来看，不同国家高等教育界对"专业"的认识与界定是有区别的。多数欧美国家高校所谓的"专业"，是指一系列具有一定逻辑关系的课程的组织形式或课程计划。而我国高等教育界则沿袭了苏联对"专业"概念和内涵的界定，是指高等学校根据科学分类或生产部门的分工设立的学科门类，反映了高等学校培养学生的专门领域，是学校内部资源使用与人才产出的实体组织。[3]这就意味着，在"专业"的背后，还应有支撑和保障这一实体组织的"力量"存在。事实上，由同一专业学生所组成的学习共同体、以学科教师为主的专业教师群体，以及与此紧密相连的课程（培养方案）、图书资料、仪器设备和实验实训场所等，正是这种"力量"的不竭之源，是构成"专业"的核心要素。而围绕这些要素所进行的组织、管理和优化活动，实质就是专业建设。其功能主要表现为：通过调整专业结构布局，完善专业培养方案，更新专业教学内容，改善专业教学条件，提升专业教学效果等，使专业教育的体系更加完善，结构更加优化，质量更加可靠，从而为全面提高教育教学质量，培养社会所需要的高素质的专业人才提供保障。

基于以上认识，结合"特色"一词的相关释义，我们可对新建本科院校专业建设特色化的概念作如下界定：其是新建本科院校在改造、完善传统专业及申报、创建新专业的过程中，以特色的理念和特色的思维指导学校各个专业制订培养目标、优化培养方

案、整合教学资源、提升管理水平，从而建成一批具有较高办学水平、较强竞争能力、较好社会声誉的，能够为全校各专业建设提供示范和导向作用的专业的实践过程。其主要体现为一种理念、一种思维、一种方法、一种策略。需要指出的是，在实践中，一些人常常不自觉地把建设特色专业与专业建设特色化混为一谈，甚至代替使用，这显然有失偏颇。事实上，建设特色专业与专业建设特色化是有明显区别的，我们趋向于把它们理解为同质而不同层次的两个概念。建设特色专业是就学校的局部而言的，其实质是“人无我有”，而专业建设特色化的实质则是“人有我优”、“人优我特”，是一种更宽领域、更高层次、更具发展力的特色表征。当然，建设特色专业与专业建设特色化也是有一定联系的。一方面，建设特色专业是专业建设特色化的重要内容，是“由点到面”、“以面促整体”和“以核心带动全局”的，最终使学校专业建设全方位地反映出某种特色的复杂的、渐进的过程。另一方面，专业建设特色化也是建设特色专业的进一步发展和升华，是学校专业特色在更高层次上的整合和提升。但从目前的实际情况来看，大多数新建本科院校由于受专科时期办学思维的影响，所关注的主要还是建设特色专业，而对专业建设特色化缺乏系统、深入的思考，更不用说在实践中认真贯彻、执行。这同样需要引起我们的高度重视。

二、新建本科院校专业建设特色化的价值探寻

在高等教育个性彰显和全面贯彻落实科学发展观，切实提高教育教学质量的时代背景下，建设特色专业已成为众多高校的共识。新建本科院校实施特色化的专业建设策略，不仅具有重要的理论价值，而且具有重要的实践价值。主要体现在以下两方面：

1. 新建本科院校专业建设特色化是学校内涵升本的迫切需要

新建本科院校由专科升格为本科，标志着其已经具备了举办本科的基础和条件。但这只能说是取得了本科办学资格，还不能说已经是合格的本科院校。因为，学校升格为本科，不是简单的学制延长和名称变化，而是办学层次的提升，是质的飞跃，这就需要在办学理念、队伍建设、培养目标、管理方式以及办学条件等方面进行根本性的转变，以实现学校的内涵升本。[4]而专业建设是高校教学基本建设的重要组成部分，其水平集中反映了一所高校的办学理念、办学特色和办学实力。因此，专业建设无可争议地成为新建本科院校内涵建设的首要与核心内容。正如张楚廷教授所言：“大学的建设实际上主要落在学科建设上。讲学科建设那主要是从科学意义上、学术意义上来说的；从严格的教育学意义上来说，那就应是落在专业建设上。可以说一流的大学就是要有一流的学科，就是要有一流的专业。”[5]从这一意义来看，新建本科院校进一步加强专业建设，着力推进专业建设特色化进程，不仅是加强教学基本建设的迫切需要，同时也是实现学校内涵升本的迫切需要。

2. 新建本科院校专业建设特色化是开展“质量工程”建设的重要举措

为进一步保障和提升本科教学质量，教育部于 2007 年 1 月下发了《关于实施高等学校本科教学质量与教学改革工程的意见》（教高［2007］1 号，以下简称“质量工程”），对今后一段时间高等院校提高教育教学质量进行了全面而具体的安排和部署。

这是继“211 工程”、“985 工程”和“国家示范性高等职业院校建设计划”之后，我国在高等教育领域实施的又一项重要工程，是新时期深化本科教学改革，提高本科教学质量的重大举措。按质量工程的要求，“十一五”期间，将遴选 3000 个左右本科专业点进行重点建设，并要“大力培育优势明显、特色鲜明的本科专业，加大建设力度，逐步形成专业品牌和特色”。同时，为了进一步加强这些特色专业的建设，教育部又于 2008 年 10 月 7 日下发了《关于加强“质量工程”本科特色专业建设的指导性意见》（教高司函［2008］208 号，以下简称《意见》），对高校特色专业的内涵和建设目标、特色专业建设的基本原则、特色专业建设的领导和管理等，提出了具体的指导意见。由此可见，专业建设特色化不仅是新建本科院校建设特色专业的重要举措，同时也是新建本科院校开展“质量工程”建设的重要举措，对保障和提升本科教学质量具有十分重要的价值。

三、新建本科院校专业建设特色化的实践路径

专业建设是一项复杂的系统工程，涉及诸多方面的因素。新建本科院校要实现专业建设特色化，不仅需要思想认识到位，更需要措施落实到位。当前，我们认为主要应从以下几方面着手：

1. 以高起点的办学定位引领专业特色

高校的办学定位是指高等院校在国家高等教育发展的总目标、总原则指导下，在国家高等教育整体格局框架和自主空间范围内，在对当前高等教育需求及未来需求发展趋势分析的基础上，结合自身的实际情况，确定自己在国家，甚至在全球整个高等教育体系中的位置和国家经济、社会发展中承担的角色。高校办学定位准确，办学思路明晰，不仅能够引领专业建设的方向，而且还能保障专业建设有效和有序地进行。因此，新建本科院校要进一步推进专业建设特色化，就必须在高起点的办学定位的指导下，制订一定时期的专业建设发展规划，从而引领专业特色。专业建设发展规划的制订要充分考虑学校的办学传统和办学实际，坚持差异发展和特色发展的专业建设原则，特别是对每年度的新增专业要分梯次进行科学规划，明确新增专业申报与建设的时间表，循序渐进，有条不紊地扩展新的人才培养领域，拓展学校的发展空间。专业建设发展规划确定后，要制订新增专业建设工作计划和筹建方案，有计划、分阶段地组织、调配和整合每年拟新增专业的办学资源，积极做好新增专业的前期筹备与基础建设工作，为新增专业的可持续发展奠定坚实的基础。在新增专业的申报与建设工作中，要力避临时动议，盲目铺摊子，确保新增专业建设的良性健康发展。[6]

2. 以高水平的学科平台支撑专业特色

学科建设是专业建设的前提和基础。没有实力雄厚的学科基础，专业就难以上水平，难以出特色。实践证明，一个运行良好、具有特色的专业点，必须要有一支阵容整齐的师资队伍，有一套科学完整的培养方案，有比较丰富完备的图书资料，有设施先进的实验室等。而这些都与学科建设息息相关。事实上，学科建设与专业建设在很多方面也是相契合的。如：学科建设的关键是学科带头人和学科梯队建设，这正与专业建设中抓师资队伍建设的目标相一致；学科建设的基础是学科研究方向，这正是容易形成专业

特色的地方；学科建设的依托是基地，而基地建设是专业建设的重要组成部分；学科建设的载体是科研项目，科研项目是积聚资金，积聚人才，提高教师学术水平的重要途径，这正与专业建设中抓学、研、产相结合，提高教师的整体学术水平和解决生产实际问题能力的要求相一致。[7]因此，新建本科院校在专业建设工作中，还必须以优势的学科平台支撑专业特色。体现在学科专业的设置上，就是要选择那些办学基础较好，地方人才市场持续需求量大，且在本地及周边有较强辐射力的学科专业，集中人、财、物，采取倾斜政策，重点扶持，形成专业建设的“亮点”，以品牌特色专业的示范作用带动专业结构的整体优化，从而推动学校专业建设水平的整体提升。

3. 以高素质的师资队伍促进专业特色

师资队伍建设是实现专业建设目标和培育专业特色的必要手段和重要保障。建设特色专业，培育专业特色，离不开那些既具有丰富的理论知识，又善于吸收最新科学成果，并将其积极应用于教育教学之中的高素质教师群体。因此，新建地方本科院校在推进专业建设特色化的进程中，必须采取措施大力提高教师队伍的整体素质，着力构建一支高素质的师资队伍，从而促进专业特色的形成。要结合教学计划和师资队伍现状，制订师资队伍建设规划，构建教学、科研梯队；要加大高层次人才引进的力度，构筑引领学校教学、科研上水平的人才高地；要鼓励教师，特别是鼓励中青年教师承担国家级，厅（部、省）级科研课题，资助、鼓励青年教师到国内、国外进修或攻读学位，资助、鼓励教师参加国内、国际学术会议，强化教学的前沿性、前瞻性和先进性；要加强教师选拔、考核、评聘和日常管理工作，鼓励优秀教师为学生开设特色课程，确保足够数量、高水平、高层次的师资投入特色人才培养工程；要培养教学名师，确保德高望重、学术造诣高的教授在本科人才培养中发挥重要作用，促进本科教育质量的提高和优良教风、学风和校风的养成。

4. 以高标准的内部监控保障专业特色

当前，高等教育的竞争日趋激烈，社会对人才的需求日趋多样，高校专业建设正面临着更加复杂的影响和制约因素。一些新建本科院校由于对专业建设的认识不够深刻、专业建设的基础较为薄弱、专业建设的经验相对不足，再加之受外部环境和内部条件中不利因素的双重影响，其专业建设和运行过程中还不可避免地存在一些问题，甚至发生偏差，影响和制约了专业建设特色化的进程。因此，我们还要以高标准的内部监控制度、策略、方法来保证专业的建设和运行能够与建设规划保持动态适应，从而保障专业特色。实践中，学校可以成立专业建设指导委员会负责监控，其成员由政府机关、事业单位、科研院所、企业、咨询机构等有关部门的专家组成。评价和考核的标准也要尽可能量化，以便做到客观公正。[8]监控内容包括：专业建设是否按照计划进行，是否达到预定目标，社会知名度和美誉度是否得以提高，特色专业建设中的教学资源分配和利用情况如何，等等。对于专业建设和运行中出现的问题，专业建设指导委员应及时、准确地反馈给相关专业教学单位，并要同学校相关部门及教学单位一起，认真分析、研究问题产生的原因，在此基础上制订相应的改进措施，从而确保专业建设特色化的方向不发生偏移。

参考文献：

[1] 唐华生. 基于生存和发展模式的地方新建本科院校特色创建 [J]. 西南民族大学学报：人文社科版，2008 (12)：75-79.

[2] 列宁全集：第23卷 [M]. 北京：人民出版社，1958：34.

[3] 韩小爱. 我省高等学校专业建设与发展思考 [J]. 河南教育：高教版，2009 (1)：18-21.

[4] 孟兆怀. 把四川文理学院尽快建成合格本科院校的思考 [J]. 四川文理学院学报，2006 (6)：1-6.

[5] 张楚廷. 大学教学论 [M]. 长沙：湖南师范大学出版社，2002：110.

[6] 朱中华. 论新建本科院校的专业建设 [J]. 教育评论，2005 (4)：11-13.

[7] 付永昌. 基于质量工程的新建本科院校专业建设模式探讨 [J]. 南阳师范学院学报：社会科学版，2007 (10)：64-67.

[8] 侯立松. 论高等学校特色专业建设的一般过程 [J] 辽宁教育研究，2005 (12)：56-58.

新建地方本科院校人才培养特色的生成机制

高等院校的根本任务是培养人才，人才培养特色既是高校办学特色的重要内容，也是高校办学特色的重要支撑和直接体现，是高校吸引生源，形成社会地位的基础。新建地方本科院校作为高等教育阵营里的新生力量，无论是办学历史、办学经验、办学资源，还是办学的吸引力、影响力和辐射力，都与部属高校和老牌本科院校无法相比，在高等教育市场竞争中相对处于劣势。因而，必须通过培育和打造人才培养特色，提升学校的核心竞争力，这也是新建地方本科院校在竞争中扩展生存与发展空间的必然选择和有效途径。

一、更新人才培养理念，凝练特色

人才培养理念是人才培养主体基于特定的培养目的而形成的有关人才培养指导思想和观念的集合。不同的办学主体所秉持的办学理念存在差异，这就在很大程度上决定了不同办学主体会在课程内容选择、课程体系设置、课程讲授方式等方面呈现出不同的特点和风格，并最终培养出社会适应能力和综合素质有差异的“人才”。[1]新建地方本科院校要培育和打造人才培养特色，就必须树立以下几种人才培养理念：

1. 树立服务性的人才培养理念

教育的根本出发点是人，教育的终极意义是赋予人生存、发展和享受的能力，因而我们不能单纯把学生看作是“教育的对象”、“学校的产品”，而应在教育实践中始终关注人的生成与发展，要把人味、人情、人品，性格、人格、国格，技艺、技能、技术作为我们办学的立足点和人才评判的着眼点。[2]尤其是在市场经济逐步完善、高校后勤逐步社会化而高校收费又有所提高的背景下，学生作为“消费者”的主体意识日趋增强。这就要求学校更要践行“以人为本”的教育哲学观，强化“一切为了学生，为了一切学生，为了学生一切”的服务理念，营造“服务育人”的良好氛围，以出色的工作、良好的形象，通过为学生的学习、生活提供优质、高效、及时、超前的服务，帮助学生解决思想、学习和生活中遇到的各种问题和困难，引导学生在知识、能力、情感、态度、价值观等方面全面发展。

2. 树立适应性的人才培养理念

人才的竞争力是通过社会需求的适应性体现出来的。新建地方本科院校培育出来的人才是否适应社会需要，是否适应时代发展的要求，是否适应地方经济的发展，是否为用人单位所欢迎，是检验人才培养是否具有特色的最主要标准。综观我国近现代史上每个阶段的高校人才观，我们不难发现，其人才培养的特色与适应社会发展的需要具有高度的一致性。不同时期的大学都把培养和造就服务于特定历史阶段的适应性人才作为自己的神圣使命，计划经济时代的专才培养模式就是特定历史时期的现实诉求。当前，新建地方本科院校人才培养必须适应高等教育大众化、国际化的发展趋势，适应经济全球化、信息化，学习型社会的时代发展要求；适应地域特点以及地区社会、经济、文化发展需求，对人才培养目标做出符合实际的恰当定位，明确特色人才培养模式。

3. 树立差异性的人才培养理念

教育部周济部长在第二次全国普通高等学校本科教学工作会议上指出："经济社会的发展对人才的需求是有类型和层次之分的，是多种多样的，这就要求高等学校必须培养不同层次、不同类型和不同规格的专门人才。"[3]因此，新建地方本科院校既不能像综合性重点大学那样，完全按照精英教育的模式培养学科学术型人才；也不能像职业技术学院那样，一味突出职业技能，培养实务操作型人才。而是要树立差异性的人才培养理念，坚持按照"打好宽厚基础，全面增强素质；通过交叉复合，培养迁移与转换能力；加强实践实验教学，提高实际应用能力"的要求，在人才培养特色上突出学生的实践能力、操作能力、应用能力和创新能力，培养熟练掌握社会经济活动一线基础知识和基本技能，能从事一线生产和经营管理技术等方面的应用型人才。

4. 树立区域性的人才培养理念

我国地域辽阔，各地区经济发展具有很强的地域特性，各地的特色产业千差万别。特别是随着社会主义市场经济的发展，各地纷纷结合本地域原有基础和优势，提出产业结构调整，打造适合本地区经济发展需要的产业。作为"建在地方、面向地方、服务地方、依托地方"的新建地方本科院校，必须树立区域性的人才培养理念，充分考虑地区经济社会发展对人才培养的需求，及时了解区域经济的发展趋向，适时地根据相关专业领域的发展来设置专业，调整专业方向，合理调整培养目标、课程体系和教学内容，以便更好地服务于区域经济和行业领域，在不断满足市场需求的同时，自身得到更快的发展与提高。

二、创新人才培养目标，凸显特色

人才培养目标是高等教育人才培养理论中最基本和核心的概念，也是高等教育实践的出发点与归宿。人才培养目标在其形成和诉诸实践的过程中，不仅仅体现为一种具体的教育预期和标准，而且也逐渐演变为一种教育思想或教育理念。[4]在复杂和庞大的高等教育系统中，如何定位好自身的人才培养目标，对新建地方本科院校的生存与发展、人才培养模式的改革和人才培养特色的培育具有重要意义。当前，新建地方本科院校主要应在以下三方面创新人才培养目标，凸显人才培养特色。

1. 立足知识性

发展科学，认识和改造自然，认识和改造社会，需要人们掌握大量的知识，因而教育学生，培养人才，必须重视知识的传授和学习。早在17世纪初，英国著名的唯物主义哲学家弗兰西斯·培根就提出了“知识就是力量”的名言，强调应给学生传授百科全书式的知识。培根的这一名言，对推动人们尊重知识、学习与掌握知识、创造与发展知识，起到了巨大的作用。伴随着21世纪的脚步，以知识和智力资源为核心要素的知识经济正在全球悄然兴起，人类社会也随之从工业经济时代向知识经济时代转变，知识的生产、学习、创新已成为人类最重要的活动。新建地方本科院校作为知识传授、创新和人才培养的重要阵地，必须充分认识知识经济的根本特征及其对我国高等教育带来的深远影响，牢牢把握知识在人才的能力和素质中的基础性地位，致力于帮助学生构建既有一定的基础理论知识，又有深厚的专业知识和广泛的邻近学科知识，还有相关方面的科技发展状况的前沿知识的合理的知识结构，为学生打下宽厚、扎实、系统、严谨的知识基础及专业技能功底，以适应工作性质的变动及职业结构调整的变化。

2. 突出人文性

教育在本质上是培养人的活动。大学生正处在“心灵发育”的重要时期，大学理应教给学生丰富厚重的人文教育，成为学子精神成长的摇篮。正如东南大学文学院院长樊和平教授所言：大学不仅仅要教给学生专业知识，更要教会学生做事、做人，做真正的具有人文精神和人文关怀的协调发展的人。然而，在我国现实的高等教育中，由于受社会上功利化思想的影响，人们还普遍缺乏对人文教育的内涵把握和价值澄清，更不用说实践中的具体组织和实施了。这种人文教育明显缺失的现状，不仅制约了高等院校的和谐发展，而且给学生的健康成长也来了不可估计的影响，正越来越引起社会各界的广泛关注。事实上，我们现在也正在承受这一倾向带来的危害，不断出现的校园伤害事件就是一个明证。因而，新建地方本科院校在制订人才培养目标时，必须站在促进人的全面发展的新高度，立足人文性，体现人文性，将科学教育与人文教育结合起来统筹考虑，从而培养能兼容并蓄、博古通今、通融识见并富有博雅精神的现代化人才。

3. 强调实践性

新建地方本科院校主要培养的是适应地方经济社会发展需要的生产、建设、管理和服务第一线的高级应用型人才。这种人才最本质的特征就是专业素质高、动手操作能力强、通用适应性强。因此，新建地方本科院校人才培养目标的制订还必须要以能力为中心，强调实践性。但新建地方本科院校基本上是由专科学校升格或合并而成立起来的，办学的历史都不长，也没有现成的教学与人才培养模式可供学习与借鉴，大家都是在办中学，在学中干，在探索中前行，在摸索中总结经验。因此，其开始阶段往往模仿、借鉴研究性大学的教学与人才培养模式，注重的是理论教学，轻视实践性教学，存在着与研究性大学严重的趋同趋势或雷同现象。这就要求我们要进一步更新观念，拓展思维，努力按照应用型人才培养自身规律与客观规律去办事，切实加强和强化对大学生的应用实践训练，重在培养大学生的动手与实际操作能力，提高大学生的包括创造、创新素质、能力在内的综合素质与整体能力，使应用型人才培养教学方式与办学模式有新的发展、变革、改进与创造，以体现出应用型人才培养的鲜明特色与优势。

三、改革人才培养模式，形成特色

在地方高校人才培养模式上，其通过多年探索形成了订单式、“2+1”式、学工交替式等若干模式。但如何形成富有特色的新建地方本科院校人才培养模式仍有待探讨和思考。我们认为，当务之急应从以下几方面着手：

1. 提升教师素质

师资队伍建设是实现人才培养目标和人才培养特色的必要手段和重要保障。打造人才培养特色，离不开那些既具有丰富的理论知识，又善于吸收最新科学成果，并将其积极应用于教育教学之中的高素质教师。因此，新建地方本科院校在打造人才培养特色的实践中，必须采取措施大力提高教师队伍的整体素质。要结合教学计划和师资队伍现状，制订师资队伍建设规划，构建教学、学术梯队；要加大高层次人才引进的力度，构筑引领学校教学、科研上水平的人才高地；要鼓励教师，特别是鼓励中青年教师承担国家级，厅（部、省）级科研课题，资助、鼓励青年教师国内、国外进修或攻读学位，资助、鼓励教师参加国内、国际学术会议，强化教学的前沿性、前瞻性和先进性；要加强教师选拔、考核、评聘和日常管理，鼓励优秀教师为学生开设特色课程，确保足够数量、高水平、高层次的师资投入特色人才培养工程；要培养教学名师，确保德高望重、学术造诣高的教授在本科人才培养中发挥重要作用，促进本科教育质量的提高和优良教风、学风和校风的养成。

2. 优化课程设置

课程体系的构建是高校人才培养方案的核心内容，其是否科学、合理对高校能否高质量地实现人才培养目标至关重要。对大多数新建地方本科院校来说，不断地开发出新的课程，尤其是一些边缘学科和交叉学科，其能力是极其有限的。但是，我们完全可以通过灵活多样的课程优化组合来达到培养特色人才的目的。具体包括：课程逻辑结构设置的优化、各类课程学分和课时比例的优化。其中，“课程逻辑结构设置的优化既要考虑到学科知识体系的综合结构关系，更应考虑各课程要素之间的横向结构关系，并且体系设计要具有柔性和多样性，保持一定的张力，以体现‘厚基础，宽口径，强能力，高素质’的目标”。[5] 目前，在部分高校推行的“平台—模块”式课程结构不失为很好的尝试。即在所划分的公共基础课（或普通教育课）、专业方向课（专业大类基础课或学科基础课）、专业课等平台的基础上，将其所属的具体课程划分为一个个包含理论教学和实践教学的模块群，让学生自主进行选择，进而将普通教育课程、专业教育课程、学科和跨学科教育课程整合在一起，通过选修与必修相结合，既能保证专业人才培养的总体水平要求，又能兼顾到学生的兴趣和特长，同时一些相关学科或跨学科模块群的设置又兼顾了学科生长和人才可变性、适应性的良性发展可能。当然，课程体系的优化没有定式，但却有特色之别和优劣之分。实践中有待各个新建地方本科院校不断地探索和创新。[6]

3. 打造专业特色

地方高校要想在竞争日趋激烈的高等教育市场中拓展生存空间，就必须以特色求生存，以特色求发展，这已成为高等教育界的一种共识。但就大多数新建地方本科院校的实际情况来看，特色不明显的问题依然存在，而最大的不足就是专业缺少特色。我们常常津津乐道于我们的专业覆盖面有多么的广，专业数量有多么的多。但扪心自问，真正叫得响的专业有几个？真正有特色的专业又有几个？因此，新建地方本科院校还必须结合学校的办学基础和办学实际，瞄准科技发展的前沿，根据地方经济社会发展对人才的需要，按照优胜劣汰和有所为、有所不为的原则，对现有专业予以撤并、调整和改造，着力打造师资有水平、实训有条件、科研有成果、就业有保障、学生有作为的特色专业。一方面，要加强学科专业外部结构的整体优化，形成专业发展的自我淘汰、自我约束、自我发展的良性机制，使学科专业结构和布局适应科技进步和地方经济社会发展的需要，符合教育发展和人才培养工作的规律。另一方面，还要特别注重加强专业内涵建设，要将专业内涵建设与学科建设、学科群（即博士点、硕士点）建设有机结合起来，统筹规划，整体推进。

四、提升人才培养质量，保持特色

如果说人才培养特色是兴校之本、发展之本，那么人才培养质量就是生存之本、立校之本。因此，新建地方本科院校要想培育并长久保持人才培养特色，还必须树立科学的发展观，不断提升人才培养质量。也只有这样，人才培养特色的内涵才会更丰富。当前，新建地方本科院校主要应致力于构建以下两大体系，确保人才培养质量的稳步提升。

1. 强化人才培养质量的内部保障

新建地方本科院校人才培养质量的内部保障是从源头上控制，从输入和过程中调控质量的重要途径和有效手段，是提升人才培养质量的基础和关键。因此，必须坚持“三全”原则，着力构建一套科学、完善的人才培养质量内部保障体系，促进人才培养质量的稳步提升。具体来说，就是要制定相应的政策措施，通过引导、激励等机制，传播质量信息，奖励质量成果，促进质量观的转变，在校园内营造以质量价值为导向的，人人重视、人人负责的质量氛围，培育全新的质量文化；就是要引导学校的各个部门和全体教职工都要参与到质量保障活动中来，充分发挥管理者、教师和学生三方面保障主体的积极性、主动性和创造性，开展全员的质量管理；就是要从教学质量形成的各环节、各方面入手，做好预防、检查、管理、服务等项工作，包括计划过程、教学实施过程、教学质量信息反馈和教学评价过程的管理等，实施全程的质量监控。[7]

2. 重视人才培养质量的外部评价

人才培养质量的外部评价主要是指政府、教育行政管理部门、用人单位、学生家长等对高等院校毕业生所做出的客观、公正的评价与反馈，其依据主要是看毕业生群体能否很好地适应国家、社会、市场的需求。这就要求新建地方本科院校必须高度重视人才培养质量的外部评价，认真倾听用人单位、社会各界对毕业生的评定，虚心接受他们提出的意见和建议，并据此采取有针对性的改革措施，提升人才培养质量，从而保持并强化人才培养特色。如长春师范学院出台规定，若用人单位不满意，或毕业生自身认为专业知识、基本技能需要更新，学校将实行“召回”制度，即再一次有针对性地对这部分毕业生的专业知识、基本技能及教师基本功等方面进行“一对一”的强化培训。这一制度的推出，不仅给学生、学生家长和用人单位发出了“优质”的质量信号，同时也强化了学校的人才培养特色，有利于提升学校的美誉度。

参考文献：

［1］黎精明. 论实务导向型人才培养理念［J］. 武汉科技大学学报：社会科学版，2007（1）：70-73.

［2］张建. 以特色求发展以质量创品牌——关于高职教育人才培养模式研究的几点思考［J］. 岳阳职业技术学院学报，2004（4）：33-34.

［3］周济. 大力加强教学工作切实提高教学质量［J］. 中国高教研究，2005（1）：[illegible]-6

［4］楼英伟，王建力. 市域新建本科院校在高等教育系统中的人才培养目标定位［J］. 高教探索，2007（2）：53-56.

［5］曾冬梅. 课程体系优化的三个层面［J］. 高等理科教育，2003（2）：34-38

［6］徐少君. 高校人才培养方案的特色和适切性思考［J］. 内蒙古师范大学学报：教育科学版，2006（7）：66-68.

［7］唐华生，叶怀凡. 地方高校教育质量保障体系构建初探［J］. 盐城工学院学报：社会科学版，2007（1）：75-78.

新建本科院校学科建设的理性思考

学科建设在我国高校中的基础地位和“龙头”作用日益为大家所关注，加强和做好高校的学科建设工作已经成为事关高校建设和发展全局的战略性任务。学科建设在不同的高校基于不同的基础、办学目标以及所处的环境等，事实上存在着很不相同的情形。[1]新建本科院校普遍存在着重视教学，忽视学科建设的现象，学科建设工作相对薄弱，学科建设经费投入严重不足，学术气氛不浓，科技创新能力不强。学科建设基本处于“四多四少”的状态，即：科研人员多，学科带头人少；单兵作战多，团队攻坚少；低水平重复多，高层次成果少；随机选题多，研究基地少。这种现状造成的直接后果是学科建设处于低水平状态，没有凝练出具有特色的学科研究方向和领域，没有凝聚成学历结构、年龄结构、职称结构合理的学科梯队，更谈不上形成具有较强科研能力的科学研究基地，缺乏可持续发展的潜力。[2]因此，新建本科院校应大力加强学科建设，以学科建设来提升学校的整体实力。

一、把握学科建设的内涵

要把握学科建设的内涵，就必须首先了解学科本身。学科（Discipline）一词源于拉丁语的动词学习（Discere）及其派生的名词学习者（Discipulus），指一个专门的研究领域。[3]该词具有多种含义，包括学科、学术领域、课程、纪律、严格的训练、规范准则、戒律、约束、熏陶等。伯顿·R. 克拉克认为：“学科明显是一种联结化学家与化学家、心理学家与心理学家、历史学家与历史学家的专门化组织方式。它按学科，即通过知识领域实现专门化。”[4]学科具有独立的特征，这种特征反映在它的研究对象、语言系统和研究规范上。一个独立的学科应该拥有专业的组织、独特的语言系统、特殊的研究策略和特有的规则。因此，学科不仅是一种知识形态，有着特定的描述对象和语言系统，它也是一种社会建制，拥有相应的专业组织体系和结构，同时还是一种规训制度，必须经由一定的行为规训和学术规训。[5]

学科建设则是以学科学术性质为核心所展开的建设活动，是集学科方向建设、学科梯队建设、基地建设和项目建设于一体的综合性建设，是高校履行人才培养、科学研究和社会服务三大社会职能的载体。[6]学科建设工作的任务就是立足本校实际，发挥本校的特色优势，确定具有自己特色的研究方向，培养造就高水平的学科带头人，建设一支高水平的学术梯队，为社会培养高水平的人才，产出高水平的科研成果，逐步建成开展高水平科学研究的重要基地，形成独有的特色，促进学术水平不断提高，促进科研工作可持续发展的一项重要基础保障性工作。学科建设不仅涉及学科自身学术水平的建设，还涉及组织、制度、资源配置等相关社会建制方面的建设。具体包括七个方面：学科发展方向的水平、目标、特色；学科带科人和创新团队；学士、硕士和博士三级学位制教学与人才培养；科学研究和技术开发；实验设备、图书资料及其他教学科研工作条件；学术环境和氛围；学科的经费投入和管理工作等。

二、明确学科建设的价值

教育部周济部长2003年1月5日在教育部直属高校工作咨询委员会第十次会议上的讲话中指出："学科水平是高等学校质量和水平的主要标志，建设一流大学的关键就是要建设一流的学科。人才培养、科学研究和为社会服务，都是以学科为基础进行的。因此，在学校的整体建设中要坚持以学科建设为主线，以重点学科建设为核心，抓住了这条主线，抓住了这个核心，就抓住了纲，就可以纲举目张，带动学校其他各个方面工作的开展。"但从新建本科院校的实际情况看，学科建设这项最重要的工作，却往往得不到应有的重视。很多学校既没有校领导分管学科建设，也没有一个职能部门归口管理学科建设工作。究其原因，主要是对学科建设的重要性认识不足，还没有明确学科建设的价值所在。笔者以为，就新建本科院校而言，开展学科建设至少具有以下四方面的价值：

1. 体现学校办学水平的标志

学科水平的高低，代表并决定着一所大学的办学水平、培养人才的质量、社会服务的水平和地位。世界一流大学的标志性特征就是具有优势的学科，优秀杰出的师资，开拓创新的研究。正是这些优秀学科为社会发展做出了巨大贡献，产生了广泛的社会影响，从而提升了学校的知名度和美誉度，确立了学校的学术地位。如哈佛大学的政治学、医学，耶鲁大学的法学和生物学，斯坦福大学的信息学，加州理工学院的航空工程，伯克利加州大学的理论物理学等，皆是其著称于世的重要标志。

2. 提升学校科研水平的关键

提高科学研究水平，离不开学科建设。学科建设与科学研究二者关系密切，相辅相成。没有一门独具特色的学科，就难以争取到重要的科研项目与大量的科研经费；没有科研项目和科研经费，学科建设就只能是纸上谈兵。从这个意义上说，学科建设是科学研究的基础和推动力，科学研究是学科建设的前提和拉动力。高水平的科学研究，首先要能抓住学科前沿。前沿是学科的生长点，前沿的突破就是创新；前沿是改革和发展的突破口，突破前沿，学科就向前发展了。能否抓住学科前沿，对于学科来说，是学科自我评价能力成熟的标志；对于个人来说，是一个学术带头人最重要的品质。[7]只有高水平的学科，才能洞悉学科前沿，抓住学科前沿；只有高水平的学科，才能聚集一批高水平的专家、学者，形成浓厚的学术氛围；只有高水平的学科和一流的科学研究队伍，社会才能对其产生认同感、信任感，因而才能承担重大的科研项目。

3. 提高本科教学质量的保障

高等学校的学科建设和教学工作是密不可分的。学科建设是保证和提高教学质量的重要基础，教学质量是评价学科建设的重要指标。高等学校的人才培养质量在很大程度上取决于该校的学科水平。通过加强学科建设，能将学科建设的成果转化为本科教学的优质资源；通过加强学科建设，不仅能提高师资队伍的学术研究能力，而且能形成大量的高质量、具有原创性和自主知识产权的研究性的精品核心课程，进一步提高师资队伍的教学水平和教学能力；[8]通过加强学科建设，实现教学与科研的互动，还能以科研促进教学改革，提高教学质量。随着新建本科院校办学层次的提高，办学规模的不断扩大，教学质量问题亦日益凸显并引起了人们的高度重视。虽然大多数的新建本科院校通过规范教学秩序，加强教风、学风、考风建设，加大教学督导的力度等来提高教学质量，也取得了一定的效果，但是，真正从根本上提高教学质量还必须从加强学科建设入手。

4. 吸引人才凝聚人心的平台

高等学校组织结构的重要特点是事业单位与学科领域组成的矩阵结构。一方面，教授们在学校的院、系等事业单位中活动，另一方面，又活跃在与国内、国际密切相联系的学科领域，所以，历来有“校长治校，教授治学”的说法。教师与学校、社会的联系主要通过学科认同进行，因而，他们对学科的忠诚往往大于对学校的忠诚。一流的学科，才能培养一流的人才；一流的学科，才能吸引一流的学者；一流的学科，才能打造一流的大学。虽然一些新建本科院校为提高办学水平，不惜开出优厚的条件和待遇引进人才，但在引进人才的过程中，如果自身的学科水平太低，也是很难吸引一流的学者的，即便是引进成功，最终也很难留住人才。

三、找准学科建设的途径

新建本科院校学科基础不如重点大学，经费来源、师资力量、设备条件、社会影响更是落后于那些名牌大学，开展学科建设还面临着严峻的挑战。而学科建设本身又是一项综合性很强的工作，需要各个方面通力合作，工作难度大，且不易见成效；过程复杂，难于考核。有鉴于此，新建本科院校必须结合学校实际，不断强化学科建设的意识，加大学科建设的力度，找准学科建设的途径。

1. 营造学科环境

新建本科院校要推进学科建设，当务之急是要营造良好的学科环境、氛围。学科环境包括两部分：一是“硬”环境，二是“软”环境。“硬”环境包括两个方面：一是要拥有省内一流的教学科研信息服务体系，二是要与国内知名大学和国外大学建立广泛的学术交流关系。“软”环境则主要体现在校内。新建本科院校在营造学科建设的“硬”环境方面作用有限，但在营造“软”环境方面却大有可为。因此，首先要使学校的师生员工充分认识学科建设的意义，高度重视学科建设。学校领导和院、系负责人要把学科建设作为自己的首要任务；广大教师要积极参与学科建设；各职能部门和职员，要为学科建设的顺利进行创造良好环境，提供一流的服务。其次，要有学科间的交叉渗透，形成一种不同学科间相互渗透的学术氛围，创造和谐、学术民主、团结、有凝聚力的环境。要处理好学科带头人与成员之间的关系，各成员间的关系，导师与学生之间的关系；既要尊重每个人的学术见解，发挥每个成员的作用，同时也要使成员相互之间形成一种补充关系，相互尊重，充分发挥群体力量。再者，要建立良好的学术管理体制。要坚持学术自由原则，要采取多样化的管理方式，实行民主管理。[9]最后，要营造积极向上、不甘落后的竞争氛围。建设和发展学科，是一项十分艰苦、细致、长期的工作，需要付出极大的努力。且随着学科领域的不断扩大，学术技术创新步伐的不断加快，学科的发展和竞争将会更加激烈，学科建设还必须形成一种积极向上、不甘落后的竞争氛围。

2. 建立学科制度

制度带有根本性、全局性、稳定性和长期性的特点，[10]任何一项工作的深入开展，都必须依赖于制度的建立与完善。学科制度是学科建设的主体。为保障学科建设的顺利进行，通过一定的程序制订的一系列规则、规定。它包括组织制度、计划制度、资源分配制度、执行制度、检查评估制度、奖惩制度等。[11]规范化、制度化的学科建设管理机制是学科建设健康、快速、可持续发展的保障。但就目前的情况而言，新建本科院校在学科制度建设上存在的突出问题是制度不健全、不完善，缺乏连贯性与稳定性，不同制度甚至是同一制度前后之间相互矛盾、冲突，致使很多制度无法操作，形同虚设。同时，由于受传统“人治管理”思想的影响，新建本科院校的制度管理意识还十分淡漠，制度化建设缺乏健全和完善的参照物，缺乏科学的引导机制。为此，新建本科院校在开展学科建设之初，就应参照国家申报学位授权制度，建立规范的学科建设工作管理机制，制订切实可行的重点学科建设管理文件，规范学科带头人、学术带头人、科研骨干的选拔，规范重点学科申报程序，把学科带头人的选拔，重点学科的申报、管理、评估、验收等内容和环节规范化、制度化，使学科建设工作有章可循，从而保证学科建设工作的可持续发展。[12]

3. 调整学科布局

学科布局是指学科在大学的分布状况，它不仅决定了一所大学的学科结构，而且决定了大学的功能、特色，影响着学科水平的提升。学科的设置和调整必须根据学校自身的任务和人才培养目标来确定。首先，要认清学校自身特色，重点发展优势学科。由于新建本科院校与其他老牌本科院校和综合性大学相比，发展历程较短，基础较为薄弱，且主要是以为地方经济建设培养高素质人才为目标，因此，在学科的设置上首先必须立足地方经济发展需要，使学科建设与地方经济建设相互促进共同发展。对原有的已不适应地方经济建设和发展需要的学科，应逐步加以调整；对地方经济发展所急需的学科，应积极创造条件加以设置。其次，要考虑本校的现有资源情况，包括学术带头人、学科基础、经费等条件，切忌不切合实际地追求学科上的大而全，一哄而上盲目追求热门学科。这不仅将导致资源浪费，而且还会降低学科水平。再次，必须努力创造条件，积极设置新兴学科。由于校情、区情的不同，一所学校不可能在所有的新兴领域中都去布点。对新建本科院校来说，只能根据自己的实际，认真分析新学科设置的现实性与可能性，从中选择若干领域进行布点。最后，在调整学科布局的过程中，必须保持和发展学校自身的学科优势与特色。尤其是在新形势下，学科的个性特征或学科特色，将成为高校的“品牌”或办学特色，会影响、带动高校的整体发展，也将提升高校的社会地位和学术地位。[13]

4. 凝练学科方向

学科体系结构，大体包括学科门类、一级学科、二级学科和学科方向，其中，一级学科由若干二级学科组成，二级学科由若干学科方向组成。1997年教育部颁布的《授予博士、硕士学位和培养研究生的学科、专业目录》中，把学科分成文、史、哲、经、法、教育、理、工、医、农、管、军事12个门类，88个一级学科和381个二级学科。新建本科院校由于基础较薄弱，再加上人员、精力、财力等方面的局限，不可能建设所有的学科或学科方向。因此，学科建设中首先要选择、调整、凝练学科方向。首先，要了解、分析本学科领域国内外研究的现状和走势，实事求是地评价各个学科的学术地位和学术水平，找出与国内外先进水平的差距。其次，要分析自身的优势、特色和发展潜力，从“人无我有、人有我优、人优我特”的建设思路中寻找突破口。最后，研究方向的数量要适度，过多则力量分散，难以提高水平；过少则研究口径过窄，发展后劲不足。需要特别强调的是，新建本科院校在学科方向选择上应坚持：一是本体观念，即从现有学科上进行建设，在现有的优势学科基础上加以发展；二是特色观念，学科方向的特色是学科生命力所在；三是创新观念，现代社会随着知识的急剧增加，学科发展变化很快，只有不断寻找新的学科生长点，才能持续发展；四是为地方经济建设服务，新建本科院校大多是依托地方经济而产生和发展的，地方经济是学科建设的土壤，是科研的动力，是人才的市场。

5. 汇聚学科队伍

学科队伍建设是学科建设的核心。学校、学科之间的竞争主要是教师队伍的竞争；学校、学科之间的差距主要是教师队伍的差距。因此，新建本科院校应采取超常规的措施，高度重视学科队伍建设。要通过培养、引进、使用等途径和方式，建设一支由学科带头人、学术带头人和学术骨干构成的学科队伍，并形成合理的结构。虽然不同的学科有不同的特点，如基础学科的研究强调自由、独立，应用学科的研究注重团队合作，但作为一支队伍，要形成合力，就必须有合理的结构，包括年龄结构、学历结构、学缘结构以及能力结构等。一般而言，一支健全的学科队伍，应有1名学科带头人，3~5名学科骨干和一个包括若干科研助手、事务助手、技术助手在内的支撑体。尤其需要特别指出的是，学科带头人在学科建设中起着举足轻重的作用。从某种程度上讲，一位优秀的学科带头人决定着学科建设的成败，这就要求学科带头人必须具有良好的职业道德和敬业精神，一流的引领意识和全球视野，扎实的学术功底和创新能力，以及善于组织学科团队、搭建学科平台的组织管理能力。学科带头人应是学科建设的责任人，对学科建设全面负责。学校应出台相关政策，进一步明确学科带头人的职责和待遇。同时，还要积极引进和培养能够加强学科实力、增强学科特色的人才。要建立学术休假或访问学者制度，保证学科带头人和学术带头人的学术进修、交流和研究，使他们能够始终站在学术的前沿。要提倡和鼓励以学科、学术带头人为核心的合作研究，只有这样才能产生重大课题和重大成果，提高科研学术水平。要进一步关心人才的生活、工作条件，解决他们生活及工作中的困难，使他们全身心地投入到学科建设工作中。

6. 构筑学科基地

一流的学科要求有一流的教学、工作条件和一流的研究平台。一流的教学条件指与学科专业教学相适应的最先进的教学设备和手段；一流的工作条件是指为教师特别是学术骨干和教学管理创造适合学科专业要求的工作条件和设备；一流的研究平台是指最先进的实验设备、研究手段和畅通的获取学术信息和进行学术交流的渠道。而这一切都与学科基地息息相关。从国际趋势来看，世界各国一流大学开展学科建设都十分重视和下大力气投资建设高水平的基地。我国为加速学科基地建设，设立了国家重点实验室、国家专业实验室、国家工程中心、文科研究基地、教学实验基地、产业化基地等，各省、各高校也相继建立了类似的实验基地和研究中心。这些基地的建立和建设，为学科发展提供了良好的实验、研究环境和条件。新建本科院校在学科基地建设和利用中存在的突出问题是：部门或个人占有，小而全，低水平重复，利用率低，投资效益差，装备不平衡。要改变这种现状，就需要对基地的建设和管理体制进行改革，按照“统建、专管、共用”的原则，在建设上坚持高起点、高标准、高水平，确保能为从事前沿性、基础性、应用性较强的高、大、精、深、新的课题研究提供有效的支撑；在管理上，由专门机构和人员负责管理；在使用上，确保基地的通用性、共享性、开放性。[11]

四、坚持学科建设的原则

如前所述，学科建设是一项综合性很强的工作，涵盖了学校的教育教学、科学研究、人才培养、研究方向、学术交流和基地建设等方方面面的要素。这就要求新建本科院校在开展学科建设的工作中，应结合学校的实际，结合学科建设的特点，遵循一定的学科建设原则。

1. 整体性原则

新建本科院校应根据学校整体发展规划和各个专业的实际，按照“全面规划，分层建设，重点突破，逐步推进”的原则，分阶段、有计划、有重点地进行学科建设，逐步建立一套学科结构合理、相互支撑、特色鲜明的重点学科体系。这个体系主要包括三个层次的学科建设：省级重点建设学科、院（校）重点学科和院（校）重点建设学科，逐步形成以省级重点学科为带头学科、院（校）重点学科为支撑学科的学科体系，目的是通过重点学科建设，形成学科优势和特色，带动支撑学科和相关学科建设，提高一般学科的水平和层次，发现和培植新的学科生长点，达到提高学科层次和扩大学科领域的双重目标，力争使学校学科建设整体上水平，局部创优势。

2. 系统性原则

由于高校学科建设是整体性的建设，无论是从学校层面，还是就学科本身而言，学科的建设和发展必然涉及与学科建设密切相关的学科队伍建设、科研方向的凝练、人才培养的学科体系建设、学科基地和环境建设及其所涉及的物质资源的配置、学术交流和学风建设等诸多方面。因此，有必要在学科建设中根据学科发展的目标，正确处理好各个方面的关系，形成合力，将学科建设涉及的各个方面综合为相互联系的有机体系。这就要求新建本科院校在开展学科建设的过程中，必须把系统性原则作为一项重要的原则加以贯彻和实施，将学科建设放在一个完整的、综合的系统中来开展，综合考虑系统中相互联系、相互依存和相互作用的要素，根据系统的整体性、相关性和有序性来开展学科建设。

3 适应性原则

新建本科院校开展学科建设，应从适应经济建设、社会发展和科技进步的大局出发，根据社会需求和时代变化，对学科及专业的设置、建设重点、发展方向做出符合实际的调整和改革，以最大限度地满足国家、社会和公众的需求。应本着“立足本校，面向社会，适应发展，满足需求”的方针，根据人才、资金等条件制订切实可行的发展规划，根据经济全球化的世界发展趋势、我国经济与科技飞速发展以及实现可持续发展对人才的需求和地方经济社会发展对劳动者的需求，紧紧把握人才培养和科技发展方向，找准结合点和切入点，力求使学科建设取得实效。

4 共生性原则

学科建设的重要意义就在于围绕主干学科，推动学科之间的交叉、渗透、链接，通过互动、共生、融合，不断催生新的学科生长点，实现学科在高度分化到高度综合基础上的可持续发展，形成富有生机、网络化的学科“森林”。[14]因此，新建本科院校在开展学科建设时，必须坚持共生性原则，着力构建合理的学科结构。而合理的学科结构必然是主干学科、支撑学科、配套学科、相关学科、基础学科、交叉学科同存共荣的有机集合体，并由此而构成一个科学、优化的学科体系（学科群结构）。

5 创新性原则

学科创新是学科发展的生命，也是学科建设取得成效的关键。学科创新包括学科建设理念的创新、学科体系的创新、学科内容的创新、学科研究方向的创新和学科建设体制与方法的创新。学科创新既要遵循学科发展的内在规律，又要体现国民经济与社会发展的需要，特别是要将学科建设与国民经济建设和社会发展服务结合起来，并通过学科创新带动学科的发展。在学科创新中，最关键的是要实现研究方法的创新，即敢于引进和运用新的研究方法，走出原有的学术框架。从近两个世纪以来人文社会科学的发展来看，方法创新总是理论创新的前提。学科建设必须遵循创新性原则，努力进行理论创新和制度创新，特别要抓好源头创新，要注意从外部营造创新氛围，从内部创设创新机制，将创新精神始终贯穿于教学、科研、人才、方向等学科建设的各个方面，与时俱进开展教学和科研改革，创设有效的激励机制，促使创新人才脱颖而出。

参考文献：

[1] 于学涛，叶绍梁. 对高校学科建设特点的几点认识 [J]. 中国高教研究，2005 (6) 17-18.

[2] 覃利. 论教学型高校学科建设工作 [J]. 高教探索，2005 (2)：62-64.

[3] Weber. NinthNEW Collegiate Dictionary：360.

[4] 伯顿·R·克拉克. 高等教育系统——学术组织的跨国研究 [M]. 译者不详.

杭州：杭州大学出版社，1994：34.

[5] 周秀娇，朱建成. 对学科建设的原则和实践问题的思考 [J]. 佛山科技学院学报：社会科学，2003 (1)：84-87.

[6] 刘开源. 高校学科建设中的若干关系探析 [J]. 黑龙江高教研究，2005 (3)：99-101.

[7] 刘献君. 论高校学科建设 [J]. 高等教育研究，2000 (5)：16-20.

[8] 李 伟，郭 峰. 新建区域高校加强学科建设的理性思考 [J]. 黑龙江高教研究，2005 (2)：137-139.

[9] 吴福儿. 论地方性高校学科建设目标与策略 [J]. 高等农业教育，2003 (10)：42-44.

[10] 江泽民. 论三个代表 [M]. 北京：中央文献出版社，2001：23.

[11] 罗 云. 论大学学科建设 [J]. 高等教育研究，2005 (7)：45-50.

[12] 舒世昌，李 琨，张高科. 新建本科院校加强学科建设工作的思考 [J]. 咸阳师范学院学报，2003 (4)：49-51.

[13] 唐华生. 论西部地方高师院校办学特色 [J]. 临沂师范学院学报，2005 (5)：16-19.

[14] 李晓群. 学科建设的要素及原则 [J]. 学位与研究生教育，2001 (9).

新建本科院校内部治理的结构冲突与优化

近年来，高校内部治理成为我国高等教育学界研究的一个热点问题。众多研究者借鉴经济学和政治学的相关理论，对高校内部治理的理论与实践问题进行了多维度、多层次的探讨，为构建具有中国特色的现代大学制度做出了积极的贡献。新建本科院校作为我国普通高校的一支生力军，正处于多项改革事业并举的关键时刻，如何构建良好的内部治理结构理应引起我们的高度重视。

一、新建本科院校内部治理的结构逻辑

治理（Governance）是广泛应用于政治学、经济学领域的一个术语，它来源于拉丁语“Cube Mare”，意思是“统治”或“掌舵”，在希腊语中与“舵手”同义。[1]治理概念的提出首先来自于企业问题的研究。1989 年的世界银行报告把治理概念扩展到企业之外，认为治理就是在既定的范围内运用权威以维护秩序，保证需要。这样，治理概念逐渐从企业领域扩展到各种非营利组织的范围，政府、中介组织、学校等开始被纳入治理研究的视野。西方学者认为，美国是第一个提出“大学治理”这一概念的国家，其标志是科尔森所著的《大学和学院的治理》一书的出版。[2]在我国，真正提出“大学治理”这一概念的是著名经济学家张维迎教授。他在《大学的逻辑》一书中强调：大学目标和理念的实现，离不开科学的制度安排，即治理结构，也就是大学的治理（University Governance）。[3]他进一步指出：“从大学理念到大学的实际运行存在不小的距离，而决定该距离的将是大学的治理机制和与之相联系的社会环境。因此治理结构非常重要，一个好的大学的治理结构应该保证我们始终不偏离我们的核心理念，不偏离我们的基本目标；在保证大学的学术自主、教师的学术自由的条件下维护和提高一个大学传播和创造知识的学术水准。”[4]

治理结构是系统结构的重要内容，也是治理研究的重要内容，其核心是权力结构，也就是决策权力在不同利益相关者之间的分配。帕森斯在他的社会系统理论中，反复说明权力概念的中心地位，并强调指出，只有依靠实际的强力和各种制度化和层次化的权力结构的运作，才能保证一个稳定的社会秩序，并保证应付社会秩序运作中所可能产生的各种不正常现象或病态状况。[5]作为非营利性组织的高等院校，既有政府、社会、投资者、用人单位等外部利益主体，也有党委、行政、教师、学生等内部利益主体，是一种典型的利害关系人组织。根据利益相关者理论，高校要按照大学的逻辑，实现大学的理念，实现各相关利益人的最大利益，就必须通过建立一整套的制度安排来实现，即是

要构建良好的治理结构。对新建本科院校来说，其治理结构主要涉及两个层面：一是外部治理结构，二是内部治理结构。外部治理结构的核心问题是科学界定学校同政府、社会之间的关系。这一层面治理结构的优化，无疑需要通过健全涉及高等教育的法制建设及深化我国整个高校教育管理改革的主路径，厘清国家（政府）、社会与学校之间的关系，界定三者之间的权利义务，方可实现。[6]显然，这是一项社会系统工程，远非学校单方可以解决。相对于外部治理结构而言，在内部治理结构的优化方面，新建本科院校却可以发挥自身的主导性作用。这就要求新建本科院校要在现代大学制度的框架下，通过构建合理而健全的内部治理结构，充分调动各种积极因素，科学合理地整合各种教育资源，协调、平衡学校内部各方面的关系，使学校内部管理从传统的人治走向现代的法治，从自上而下的行政管理走向上下互动的善治，真正实现内部管理的民主化、科学化、制度化和规范化。

二、新建本科院校内部治理的结构分析

高校内部治理结构的实质是解决权力在高校内部各个不同利益群体间的分配。[7]这已经成为人们的共识。但高校内部究竟存在哪些权力主体，分别拥有什么权力，目前还没有形成比较统一的认识。结合我国国情，依据相关法律规定，从权力的性质入手，我们不难发现，新建本科院校在内部管理中实际存在以下四种权力结构：

1. 以党委领导为核心的政治权力

高校的政治权力属于法定权力，是学校各级党组织所拥有的权力，具有权威性和强制性。其主要作用是维护学校社会主义办学方向，保证党和国家的意志在学校内部得到切实有效的贯彻，进而维护和实现国家的利益。《中华人民共和国高等教育法》（以下简称《高等教育法》）第三十九条规定：“国家举办的高等学校实行中国共产党高等学校基层委员会领导下的校长负责制。中国共产党高等学校基层委员会按照中国共产党章程和有关规定，统一领导学校工作，支持校长独立负责地行使职权，其领导职责是：执行中国共产党的路线、方针、政策，坚持社会主义办学方向，领导学校的思想政治工作和德育工作，讨论决定学校内部组织机构的设置和内部组织机构负责人的人选，讨论决定学校的改革、发展和基本管理制度等重大事项，保证以培养人才为中心的各项任务的完成。”

2. 以院（校）长为首的行政权力

高校的行政权力属于理性权力，是高校管理机构及其人员按照一定的程序，以包括国家法令、学校规章等在内的强制手段为依托所形成的一种影响和支配学校内部成员和机构的权力形式。[8]它主要依据行政职位产生，由校长、处长（部长、主任）、科长等各级行政人员具体行使，属于对高校行政事务进行决策和日常管理的权力，具有明显的“科层化”特征。高校行政权力以效率为行动的追求目标，主要目的是保证和维护整个学校内部系统协调、有序、有效的正常运行，保证学校办学目的快速有效的实现。院（校）长是高校行政主要负责人，是学校各种行政权力交汇的中心，院（校）长全面行使学校管理和运行的权力，以院（校）长办公会或者校务委员会为形式，确定学校改革

和发展的举措和实施计划，负责组织实施，并领导日常行政工作，推动高校运行机制正常进行。

3. 以教授为主体的学术权力

高校的学术权力属自然权力，是高校学术人员所拥有的关于学校学术事务的决策权和控制力，具有松散性和自主性。它通过以教授、专家和学者为核心组成的学术委员会、学位委员会、教授委员会等学术组织系统进行运行，以实现对学术事务的管理。学术权力来源于学者的专业知识和学术能力，其权力主体一般是代表学校学术水平的教授及由他们构成的团体，其作用方式是以主体的学术地位使作用的客体自发地追随、信服，其存在的目的在于保证学术标准得以贯彻，保证学科得以发展，保证学术人员的权益得以实现。[9]学术权力的边界限定在对学术事务及由此派生的相关事务管理的权力，主要包括高等学校教学活动、科学研究、学科建设、课程设置、教材建设、师资培养、学位授予以及招生就业等方面的管理权力。

4. 基于全体教职工的监督权力

高校办学质量的高低和办学效益的好坏对高校教职工（尤其是教师）的利益影响甚大，办学质量和办学效益的下降势必造成所在高校教师各方面利益的损害，如影响学校声誉的提升、生源的质量和数量、各种津贴的提高和科研经费的申请。所以教职工作为高校重要的利益相关者，理应参与学校的内部治理，体现在权力结构中，就是教职工应该拥有一定的监督权力。《中华人民共和国教育法》（以下简称《教育法》）第三十条规定："学校及其他教育机构应当按照国家有关规定，通过以教师为主体的教职工代表大会等组织形式，保障教职工参与民主管理和监督。"《高等教育法》第四十三条规定："高等学校通过以教师为主体的教职工代表大会等组织形式，依法保障教职工参与民主管理和监督，维护教职工合法权益。"《中华人民共和国教师法》（以下简称《教师法》）第七条第五款也规定，教师"对学校教育教学、管理工作和教育行政部门的工作提出意见和建议，通过教职工代表大会或者其他形式，参与学校的民主管理。"这些法律法规既表明了在高校内部存在以教职工为主体、以教代会为主要形式的监督权力，同时也为教职工履行监督职能，维护自身合法权益提供了重要的法律依据。

三、新建本科院校内部治理的结构冲突

在从高等教育大国向高等教育强国迈进的历史进程中，构建科学合理的现代大学治理结构既是基础环节，又是重要途径；既是核心内容，又是政治保证，具有重要的战略意义和现实意义。而新建本科院校由于本科办学时间较短，受传统管理思想和管理理念影响太深，大多还没有建立起有效的内部治理运行机制，影响了现代大学制度建设的步伐，主要表现在以下几个方面：

1. 政治权力与行政权力之间的关系模糊

《高等教育法》规定"我国高校的领导体制实行党委领导下的校长负责制"。这一制度安排是我国大学办学的必然选择，对于加强党对高校的领导，把握学校发展的政治方向，使学校坚持社会主义性质具有重要的意义。但从新建本科院校目前的实际来看，

党委领导下的校长负责制由于缺乏完善的制度安排，在实施过程中仍存在一些问题，突出表现在：党委领导和校长负责之间缺少严格的界定，权责划分不明，哪些事该党委管，哪些事由行政管，没有一个明确的标准。一些学校不同程度地出现党委介入行政操作层面事务、校长依赖党委过多，或党委领导不力、校长自行其是，或党政之间各持己见、互不相让等情形。从而导致有些事务多头管理，有些事务又无人负责，严重的还出现集体决策而最终谁也不承担决策失误责任的现象。同时，由于党委书记和校长具有相同的行政级别，党务系统和行政系统在公共决策领域存在一定的冲突，这也在一定程度上增加了内耗，加大了管理成本。

2. 行政权力与学术权力之间缺乏有效的协调机制

由于历史和体制的种种原因，目前我国仍然按照行政机构的组织结构来设计大学的内部组织，按行政组织的方式对校、院、系进行权力分配、确立隶属关系，导致大学中的学术组织（如学术委员会、教师职务评审委员会等）或者泛化为行政组织，行使某种行政职能，或者成为一种“虚位”组织，除个别领域，如职称的评审、学位的授予由学术性组织（职称评审委员会和学位委员会）负责以外，学者很少有机会介入高校的管理活动，更不用说在决策过程中提出意见和建议。而在学术权力与行政权力的博弈中，两者都不是专注于自己的领域。一方面行政权力想通过控制学术活动，增强自己的控制力；另一方面，学术权力也想发挥行政管理的职能，在学校管理中发挥学术权力的作用。这种状况在新建本科院校内部形成了“学而优而仕”的现象：一些学者开展学术研究的主要目的不是为了发展学术、繁荣学术，而是为了获得行政权力，从而导致自身在行政权力的环境中不断丧失自己的学术地位，泯灭学术的本质。这种恶性循环最终影响了整个学校的学术进步与发展。

3. 教职员工参与学校内部治理得不到切实保障

教代会是教职工履行监督权力、民主管理学校的重要形式，是《宪法》所规定的“人民依照法律规定，通过各种途径和形式，管理国家事务，管理经济和文化事业，管理社会事务”的基本权利在高等教育领域内的具体体现。如前所述，《教育法》、《高等教育法》、《教师法》等相关法律法规为教职工履行监督职能，维护自身合法权益提供了重要的法律依据。但在实际运行中，以教代会为主要形式的教职工利益组织对学校党委的决策以及对院（校）长的执行等均难以发挥实质性的监督作用，教代会制度的权利边界被向内压缩，在学校中的地位降低，所能够发挥的作用减少。教代会从人员组成、召开时间到审议的议题、会议程序等事实上都是行政机构决定的。一些学校的教代会仅仅流于形式，所讨论的问题也主要集中在教职工福利待遇方面，而对学校运行的核心问题和重大问题基本不提交大会讨论，教代会并没有真正起到代表教职工参与高校内部治理的作用。因而，如何按照《高等学校教职工代表大会暂行条例》的规定，充分发挥教代会及其常设机构——工会组织的作用，切实保障教职工在关系学校发展规划、关系切身利益等重大问题上的知情权、监督权和决策权，应是我们构建科学、合理的新建本科院校内部治理结构所重点关注的一个问题。

四、新建本科院校内部治理的结构优化

科学合理的权力分配是新建本科院校校内外不同利益群体有效合作的重要基础和前提，有助于各种力量之间的协调，从而维护大学发展的基本秩序，提高大学的运行效率，实现学术自由与以人为本的大学理念，进而完成大学的使命。因而，要优化新建本科院校内部治理结构，就必须构建并完善"党委领导、校长管理、教授治学、民主参与"的内部管理体制，使政治权力、行政权力、学术权力、监督权力有机结合，实现内部治理结构的协调与平衡。

1. 坚持党委领导，构建政治权力的运行机制

任何大学，无论其拥有多么大的自主权力，都不可能不受到政府一定的控制，这是政府作为行政管理者对大学作为社会组织的一员行使的行政管理权力。[10]况且，教育本身就具有一定的阶级性，总是为一定的阶级利益服务的。所以，作为社会主义中国的高等院校，必须坚持共产党的领导，这在任何时刻也不能动摇。如果动摇了这一基本制度，高校的社会主义办学方向就难以保证，培养德智体美全面发展的社会主义事业建设者和接班人的神圣使命就难以完成。《高等教育法》明确规定，我国大学内部管理体制实行党委领导下的校长负责制，赋予了高校党委领导把握高校发展方向、总揽全局的重任。但是，党委究竟应当怎样领导学校、怎样组成高校党委、怎样把党的工作原则与高校活动原则统一起来，这些问题并没有在相关法律法规及文件中全面阐释，在很大程度上还需要我们在实践中进一步探索和完善。对新建本科院校来说，党委的领导主要在于宏观的指导，在于有效的监督，在于对学校发展中重大事件的决策。而对于学校的日常管理工作，尤其是一些战术性决策和学术方面的决策，党委不宜直接介入。党委的领导作用主要应通过培育核心价值观、保证学校办学的国家意志性、把握学校的办学方向、开展思想政治工作，以及推荐领导干部等来实现。党委书记要做政治家，不能做事无巨细全部过问的技术官僚，要通过宣传、说服和教育的方式把党的政策贯彻落实好，并要支持校长独立负责地开展行政工作。

2. 坚持院（校）长管理，构建行政权力的运行机制

近代大学的世俗化和科学教育不仅导致大学功能的世俗化和学科结构的复杂化，而且带来了大学规模的不断扩大，大学变成了一个由许多部门和工作构成的庞大系统，大学内部有组织的活动越来越多，不同活动领域之间的协作和依存也不断加强。为了保障大学内部各个部分有序而紧密地联系在一起，迫切需要我们进一步加强行政管理。正像克拉克·科尔所指出的，"不管在什么地方，行政管理已成为大学的一个更为显著的特征。这是普遍的规律。由于机构变大了，所以行政管理作为一种特殊的职能变得更加程式化和更为独立出来了；同时，由于机构变得更为复杂，行政管理的作用在使大学整体化方面变得更加重要了"。[11]我国高等学校实行的是党委领导下的校长负责制，校长在党委领导下独立地开展行政工作，学校的行政最高权力就掌握在院（校）长手中。从某种意义上讲，学校行政工作的成绩如何，行政权力发挥作用的效果如何，关键是院（校）长。历史经验证明，院（校）长的远见卓识对一所学校的发展起着至关重要的作

用。无论是新中国成立前的蔡元培、梅贻琦、张伯苓等，还是新中国成立后的蒋南翔、匡亚明、朱九思等，他们对各自学校的发展都发挥过很大的推动作用。因而，要优化新建本科院校的内部治理结构，就必须坚持“校长管理”，构建良好的行政权力运行机制。具体来说，就是要在党委的正确领导下，按照《高等教育法》及其他法律法规的规定，建立一个政令畅通的行政管理系统，充分发挥行政权力对学校教学、科研等主要学术活动的保障、支持、组织、协调和服务功能，避免行政性权力过度主导的管理模式，从而激发学术性权力参与民主决策和民主管理的热情和能力。

3. 坚持教授治学，构建学术权力的运行机制

大学不同于其他社会机构的特点之一是它从根本上是一种学术组织，离开了这一点大学也就丧失了基本特性和存在的价值。大学学术活动的内在逻辑决定了教授在高校学术事务中的权威性，而教授参与学校管理不仅能够提高管理的成效，同时也有利于创造大学的学术氛围。更重要的是，教授参与学校重大问题的决策与咨询，将提高学校决策特别是学术性政策制定和实施过程中的科学性和有效性，有利于科学知识的创新和创造型人才的培养。[12]但从各新建本科院校的实际来看，教授治学的渠道还不畅通，教授参与决策的机制还不够成熟，行政力量左右一切，漠视学术权力的现象依然存在。尽管一些学校也建立了各种学术组织，如学术委员会、学位委员会，但各委员会的工作基本是在行政权力的控制之下，学术权力的发挥十分有限，学术组织机构的职能没有真正到位。因此，新建本科院校优化内部治理结构，必须从尊重学术权力的存在入手，以相关制度确立和保证教授及其所拥有的学术性权力在学校民主决策和民主管理过程中的地位和作用，努力寻求发挥学术权力作用的有效形式，确保专家、学者参与学术事务决策的权力落到实处。要把包括职称评定、学位授予、教育教学发展规划、学科研究规划等在内的属于学术方面的权力交还给学术委员会，提高学术委员会在决策中的地位和权力范围，提高学者和学术组织参与学校管理的积极性。同时，为了进一步保障和提升本科教育质量，还要让学术委员会成为校长教育教学管理的咨询和制衡机构。

4. 坚持民主参与，构建监督权力的运行机制

完善的高校内部治理结构应有有效的教师民主管理的参与机制和监督机制。高校是属于定向服务的组织，其中教师所具有的教育教学技能是高度专业化的，因此教师对学校人力资源投入的同时就承担着相应的学校经营风险。而且由于当前教师劳动力市场发育还不完全，都是互相分割的内部市场，教师人力资源在学校之间的流动成本极高，这更人为地提高了教师教学技能的专业性。在这种人力资源投入情况下，教师作为教育组织的“相关利益者”，他们不但要求参与学校的治理，以减轻自己所拥有的人力资本专用性所带来的风险，同时还要求分享学校的社会收益，以体现自己人力资本的使用价值。[13]因此，优化新建本科院校的内部治理结构，还必须进一步扩大教职工的知情权、参与权、申诉权，发挥教职工代表大会及其常设主席团在民主管理、民主监督、维护教职工合法权益等方面的作用，从而构建监督权力的运行机制。尤其是对涉及教职工切身利益的各项工作程序的完备和合法性问题，必须引起高度重视。一般来说，凡涉及教职工个人人事信息包括职称职务聘任、各种考核结果、工资福利待遇、奖惩等的决定都应

通过书面形式送达本人；凡涉及重大人事信息变动的均应实行公示制度，确保教职工利益方面的知情权、监督权和及时申诉的权利。[14]必要时还可以在校内设立教师申诉委员会，将教育纠纷先在校内化解；校内申诉委员会化解不了的纠纷，再向上级教育行政管理部门提出申诉。这既是出于教师申诉案件专业性的考虑，又是出于提升纠纷解决效率的需要，有助于及时公正地化解教师与学校或其他行政部门之间的教育纠纷，整合有限的教育资源。

参考文献：

[1] 曹光荣，黎嫦娟. 关于高校治理结构理论和实践问题的思考［J］. 当代教育论坛，2005（15）：81-84.

[2] 郭卉. 反思与建构：我国大学治理研究评析［J］. 现代大学教育，2006（3）：29-33.

[3]［4］张维迎. 大学的逻辑［M］. 北京：北京大学出版社，2004：3，4.

[5] 高宣扬. 当代社会理论［M］. 北京：中国人民大学出版社，2005：538.

[6] 陈金圣，陈相明. 试论公立高校内部治理结构的重构与优化［J］. 教育学术月刊，2008（4）：51-53.

[7] 卢小珠. 从治理结构角度论公办高校管理体制的改革［J］. 改革与战略，2004（12） 52—55.

[8]［9］雷恩安. 论现代大学制度下大学内部治理结构的优化［J］. 长春工业大学学报：高教研究版，2008（2）：32—34.

[10] 申素平. 论我国高等教育体制改革中政府角色的转变［J］. 高教探索，2000（4）：2-14.

[11] 克拉克·科尔. 大学的功用［M］. 陈学飞，等，译. 南昌：江西教育出版社，1993：18-21.

[12] 李巧针. 深化高校内部管理体制改革　加快建设创新型大学［J］. 现代教育科学，2007（6）：90-93.

[13] 黄建林. 高校治理结构与内部会计控制研究［D］. 长沙：湖南大学，2007：35.

[14] 杨锐锋. 高校内部治理结构建设探究［J］. 大庆师范学院学报，2007（6）：130-133.

地方高校高等教育研究机构的困境与出路

“高等教育研究机构是在教育行政部门和高等学校领导下的教育科学研究单位，担负着从事高等教育改革和发展的理论和实践问题的研究，为教育行政部门和高等学校提供决策咨询服务，推动干部和教师开展群众性高等教育科学研究等任务。”[1] 自1978年5月我国第一个高等教育专门研究机构——厦门大学高等教育科学研究所（原称“高等教育科学研究室”）成立以来，我国高等教育研究机构发展迅速，中央有关部门及各高校纷纷成立了自己的高教研究所（室、中心）。在30多年高等教育改革与发展的历程中，各高校发展的不平衡，导致这一机构的发展也是不均衡的。地方高校作为我国高等教育的一支重要力量，其高等教育研究机构的现状和发展值得我们关注。

一、地方高校高等教育研究机构面临的困境

我国地方高校的高等教育研究机构主要是在改革开放以后逐步建立和发展起来的。30多年来，地方高校高等教育研究机构开展了大量积极有益的高等教育理论研究与实践探索，出版和发表了大量的研究著作和学术论文，取得了许多重要的研究成果，推动了群众性高等教育研究的深入开展，促进了高等教育制度和理论的创新。然而，由于受诸多因素的制约和影响，目前，地方高校的高等教育研究机构正面临着一些困境，主要表现在以下几方面：

1. 重视程度不够

高等教育研究对于提高学校的管理水平和决策水平，准确提炼办学理念，提升学校知名度和竞争力等方面起着十分重要的作用。[2] 如果没有高水平的教育科学研究，仅凭经验办学，将很难建设高水平的高等学校，更难在高等教育发展中有所创新；有远见、有创新、成熟的教育领导者，必然重视教育思想、教育理论、教育理念的先导作用。然而，一些地方高校的领导对高等教育研究在教育决策、管理和改革发展中的重要作用还缺乏正确认识，不太注重运用高等教育的理论和研究成果指导实践，对积极组织开展群众性的高教研究工作重视不够，对高等教育研究机构的建设和发展投入不足。有的学校领导认为高教研究不过是写几篇文章，出几篇报告，可有可无，保留高教研究机构不过是为了方便对上对外进行工作联系。由此造成了相当一部分地方高校高等教育研究机构仅仅只有一个空牌子，多数是与其他部门合署办公或挂靠其他单位，还没有独立的编制，没有固定的办公场所和必需的办公设备。

不仅学校领导对高等教育研究重视程度不够，有些教职工包括一部分从事高等教育

教学和管理的教师，对开展群众性的高等教育研究同样也不够重视，不善于运用高等教育理论指导自己的教学和管理工作，故而教学观念陈旧，教学手段单一，教学成效难以提高。

2. 经费投入有限

高等教育的研究成果主要体现在学术价值和社会价值两方面，要直接转化为经济价值则十分困难。经费短缺的压力常常使高等教育研究机构陷入困境之中：必需的研究经费得不到满足，资料的收集和购买有心无力，开展学术交流、参加各种学术会议更是无从谈起。虽然也有一些高等教育研究机构通过争取课题经费筹措到了一小部分资金，但是，由于多年来形成的“重理轻文”思想的影响，故而社会科学类的研究课题经费数量较少，而研究过程中的开销又大，特别是调查调研、购买图书资料、学术交流、成果出版等都要花费许多钱，有限的经费往往难以维持到课题完成。同时，有些省级或国家级的教育科研课题往往只给一个立项的名分，不但没有课题经费，而且还要求学校贴钱，这更加剧了一些领导对教育科研的偏见。从经济上看，搞教育研究几乎都是“亏本”的活动。因此，争取课题经费只能作为一种有益的补充，而不能作为维持高等教育研究机构生存发展的主要手段。[3]要建设好高等教育研究机构，还必须依靠学校和相关部门的不断投入。应在高校内建立高等教育研究机构办公经费的行政拨款制度，只有从制度上确保高等研究机构有长期稳定的经费来源，才能进一步促进高等教育研究机构作用的发挥。

3. 研究队伍不强

据调查，大多数地方高校的高等教育研究机构人员编制普遍维持在一两个人之间，最多的也不超过5人，更有一些高校将高教所（室）的牌子挂在科研处、教务处或学报编辑部内，缺乏一支稳定的、专兼职结合的、强有力的研究队伍。研究人员不仅数量少，而且学术水平和研究能力也有限。现有的一些专、兼职研究人员多数是“半路出家”，缺乏“科班出身”的高层次专业研究人才，而且有的研究人员功利思想严重，“过渡性”很强，仅仅把开展高等教育研究作为职务晋升、职称评定等的跳板，稍微取得一点成绩就止步不前或另谋高就，不能开展持续深入的研究，更不能养成研究的自觉性和长期性。同时，由于一些高等教育研究机构条件比较差，研究人员的职称、待遇问题又长期得不到妥善解决，从而影响了高等教育研究人员工作积极性的发挥，甚至造成人才的大量流失，造成研究队伍极不稳定，青黄不接的现象较为突出，影响了高等教育研究机构整体作用的发挥。

4. 研究成果滞后

高等教育研究机构作为学校工作的一个职能部门，应该针对与学校重大发展相关的领域开展研究，要将校本研究作为研究的重点，将学术理论研究与学校现实任务结合起来，为学校领导决策提供有现实意义的意见和建议。但事实上，有些地方高校高教研究机构对此不重视或不够重视，每年只是单纯地写几篇文章或报告交差了事，而未能突出研究的重点。从许多高等教育研究成果特别是论文看，还缺少系统的研究设计、理论框架以及系统的文件检索和评述，议论多于事实，缺少实验、访谈、案例分析、统计检验等研究方法以及调查、数据采集等步骤，研究结论的效度、信度和推广度均有待提高。同时，由于地方高校的高等教育研究机构之间缺乏必要的交流和协作，信息交流渠道不畅，低水平的重复就不可避免，人云亦云，给人似曾相识之感，影响了研究的深度和广度，更不利于理论创新。[4]这些问题的存在，阻碍了高等教育研究机构的发展和作用的发挥，亟待改变。

二、地方高校高等教育研究机构可持续发展的途径

2004年4月21日，教育部办公厅以教高会厅发出《关于进一步加强高等教育研究机构建设的意见》（［2004］1号文件，以下简称《意见》）。这是新中国成立以来，国家教育主管部门第一次专门为加强高等教育研究机构建设而发的指导性文件，这既反映了我国高等教育改革与发展对开展高水平高等教育研究的迫切需求，也体现了教育部领导对建设好高等教育研究机构的进一步重视。地方高校应以此为契机，多方着力，切实抓好高等教育研究机构建设，推动高等教育研究步入可持续发展道路。

1. 加强队伍建设，促进持续发展

地方高校高等教育研究机构能否顺利开展工作，充分发挥作用，走上可持续发展道路，关键在于能否建立起一支专兼职结合、结构合理、有较高学术水平和较强研究能力而又相对稳定的研究队伍。一方面，受学校编制的影响，地方高校高等教育研究机构不可能有较多的专职研究人员，需要聘请一些兼职人员参与，以解决研究力量不足的问题；另一方面，当今科学技术的发展趋势是既高度分化又高度综合，一项科学研究一般都涉及多个学科、多个领域，需要多学科联合攻关。因此，地方高校在组建高等教育研究队伍时，必须坚持专职与兼职相结合的原则，重视优化配置研究人员的结构，实行老、中、青三结合；既要吸纳“科班”出身的高层次研究人才，又要配备一部分有丰富的教育教学管理经验的管理人员，这样既可开展高等教育理论研究又可从事应用研究、发展研究。

地方高校还应高度重视对高等教育研究人员特别是中青年科研人员的培养。要关心他们的学术进步和生活状况，从精神和物质两方面支持他们搞好高等教育研究，制订切实可行的激励措施，稳定高等教育研究队伍，使开展高水平的高等教育研究后继有人。同时，为了进一步提高研究水平和能力，对高等教育研究机构专职研究人员以及比较固定的兼职研究人员，学校还应当适时安排必要的培训、进修、学术交流等，为他们创造学习提高的条件。

2. 发挥“五个作用”，做好服务工作

高等教育研究机构如果不能从理论和实践两方面有效地为教育改革和发展服务，就难以取得领导和主管部门的信任、重视和支持。[5]正所谓“有为才有位”，地方高校高等教育研究机构要想赢得在学校工作中、领导心目中的“位”，就必须始终体现服务精神，以服务求支持，以贡献求发展，以自己的“为”赢得“位”。要根据高等教育的发展规律和理论基础，围绕学校改革与发展的课题，积极开展校本研究。要重点突出为教学、科研服务，为科学、民主决策服务，从理论上帮助学校解决发展过程中的热点、重点和

难点问题，当好学校发展的参谋与助手。[6]要积极发挥“五个作用”：在高等教育思想解放和观念更新中发挥先导作用；在传播学术信息，普及高等教育科学知识方面发挥辐射作用；在培养中、青年研究人才方面发挥提升作用；在高等教育学术交流和先进经验交流方面发挥桥梁作用；在建立新学科、完善学科体系方面发挥推动作用，从而更好地实现设立高等教育研究机构的初衷。

3. 加强交流协作，整合研究资源

为了克服长期存在的由于区域发展不平衡、领导重视程度的不同、各高校研究力量强弱等因素造成的对科研投入不足、科研力量分散、缺乏有效整合、缺乏交流等问题，地方高校高等教育研究机构必须加强与兄弟单位多形式、多层次的交流与协作。要团结、组织、调动、发挥各高校高等教育研究机构的研究力量，形成高等教育科研力量优势互补、资源共享的局面，使科研工作上台阶，科研成果上水平。通过协作，还可以促进兄弟单位之间在机构建设、队伍建设、制度建设、科研协作、互通教育科研信息等方面的交流与合作。

同时，交流协作不能仅仅局限于与其他高等教育研究机构的横向联系，地方高校的高等教育研究机构还应加强与学校其他部门、相关学科的交流与合作，要整合学校有限的研究力量，要把学术理论研究与学校的现实任务紧密结合起来，把综合研究与各部门具体业务结合起来，以发挥研究工作的实效。[7]

4 完善规章制度，激发工作热情

地方高校高等教育研究机构作为高校工作的重要组成部分，理应受到学校领导的高度重视，得到全校教职工的积极支持。因此，必须完善各项规章制度，从制度上确保高等教育研究机构的建设和发展步入可持续的道路。从学校层面来讲，应进一步明确高等教育研究机构的独立机构编制和职级待遇，强化其办公经费的行政拨款制度，切实解决研究人员的工作条件和职称问题，真正做到转变观念、下达任务、给足经费、使用成果、促进发展。从高等教育研究机构自身这个层面来看，应通过建立和完善有关制度，使研究机构和研究工作有章可循、规范发展。教育部在《意见》中，对高等教育研究机构的制度建设做了明确的指示：要制定从研究机构的组织、领导，研究规划的制订、实施，研究人员的聘用、职责、考核，研究过程的监督、检查，到研究成果的评审、鉴定，研究经费的使用、管理，研究资料的建网、建库以及与兄弟单位、校内有关部门的联系、合作等一系列切合学校实际的、科学规范的、行之有效的管理制度。尤其要完善科研成果的评价机制，制订科学的研究成果评价标准，建立高等教育科研成果表彰、奖励制度，鼓励多出成果，出好成果。要定期对高等教育研究机构专兼职研究人员及全校教职工的高研成果进行评选表彰和奖励，积极推荐优秀研究成果参加各种层次、各种类型的评优评奖活动，以充分调动专兼职研究人员的研究积极性，激发他们的工作热情。

参考文献：

[1] 教育部办公厅. 关于进一步加强高等教育研究机构建设的意见 [Z]. 教高会厅 [2004] 1号文件.

[2] 蒋华林，李 华，杨 忠. 论高校高教研究机构的可持续发展 [J]. 高等建筑教育，2002 (12)：74-76.

[3] 张 辉，郭桂英. 高校教育研究机构“上浮”、“下沉”现象透视 [J]. 高等教育研究，2000 (3)：58-61.

[4] 高宝立. 中国高等教育研究：进展、问题与前景 [J]. 教育研究，2003 (7)：45-48.

[5] 张笛梅. 促进高教研究登上新台阶——省市高教研究机构协作会议综述 [J]. 中国高教研究，2002 (9)：84.

[6] 何万宁. 高等教育研究机构的定位、职能及改革思路 [J]. 辽宁教育研究，2002 (7)：40-42.

[7] 张笛梅. 全国高等教育科学研究机构工作座谈会纪要 [J]. 中国高教研究，2002 (2)：95.

建设高教强省的背景下
四川地方高校的改革与发展

建设高等教育强国，是党中央、国务院在新的历史条件下发出的时代强音，是中华民族伟大复兴赋予高等教育发展的重要使命，同时也是未来相当长一段时期内高等教育领域为之奋斗的目标。要实现这一目标，首先就必须建设若干高等教育强省，这已成为人们的共识。事实上，早在2005年，一些高等教育规模较大、基础较好的省份，如江苏、广东、山东、湖南、黑龙江等，就已经率先提出了建设高等教育强省的奋斗目标，并制订了相应的规划。近年来，四川省高等教育发展取得了突出成绩，为推动四川经济社会加快发展、科学发展、又好又快发展提供了强有力的人才支撑和知识贡献。当前，在建设高等教育强国的时代背景下，进一步加快推进建设四川高等教育强省的步伐，具有重要的理论价值和现实意义。地方高校作为四川省高等教育的主体，在建设四川高等教育强省的进程中，应如何认识并履行自身所肩负的历史使命，值得我们关注和思考。

一、建设四川高等教育强省：地方高校改革与发展的新使命

如何衡量高等教育强省，是建设高等教育强省的逻辑起点。就笔者来看，高等教育强省至少应具备三个明显特征：一是规模大，二是质量高，三是结构优。这既是衡量高等教育强省的重要标准，也是建设高等教育强省的重要内容。对四川省地方高校而言，其在建设四川高等教育强省进程中的历史使命也正体现在这三方面。

1. 地方高校在扩大高等教育规模方面负有重要使命

高等教育强省中的"强"是一个相对的概念，可以从纵横两个维度去考察。从纵向来看，近年来，在省委、省政府、省教育厅的坚强领导和正确决策下，在全省高等教育战线工作者的共同努力下，四川省高等教育办学条件不断改善，办学规模不断扩大，办学质量不断提高，已初步具备了建设高等教育强省的规模基础。但是，从横向上考察，我们不难发现，四川省高等教育还存在规模偏小的突出问题，不仅难以与北京、上海、江苏等传统高等教育大省相比，与同期全国平均水平相比也还有一定差距。以2008年为例，全国共有普通高等学校2263所，各类高等教育总规模达到2907万人，高等教育毛入学率达到23.3%。[①] 而四川省2008年普通高等学校总数为90所，仅占全国总数的

---

① 2008年全国教育事业发展统计公报［N］. 光明日报，2009-07-18（1）.

3.98%；各类高等教育总规模为144万人，仅占全国总数的4.95%；高等教育毛入学率为22%，低于全国平均水平。① 因此，要加快建设四川高等教育强省的步伐，首先就必须进一步扩大四川省高等教育规模，满足人民群众接受高等教育的需要。地方高校作为四川省高等教育的主体，理应自觉、主动地承担起这一重要使命。

2. 地方高校在提高高等教育质量方面负有重要使命

教育质量是一切教育活动中必须把握的一个概念，它是人们在开展教育活动的过程中所追求的目标，失去质量意义的教育活动必定是迷茫的、无价值的活动。所以，人们普遍重视教育质量，并把它作为评价教育活动成功与否的重要标准之一。相应的，对高等教育质量的不懈追求，也成了建设高等教育强省的重要选择。因此，地方高校在建设四川高等教育强省的进程中，还应把提高教育教学质量作为一项重要工作，常抓不懈。事实上，就四川省大多数地方高校的实际情况来看，其本身正处于由外延发展向内涵建设转变的关键时期，提高教育教学质量已成为学校发展的内在需求。而这恰恰与建设高等教育强省的核心要求和基本内容——不断提升教育教学质量相契合。从这一意义来看，建设高等教育强省，不仅是地方高校提升教育教学质量的实践动力，也是地方高校进一步深化教育教学改革，提升教育教学质量的重大机遇。二者的有机结合，必将有利于地方高校更好地履行这一神圣使命。

3. 地方高校在优化高等教育结构方面负有重要使命

近年来，四川省高等教育结构发生了巨大变化，初步形成了多层次、多形式、学科门类比较齐全的高等教育结构体系。但由于历史和现实的一些原因，四川省高等院校的布局结构还不尽合理，大部分高校主要集中在成都及成都周边地区，部分市州还没有一所普通院校。这种高等教育资源布局的不科学和不合理性严重制约了各地方尤其是社会经济欠发达地区对高等教育的迫切需求，并直接导致了教育的不公平。随着改革开放的深入推进，四川省各地区社会经济总体上呈现快速稳定的发展态势。地方社会经济的快速发展，在科技、人才等方面迫切要求有更大规模的高等教育来支撑。而地方高校对优化四川省高等教育结构和布局，实现高等教育社会功能的下移和拓展具有不可替代的作用。通过发展和壮大地方高等教育，不仅可以提高高等教育资源在地域分布上的均衡性，促进教育公平，而且还有利于促进高等教育更加贴近各地方社会经济发展的实际需求。这既是区域社会经济发展对地方高校提出的新希望，也是建设四川高等教育强省对地方高校提出的新要求。

二、建设四川高等教育强省：地方高校改革与发展的新作为

在建设四川高等教育强省的进程中，对数量众多的地方高校来说，深化认识、明确使命固然重要，但最为关键的还是要找准自身功能发挥的渠道和途径。唯有如此，地方高校才能为建设四川高等教育强省做出应有的最大贡献。结合四川省地方高校的办学特点和办学优势，我们认为，其功能发挥主要有以下三个途径：

---

① 本统计数据来源于《2008年四川省教育事业发展基本情况》。

1. 提高人才培养质量，为建设高等教育强省贡献力量

党的十七大报告把“优先发展教育、建设人力资源强国”置于以改善民生为重点的社会建设的六大任务之首，这是新时期新阶段党中央为进一步实施人才强国战略提出的新的重大战略目标，对我国高等教育必将产生巨大的推动作用。[1] 而要建设人力资源强国和人力资源强省，既需要相当数量的高层次专门人才，也需要数以千万计的各级各类、各行各业的生产、管理、服务的职业性、技能型的专门人才。这就要求各高等院校要按照社会多元化的不同需求，根据院校的不同类型、定位和培养目标，培养出能够满足这种需求的高质量人才。因而，地方高校在建设高等教育强省的进程中，必须认真调研、准确分析地方区域经济社会发展对人才需求状况和人才素质结构提出的新要求，充分发挥学校在长期的办学实践中形成的办学特色和办学优势，如教师教育、农林科技教育、医疗卫生教育、社会文化建设等社会服务和公共管理优势，在全面提高人才培养质量的基础上，深挖内部潜力，采取切实措施，进一步深化教育教学改革，着力培养适应地方经济社会发展需要的各类技术人才、管理人才、文化人才、创新人才等，满足地方经济建设和社会发展的人才需求。这不仅是地方高校人才培养职能的实现，也是地方高校为建设高等教育强省做贡献的主要途径。

2. 深化科学研究水平，为建设高等教育强省贡献力量

虽然，目前学界对高等教育强国和高等教育强省的内涵、标准和特征等还没有较为统一的认识和界定，但在相关论述中，都无一例外地将高等教育对经济发展和社会进步的贡献率作为一个重要的指标。① 而科学研究作为高等院校的一项重要职能，历来是高等院校服务社会发展、促进社会发展、推动社会发展的重要手段和途径，这也是检验和评价高等教育对经济发展和社会进步的贡献率的重要指标。从这一意义来看，建设高等教育强省这一宏伟目标内在地要求进一步提升高等院校的科研水平。对地方高校来说，由于其学科平台、专业水平、人才队伍、实验设备、资金来源等方面与重点高校存在较大差距，在开展基础理论研究和高水平应用研究方面难以有较大的突破和创新，因而其提升科研水平的出发点主要应立足于提高科研工作的针对性和实效性，要注重解决地方经济社会发展中存在的突出问题、热点问题、重点问题和难点问题，努力成为地方经济社会发展的“思想库”与“智囊团”，成为所在区域内的科技创新中心和技术推广中心。这不仅能为地方经济建设和社会发展提供新理论、新技术，同时，科研成果的转化，还能使地方高校取得最大的经济效益和社会效益，从而进一步拓展学校的生存和发展空间。

3. 拓展社会服务内涵，为建设高等教育强省贡献力量

建设高等教育强省本身是一项极其复杂的系统工程，是一项十分艰巨的历史任务，

---

① 大多数专家、学者都认同，在高等教育强国中，高等教育对经济发展和社会进步的贡献率应不低于15%。有关研究表明，目前美国高等教育对经济发展的贡献率为 17.62%，而在其经济崛起阶段则高达35.38%；日本高等教育在其经济腾飞时的贡献率为38%（谢和平. 深入贯彻党的十七大精神　努力为建设高等教育强国贡献力量［J］. 中国高教研究，2008（2））。

需要调动各个方面力量参与其中。具体来说，除了政府和教育主管部门的宏观管理、市场的合法介入、高等学校的自觉努力外，还需要社会各界的广泛支持。这是因为，高等教育作为一个系统存在，离不开一定的外部环境支持。换言之，如果高等教育的发展离开了社会环境的支持与配合，那么建设高等教育强省无异于“空中楼阁”、“海市蜃楼”。事实上，自19世纪中叶，“威斯康星思想”产生以后，作为现代大学三大职能之一的社会服务职能，已越来越成为高等院校获取社会支持和关注力度的重要途径。因而，在建设高等教育强省的时代背景下，作为在人力资源、知识资源、技术资源、文化资源等方面具有比较优势的地方高校，必须树立“以创新求生存、以服务求支持、以贡献求发展”的理念，进一步增强社会服务的自觉意识，充分利用自身的人才优势、科研优势、文化优势和资源优势，利用学校在长期的办学实践中与区域社会形成的特殊的地缘关系、人缘关系和情感关系，加强同地方各个领域的合作，积极参与到区域社会的各项活动中去，增强对区域社会的情感与联系，为地方经济社会的和谐发展贡献自己的力量。[2]如此，定能树立良好的公众形象，提升学校的社会美誉度和公众信任度，打造具有强大影响力的高等教育品牌，从而为建设高等教育强省营造良好的外部发展环境。

三、建设四川高等教育强省：地方高校改革与发展的新思路

建设四川高等教育强省这一重大战略目标的提出，既赋予了四川省高等教育新的历史使命，同时也为四川省高等教育的改革与发展提出了新的要求，并指明了方向。四川省地方高校理应以此为契机，采取多种措施，进一步提升学校的办学水平和办学实力，以期能为建设四川高等教育强省做出更大的贡献。

1. 树立积极的发展理念

地方高校既没有重点院校的办学实力、资金保障和文化底蕴，又不具有方兴未艾的民办高校的活力，普遍面临着资金短缺、人才流失、生源萎缩等困境，在竞争激烈的高等教育市场中处于相对劣势。在此情况下，唯有发展才能凝聚人心，唯有发展才能有效化解各种矛盾，唯有发展才能增强学校的办学实力和办学水平，唯有发展才能最大化实现师生员工的经济政治文化利益，唯有发展才能不断提升学校的社会公信力和影响力。在发展问题上任何等、靠、要、拖的思想和做法，只能失去发展良机，最终走入困境。因此，地方高校要想进一步拓展学校的生存空间，提升学校的办学水平和办学实力，首先就必须树立积极的发展理念，自觉按照科学发展观的要求，紧紧抓住发展主题，更新发展观念，丰富发展内涵，开拓发展思路，破解发展难题，突出发展重点，凝聚发展力量，协调各方利益，闯出一条使学校走上办学效益好、教学质量高、人才培养对路、教育结构合理和资源更加优化的新路子。

2. 选择有特色的发展模式

在高等教育个性彰显和建设高等教育强省的时代背景下，创建特色高校已成为一种共识。而从目前的实际情况来看，一些地方高校在发展过程中，还存在不以社会需求为导向，不顾自身的实际和特点，盲目向重点大学看齐，存在着贪大、求全、攀高、喜新、尚名、逐利等弊端，其结果是忽视了自身的特色和优势，造成了办学模式趋同、缺

乏个性、适应性差、竞争力不强等问题，有的甚至陷入了发展危机。[3] 面对“十一五”期间高等教育前所未有的发展机遇，地方高校要想进一步提升学校的办学水平和办学实力，就应选择和确立有特色的发展模式，在办学理念、办学体制以及发展战略、发展途径、发展手段等方面有新的思考、新的谋划、新的举措，不断增强学校的凝聚力、创造力和竞争力。这不仅是地方高校自身发展的内在逻辑要求，也是地方高校在竞争激烈的高等教育市场中拓展生存与发展空间的必然选择和有效途径。

3. 构建和谐的发展机制

制度和机制带有根本性、全局性、稳定性和长期性的特点，任何一项工作的深入开展，都必须依赖于制度和机制的建立与完善。因而，地方高校要想进一步提升学校的办学水平和办学实力，还应着力构建和谐的发展机制，以保障学校的各项事业能够按照预定的发展规划向前推进。具体来说，一是要坚决破除各种思想障碍和制度障碍，使一切有利于学校发展的创造愿望得到尊重、创造活动得到支持、创造才能得到发挥、创造成果得到肯定，着力构建和谐发展的动力机制；二是要在处理好高等教育系统与外部环境的关系以及系统内部各子系统的关系的基础上，对影响学校发展的诸要素进行有效的协调和控制，着力构建和谐发展的调节机制；三是要改变过去那种只注重监督和规范作用的监督方式，建立起与社会主义市场经济体制相适应、与学校实际情况相适应的监督评价体系，着力构建和谐发展的监督机制；四是要围绕“规模、质量、结构、效益”这一核心，对学校的发展方向、发展思路、发展规模、发展速度、发展质量等做出科学的评价和判断，着力构建和谐发展的评价机制。[4]

四、建设四川高等教育强省：地方高校改革与发展的新期盼

地方高校的改革与发展绝不只是地方的事情，它是我国高等教育发展战略的重要组成部分，并直接对区域经济发展和国家发展战略产生重要影响。其发展过程中存在的很多共性问题不仅主要取决于高校自身的努力程度，同时也取决于政府的重视程度和社会各界的支持力度。因而，在建设四川高等教育强省的进程中，地方高校也期盼政府和社会各界能够给予更多具体的指导、支持和帮助，使自身的社会服务能力能够得以最大限度的发挥。

1. 稳步扩大高等教育规模

四川为全国第三人口大省，2008 年人口总数达到 8700 万，占全国总人口的比例为 6.55%，但 2008 年四川省普通、成人和网络教育本专科在校生只占全国各类本专科在校生总数的 4.70%，要达到与人口比例相当的规模，需要在现有规模基础上增加 39.36%。因此，要加快建设四川高等教育强省的步伐，首要任务就是稳步扩大高等教育规模，进一步满足社会对高等教育的需求，实现高等教育毛入学率提升的阶段性目标。所扩大的年度招生计划，应优先用于地方高校尤其是地方新建本科院校扩大办学规模，增加高教供给，着力提高其现有高教资源存量效率。同时，还应积极创造条件，扶持办学时间较长、办学条件较好的专科学校申办本科院校，以满足人民群众接受高层次教育的需要。

2. 不断加大高等教育投入

高等教育的发展却离不开资金的支持，因为一切美好的理想必须在资金的有力支持下才能得到实现。悉尼大学校长盖文·布朗曾讲过一句意义深远的话：大学发展的浪漫理想源于现实基础。这个现实基础一方面是指大学的优良传统和长期积淀形成的大学文化，另一方面则是指雄厚的资金和优良的办学条件。因此，要建设四川高等教育强省，促进四川省高等教育在新的历史起点上实现更好更快的发展，就必须落实教育优先发展战略，千方百计增加对高等教育的财政性投入的绝对量和相对量。对各级政府来说，一方面，要进一步完善教育投入增长机制，依法保证教育财政拨款增长高于财政支出增长；另一方面，要通过多元化的融资机制，引导、鼓励国内外企业和机构投资或捐资举办高等教育，并为其投资或捐资举办高等教育牵线搭桥，提供支持，创造条件。同时，各级政府还应积极支持和帮助高校合理利用金融和信贷等融资手段发展高等教育事业，通过高水平项目、合作办学等争取办学经费，拓宽经费的来源渠道。

3. 合理配置高等教育资源

一所学校是否拥有丰富的教育资源是衡量或判断这所学校办学综合实力和教学质量强弱的重要标准。一般而言，教育资源与高等院校的整体水平与教学质量是呈正比列关系的，拥有丰富教育资源的学校相对来说比拥有较少教育资源的学校的教育效果以及整体效益要好，作为受教育者以及学校的所有教职工所获得的待遇也要好。但是，教育资源作为一种社会公共资源，既要体现其追求教育效益最大化的原则，同时更要体现出教育公平的原则，使其达到教育公平与效率的有机统一。割裂了这两者的关系，教育资源就不能实现其最大化功效，也会导致教育资源的巨大浪费。[5]当前，在建设四川高等教育强省的背景下，如果政府对高校教育资源的分配不能体现出公平原则，就会导致高校的贫富两极分化，造成教育的不公平，也不能体现出社会主义教育事业的本质要求。因而，高等教育资源分配既要体现出效率原则，同时也要体现出公平原则，这也是提高四川省高等教育质量整体水平、保障人们获得教育公平权利的内在要求。

参考文献：

[1] 都昌满. 发展高等工程教育　建设人力资源强国 [J]. 中国高校科技与产业化，2008 (11): 44-46.

[2] 唐华生，叶怀凡. 和谐社会进程中地方高校社会服务职能的发挥 [J]. 龙岩学院学报，2009 (3): 111-116.

[3] 唐华生. 基于生存和发展模式的地方新建本科院校特色创建 [J]. 西南民族大学学报：人文社科版，2008 (12): 275-279.

[4] 叶怀凡. 地方高校和谐发展的理性选择 [J]. 四川文理学院学报，2009 (4): 94-96.

[5] 温艳. 我国高等教育资源配置对高校办学行为的影响 [J]. 大学教育科学，2006 (3): 39-42.

达州市高等教育发展的理性思考和可行性研究

江泽民同志指出："在当今世界上，综合国力的竞争，越来越表现为经济实力、国防实力和民族凝聚力的竞争。无论就其中哪个方面实力的增强来说，教育都具有基础性的地位。"[1]高等教育的发展对经济建设、科技提升和社会进步起着基础性的支撑和促进作用，对基础教育也有着明显的导向作用。法国总统希拉克在谈到21世纪前景时曾这样说过："知识使法国浪漫，经济使法国富强，只有教育才能使法国发展强大。"无独有偶，科技巨子、世界首富、微软总裁比尔·盖茨也曾预言：未来10年，衡量贫富的标准将是教育。[2]因此，大力发展基础性教育，加快推进高等教育大众化步伐是我国推行"科教兴国"战略的一项紧迫任务，更是达州市这样的内陆欠发达地区的当务之急。

一、历史的回顾

新中国成立53年来，达州市的高等教育事业走过了一条从无到有、从小到大、从单一到多学科发展的道路，培养了一大批德、智、体、美全面发展的专业人才，为达州市民两个文明建设做出了积极贡献。大跃进时期开办的达县大学，是达州市（原达县地区）首次开办的地方性大学，虽办学条件简陋、学科设置单一、招生人数有限且开办时间较短，但也为当时急需的农林、师范战线输送了一批人才。"文革"时期创办的"六·二六"医学院、"七·二一"工人大学、"六·二六"农学院和达县师范学院，虽是那个特定年代的产物，但也开创了地方摸索办高等教育的路子。"文革"后，特别是改革开放20多年来，达州市的高等教育初显蓬勃生机，已基本形成高等教育事业的三支"方面军"：一是以省属高校达县师范高等专科学校为依托的普通高等教育队伍；二是以市属高校达州职业技术学院（由原达县教育学院、达州农业学校、达州卫生学校、达州水电工程学校合并组建而成）为依托的高等职业技术教育队伍；三是以中共达州市委党校和达州广播电视大学为依托的在职干部和职工继续教育队伍。普教、职教和成教并举，师范与非师范专业相结合，融文、理、工、经、管于一体的高等教育格局已初步形成，立足川东，辐射周边，服务经济，贡献社会的作用也已基本显现。

二、清醒的认识

比起与我市相邻的巴中、广安地区，以及四川省其他的盆周山区，达州市的高等教育发展起步还是比较早的，发展规模也是有一定基础的。但比起省内其他地区，以及同全国高等教育大众化的推进步伐看，达州市的高等教育无论从思路、规模、措施、效益等方面，尚存在着不小的差距。

（一）大办高等教育的超前意识不强，地方部门支持不力

许多专家对经济发展与高等教育需求关系比较研究后认为：当一个国家或区域处于经济转型的特殊阶段，尤其是由劳动密集型和资源密集型向技术密集型和知识密集型转变时，高等教育都有一个加速扩张的特殊需求时期。达州市正处于经济转型的非常时期，随着社会经济形态和科学技术的新进展，我们既要面对发展工业经济和知识经济的双重任务，又要面对信息技术和经济全球化引起的激烈的国际竞争，以及我国加入WTO后面临的挑战。遵循经济发展的规律，分析达州市的经济发展状况和人力资源状况，可以得出这样的结论：针对达州市既不沿边、沿海，又远离中心城市，但却有“革命老区”的优秀传统，资源丰富但经济基础又相对薄弱，人才辈出但又外流严重的特点，必须大力推行“科教兴市”、“教育强市”、“人才促市”战略，必须超常规地发展达州市的高等教育。因为在这样的转型时期，人力资本是极其重要的制约因素，必须有赖于高等教育事业的快速发展，才能为实施党中央提出的“三大战略”（科教兴国、可持续发展、西部大开发）提供大量的高层次、高素质人才，才能将中共达州市委提出的“力争通过5年或更长一段时间的努力，把达州市建成四川东部的交通枢纽、嘉陵江上游的生态屏障和川渝鄂陕结合部的经济强市”的奋斗目标落到实处。[3]

近年来，中共达州市委、达州市人民政府在实施“西部大开发”和“科教兴市”战略中做了大量的工作，明确提出了“强化一个基础（农业），狠抓三大建设（交通、水利、城市建设），推进三大工程（生态建设与保护、电网水网气网改造、人才开发工程），调整四个结构（产业、产品、所有制、城乡结构），培育五大支柱产业（机电、食品、建材、医药、纺织工业），实现达州市经济的追赶型、跨越式发展，即‘十五’期间GDP平均增长11%以上，2005年人均GDP达到5900元以上，2010年达到当时全省平均水平”的可持续发展战略，[3]且已取得了可喜的成绩。但毋庸讳言，“教育强市”、“人才促市”的措施还不够得力，对发展教育特别是发展达州市的高等教育将推动达州市可持续发展战略的重要性的认识还不够突出；对“引智”还是“育智”、是“亡羊补牢”还是“筑巢培凤”、是顾及短期经济利益还是着眼长远战略等方面的思路还不够前瞻。一些部门的整体意识、全局意识还较薄弱，对教育发展的支持力度不够，“换车热”、“出国热”、“建房热”有增无减，公款高消费屡禁不止，难怪不少外地有识之士听说达州市是内陆经济欠发达地区，还屡屡不信，对达州市高等教育的发展缺乏足够资金还颇感惊讶。这里，笔者想引述山东省前委书记吴官正同志的一番话语：“山东缺什么？缺人才。什么落后？教育落后。历史上山东人背着麻袋片，装着红薯、煎饼闯关东、下南洋，而随着山东高教事业的发展，山东人拿着大学文凭走四方，走四海，那将是什么景象？”[4]寥寥数语，震聋发聩。我们是不是该问问达州缺什么？达州什么最落后？

（二）现有高校办学条件滞后，发展底气不足

尽管达州市已有数十年的高校办学和管理经验，尽管达州市的高等教育发展已初具规模，但客观地说，达州市的高等教育发展基础还相当脆弱，可持续发展的底气还不足，与达州市的资源、人力、区位优势等还不相适应。具体说来，主要表现在以下几点：

1. 师资匮乏且“跳槽”现象严重

按照世界通行的评价高校的九条标准，教师素质乃第一要素。纵观达州市的几所高校，教授少、博士少，更不要说“两院”院士了。随着“文革”后遗症的凸显，一批经验丰富的老教师相继退休，教师“断层”现象相当突出。由于自身条件的限制，几所高校实施的“引智工程”结果并不理想，其投入大大超过回报，甚至“无人喝彩”。学校痛定思痛，逼上“梁山”，走自力更生的道路，不惜在有限的资金内投入巨资，启动“人才培养工程”、“教授工程”，送出一些极有培养前途的中青年教师到国内知名高校去读硕攻博，或送到国外高校去进修深造，但不少人往往学位证书尚未到手，就已联系好新的接收单位；或找出种种理由，与送培学校毁约；或干脆不辞而别，举家外迁。特别是近年来一些重点高校、老牌本科院校以其优越的工作、科研、生活条件和丰厚的薪酬待遇以及“三不要”（不要档案、不要工资关系、不要组织介绍信）的措施，更是挖走了达师专、达职技院的一些教学科研骨干，使本已贫弱的师资队伍更是雪上加霜。对当前高校教师的无序流动趋势，政府部门未作表态，法律的力量爱莫能助，“感情留人”更显苍白，使得几所高校的领导扼腕叹息，上演了一幕幕“月下追韩信”的悲剧，也使得留在校内的教职员工凝聚力大为减弱。

2. 生源质量差且数量少

比起近几年重点大学、重点学科轰轰烈烈的大规模扩招，达州市高校生源质量差且数量少已是不争的事实。虽然教育部采取“本科从严、专科放宽”的招生政策，但一些颇有实力的本科院校仍有我行我素之势，本科、专科、预科“一个也不能少”，“直通车”（本科读硕、专升本）和“点招”（计划外招生）也颇有诱惑力。加之社会对人才资源的畸形消费心理，故而使得众多的本市及毗邻地区考生产生了一种宁愿读成都等地重点大学的专科，也不报读达师专、达职技院等本地高校的片面追求“名牌效应”观念。2002年新生报到时，一些已录取新生放下行李，先是到校园内走一走，找同学老乡聊一聊，然后提着行李不声不响地“打道回府”，这已不是个别现象了。对此，省教育厅前厅长杨泉明意味深长地指出：“现在就出现了一个明显现象：一方面现在老百姓最起码的也是要求读个本科，而且越来越倾向于读一个好的本科、名牌本科，一般本科都瞧不上了……专科生生源差得非常多，高职院校不仅招生出现了很大困难，而且学生不报到率还很高。”[5]这足见问题的严重性。

3. 办学条件滞后且科研水平不强

教育部把高校的办学条件分成生均占地、生均校舍、生均教学及辅助用房、生均教学仪器设备、生均图书、生师比共六个指标，每年进行分类排列。就四川的专科高职来看，全国综合师范类排出最后15位，四川有5所；农林医倒数7所，四川有2所；财经

政法语言倒数4所，四川有1所；这还不包括成人高校和民办高校，足见四川高校办学条件情况之严峻。[5]达州市高校的办学条件怎样？恐怕大家心中还是有数的。就科研水平来看，由于达州市高校远离中心城市，地处边远地区，交通不变，信息不畅，图书资料奇缺，教学仪器设备老化，加之队伍的不稳定，以及科研主管部门资助重心上移等原因，故而整体科研水平不强。

4. 影响力不大且可持续发展能力弱

教育是培养人才和增强民族创新能力的基础，其目的是帮助受教育者完成社会化的过程，宗旨是以社会既有的知识和规范来培养受教育者，使其从无知、无能的自然人，逐步变为具备社会生活能力，既能从事生产劳动，又能自觉接受社会约束的社会人。高等院校在育人的过程中肩负着重要的责任和任务。但是，由于达州市高校受到外部环境的制约和自身条件的限制，竞争能力不强，故而社会影响不大，可持续发展能力后劲不足。

三、大好的机遇

困难与希望同在，挑战与机遇并存。冷静分析，达州市高等教育的发展也有着难得的机遇。

（一）西部大开发战略的实施，必将推动区域经济的飞速发展

达州市地处大巴山南麓，虽有光荣的革命传统（是全国“第二大苏区”），但没有沿海、沿边、沿中心城市的区位优势和经济优势，是典型的内陆欠发达地区，存在着各行各业急需的高学历、高职称人员分不来，已有的专业骨干又大量流失的矛盾。中共达州市委审时度势，提出了“高举邓小平理论伟大旗帜，正确处理改革、发展、稳定的关系，始终坚持以经济建设为中心不动摇，按照强化基础建枢纽、兴农强工调结构、兴城活商强辐射、改革开放促发展、科教创新富达州的思路，加强工业化、城市化和农业现代化进程，加快党的建设、精神文明建设和民主法制建设，实现国民经济持续快速发展和社会全面进步”的指导思想，勾画了新达州的发展蓝图。按照中共中央、国务院《关于深化教育改革，全面推进素质教育的决定》和教育部《21世纪教育振兴行动计划》精神，发展地方高等教育，着力培养贴进地方经济、文化发展需求和产业结构调整趋势的人才，必将推动区域经济的飞速发展。诚然，教育尤其是高等教育的投入是巨大的，出成果的周期也比较长，但回报也是丰厚的，切忌有“吹糠见米”的急功近利的思想。据报载，美国著名的波士顿大学城，其创造的产值已占波士顿全城GDP的50%以上。四川省绵阳、南充两市经济发展的后劲，其高校科技力量的支撑占着举足轻重的地位。新中国成立53年来，达州市的高等教育已有一定规模和影响，只要市委、市政府高瞻远瞩，抓住西部大开发和高等教育大发展的机遇，像抓达钢扩建和城市改造那样，给予更多的政策优惠、财力支持和其他扶持，达州市的高教事业就一定能很快“上档次”的。

（二）特殊的区域优势和高教大发展的机遇，需要办好自己的高等教育

1999年以来，教育产业已作为一项推动经济发展的战略决策付诸实施，这标志着我

国的高等教育已开始由“精英化”向“大众化”迈进。达州及毗邻的巴中、广安、遂宁四市，无论从区域位置、经济基础和发展潜力，都有着极其相似的特征，但它们有着全省乃至全国都喊得响的“小平故里”、“巴中经验”两块牌子以及沿中心城市（成都）、交通便捷的优势，达州市却有以达县师专为龙头的几所高等院校。因此，为抓住高教事业大发展的机遇，培养更多的适应地方两个文明建设需要的复合型高素质人才，培育新的经济增长点，达州有责任、有条件、有义务抢占川东片区的高教“制高点”，以更好起到立足川东，辐射周边，服务经济，贡献社会的作用。

（三）“四大贡献”的实际，促使达州市应办好自己的高等教育

近几年来，边远贫困地区与中心发达地区的差距正在逐渐拉大，其原因是多方面的，但与边远贫困地区的“四大贡献”不无关系：一是“人才贡献”，即边远贫困地区的人才大量外流，其流向主要是中心城市和发达地区；二是“资源贡献”，即本地丰富的物产资源由于缺乏技术和人才不得不以初加工和半成品的方式以低廉的价格向大城市、大企业和大工厂提供；三是“劳动力贡献”，即农村打工群为中心城市的发展提供了源源不断的廉价劳动力；四是“资金贡献”，即由于历史原因，高校布局大多位于中心城市，边远贫困地区的莘莘学子不得不跋山涉水出外求学，同时也带走了数以亿计的求学和生活资金，使本已捉襟见肘的地方财政更是困难重重。这一切，不能不令我们深刻反思。发展本地的高教事业，不仅能为达州市及周边地区培养更多的贴近地方经济建设的高素质人才，也有利于稳定队伍，带动邻近相关产业的发展，增加地方财税收入，加快脱贫致富全面实现小康的进程。

四、应对的策略

江泽民同志在“9·8”讲话中指出：“教育是培养人才和增强民族创新能力的基础，必须放在现代化建设的全局性战略重要位置，我们要继续坚定不移地实施科教兴国战略，不断培养大批合格的有中国特色社会主义的建设者，不断造就大批具有丰富创新能力的高素质人才，不断提高全民族的思想道德素质和科学文化素质。这是实施中华民族伟大复兴的必然要求，也是我国社会主义教育事业的历史任务。”[6] 随着科教兴国战略、可持续发展战略和西部大开发战略的深入实施，两个“根本性转变”的实现，必将推动我国国民经济持续、快速发展。与之相伴，教育，特别是高等教育在经济建设和社会发展中的基础性、先导性、全局性作用受到了社会各界前所未有的关注，这为达州市高校的生存和发展奠定了基础，也带来了前所未有的机遇。

（一）激发内在动力，提高自身素质

1. 观念创新

解放思想、更新观念、与时俱进、改革创新是实现教育跨越的前提和动力。而在“四个创新”（观念创新、体制创新、管理创新和人才培养模式创新）中，观念创新是加快我国高等教育发展的先决条件，也是达州市高校摆脱困境，提升品质的必由之路。由于历史的原因，我国的高校一直沿袭着重点综合性大学、一般普通本科院校和高职高专院校（包括成人高校和民办高校）的办学层次发展。尽管达州市高校的办学形式各有

自己的发展历史、服务领域、办学特点和文化积淀，但都有一个共同的本质特征，即为生产、建设、管理、服务第一线培养高等应用型人才。如何突破传统，创立全新的教育模式，是达州市高校观念创新的关键因素。

第一，要在培养目标上与普通高等教育中传统大专、本科教育有根本区别。传统的高等教育培养的学生大多以学术型和工程开发型为目标，而达州市高校则应以培养有良好职业道德的高级应用型、技术型人才为目标，以使学生能真正掌握某一工作岗位所需的实际工作能力，毕业后能直接上岗，并很快成为业务骨干和能工巧匠。

其二，在办学模式上，达州市高校必须始终坚持为经济和社会发展服务的方向，坚持以市场为导向，以培养能力为本位，以提高质量和效益为中心，建立与本地经济、社会和教育发展相适应的多种模式。

第三，在培养手段上，达州市高校要在重视技术科学基础的前提下，对基础理论教学本着“实际、实用、实效”的原则，坚持以“必需、够用”为度，不片面追求学科的系统性和完整性。

第四，在课程体系上，要把加强职业道德、职业理想教育和创业教育放在首位，帮助学生树立正确的择业观、创业观，培养良好的职业道德素养。特别是要在联系实际、适应社会和提高本领上下功夫，把知识和能力的培养紧密结合起来，增强课程的灵活性、适应性和实践性，构建适应经济建设、社会进步和个人发展需要的课程体系。

2. 突出特色

目前达州市高校之所以举步维艰，很重要的一个原因就是没有自己的办学特点。就专业设置来看，达州市高校仍未摆脱普通教育专业模式的影响，以学科本位设置专业，过分要求系统性、完整性，知识分割过细，能力培养不突出，既不能突出自己的办学特色，也影响了学生就业的适应能力。同时，个别学校为了争生源，抛开自身的特色专业，置自身的设备条件于不顾，盲目设置所谓的热门专业，导致资源浪费和所培养的人才质量下降，造成一方面毕业生找不到出路，另一方面用工单位又找不到合适人才的尴尬局面。为此，达州市高校必须走“学校有特色、专业有特点、学生有特长”的内涵式发展道路，在专业结构调整上下功夫。要坚持“厚基础、宽口径、区域性、前沿性”的专业改革原则，形成“淡化专业意识，拓宽专业口径，理工结合，文理渗透，强调素质教育和实践能力”的人才培养思路。以质量求生存，以改革与创新求发展，从“教”与“学”两个方面制订措施，并将思路落到实处。

首先，在保持与国家产业政策相适应，与劳动力流向相一致的基础上，立足行业面向地方、跟踪市场、服务经济，以创办优势专业、特色专业为重点，突出实用性，增强实效性，加快面向二、三产业的专业调整和改造步伐。

其次，结合学校的布局调整，认真分析当前经济发展和产业结构需要，根据职业岗位或职业岗位群的需要，增设一批新型专业和缺门专业，不断拓宽专业口径，重视现代科技知识的交叉和人文综合素质的培养，提高学生的创新能力和适应能力。

最后，高度重视农村地区、边远山区职业教育的发展，适应农村经济和现代农业发展的需要，增设信息技术、环保技术应用和商贸与旅游服务等第三产业领域的专业。优化专业结构，提高专业教育资源的利用率和整体效益，逐步形成与达州市及周边地区经济结构和产业结构布局相适应的专业结构，从而增强达州市高校的个性与特色。

3 人才强校

建设一支高素质的师资队伍，是达州市高校在教育现代化进程中面临的共同任务。师资队伍建设应遵循“坚持方向，发展规模，建设梯队，优化结构”的指导思想，以《中华人民共和国教师法》、《中共中央、国务院关于深化教育改革全面推进素质教育的决定》等为依据，以全面提高教师队伍素质为中心，以培养中青年带头人和骨干教师为重点，坚持数量、结构、质量、效益协调发展的方针，深化改革，建立有利于教师资源合理配置和优秀人才脱颖而出的有效机制，努力建设一支数量足够、素质优良、结构合理的高质量的师资队伍。

第一，要拓宽师资渠道、壮大师资队伍。可采取到高校挑选毕业生、鼓励校内教师在职学习、引进高学历高层次人才、聘请校外兼职教授等办法。第二，要竭力扶植培养青年教师。可采取定任务、压担子的方法，让青年教师在教育教学实践中逐步成熟起来；针对青年教师实际，分别采用岗前培训、“导师制”培养、组织各种竞赛以夯实教学基本功等措施。第三，加大力度，培养学科带头人和骨干教师队伍。一是要严格筛选，鼓励拔尖；二是要明确目标，加大压力；三是要措施得力，经费落实；四是要消除陈腐观念，打破论资排辈的束缚。第四，引入竞争机制，加强师资队伍的管理、使用、培养、考核、晋升环节，使教师的职、责、权、利紧密地结合起来，提高人才使用的社会效益和经济效益。第五，实行优惠政策，营造良好的学术与工作环境，稳定师资队伍。

4 科研兴校

高校是先进生产力的代表，其优势在于知识和人才。达州市高校的科研人才、条件、经费、项目等虽不及重点高校，但亦可“以其所长，克其所短”，在坚持传统的学科研究、管理研究、理论研究的前提下，另辟蹊径，主动从经济建设和社会发展的边缘地带走向经济建设和社会发展的中心，才能使自己的科研创出特色，使自己的科研队伍迅速发展壮大，实现科研提升的目标。山东临沂师院将本校的500名教科研人员的研究方向和资料印制成《专业科研优势与服务项目》和《500名高级专业技术人员名录》，分发给辖区各企事业单位，将他们推向社会，从而争取到横向科研经费100多万元，相应也提高了学校的科研水平。[7]就是很好的例子。

（二）优化外部环境，提升我市高校品质

品质提升不仅是达州市高校的愿望，也是高等教育大众化的内在需要，因而是全社会义不容辞的职责。政府和有关部门应依法履行自己的教育职能，对达州市高校给予更多的重视、引导和支持，使之能迅速摆脱困境，快速发展。

1. 舆论支持

针对社会上一些公众对达州市高校所持的怀疑、否定等态度，政府和有关部门要运用各种形式和手段，引导公众正确认识达州市高校在前进道路上所面临的困难，转变教育观念，淡化精英意识，终结精英情结，为达州市高校的发展创造有利的社会和舆论环境。

2. 政策扶持

高等院校是培养高素质人才的摇篮，与所在地的经济发展和精神文明建设往往有着千丝万缕的联系。其办学条件和水平是一个地区政治、经济、文化、教育发达程度的标志，故而往往有"高校是城市的名片"之说。政府和有关部门应把达州市高校的发展纳入本地经济和社会发展的规划与其他事业统一考核，对达州市高校的征地、科研、人才引进、校办产业特别是高科技企业在政策上和税费上给予支持和优惠。

3. 经费倾斜

市委、政府和教育行政部门要依照《中华人民共和国教育法》和《中华人民共和国高等教育法》等有关法规，利用财政、国债、银行贷款或政府贴息贷款，尽可能地加大对达州市高校的经费支持。或牵线搭桥，沟通校企之间的联系，做好捐资、引资、融资、筹资的工作，增强达州市高校的办学实力。

4. 业务指导

教育行政部门要积极帮助达州市高校深化改革，优化资源，增强实力，提高档次，加快发展。在基建项目、师资队伍及学科专业建设、科研项目及专项资金的分配以及招生计划等方面向达州市高校适当倾斜；还要根据达州市高校不同的类型，建立、健全不尽相同的质量评价体系和质量监控体系，加强对教学质量的评估和监控，以评促建，并使之形成良性循环，推动达州市高校办学实力的整体增强。

参考文献：

[1] 江泽民. 在第三次全国教育工作会议上的讲话 [N]. 人民日报，1999-06-16.

[2] 吴昌顺. 教育的贫困是最大的贫困 [N]. 人民政协报，2002-06-27.

[3] 朱舜，向自强，马钦太. 西部区域经济发展新思路——达州市经济可持续发展研究·序 [M]. 成都：四川科学技术出版社，1999.

[4] 丰捷，赵秋丽. 山东向高教强省迈进 [N]. 光明日报，2002-09-30.

[5] 杨泉明. 在四川省高教学会2001年学术年会上的讲话 [A]. 加强信息化建设，推动高等教育的改革和发展 [C]. 成都：电子科技大学出版社，2001.

[6] 江泽民. 在北京师范大学百年校庆大会上的讲话 [N]. 光明日报，2002-09-09

[7] 邢兆远. 临沂师院教师挺进市场 [N]. 光明日报，2002-09-26.

高校质量文化建设的价值探索与路径选择

自20世纪80年代以来，提高高等教育质量已成为社会与学界普遍关注的问题，并与招生和经费问题并列为世界高等教育改革的三大中心议题。许多国家为改善高等教育质量而作出的不懈努力，已促使高等教育质量保障活动成为一项国际性的活动，[1]“质量保证”、“质量控制”、“全面质量管理”等也因此而成为高等教育研究领域积极探讨的问题。但是，无论是进行高等教育质量的“控制”、“保证”，还是推行全面的质量管理，其核心是提升学校的公信力和美誉度，基本前提是要深刻理解质量文化的基本内涵，全面树立质量文化的价值理念，正确选择质量文化的建设路径、运行机制和监控体系，以充分保证学校实施全面的质量管理，而“全面质量管理必须从质量文化做起，技术也好、标准也好，只有在好的质量文化下才是有效的”。[2]

一　高校质量文化建设的历史追溯

质量文化的概念最早出现于20世纪80年代的美国，如今质量文化已经成为文化学、管理学等学科领域研究的最新课题。高校质量文化建设理论主要是从企业质量文化建设中移植过来的，其实质就是企业质量文化建设在高等教育系统的应用。因此，探寻高校质量文化建设的历史应该从研究企业质量文化开始。

从20世纪六七十年代开始，国际上的质量竞争日趋激烈，人们越来越清楚地认识到：采用价廉质次的倾销策略已难以取胜，能够制胜的最重要的法宝就是产品与服务的优良质量。为了在全国乃至国际范围内进行竞争，各企业组织对质量及其改进都显示了极大的关注、兴趣和热情，企业质量文化研究开始兴盛。到20世纪90年代，国际质量管理机构也开始重视质量文化的研究。出席欧洲质量组织第33届年会的与会者认为：“全面质量管理从强调全员参与管理，强调最高管理者亲自领导正逐步扩展到强调发展质量文化。”[3]我国企业于20世纪80年代开始从日本引进全面质量管理理念后，也正式加入到全球性的企业质量文化研究和建设队伍中。一些大型企业通过开展质量文化建设也取得非常明显的经济效益和社会效益。如首钢的“质量经营型”、玉溪卷烟厂的“质量发展型”以及荣获“全国质量管理奖”殊荣的宝山钢铁股份有限公司、海尔集团公司等都是从质量文化建设入手，从小变大，由弱变强而构筑了适合企业自身发展的“质量开拓型”、“质量创汇型”、“质量规模型”等质量运行框架而大展宏图的。

1998年以来，随着我国高等教育规模的不断扩张，高等教育质量问题引起了人们的极大关注。如何从我国国情出发，建构起具有中国特色的高等教育质量保障体系，已成为了教育行政管理部门和教育科学研究者亟须解决的课题。为此，部分高等教育的管理者和研究者借鉴企业质量文化理论，开始了对我国高校质量文化建设相关问题的探索和研究，并取得了一定的成果。然而，我们通过检索中国期刊全文数据库，精确查找1979—2006年以来标题含有“高校质量文化”的学术论文，仅仅搜索到8篇文章。① 当然，其他有关校园文化、学校文化和教育质量的文章，虽然对质量文化也有所涉及，但总的来说，还比较零散，系统、深入地研究高校质量文化的文章还不是很多。这也说明，我国高校质量文化的研究还任重而道远，要真正建设具有中国特色的高校质量文化体系，我们还有很多的工作要做。

二、高校质量文化建设的内涵解析

到目前为止，学校质量文化建设的理论仍不完善，其定义也不尽统一，还有很多人将学校质量文化与校园文化、企业质量文化等同混淆。综合大多数研究者对学校质量文化的定义与表述，我们认为：学校质量文化是指学校在长期的教育教学实践过程中，自觉形成的涉及质量空间的价值取向、价值观念、意识形态、思维方式、道德规范、运行机制、制度保障、法律法规及传统惯例、风俗习惯等“软件”的总和。学校质量文化作为校园文化的一种亚文化，它既是一种管理文化，一种经济文化，也是一种组织文化。它带有一切文化都具有的特征，即精神性、社会性、集合性、独特性和一致性。这也是学校质量文化区别于学校其他现象或活动的主要特征。

高校质量文化作为学校质量文化的一种特殊形态，有其独特的内涵，因此对高校质量文化的认识不能仅停留在普通的层面上，仅把它作为一般的学校质量文化来认识是无助于提高高校的质量管理水平的。只有全面正确地把握高校质量文化的本质特征，才能对指导高校质量文化建设、提高高校质量管理水平具有现实作用。与其他类型的质量文化相比，高校质量文化有着更为宽广的外延，它不仅表现为所培养学生的思想文化素质，以及学校整体的教育教学质量、服务质量、管理和工作质量、科学研究的质量和服务地方经济社会的水平，而且还延伸表现为消费质量、师生生活质量、校园环境质量和社会公众评价质量等。因此，高校质量文化建设是有其特定内容的，一般来说，主要包括三个层面的建设，即物质层质量文化建设、制度层质量文化建设和精神层质量文化建设。物质层质量文化建设是高校质量文化建设的表层，主要包括“品牌文化”建设、环境与校容校貌建设、技术与设备的现代化建设、实验室与图书馆建设等；领导体制、组织结构、管理制度、运行机制和评价体系等则是制度层质量文化建设的主要内容；精神层质量文化建设则是质量文化建设的终极目标，重在形成学校自身独特的质量价值体

---

① 这8篇文章分别是：李忆华. 论高校质量文化的培育［J］. 当代教育论坛，2004（12）；何定勋. 高校质量文化论纲［J］. 高教论坛，2004（3）；江新华. 论高校质量文化建设［J］. 湖北师范学院学报：哲学社会科学版，2003（2）；张晓洪. 论高校质量文化建设［J］. 辽宁教育研究，2002（4）；鄢娟. 浅论研究高校质量文化的重要性［J］. 武汉科技学院学报，2001（2）；骆洁嫦. 试论高校质量文化的构建［J］. 中国质量，2000（5）；刘德仿. 高校质量文化及其意义［J］. 盐城工学院学报，2000（3）；刘德仿. 论高校质量文化之构建［J］. 学海，2000（5）。

系。包括形成自身独特的办学理念、人才培养方针、质量价值观、质量目标以及教风、学风、工作作风和道德风貌等。

三、高校质量文化建设的价值探索

高校质量文化是校园文化的重要组成部分，是学校进行质量管理活动、质量实践活动的基础和灵魂，对培养学生的内化机制发挥着极为重要的作用。质量文化中的人才观、质量观、价值观决定着学校领导层的政策导向和师生员工在教育质量形成过程中所作出的努力、进行的制度建设等，最终决定着学校的整体教育质量，体现一所学校核心竞争力的高低。因此，开展高校质量文化建设具有非常重要的意义。具体来说，至少能够体现以下几方面的价值：

一是凝聚作用。高校质量文化建设的一个重要任务就是使学校根据学生全面发展的需要和经济社会发展对人才的需要，在学校内部形成诸如“质量就是生命”之类的统一的价值观念。这类价值观念就像一种黏合剂，具有极强的凝聚力量，一旦形成就会对学校领导、师生员工产生熏陶和引导作用，从而使他们对学校确立的与核心的价值观相一致的质量目标、行为准则、各种制度等产生认同感，并自觉地按照学校共同的价值观念及行为准则努力工作。同时，开展质量文化建设取得一定成效后，良好的社会评价还会使教职员工产生作为学校中的一员的神圣使命感和自豪感，进一步强化其对学校的向心力，使教职员工把个人的思想感情和命运与学校的前途紧密地联系起来，使他们感到教学科研、工作学习乃至家居生活等任何事情都离不开学校这个集体，并愿意与学校同甘苦、共命运。这也是学校潜在的、最宝贵的资源。

二是约束作用。最近十多年来，我国高等教育管理体制改革取得了显著的成绩，政府各级教育主管部门在简政放权使高校真正成为办学实体方面做了大量工作。但是，在简政放权的同时，如何建立一套高校的自我约束机制，如何保证高校在成为办学实体的同时，能真正根据社会的实际需求自主办学，不断提高教育质量，仍然是各高校面临的突出问题。[4]而开展质量文化建设，不仅有利于保障高等教育质量的稳步提升，还能通过质量管理指标、质量技术指标、质量成本核算、质量效益指标等从根本上约束、规范学校的办学行为和师生员工的质量行为。同时，作为一级组织，各高校常常需要制订出许多规章制度来确保各项质量管理工作的顺利进行，这当然是完全必要的。但规章制度的作用毕竟有限，且执行起来也并不一定就能完全到位。因此，即使有千万条规章制度，也很难规范每个教职员工的行为。而质量文化本身所具有的目标一致性则是用一种无形的约束力量形成一种潜意识，可以规范和制约教职工的行为，从而有效弥补规章制度的不足。

三是激励作用。质量文化建设的核心是要创造出共同的价值观念，创造一种人人重视质量的文化氛围。而良好的质量文化氛围一旦形成，就能产生强大的激励作用，从而使每一个身处其中的成员都能感受到不断前进的动力。具体表现在两个方面：一是高校质量文化一旦形成，就具有一种文化定势作用，成为学校质量方针和目标的导向，从而把教职员工吸引到实现质量目标上来；二是高校质量文化形成的文化氛围，能够使教职员工产生内在的文化心理效应，使其为实现自身价值和赢得学校领导、同事的认同而产生自我激励的动因，从而为实现学校的质量目标而努力工作。[5]

四是辐射作用。在我国高等教育成功由精英教育转型为大众化教育后，高校与社会的联系也越来越紧密了，它不仅仅局限于提供人才支持、智力服务和科学研究的职能，还承担着创造并向社会传递先进文化的重任。高等院校优秀的质量文化一旦形成，不仅可以激发师生员工对学校的自豪感、责任感和崇尚心理，它还能够深刻地反映出该校文化的特点及内涵，并通过教师、学生、学生家长、用人单位以及各种媒体等辐射和传播到整个社会，从而产生一定的影响。从某种意义上说，人们对一所学校的评价和印象，其实质就是对这所学校的质量文化高度浓缩和升华后所树立的整体形象的综合评价。有的是通过对学校浓缩的校训、精神、校风、学风的认同，如清华大学的校训“自强不息，厚德载物”；四川大学的校训“海纳百川，有容乃大”；复旦大学的学风“刻苦，严谨，求实，创新”。有的则是在办学过程中对质量文化的不断追求中体现，如前不久长春师范学院出台规定，如用人单位不满意，或毕业生自身认为专业知识、基本技能需要更新，学校将实行“召回”制度，即再一次有针对性地对这部分毕业生的专业知识、基本技能及教师基本功等方面进行“一对一”的强化培训。这一制度的推出，不仅强化了该校全体教职员工坚持“质量第一”的价值观，还使其内部质量文化得以在社会中表露，同时还给学生、学生家长和用人单位发出了“优质”的质量信号，既获得了良好的社会评价，也提升了学校的美誉度，受到各方好评：用人单位支持，学生欢迎，家长满意。

四、高校质量文化建设的路径选择

高校质量文化建设不仅是一个重要的理论问题，更是一个亟须解决的实践问题。但由于相关研究的缺乏，高校质量文化建设既无捷径可走，也没有现成的可以照搬照用的蓝本。因此，如何找准高校质量文化建设的路径和策略应是首先必须解决的问题。笔者以为，可以从以下几方面着手：

（一）营造质量文化建设的氛围

高等院校质量管理的重头戏主要是教学质量管理，其参与对象主要是知识分子。他们从事的劳动属于脑力劳动，其“生产”的是精神产品；他们的积极性和主动性的发挥，对于教学工作质量乃至人才培养质量的提高起着举足轻重的作用。这些特殊性就决定了高等院校开展质量文化建设，应避免单纯使用技术或数学方法，更不能简单地用行政方式解决问题。而要通过在学校营造良好的质量文化氛围，通过文化环境对人的影响来引导、调动广大教职员工关心质量、提高质量的意识，促进其积极性、能动性的充分发挥，以更有效地提高学校教学质量。[6]为此，必须把教育培训作为营造质量文化建设氛围的主渠道。要努力做到“四个坚持”：一要坚持全员性的教育培训对象，包括从学校领导到普通教职员工都应该成为教育培训的对象；二要坚持针对性的教育培训内容，结合学校教学质量管理的深入展开来进行，通过意识观念的教育，帮助学校全体人员树立强烈的质量意识，统一他们的质量观念，进而明确学校的质量方针和努力方向，增强他们质量工作的动力和自觉性；三要坚持多样化的教育培训形式，通过讨论、讲座、总结经验、树立典型和质量信息反馈等方式，统一学校全体人员的思想和认识，帮助他们树立正确的质量观和人才观，使他们正确认识并努力发挥自身在学校质量管理中的作用，系统了解先进的管理理念和管理方法，随时发现和解决质量管理实践活动中出现的问题；四要坚持在实践中养成提高，注重教育活动的自然性，强调教育者的"无形教育"，减少人为施教的痕迹，实施潜在的、广泛而深刻的教育，使受教育者在自然的文化实践活动中无形地产生情感、意识，从而不假思索、不加抗拒地接受正确思想，实现质量文化建设的预定目标。

（二）确定质量文化建设的目标

质量目标是质量文化的具体体现。只有确定了合适的质量目标，质量文化建设才能取得预期的效果。而不切实际的夸大目标或者没有正确评估而导致低估目标，都会导致质量文化建设无法落实或资源的浪费。[7]高等院校的质量文化建设是一个系统工程，是不可能一蹴而就的。因此，各高等院校开展质量文化建设，应首先对学校当前的质量文化建设现状进行客观而准确的评估，包括当前质量管理方式方法的优缺点、教职员工对于质量的理解和接受程度、学校质量标准是否合乎学生和社会的质量标准以及是否存在质量管理漏洞等问题。对于质量现状的评估结果，在同类型高校中进行纵横比较，并形成书面报告，以准确识别本校质量文化所处的层级，并在此基础上制订相应的质量文化建设目标。总的来说，质量文化的层次目标不宜定得太高，应有一定的层次性和递进性。具体来说，质量文化建设的目标应与学校的质量氛围、质量环境、质量现状和发展水平相适应，与教职员工的质量意识、质量精神相适应，与学校的发展定位和发展目标相适应，与社会和学生本人对高等教育的期望相适应。同时，在制订质量文化建设目标时，还应和教职员工进行一定的沟通，要充分考虑教职员工的执行能力和理解能力。否则，缺乏他们的实际操作，质量文化建设只能是空中楼阁。

（三）强化质量文化建设的意识

教育质量意识是高校全体人员努力提高本职工作的质量、主动搞好教育质量管理、促进高质量人才培养自觉性的综合反映。掌握质量知识的程度，对质量的思想认识、信念以及质量素养，对质量的评价等，都属质量意识的范畴。在教育质量工作实践中，教职员工一旦具有了较强的质量意识，思想就会受这种意识牵引，并自觉地转化到行动中，主动地改进自己工作的质量。[8]因此，要通过广泛开展生动活泼的质量意识教育和实践活动，加速转变全体教职员工的陈旧质量观念，树立新的质量意识。第一，要树立质量竞争意识，既要敢于与对手竞争，以高质量战胜对手，更要善于与自己竞争，要敢于向教学要质量，向科研要质量，向管理要质量，不断提高自己的工作质量。第二，要树立质量忧患意识，强调质量对于学校生存和发展的重要作用，不断增强质量危机感和紧迫感，采取多种措施提高自己的知识结构和能力结构，以更好地承担教学、科研和管理工作任务。第三，要树立质量责任意识，确立"质量就是生命"、"质量就是效益"的思想，坚持精益求精的态度，坚持把质量作为生存和发展的第一因素。第四，要树立质量道德意识，在教育教学、科学研究及管理过程中能不畏外界压力和不正当经济利益的诱惑，自觉自愿表现出符合质量要求的行为、意识和习惯。这既是质量意识的最高境界，也是质量文化建设的最高目标，更是社会主义精神文明在质量管理方面的集中体现。[9]第五，要树立科学的质量管理意识。质量的形成有其自身的规律性，因此，高校在质量文化建设中必须强化科学的质量管理意识，遵循质量形成的客观规律，广泛运用现代质量控制技术和方法，实现对质量事故的预测、预防和控制。同时，由于高校的质量管理活动存在于教育教学的始终，因此进行质量文化建设还必须要有长远意识。要着眼于长远目标，制订质量计划、质量目标，创新质量管理方法，以持续不断地提高学校的质量管理水平，确保教育教学质量的稳步提升。

（四）健全质量文化建设的制度

制度和机制带有根本性、全局性、稳定性和长期性的特点。[10]任何一项工作的深入开展，都必须依赖于制度和机制的建立与完善。高等学校的各项规章制度是师生员工必须遵守的“硬约束”，是强化质量意识的必要手段，是实现学校质量目标的有效措施和提高人才培养质量的重要保障。因此，各高校必须重视制度层质量文化的建设，要建立和健全具有参与性、公开性、透明性的学校各项工作制度、责任制度、管理制度、评价制度和奖惩制度等。通过各种制度的建立，使学校的质量精神成为全体师生员工共同的行为准则；使维护学校的质量荣誉和形象成为学校每个人的自觉行为；使在质量文化建设上做出特殊贡献的人得到奖励，反之则应受到相应的惩罚。具体而言，高校质量文化的制度建设主要包括以下四个方面：学校质量管理的领导体制；学校质量管理的组织机构，如组织机构的设计、职责权限的划分等；学校质量管理的标准化、规范化体系以及运行机制，如学校的质量管理体系、课程设计标准、教学质量标准、各种有关质量的行为规范及其行为结果的指导与评价体系、质量突发事件的处置预案等；各种奖惩制度和相对独立的监督制度等。同时，有关教育教学质量的各种习惯、习俗、不成文的规定等也是制度层的重要内容。[11]各项有关质量文化建设的制度制定以后，还要保证这些制度能被严格执行，以确保制度的严肃性和权威性不受侵害。

参考文献：

[1] 何茂勋. 全面质量管理及其在高等教育质量管理中的运用 [J]. 高教论坛，2003 (6).

[2] 虞镇国. 质量文化的价值取向 [J]. 浙江大学学报：社会科学版，1997 (3).

[3] 凌定成，陈俊芳. 企业质量文化研究兴起的背景分析 [J]. 生产力研究，2005 (7).

[4] 江新华，上官林武. 论高校质量文化建设 [J]. 湖北师范学院学报：哲学社会科学版，2003 (2).

[5] 何茂勋. 高校质量文化论纲 [J]. 高教论坛，2004 (3).

[6] 刘邦奇. 学校质量文化建设初探 [J]. 国家教育行政学院学报，2006 (2).

[7] 王兰兰. 关于建立企业质量文化的思考 [J]. 航空标准化与质量，2006 (1).

[8] 刘邦奇. 学校全面质量管理需要什么文化观念 [N]. 中国教育报，2004-12-04.

[9] 杨辉. 质量意识在企业质量文化建设中的地位和作用 [J]. 印刷质量与标准化, 2006 (4).
[10] 江泽民. 论三个代表 [M]. 北京: 中央文献出版社, 2001: 23.
[11] 郝保伟. 学校质量文化论析 [J]. 教学与管理, 2005 (1).

弘扬人文精神是高等教育的重大使命

随着世界经济全球化进程的加快以及中国加入 WTO，各国在经济领域内的竞争更趋于白热化。在全球化的浪潮中，一切竞争归根结底是人的竞争，即人才素质的竞争。知识、能力、素质成为衡量人才素质高低的主要因素。2002 年 9 月 8 日，江泽民同志在庆祝北京师范大学建校 100 周年大会的讲话中，站在实现中华民族伟大复兴的高度，科学地把握时代发展的脉搏，从现代化建设的全局出发，特别强调指出："我们要继续坚定不移地实施科教兴国战略，不断培养大批合格的有中国特色社会主义的建设者，不断造就大批具有丰富创新能力的高素质人才，不断提高全民族的思想道德素质和科学文化素质。这是实现中华民族伟大复兴的必然要求，也是我国社会主义教育事业的伟大任务。"高等院校作为培养、造就全面发展人才的主要阵地，对整个教育改革和发展所担负的责任任重而道远。

但是，我们也不无清醒地看到，在相当长的一段时间里，我国的高等教育也不同程度地存在着重理工科轻人文学科，重专业教育轻素质教育，重现代科技知识的传授与专业技能的训练轻人文基础学科的教育与人文精神的陶冶等"三重三轻"现象。尤其是近几年来，受社会上以经济利益为基本目标和市场需求为价值取向的功利主义、实用主义思想的影响，一些高等院校淡化了人文素质教育，致使相当部分大学生在思想道德素质、伦理价值观念、文明礼仪修养、语言文字基本功素养、文艺鉴赏和审美能力等方面，均有所欠缺。因此，在高等教育中大力弘扬人文精神和进行人文素质教育，以促进社会的全面进步和人的全面发展，是高等院校迫在眉睫的任务。

一、科学发展和人文精神的关系犹如一个硬币的两面

（一）科学发展是人类社会跨越式发展的强大动力

科学，是关于自然、社会和思维的知识体系，是社会实践经验的总结，并在实践中得到检验和发展。马克思主义认为："科学是一种在历史上起推动作用的革命力量。"工业革命以来，人类文明取得了巨大进步，主要是科学技术作用于社会生产和人们思想的结果。特别是 20 世纪 80 年代以来，一场以信息革命、网络革命、数字革命为主要动力的科学技术革命，有力地促进了生产自动化、办公自动化，实现了"零库存生产"、"零距离管理"以及网上交易、网上消费等一系列前所未有的变革，深刻改变了人类生产、生活方式，而且正在日益深刻地推动着"以跨国公司为载体、以产业结构的全球迁移为实质"的经济全球化浪潮的发展。人们从来没有像今天这样深刻地感受到"科学技术是

第一生产力”的巨大威力。

在21世纪，这场波澜壮阔的科学技术革命方兴未艾。基因科学、海洋科学、宇航科学、纳米技术、超导技术等，正在面临一个接一个的重大突破，其中每一个突破都必将对人类社会的发展产生不可估量的影响。实践雄辩地表明：科学技术是人类社会跨越式发展的强大动力。

（二）人文精神是人类社会可持续发展的不竭源泉

人文，是一种理想追求、价值信念，是做人的基本品质和基本态度，是建立在先进文化基础上的一种精神品质。在科学技术日新月异的时代，我们必须确立“科学是立世之基”的观念。但仅此是不够的，实践告诉我们，一切科学创新的本质是人文关怀和人性认定的过程，故还应当确立“人文是科学之本”的观念。因为，其一，如果没有锲而不舍的探索精神，没有实事求是的求真意志，无论什么科学创新也是不可能取得的。其二，即使有了锲而不舍的探索精神，即使有了实事求是的科研态度，即使揭示了某一科学现象的本质，取得了科研领域的重大突破，但是如果没有为人类造福的宗旨，没有奉献社会的理念，那么，他们所获得的科学创新的成果不仅不可能成为推进社会进步的动力，甚至会成为危害社会发展的负作用力。所以，我们不仅要关注科学发展，同时更要注重人文素质的提高。

随着人类认识和实践的深度分化和高度综合，随着可持续发展理念的逐步普及，现代自然科学的发展日趋社会化，迫切需要人文社会科学的价值指导并提供研究动力；人文社会科学也日趋自然化，人文社会现象的认识迫切需要借鉴和运用自然科学的手段向着科学化方向发展。科学的发展成为人文研究的基础，人文素质又是科学研究的升华。人文教育与科学教育的有机融合成了现代大科学发展的必然趋势，新兴交叉学科的不断出现就是最生动的例证。

（三）科学教育和人文教育的融合是现代高等教育发展的必然要求

教育的发展经历了一条人文教育与科学教育从融合到分离再到融合的道路。在古代，人文科学特别是哲学比较发达，这个时期的教育主要是人文社会科学的教育。到了近代，自然科学迅猛发展，专业化教育应运而生，人文教育与自然科学教育开始分离。专业化教育的直接后果是出现了技术化、非教养化和功利主义的倾向，科学技术的“双刃剑”特点出现，人文精神开始滑坡。当代社会要求现代人具有高尚的人文精神和良好的科学素质，以促进社会协调发展。因此，在强调人文教育和科学教育的融合过程中，更要倡导人文精神，这已成为现代教育尤其是高等教育发展的必然要求。

二、高等教育在现代人文精神教育中的作用

高等教育在现代化建设中的作用和影响与日俱增。这不仅表现在促进科技进步、经济增长方面，也体现在观念变革、文化发展方面。弘扬人文精神是高等教育肩负的重大历史使命，其自身的特点，决定了它在促进社会的全面进步和人的全面发展过程中能够发挥极其重要的作用。

（一）育人作用

教育是培养人的社会活动，并通过培养人来实现其社会功能。高等教育不同于基础教育的是，它以培养未来社会的精英和栋梁为己任，担负着直接为社会输送高层次人才的任务。大学生毕业以后将成为各行各业的建设者，其佼佼者又将成为社会的管理者和领导者。作为社会成员中的先进分子，他们的影响绝非局限于个人，而是领导着时代发展的潮流。高等教育通过对大学生进行人文素质的教育，培养出大批富有人文精神的高层次人才，必将对社会风气的净化、人文精神的弘扬产生巨大而深远的影响。

（二）导引作用

高等教育既有保存、传递文化的功能，更有选择、交融并创造新文化的功能，使其能够更敏锐地把握时代的脉搏，对社会的适应带有选择性和前瞻性，对社会的发展具有导引作用。这使得高等院校不仅能成为培养高级人才的基地，而且能成为产生新观念、新思潮的摇篮。

（三）启智作用

高等院校的专家学者，特别是人文社会科学方面的专家学者，不但直接在教学、育人、科研第一线向大学生“传道、授业、解惑”，还可以通过著书立说、参与决策和借助新闻媒体等各种渠道，或宣传新的理论、学说，或影响政府的决策，或针砭时弊，为社会提供弘扬人文精神服务。

（四）示范作用

高等院校本身即是相对独立的教育社区。校园内成员在相互交往中形成的共同心理、精神风貌，构成了一幅幅独特的校园文化景观。校园文化在层次上高于一般社区的亚文化，它能对周边环境产生强烈的示范效应。

三、人文精神教育的主要内容

高等院校的人文精神教育主要包括以下几方面内容：

（一）以弘扬爱国主义精神为主要目的的民族精神教育

江泽民同志在党的十六大报告中指出：“民族精神是一个民族赖以生存和发展的精神支撑，”“面对世界范围各种思想文化的相互激荡，必须把弘扬和培育民族精神作为文化建设极其重要的任务，纳入国民教育全过程，纳入精神文明建设全过程，使全体人民始终保持昂扬向上的精神状态。”面对“非典疫情”，胡锦涛同志也曾强调指出：“中华民族是具有伟大精神的民族，”“越是困难的时候，越是要大力弘扬民族精神，越是要大力增强中华民族的民族凝聚力。”这些重要论述，不仅把培育和弘扬民族精神提到了一个新的历史高度，而且为新时期高等院校的人文精神教育指明了方向。

所谓民族精神，就是一个民族在适应环境、改造世界、形成自己特有语言、习俗和人文传统的长期发展历程中，所表现出来的富有生命力的优秀思想、高尚品格和坚定志向。它是一个民族心理特征、文化传统、精神风貌、价值取向的集中体现，是对内动员和凝聚民族力量、对外展示和树立民族形象的精神动力，具有民族性、时代性和先进性三大基本特征。

培育和弘扬民族精神，是不断增强综合国力的根本要求，是提高全民族思想道德素质和科学文化素质的核心内容，是全面建设小康社会、实现中华民族伟大复兴的强大动力。因此，高等院校除了应加强学生的思想道德教育和科学文化知识教育外，还要让学生充分了解中华文化的博大精深、源远流长，摒弃民族自卑感，批判民族虚无、文化虚无思想，重塑民族人文精神，从而激发学生强烈的爱国主义情感和高度的民族责任感，更加热爱我们的社会主义祖国。

（二）以集体主义为核心的价值观和道德观教育

价值观是思想品德的核心，它的形成与确立是价值标准的内化过程，受到家庭、社会、个人主客观诸多因素的影响，应采取感召、示范、教化等多种方式进行。这种教育是传承中华民族文化精神的需要，又符合社会主义制度本质的规定，更适合未来社会既要竞争又要和谐发展的需要。

（三）以社会主义为核心的社会公德与法制教育

要培养学生懂得作为社会主义之中国公民应承担的责任与义务，领会“爱国守法、明礼诚信、团结友善、勤俭自强、敬业奉献”20字基本道德规范的深刻内涵。这种教育内容往往涉及三个方面：社会主义有关理论的教育；社会主义民主与法制观念的教育；社会主义公德与文明礼仪的教育。三个方面环环相扣，缺一不可。

（四）以马克思主义哲学为主要内容的世界观与方法论的教育

哲学修养对学生的确立世界观与思维方法，提高学生的全面素质有着十分重要的影响。以马克思主义哲学为指导，批判地继承人类文化遗产，吸收古今中外一切优秀的思想，应是我们在人文教育中经常关注的主要内容。在方法上，我们要注意继承和发展、借鉴和创新的关系，既反对不加区别、不加批判的“拿来主义”，又反对因循守旧、墨守陋习的“闭关主义”。

（五）以陶冶情操为主要目的的文学、艺术教育

这一教育将熏陶学生的高尚情操与审美情趣，对学生人文精神的培养具有潜移默化的作用。在这种教育中，要注意吸收古今中外有关的文明成果，做到吐故纳新，兼收并蓄，古为今用，洋为中用。

四、强化人文精神教育的途径

（一）转变观念

观念是行动的先导。要在高等院校全体教职员工和广大学生中建立现代教育理念和现代学习理念。既要弘扬中国传统文化厚重的人文精神，又要克服中国传统文化中轻视科学的唯人文主义倾向；既要高举西方文化中科学主义的旗帜，又要警惕西方思潮中浓厚的重科技轻人文思想的泛滥。只有建立科学教育与人文教育相结合的教育和学习理念，高等院校才能成为人类先进文化传播的基地，才能造就出具有优秀科学素质和厚重人文素养的新型人才。

（二）提高素质

教师是全面实施素质教育、推进人文教育与科学教育相融合的主体和关键所在。高

等院校的教师不但是专业知识的授业者，更应是通过专业知识的传授向学生进行人文教育与科学教育的传道者和解惑者。注重提高教师的人文素养和科学素质，这不但能激发他们勇于探索、乐于奉献的热情，在学科建设和科研工作上出成果，成为“大家”，而且能使他们成为对学生进行人文教育与科学教育并实现其融合的自觉推行者，成为教育的“大师”。

（三）整合资源

要充分利用高等院校现有的教育教学资源，加强文科学生的科学素质教育并强化理科学生的人文素质教育。要改变目前大多高等院校推行的“专才”教育、必修课主宰的课程体系，文理截然分离的教学内容和单一、实效性差的教学方法，真正推行素质教育。因此，课程体系、教学内容和方法的改革是推进人文教育与科学教育相融合的重点。

（四）优化环境

高等院校要注重人文教育与科学教育相融合的校园环境建设。校园环境建设是推进人文教育和科学教育相结合的保证。我们既要重视校园“硬”环境的建设，即设施条件的建设，更要注重校园“软”环境的建设，诸如学科建设、学风建设、校园文化建设等人文氛围和科学氛围的建设。

强化人文精神教育，是社会发展要求现代大学教育必须建立的新的教育理念。正在步入经济和社会发展中心的21世纪的中国高等教育，只有大力推进人文精神教育，促进科学精神和人文精神的有机结合，才能肩负起知识创新和知识应用的重任，才能成为社会发展和社会进步的推动力，才能为全面建设小康社会提供坚实的人才保证。

参考文献：

［1］江泽民．在庆祝北京师范大学建校100周年大会上的讲话［N］．光明日报，2002-09-09.

［2］彭坤明．知识经济与教育［M］．南京：南京大学出版社，1998.

［3］奉言．知识经济时代［M］．天津：天津人民出版社，1999.

［4］石亚军．面向21世纪高等文科教育的改革与建设［M］．北京：中国人民大学出版社，1998.

［5］曾宪恒．浅议人文素质教育在高师教育中的作用［J］．涪陵师范学院学报，2002（6）：3-5.

［6］张德祥．新世纪高等教育的新使命：促进科学教育的融合［J］．中国高教研究，2002（11）：10-12.

［7］纪宝成．新世纪发展人文社会科学高等教育的思考［J］．教学与研究，2002（2）：6-9.

［8］周远清．树立新的教育理念，推动科学教育与人文教育的融合［J］．中国大学教育，2002（2）：30-31.

二、高职与成教

新农村建设是我国职业技术教育发展的驱动力

党的十六届五中全会通过的《中共中央关于制定国民经济和社会发展第十一个五年规划的建议》，明确提出了建设“生产发展、生活宽裕、乡风文明、村容整洁、管理民主”的社会主义新农村的历史任务。这是党中央在新时期为推进城乡均衡发展、建设和谐社会的又一重大战略决策。社会主义新农村的建设，除了需要强有力的政策引导、必要的经费投入外，更需要一批有觉悟、有文化、懂技术、会管理的高层次新型农民来参与和推进。职业技术教育是我国教育体系的重要组成部分，是教育服务于新农村建设的主渠道和主阵地，承担着为农村劳动者及其他社会成员提供多种形式、多种层次的职业学校教育和职业技能培训的重任，是提高农村劳动者就业能力、工作能力、职业转换能力以及创业能力的重要载体，在农业和农村现代化进程中具有十分重要的地位和作用。因此，探讨新农村建设视角下的职业技术教育发展具有重要的理论价值和现实意义。

一、新农村建设视角下职业技术教育面临的新形势

建设社会主义新农村，是坚持科学发展观和统筹城乡发展战略在我国农村的全面实践，是系统破解“三农”问题、全面建设小康社会与构建和谐社会的重大举措，也是统揽全局、着眼长远、与时俱进的历史性选择，事关我国改革开放和现代化建设的大局。在这一新形势下，职业技术教育既面临着严峻的挑战，也存在着发展的机遇。

（一）职业技术教育面临的挑战

重视农业、农村、农民问题，是我们党的一贯战略思想。“三农”问题始终是关系党和人民事业发展的全局性和根本性问题，农业丰则基础强，农民富则国家盛，农村稳则社会安。新中国成立以来特别是改革开放以来，我国农业和农村发生了历史性的深刻变化，农村经济社会发展取得了举世公认的伟大成就。但我们也应该清醒地看到，当前农村经济社会发展滞后的局面也还没有根本改变，农村落后依然是不争的事实。其原因虽然是多方面的，如农民组织化程度不高、农业产业化水平较低等，但最根本的原因还是农民科学素养较为低下，职业技能严重缺乏。中国科协的有关统计数据显示，当前，我国4.97亿农村劳动力中，受过职业技术培训的不足5%，受过技能培训的仅为1%。由此造成农村各种专业技术人才极为匮乏，农业产业结构调整、农技推广、产品营销、农产品的深加工与出口创汇、农业附加值的提高等，都受到了根本性的制约。实践和经

验都证明，单纯依靠经费投入和发展经济项目并不能从根本上改变农村、农业和农民的落后状况。“输血”不如“造血”，只有大力发展职业技术教育尤其是面向农村的职业技术教育，才能不断提高农民的科学文化素质、思想道德素质和劳动技能水平，才能真正把农村发展纳入依靠科技进步的轨道，把农村巨大的人口压力转化为持续推动新农村建设的人力资源优势，进而转化为现实生产力。这就对职业技术教育如何更加深入、更加有效地服务于新农村建设提出了严峻的挑战。

（二）职业技术教育面临的机遇

可以说，多年来，职业技术教育的使命可能还没有哪一次能像现在这样与解决“三农”问题的大局紧紧地联系在一起，这对职业技术教育尤其是农村职业技术教育的发展是一次难得的机遇。《中共中央、国务院关于推进社会主义新农村建设的若干意见》明确指出：要大规模开展农村劳动力技能培训，提高农民整体素质，培养造就有文化、懂技术、会经营的新型农民。职业技术教育本身就是提升农民综合素质的主阵地，不仅具有服务“三农”的优良传统，拥有过硬的师资、较为先进的设备等软硬件条件，而且在多年的服务工作中积累了丰富的经验，因而，在培养新农民、建设新农村的过程中占有得天独厚的优势。“明者常顺时而动，智者必因机而发”。面对建设社会主义新农村的重大历史任务，各级各类职业技术教育机构应站在全局和战略的高度，把思想和认识统一到服务于新农村建设的中心上来，把智慧和力量凝聚到服务于新农村建设的实践中来，在积极、主动地服务于新农村建设的过程中，进一步端正办学方向、理清办学思路、拓展办学空间、检验办学水平，从而明确改革与发展的方向，进一步提升办学的经济效益和社会效益。

二、新农村建设视角下职业技术教育存在的新问题

（一）服务意识有待加强

尽管绝大多数职业技术院校都提出了“以服务为宗旨、以就业为导向”的办学目标和指导思想，但在办学实践中，“以就业为宗旨，以服务为手段”的办学指导思想仍占主导地位，很多诸如寻找校企合作之类的“奔波”实际上是为了拓展学生的就业渠道，以图学校的生存，而不是谋求学校服务于社会的新的增长点。这种“头痛医头、脚痛医脚”的思想必然导致服务的功利性，使这些职业技术院校无法全心全意地服务于新农村建设，严重制约了服务的水平与效果。还有一些职业技术院校存在“无为”思想，习惯于传统办学思路，囿于旧的办学模式，看不到职业技术教育与新农村建设的互动双赢关系，因而不能积极主动地在服务新农村建设方面有所思、有所为。

（二）服务层面有待拓展

传统的职业技术教育大多只注重职业技能的培训，而建设社会主义新农村所需要的是“有文化、懂技术、会经营”的新型农民。因此，面向农村的职业技术教育必须切实转变传统的职业教育思想，打破视职业教育较为单纯的岗位就业教育的倾向。不仅要强调对农村劳动力生产技能的培养，更要进一步拓展服务层面，加强职业素质、创业素质、人文素质的培养。

（三）服务能力有待提高

从目前的情况来看，大多数职业技术院校从专业设置、教育教学到实习实践、招生就业都沿用普通教育的模式，既不能充分体现职业技术教育的特色与优势，也无法与地方经济社会发展的需求相适应。教学内容既不能反映最新科技成果，也不能满足受教育者的实际需要，实验实习基地的生产管理水平缺乏先进性和示范性，办学实力及自我发展的能力还比较弱，加之受政策导向、办学经费、师资、基地等一些因素的制约，最终导致教育质量不高，社会影响力和吸引力不大，为新农村建设服务的能力还有待提高。

（四）服务模式有待完善

虽然各级各类职业技术教育对如何高效地与农村经济社会发展相结合进行了不少探索，也取得了一定的成效，积累了一定的经验，如农科教结合、经科教结合、学校—公司—农户一体化等。但从总体上来看，当前职业技术教育服务于新农村建设的途径、手段多样性与系统性等都还处于探索阶段，很多服务项目，如推广项目、示范项目、培训项目等仍局限于一时一地，还是短暂性的、阶段性的、非跟踪性的，缺乏长效机制，既难以推广，也难以持久。究其原因，主要是缺乏一种双方或多方能积极参与、合作的市场机制，政府行为过多地替代了市场行为。

三、新农村建设视角下职业技术教育发展的新举措

新形势下，职业技术教育要想更好地发挥自身优势，服务于新农村建设，就必须要有新思路、新举措。

（一）创新职业技术教育理念

1. 树立主动服务的理念

在社会主义新农村建设进程中，各级各类职业技术院校必须进一步增强社会责任感和使命感，准确把握新农村建设的内涵与要求，正确认识职业技术教育在推进新农村建设过程中的重要地位和作用，积极主动地把自身的改革与发展纳入新农村建设之中，有前瞻性地、准确地确定职业技术教育为新农村建设服务的着力点和结合点。

2. 树立长期服务的理念

建设社会主义新农村是我国现代化进程中的重大历史任务，同时也是一项复杂的系统工程，是一个需要随着农村领域的政治、经济、文化的发展而不断推进的漫长的历史过程。发展面向农村的职业技术教育，培养和造就“有文化、懂技术、会经营”的新型农民，也不是仅靠几项计划或几个有阶段性的项目或工程就能实现的。因此，职业技术教育服务于新农村建设，还必须树立长期服务的观念。

3. 树立有效服务的理念

职业技术教育直接担负着我国农民职业技术培训的任务，但现阶段农村职业技术教育基础还比较薄弱，在制度、体制以及内容建设上如何体现针对性和实效性还有很长的路要走，培训的范围和力度也需要不断探索。传统的培训模式一般都是政府投入、政府培训，或委托职业学校培训，培训机构能提供什么就培训什么，培训内容和市场往往相互脱节，更无前瞻性可言。因而，新形势下职业技术教育如何有效服务于社会主义新农

村建设理应引起高度重视。

(二) 创新职业技术教育内容

1. 把握职业技术教育内容创新的方向

新农村建设视角下的职业技术教育内容创新，应牢牢把握服务“三农”的方向，坚持以市场需求为导向，以能力为本位，以提高学生就业能力和就业率为目标，加大教育教学改革力度，尽快实现教学内容的针对性和本土化以及教学手段的现代化，并使其具有可持续发展性。要根据产业结构调整对社会职业岗位体系影响所产生的变化，围绕社会所需职业岗位能力，并充分考虑未来职业需求，设计教学内容体系；要注意及时补充国内外先进的科学文化知识和科技成果，并根据有关行业和领域的国际规范、国际标准来修订现行的教学内容；要加强外语教学，增设国际文化、国际政治、国际经济和国际贸易方面的内容；要在加大技术基础课程比重的同时，注重人文素养的培养，构建一个“基础宽、技能精、针对性强、适应面广”的具有职业技术教育特色的课程体系。

2. 坚持职业技术教育内容创新的原则

基于新农村建设的职业技术教育内容改革，必须坚持三项基本原则：一是实用性原则，即课程内容必须突出实用性、实效性，针对不同对象，满足其实际需要；二是适应性原则，即适应农业、农村发展的多样化需求，适应培训对象的实际要求；三是先进性原则，即课程内容要突出当代新的科学知识、技术知识、管理方法、技术手段，使农民开阔眼界、思路，增长知识，满足其兴业致富的需要。

3. 找准职业技术教育内容创新的途径

具体来说，就是要充分考虑目前农民兼业性的特点，注重适应农民对工业、运输业、建筑业、制造加工业、餐饮服务业等主要兼业投向的需求，增加教学内容的宽度，确定相应的教学内容，逐步引导农民在非农产业的就业中，向新兴的劳动密集型产业转移，拓宽就业致富的新路径，满足农村劳动力转移的需要。同时，还要根据农村产业结构调整的需要，结合当地农产品生产、加工和销售的实际，加强对农民进行相关方面的家用技术培训。要适应农村劳动力转移的需要，大力开展服务业和制造、加工业方面的职业技能培训，坚持培训与技能鉴定相结合，使学习者能获得相关的职业资格证书 直接进入就业岗位。

(三) 创新职业技术教育模式

1. 创新职业技术教育的办学模式

各级各类职业技术院校要紧紧围绕农村劳动力的就业市场办职教，围绕农村青年的发展需求办职教，围绕农村三个文明建设的需求办职教。要坚持“开门、开发、开放”的“三开式”办学指导方针，通过“开门”，走出去、请进来，加强实践，突出能力；通过“开发”，挖掘办学潜力，更好地服务于新农村建设；通过“开放”，学习国内外先进的职教经验，吸收最先进的教育教学理念和做法。职业技术院校在招生上应取消年龄限制，简化入学手续，有条件的职业技术院校可实行注册入学制度，免试招收农村应届初中毕业生和具有同等学力的农村青年入学，并实行弹性学制，允许他们分阶段完成学业。同时，要鼓励和支持有条件的职业院校跨区域招生，鼓励和支持他们与本地、异地职业院校联合办学，以进一步扩大办学规模，提升办学实力。

2. 创新职业技术教育的管理模式

要在继续完善“政府主导、依靠企业、充分发挥行业作用、社会力量积极参与，公办与民办共同发展”的多元办学格局和“在国务院领导下，分级管理、地方为主、政府统筹、社会参与”的管理体制的基础上，依法保障职业技术院校在专业设置、招生规模确定、学籍管理、教师聘用及经费使用等方面享有充分的自主权。有条件的职业院校还应建立由企业、行业等社会各界人士参加的咨询委员会或理事会，为学校重大问题提供咨询或参与决策。

3. 创新职业技术教育的服务模式

《国务院关于大力发展职业教育的决定》明确指出：职业教育要大范围培养农村实用型人才和技能型人才，大面积普及农业先进实用技术，大力提高农民思想道德和科学文化素质。因此，职业技术教育服务于新农村建设的模式创新也应以此为着力点。一是要不断完善科教兴农示范模式、一村一名大学生培养模式和农业职教集团模式，积极探索创新诸如“校企合一”、“半工半读”、“教学班进村”等有利于教科农结合、产学研结合和校企融合的办学模式、服务模式及机制。二是要形成全日制与业余相结合，脱产与半脱产相结合，学历教育与各种技能培训相互配合，学历证书和非学历证书并重的职业技术教育体系，建立长、中、短期培训相结合，集中与分散、面授与远程培训相结合的多形式、多途径的职业技能培训体系。三是要以政府支持为依托，创新面向“三农”的培训服务方式，将短期培训与长期指导结合起来，将有偿、无偿培训和有偿、无偿指导结合起来，将近距离面对面的培训、指导与远程的网络培训、指导、咨询结合起来。

（四）创新职业技术教育机制

1. 建立职业技术教育服务于新农村建设的激励引导机制

从教育主管部门和地方政府这一层面来看，应通过政策指导、经费支持、专业设置、招生就业等宏观调控措施，引导各级各类职业技术教育机构积极、主动地投身于社会主义新农村建设的宏图伟业中，为建设社会主义新农村添砖加瓦。政府要宣传、完善和实施就业准入制度、企业用工制度和劳动工资制度，特别要加强贯彻劳动法规的督导检查工作，为职业技术学校通过教育与培训向城镇有序分流农村富余劳动力提供保障机制；要增加政府财政投入办职教，鼓励金融机构为职业教育提供贷款，引导一切有能力的单位和个人捐助职教，营造全社会关心支持职业技术教育发展的良好氛围。从职业技术院校自身这一层面来看，应制订相应的奖励措施，鼓励和支持教师和学生多形式、多途径、全方位地参与到新农村建设中。对在服务新农村建设中涌现出来的先进集体和个人，要及时表彰、大胆奖励，以激励和引导更多的职业技术教育工作者和毕业生参与社会主义新农村建设。

2. 建立职业技术教育服务于新农村建设的监督评估机制

科学的监督和评估机制既是检验职业技术教育服务效果的有效形式，也是激励职业技术教育更好地服务于新农村建设的重要手段。为此，要在原来的以投入、规模、师资、基地、专业、课程等软硬件建设水平作为衡量职业技术院校办学质量的综合评价指标中，加入服务社会主义新农村建设的途径、质量、效果等核心评价指标。同时，政府、教育行政管理部门以及社会机构要将监督、评估所获得的信息和数据，所做出的评价和结果，所提出的意见和建议，及时、准确地反馈给相关职能部门和各职业技术教育机构，以便他们根据反馈信息，及时采取相应对策，确保职业技术教育服务于新农村建设的有效性。

3. 建立职业技术教育服务于新农村建设的理论研讨和宣传推广机制

对职业技术教育而言，面对新农村建设所带来的挑战和机遇，特别需要有理论研究的支持、政策导向的帮助和趋势预测的启发。只有重视和加强理论研讨，职业技术教育的服务工作才会做得更积极、更主动、更有成效。因此，各级各类职业技术院校必须建立职业技术教育服务于新农村建设的理论研讨机制。要通过建立专门的研究队伍、有效的经费投入保障机制、长效的研究激励机制、动态的研究考核机制、先进的成果推广机制，确保研究工作的深入、持久开展。对于职业技术教育在服务新农村建设的过程中所涌现出的优秀群体和个人所表现出来的好的做法和取得的好的经验，应及时进行宣传报道。这既能为职业技术教育服务于新农村建设营造良好的舆论氛围，还能将这些好的经验和做法及时推广开、传播开，使职业技术教育更好、更快、更广、更有效地服务于新农村建设。

参考文献：

[1] 赵亚辉. 中国科协书记处第一书记邓楠接受本报独家专访，解读全民科学素质行动计划纲要 [N]. 人民日报，2006-03-21.

[2] 刘君. 4亿劳动力培训：职业教育面临的新挑战 [J]. 教育与职业，2007 (1)：28-29.

[3] 王振如，宋丽润. 首都农职院校服务新农村建设的着力点和结合点 [J]. 北京教育：高教版，2006 (5)：11-13.

[4] 雷世平. 新农村建设视野下的农村职业教育创新 [J]. 职业技术教育：教科版，2006 (7)：56-58.

[5] 林藩，黄丽萍. 社会主义新农村建设中教育的作用 [J]. 教育评论，2006 (5)：102-103.

[6] 赵鹏程. 教育基本理论研究 [M]. 成都：四川大学出版社，2003：84.

[7] 唐华生. 对我国中西部欠发达地区高职可持续发展的思考 [J]. 四川职业技术学院学报，2005 (4)：51-53.

[8] 张健. 建设新农村关键在培养新农民 [N]. 光明日报，2006-09-18 (6).

[9] 刘明生. 职业教育如何服务新农村建设 [J]. 江苏农村经济，2006 (10)：56-57.

[10] 李水山. 我国新农村建设时期农民职业教育的特点、规律和发展趋势 [J]. 教育与职业，2007 (14)：5-7.

创新是高等职业教育发展的基础和关键

江泽民同志在党的十六大报告中指出："坚持教育创新，深入教育改革，优化教育结构，合理配置教育资源，提高教育质量和管理水平，全面推进素质教育，造就数以亿计的高素质劳动者、数以千万计的专门人才和一大批拔尖创新人才。"落实江泽民同志的这一要求，高等教育包括高等职业教育责任重大。据统计表明，截至 2001 年年底，我国目前已有独立设置的高职高专院校 1314 所，约占全国高等学校总数的 68%；在校生 540 万，占高等学校在校生总数的 54%。高等职业教育已占据我国高等教育的半壁江山，且今后成立的民办高校，原则上都将办成高职院校。高等职业教育的发展，既适应了经济社会和科学技术发展对实用型、技术型人才的广泛要求，也适应了民众日益高涨的享受高等教育的迫切愿望。

但毋庸置疑，与普通高等教育近几年来的大规模扩张相比，高等职业教育在发展进程中存在的问题较多，如教育观念陈旧、政策扶持不力、资金投入不足、管理体制僵化等。尤其是传统观念的束缚已严重制约了高职教育的发展。研究表明，在高等教育市场供求关系极不平衡时，现行的教育立法和政策可以为高等职业技术教育的发展提供有效的指导与保障；但是，当高等教育资源极度稀缺状态开始缓解时，许多深层次问题将逐步浮出水面，这些问题往往不能在现有政策范围内获得圆满解决。高职教育要摆脱困境，步入健康的、良性的可持续发展道路，必须在体制和观念上进行大胆创新。

一、体制创新是加快高职教育发展的基础

1. 随着经济和科技的发展，高职教育学历层次应相应高延

我国的高职教育目前被定位在大学专科层次，这是值得探讨的。其一，这种定位实质上反映了一种由教育层次来确定教育类型的倾向。它给人们的印象是：大学专科教育就是高职教育，大学本科教育就不是高职教育。这十分不利于高职教育的发展。正确的认识应该是：人才类型决定教育类型，而教育类型可以有不同的层次。其二，联合国教科文组织 1976 年编制的《国际教育标准分类》，对这种高延趋势已加以权威性确定。标准中的第 5 层次教育，从特征上分析，就是我国的高等职业教育。但是，当时将第 5 层次教育界定为不授予学位的大学专科层次。随着技术的不断发展，美国、英国、日本等国以及我国台湾地区都相继出现了大学本科或本科以上的高等职业技术教育。故该组织在 1997 年《国际教育标准分类》修订版中，提出了新的第 5 层次 B 部分，这其中就包括大学专科教育和本科教育。可见高职的本科教育也得到了这一世界性组织的认同。其

三，我国的一些高校已开办了四年制本科职业教育。清华大学已成立“应用技术学院”，培养以第二学士学位为主的现代技术应用和管理人才。我国的一些农科大学已宣布设立农业推广硕士专业学位。同济大学、西南交通大学也明确提出了开办四年制本科职业教育的计划。因此，我国高等职业教育的层次，随着经济全球化的进程和科学技术的发展，必将逐渐高延到本科及以上教育层次。

2. 加大投入，必将为高职教育的可持续发展注入活力

建设高技术水平的实训基地和双师型的教师队伍，是高职院校区别于一般普通高校的基本特点，而这两点都需要大量的资金投入。由于经济条件和现实状况所限，国家和政府并没有对高职教育持续大量投入资金，而是采取高学费（与本科教育相比）和鼓励社会力量办学的方法来解决资金的投入，这至少存在如下两大弊端：其一，高学费不利于贯彻政府倡导的教育公平、公正性和合理分担教育成本的原则。我国目前的高等职业技术教育（主体是专科，办学条件还不如本科）的学费远高于本科教育。在西方发达国家，越是基础性教育，国家承担费用的比例就越高；教育层次越高，私立的院校就越多，学生所交的费用就越高。如美国的社区学院，绝大部分是公办的，学费低于一般的公立大学；那些著名的私立大学则收取较高的学费，因为这符合高投入高产出的原则。其二，社会力量办学的资金投入渠道单一，基本上采取举办新学校的模式，缺乏多样化的选择机制。纵观我国目前依靠社会力量兴办的高职院校，除少数建立较早的院校成功地利用教育资源短缺的现状，以灵活的办学机制已获得很好的发展外，大多数院校办学条件参差不齐，抗风险能力差，难以形成规模效应。而那些原本办学条件较好的公立院校却无法获得民间资本，发展缓慢甚至举步维艰。如果公办高职院校能够通过体制创新，不但吸引民间资金投入，使他们中的一部分不再另起炉灶自行开办学校，而且能够吸引企业资金的投入，解决高职院校急需的办学资金，从而为高职院校的可持续发展注入活力。

二、观念创新是加快高职教育发展的关键

1. 人才观念创新

教育的根本任务是培养人才，但究竟什么是人才，如何全面理解人才的含义，则有着不同的人才观。随着教育的普及，尤其是普通高等教育的扩招和高等教育大众化步伐的加快，越来越多的家庭都希望自己的子女不但能升上一流的大学，而且还要读硕士、博士，才能成为对国家有贡献、在社会有作为、为家庭争光的人才。如就读职业教育则是“没出息”。这种鄙薄职业教育的观念和对人才存在偏见、片面的理解是极为错误的，它的形成和我国传统文化中的“万般皆下品，唯有读书高”、“学而优则仕”等陈腐观念如出一辙。它不仅脱离了青少年不同兴趣、不同爱好的实际，也脱离了我国国情以及经济和社会发展对不同层次不同类型人才多样化的需求。

由劳动人事部 1999 年编制出版的《中华人民共和国职业分类大典》明确将我国职业划分为 8 个大类、60 个中类、413 个小类、1838 个细类，这些不同职业岗位对人才知识水平和能力结构的需求是不相同的，所以人才也就有着不同的类型和层次。人才不仅

包括科学家和掌握高、精、尖技术的科技工作者及各种高级专业人才，也包括在各行各业中数以亿计的有一技之长的劳动者和初、中级层次的专门人才。前者主要由普通高等教育培养，后者大部分则是通过职业教育完成。随着社会主义市场经济的逐步建立和产业结构的不断调整，生产、管理、服务第一线应用型专门人才较为匮乏，高职教育存在着极大的发展空间。因此，全社会必须摒弃对人才认识的传统偏见，全面理解人才的含义。只有树立高职教育培养的学生同样是人才的正确观念，才能提高高职教育在人们心目中的地位，才能激励和吸引更多的考生报考和就读高职院校，以促进高职教育的健康发展。

2. 教育观念创新

长期以来，由于我国教育结构和教育体制存在着一些弊端，职业教育一直没有得到足够重视，高等教育"精英"培养模式和导向，也使人们对职业教育一直存在较深的偏见。近几年还有一种奇特现象：不少高校都在根据社会需求不同程度调整专业方向，调整培养目标和教学计划，都在强调为生产、服务、经营、管理第一线培养应用复合型人才，明明是在举办高等职业教育，但就是不愿承认自己是在办高等职业教育，确实令人费解。国家早在1996年就颁布了《中华人民共和国职业教育法》，尽管对举办高职教育的意义、重要性作了大量的宣传，但社会上仍存在着合格的职业大学办专科，不合格的办高等职业教育；专科是二流学校，高职院校是"等外品"的看法，正是这些鄙视职业教育的思想观念阻碍了我国高等职业教育的发展。

高等职业教育要健康发展，必须消除鄙视高等职业教育的陈腐观念，树立新型的教育观。要明确高等教育改革的重点就是要大力发展高等职业教育，大量培养应用性复合型人才。高等职业教育是高等教育的重要组成部分，是一种教育类型，是高等教育由"精英化"走向"大众化"的必由之路。普通学校与职业学校、普通高校与职业高校之间的区别仅在于培养人才的目标、规格不同，正如我们既需要设计原子弹的研究型人才，也需要生产原子弹的操作型人才一样的道理。需要说明的是，消除鄙视职业教育的观念，不仅仅是社会的事，教育内部、学校内部、教育管理部门内部，甚至某些主管教育的领导也或多或少地存在这种观念。因此，应加大宣传力度，通过各种方式和途径，宣传高职教育在我国整个教育体系中的地位与作用，宣传我国经济建设对高层次应用型人才的需求，宣传国外职业技术教育的现状，宣传高职教育独特的培养模式，树立全新全面的教育观，将为高等职业教育的快速、健康发展创造良好的思想基础和社会环境。

3. 质量观念创新

长期以来，很多人对我国职业教育的质量问题十分担忧，特别是近几年来我国高校连年大幅扩招以后，对高职教育的担忧更是与日俱增。甚至不少人把高等职业教育看作是职业高中的"变种"，这样就使本来就受到歧视的高职教育更是"雪上加霜"，步履艰难。那么，如何评价高职教育特别是高校扩招后的高等职业教育质量呢？

首先，要从社会整体需求评价高职教育质量。高校扩招的目的是为了培养更多的现代化建设人才，以提高国民的整体素质。但高校扩招必然会造成少数分数较低的考生被录取，这是客观事实，不过仅仅是个局部问题。从整体角度审视，在录取的考生中，分数高的仍占80%以上，只有近20%的“差生”，对这些录取线边缘的“差生”入学后实行严格的质量控制，加之其自身努力，刻苦挖潜，还是能够确保整体水平的。这样，不仅能够保证原有非扩招考生的质量水平，还能充分地利用现有的教育资源、人力资源为国家培养更多的人才，这也符合高等教育大众化的国际潮流。因此，从整个社会对不断提高国民素质的需要来评价高职教育质量，才是客观公正、全面合理的。

其次，要用动态发展的眼光全面看待高职教育的质量。高职教育要发展，必然要扩大办学规模；在扩大规模的同时，可能会因设备、师资等办学条件的暂时不足而一时影响教学质量。但从长远的眼光看，没有规模，何谈发展，更谈不上效益。办学规模上去了，加上科学化管理，就一定会产生巨大的经济效益和社会效益，进而加大教育资金投入，改善办学条件，促进教学质量的提高；教学质量提高了，学校的知名度和美誉度进一步提高，报考高职院校的考生将会越来越多，促进办学效益的更进一步提高，从而进一步加大对高职教育的投入。如此形成一个良性循环，极利于高职教育的健康高速发展。

最后，要从实际应用的角度评价高职教育的质量。评价质量高低，要有客观标准。对不同事物的评价，必然有着不同的尺度，教育也是如此。由于高职教育培养的目标和普通高校培养的目标有所区别，质量标准也应有所区别，二者绝不能相互替代或混为一谈。对高职教育学生质量的评价，不仅要看其知识结构是否完善，学科理论是否必需、够用，最重要的是要看其科技成果转化能力的强弱，也就是自身实践能力的强弱。目前，我国普通高等教育，尤其重点大学培养的学生数量较少，仅凭少量普通高校的研究生、本科生是远远不能满足全面建设小康社会对各类人才需求的，必须依托高等职业教育培养大批生产第一线的应用性技术专门人才，使高等职业教育更好地服务于地方经济建设和社会发展。因此，质量观念要创新，从实际应用的角度来评价高职教育质量才是合理的。

4. 择业观念创新

人口众多是我国高校毕业生就业形势严峻的深层次原因。首先，过去党政机关和国有企事业单位长期以来是接纳高校毕业生的主渠道，但近年来，政府机构大幅度精简，不可能大量吸收毕业生；国企脱困刚刚完成，生产经营尚未完全走出困境，很难再为社会提供更多的就业岗位；我国农村现有1.37亿剩余劳动力，其中一部分涌入城市谋求职业，这对高职毕业生就业的冲击尤为突出，其就业率远远低于高校毕业生。其次，毕业生本人的传统就业观念的束缚也限制了他们的择业之路。由于传统“包分配”就业机制的潜意识影响，许多毕业生就业意识淡薄，缺乏在大学学习期间主动培养自己的各项能力，提升自身的综合素质，往往在毕业时才感到择业的压力。调查发现，约有73%的大学毕业生概括自己的职业选择是所谓“新三到”——到国外去，到沿海去，到赚钱最多的地方去。由此可见，毕业生择业存在着浓厚的经济意识和区域观念。事实上，我国国有和集体单位接纳新就业人员的能力逐渐下降，而非国有经济成分创业的就业岗位则逐年增加，这就要求毕业生转变择业观念，使自己的思想从陈旧的条条框框中解放出来，主动地找到能够充分发挥自己聪明才智的位置。在职业选择中要遵循“符合社会需要、发挥个人优势、分清主次、立足长远、面向未来”的原则，树立与时俱进，不看性质看单位、不等分配找市场、不惟对口用所长、不求定位先就业、不贪舒适求发展、不图单一图创业的新型择业观念。同时，各高职院校应加强对毕业生的就业指导，建立相应的工作机构，沟通就业渠道，储备人才信息，为毕业生就业架桥铺路，才能提高高职教育毕业生的就业率，以促进高等职业教育的健康稳步发展。

参考文献：

[1] 王湛. 教育部关于实施职业教育法情况的汇报 [A]. 高职高专教育改革与建设 [C]. 北京：高等教育出版社，2002.

[2] 陈维嘉. 高等教育体制创新中的政府行为分析 [J]. 武汉：高等教育研究，2002，(5).

[3] 王式正，曹育南，杨近. 关于高等职业教育的可持续发展 [J]. 广州：高教探索，2002，(5).

[4] 李宝之. 人力资本与经济发展 [M]. 北京：北京师范大学出版社，2000.

[5] 曹大文. 关于高等教育质量观的思考 [N]. 光明日报，2002-12-08.

成人高等教育质量保障的理论与实践

自20世纪80年代以来，高等教育质量已成为社会与学界普遍关注的问题，它与招生和经费问题并列为世界高等教育改革的三大中心议题。许多国家为改善高等教育质量而做出的不懈努力，已促使高等教育质量保障活动成为一项国际性的活动。[1]2005年10月11日，中国共产党第十六届中央委员会第五次全体会议审议通过的《中共中央关于制定国民经济和社会发展第十一个五年规划的建议》，更是明确提出要把提高高等教育质量作为深入实施科教兴国战略和人才强国战略的重要举措。因此，如何从我国国情出发，建构起具有中国特色的高等教育质量保障体系，既是高等教育改革与发展的一项核心课题，也是中国经济持续发展和教育国际化的必然要求。如果没有质量的保证和提高，不仅将影响高等教育的深层次发展，而且也将影响我国高等教育的整体质量及其在国际上的认可度，最终影响我国高等教育的国际化进程。[2]成人高等教育作为我国高等教育体系中的重要组成部分，其建设和发展制约着我国高等教育事业的整体水平。如何构建高效和长效的成人高等教育质量保障体系，应是成人高等教育实践与理论研究的重要内容。

一、成人高等教育质量保障的内涵分析

根据《教育大辞典》的解释，教育质量是指“教育水平高低和效果优劣的程度”，“最终体现在培养对象的身上”，“衡量的标准是教育目的和各级各类学校的培养目标”。[3]教育质量的概念明确包含了本质和评价两部分。本质部分回答的是客观上应达到什么标准的问题，评价则反映的是结果，即由政府、社会、用人单位和毕业生根据指标体系对教育服务的质量主要是毕业生的质量作出的主观判断，回答是否符合标准的问题。[4]联合国教科文组织的政策性文件在论述高等教育质量时也明确指出：高等教育的质量问题是一个综合性的概念，它在很大程度上取决于特定系统的组织结构、法定认为或特定学科的条件及标准。质量问题涉及高等教育所有的主要职能和活动，包括教学、课程、培训、科研工作的质量，工作人员的素质和学生学习的质量，以及基础设施及学术环境的质量等。[5]

成人高等教育的质量是一个多层次、全方位的综合的体系，任何单纯从教学质量、办学效益、规模增长等某个角度去考察成人高等教育质量的观点都是片面的，都不是完整的教育质量观。因此，我们必须着眼于不同办学层次（专科、本科）、办学类型（函授、脱产）和办学主体（单设的成人教育机构、普通高校内的成人教育机构）的成人高

等教育的质量，用全面的观点、全方位的制度去评价成人高等教育的优劣。否则，必将影响成人高等教育的质量保障及发展。同时，我们还必须根据成人高等教育的实际情况和特点，在准确把握成人高等教育质量内涵和标准的基础上，树立正确的教育质量观。

二、成人高等教育质量保障的现状评估

我们认为成人高等教育总体质量是值得信赖的。但毋庸讳言，一些地方的成人高等教育存在着因质量下滑导致的生源萎缩、发展艰难甚至出现生存危机等现象。审视成人高等教育的质量现状，我们认为，主要存在以下三个比较突出的问题：

1. 质量意识淡薄

质量是成人高等教育永恒不变的主题，是成人高等教育的“生命”和“灵魂”。成人高等教育的发展既体现于以办学数量、规模扩张为标志的外延式发展，又体现于以教育质量、效益的保证、提高为标志的内涵式发展，而后一类型的发展相对更具实质性。[6] 但事实上，一些成人高等教育机构的办学指导思想不够端正，对数量的追求超过对质量的重视，对经济效益的追求超过对社会效益的重视。办学规模不断扩张却缺乏相应的投入机制作支撑，以至于出现了“函授不函”、“夜大不夜”、“脱产不脱”等不正常现象，从而影响了教育质量的提高，甚至导致教育质量严重滑坡。同时，一些成人高等教育机构对科研工作的重视还不够，缺乏科学研究的意识和氛围，在实际工作中，只满足于完成具体事务，忽视教育质量保障的理论探讨和实践研究。

2. 质量标准模糊

1998 年巴黎世界高等教育会议通过的《21 世纪的高等教育：展望和行动世界宣言》指出：“高等教育质量是一个多层面的概念，”质量标准应“考虑多样性和避免用一个统一的尺度来衡量”。[7] 成人高等教育与普通高等教育相比，无论是教学计划、教学目标、教学目的、教学形式，还是学生的期待、社会的评价、同行的认定等，都是有所区别的，因而其质量标准也应有所不同。但从目前的情况来看，对成人高等教育质量标准的界定还比较模糊，相关的研究成果也不多，还没有形成较为统一的观点。我们认为：从宏观上讲，成人高等教育的质量标准既要考虑到成人高等教育的实际情况，又要考虑国家经济和社会发展对成人高等教育质量提出的要求，应突出终身性和学习性的特点，要把促进人的全面发展和终身发展作为重要目标；从微观来看，由于成人高等教育的质量标准本身具有很强的现实性、导向性和前瞻性，因此标准的制定一定要科学，既要考虑到内部的教学质量保障系统，还应考虑到政府、社会、用人单位、学生及学生家长的外部评价、监督制度。

3. 质量管理缺位

科学规范的管理是提高成人高等教育质量的重要保证。然而，就目前成人高等教育的质量管理现状而言，还存在一些比较突出的问题，主要表现在三个方面：从管理体制来看，我们还缺乏符合中国国情和成人高等教育实际的、遵循成人高等教育客观规律的、顺应成人高等教育改革发展潮流的、规范的、科学的质量管理体制；从管理实践来看，无论是对管理的重视程度、管理的规范程度，还是科学管理的水平，与普通高等教

育相比都有很大的差距，成教管理工作被认为是“简单劳动”、不需要“专业技术”的劳动，管理人员的相关政策得不到相应的落实，管理人员的作用得不到应有的肯定，整个管理工作还长期在低层次上运转，管理效益还有待提高；从管理队伍来看，由于成人高等教育规模的不断扩大，管理工作日益繁重，管理人员疲于应付工作，不能及时更新自身知识和观念、掌握和运用现代管理科学技术，缺乏管理艺术和管理创新能力，管理水平还有待提高。

三、成人高等教育质量保障的对策研究

研究、探讨成人高等教育的质量保障，对于成人高等教育乃至整个高等教育的健康发展，对于社会主义现代化建设事业的发展都具有十分重要的理论意义和实践意义。因此，成人高校必须采取多种措施和手段，着力构建一套科学、完善的教育质量保障体系。

1. 要营造良好的质量氛围

成人高等教育开展质量保障活动，应避免单纯使用技术或数学方法，更不能简单地用行政方式解决问题，而要通过在学校营造良好的质量氛围，通过文化环境对人的影响来引导、调动广大教职员工关心质量、提高质量的意识，促进其积极性、能动性的充分发挥，以更有效地提高学校教学质量。[8]只有当教学质量成为所有成员共同信奉的价值和内在追求时，才能形成全体人员自觉努力、提高教学质量的行为。因此，“要在培养过程中营造以质量价值为导向的，人人重视、人人负责的质量氛围。成人高等教育机构除加强宣传教育工作外，还需制定相应的政策措施，通过引导、激励等机制，传播质量信息，奖励质量成果，促进质量观的转变，营造良好的质量文化氛围，促使全体教职工和学生成为提高教学质量的坚定拥护者和自觉实践者”。[9]具体来说，应努力做到“四个坚持”，即：要坚持全员性的教育培训对象，包括从管理干部到普通教职员工都应该成为教育培训的对象；要坚持针对性的教育培训内容，结合成人高等教育的实际，通过意识观念的教育，帮助全体人员树立强烈的质量意识，统一其质量观念，增强他们质量工作的动力和自觉性；要坚持多样化的教育培训形式，通过讨论、讲座、总结经验、树立典型和质量信息反馈等方式，统一全体人员的思想和认识，帮助他们树立正确的质量观和人才观，使他们正确认识并努力发挥自身在成人高等教育质量管理中的作用，系统了解先进的管理理念和管理方法，随时发现和解决质量管理实践活动中出现的问题；要坚持在实践中养成提高、注重教育活动的自然性，强调教育者的“无形教育”，减少人为施教的痕迹，实施潜在的、广泛而深刻的教育，使受教育者在自然的文化实践活动中无痕地产生情感、意识，从而不假思索、不加抗拒地接受正确思想，实现质量保障的预定目标。

2. 要培育全新的质量意识

教育质量意识是成教工作者努力提高本职工作质量、主动搞好教育质量管理、促进高质量人才培养自觉性的综合反映。掌握质量知识的程度，对质量的思想认识、信念以及质量素养，对质量的评价等，都属质量意识的范畴。在教育质量工作实践中，教职员

工一旦具有了较强的质量意识，思想就会受这种意识牵引，并自觉地转化到行动中，主动地改进自己工作的质量。[10]因此，要通过广泛开展生动活泼的质量意识教育和实践活动，加速转变全体教职员工的陈旧质量观念，树立顺应时代发展的新的质量意识。第一，要树立质量竞争意识，既要敢于与对手竞争，以高质量战胜对手，更要善于与自己竞争，要敢于向教学要质量，向科研要质量，向管理要质量，不断提高自己的工作质量。第二，要树立质量忧患意识，强调质量对于成人高等教育生存和发展的重要作用，不断增强质量危机感和紧迫感，采取多种措施提高自己的知识结构和能力结构，以更好地承担教学、科研和管理工作任务。第三，要树立质量责任意识，确立“质量就是生命”、“质量就是效益”的思想，坚持精益求精的态度，坚持把提高质量作为生存和发展的第一要务。第四，要树立质量道德意识，在教育教学、科学研究及管理过程中能不畏外界压力和不正当经济利益的诱惑，自觉自愿地表现出符合质量要求的行为、意识和习惯。第五，要树立科学的质量管理意识。要遵循质量形成的客观规律，广泛运用现代质量控制技术和方法，实现对质量事故的预测、预防和控制。同时，由于成人高教的质量管理活动存在于教育教学的始终，因此还必须要有长远意识。要着眼于长远目标，制订质量计划、质量目标，创新质量管理方法，以持续不断地提高质量管理水平，确保教育教学质量的稳步提升。

3. 要开展全员的质量管理

所谓全员的质量管理，就是指涉及成教工作的各个部门和教职工都要积极参与到质量保障活动中来，以充分发挥管理者、教师和学生三方面保障主体的积极性、主动性和创造性。管理系统（干部）对质量管理负有关键性的责任者。成教管理部门作为成人高等教育质量的第一责任者，应切实担负起主要责任，要对全体教师和全体学生提供高质量和高效率的管理服务；教务处，各系（院、部），各函授站（教学点）则应充分发挥对教学质量的监控、协助、支持和保障作用；学科教师应树立质量是生命线的意识，切实履行起教书育人、诲人不倦的质量责任。在教学过程中，要对学生的实际状况进行分析，并以“多元智能”理论作为分析的理论基础，在看到入校学生差距的同时，要重点找到学生的优势，开发学生的潜能。要因势利导，因材施教，主动改革课程体系、教学内容、教学方法，使课程和教学适应学生的潜在优势，而不是生硬地和简单地让学生适应我们传统的课程形式。同时，还要充分发挥学生本人在质量管理中的主体作用。

4. 要实施全程的质量监控

所谓全过程的质量监控，也即是要从教学质量形成的各环节、各方面入手，做好预测、检查、管理、服务等工作，包括培养目标与培养方案的制订、专业设置、教学实施过程、教学质量信息反馈和教学评价过程的管理。计划过程的管理主要是制订培养目标和培养计划，这实际是对教学质量的预先设计和预测；教学实施过程的管理主要是指教学各环节的管理，必须紧紧依靠教师，做好课堂教学环节、实验实践环节的质量保证、质量改进工作；教学质量信息反馈和教学评价过程的管理是指通过学生对课堂教学质量提供反馈信息，通过同行评价、专家评价、学生评价、质量分析等方式，对教学加以诊断并提出改进措施等方式进行的管理。同时，还要坚持对毕业生进行跟踪培养，通过用人单位对毕业生的评价，反馈学校专业设置和人才培养各项工作中取得的成绩与存在的问题，适时进行调整，再对质量标准提出新的修订意见，这样才能使质量不断提高。

参考文献：

[1] 何茂勋. 全面质量管理及其在高等教育质量管理中的运用［J］. 高教论坛，2003（6）：139-142.

[2] 查正和. 我国高等教育质量保障体系构建略论［J］. 江苏教育学院学报：社会科学版，2005（3）：52-55.

[3] 潘懋元. 高等教育大众化的教育质量观［J］. 清华大学教育研究，2000（1）：11-14.

[4] 程方平. 中国教育问题报告——入世背景下中国教育的现实问题和基本对策［M］. 北京：中国社会科学出版社，2002：181-182.

[5] 鲍洁. 高等职业教育的质量管理［J］. 职教论坛，2004（36）：26-27.

[6] 曹致中，乐传永. 对目前我国普通高校成人高等教育质量问题的反思［J］. 成人高等教育，2005（1）：4-7.

[7] 国家教育发展研究中心. 2000年中国教育绿皮书——21世纪国际高等教育展望［M］. 北京：教育科学出版社，2000：144-149.

[8] 刘邦奇. 学校质量文化建设初探［J］. 国家教育行政学院学报，2006（2）：48-53.

[9] 蒋林. 构建高校教育质量保障体系的思考与对策［J］. 当代教育论坛，2005（4）：2-4.

[10] 刘邦奇. 学校全面质量管理需要什么文化观念［N］. 中国教育报，2004-12-04（3）.

试论成人高教的素质教育

一、成人高校实施素质教育的必要性

当前，成人高等教育的现状距我国教育体制改革要求还有不小的差距，主要表现在：

1. 偏重智育，过分强调成人教育的短期功利

一些高校在课程安排和教学实践中，只注重知识的传授，很少涉及对学生学习目的、学习态度及学生社会责任感的培养和指导。尽管有的教师在自己的教学中做了一些努力和探索，但因没有形成一个系统和体系，就不可能贯穿在成人教育的始终，故而成效甚微。教师为教而教，学生为学而学，追求及格率现象相当普遍，学风和考风问题严重，“应试教育”趋向突出。

2. 偏重知识灌输，忽视学生的能力培养

由于成人教育特别是高等函授教育的特殊性，加之受传统教育的影响，故而多数教师在教学中偏重知识传授，“满堂灌”、“一言堂”的现象较为突出，忽视成教大学生实践能力、创新能力、竞争能力和抗挫折能力的培养。教师照本宣科，学生死记硬背，考试前答疑辅导，检测形式单一，师生都为获得及格分数而努力。

3. 偏重理论，对理论联系实际、指导运用于实践不够

一些成人高校的专业特点不突出，教学内容和教学模式与普通高校相似，执行教学计划的随意性较大，忽视对学生专业技能、实践动手能力、创新能力的培养。有些课程设置脱离实际，学生学习兴趣不大，学前与学后变化不明显，社会期望值不高。

4. 偏重以教师和教材为中心，而不是以学生为主体

成教大学生在学习的整个过程中，难以做到开发潜能，启迪心智，发挥其聪明才智和增强后劲。在以分数定优劣的“应试教育”教学模式中，不能充分发挥成教大学生的学习积极性和参与性，从而达不到提高、丰富、完善学生本体的教学目的。

二、成人高校实施素质教育的可行性

成人高等教育实施素质教育的主要目标是将传授知识、提高能力与培养素质有机地结合起来，把思想政治素质培养与专业素质培养放在同等重要的地位，从而完成“造就‘有理想、有道德、有文化、有纪律’的德智体美全面发展的社会主义事业建设者和接班人”的人才培养战略任务。[1]具体说来，应做到以下几点：

1. 重视德育工作，改变“重智轻德”的旧观念

素质教育是一项培养创造性人才的系统工程。在成教大学生素质教育的多项任务中，思想政治工作最为重要，而在思想政治工作中，德育工作则位居首位。党和国家的三代领导人在强调党的教育方针时，均把德育放在首位。江泽民同志就教育问题发表谈话时，曾批评了对学生思想品德抓得比较松的现象，并且严肃指出：“要说素质，思想政治素质是最重要的素质。不断增强学生和群众的爱国主义集体主义、社会主义思想，是素质教育的灵魂。”[2]成人高校的德育工作要加强针对性，必须突出以下四个方面：①要使学生掌握马列主义基本原理，信仰马列主义，熟悉邓小平理论，学习江泽民“三个代表”重要思想，并能够运用其理论解释中国当代重大社会问题，提高对中国共产党先进性、代表性的认识。②要使学生熟悉了解中华民族五千年的历史，了解祖国博大精深的传统文化及其对世界文明的重大贡献，具有强烈的爱国主义精神。③通过马克思主义、辩证唯物主义教育，树立正确的人生观、价值观、世界观，崇尚科学，具备良好的是非鉴别力。④开展社会公德、职业道德、伦理道德教育，具有集体主义精神和良好的文化修养，学会懂得尊重人、关心人，遵纪守法，敬业爱岗，开拓进取，奉献爱心。

2. 学习先进理念，树立素质教育思想

要在成人高等教育中实施素质教育，首要前提是要实现教育思想与教育观念的转变：①转变以选择教育和功能教育为中心的思想，树立发展教育的观念；②转变以专业教育或实用、够用教育为中心的思想，树立教育综合化的观念；③转变以科学知识传授和文化传承为中心的思想，树立创造性教育的观念；④转变以做事为中心的思想，树立教学生既会做事又会做人的观念。

3. 深化体制改革，探索成人素质教育管理模式

成人高等教育应不断调整教学内容，优化教育方法，广开办学门路，大力开发教育资源，改革招生制度，优化教学机制，增加招生人数以减轻升学压力，强化成人教育的文化功能和经济功能，尽快实现成人高等教育的网络化、开放性和体位特征。严格实行宽进严出的学籍管理办法，以推行弹性学习年限和“学分制”来激励学生主动学习，自觉提高自身素质。

4. 调整和改革课程体系，做好核心工作

课程体系的设计直接影响学生的发展方向，在成人教育中实施素质教育，加强课程建设应是一项重要工作。传统的成人教育课程体系有重知识传授、轻能力培养、脱离时代和社会发展以及学生实际的弊端。在知识经济时代，我们要建立起加强政治素质教育，深化专业素质教育，突出人文素质教育，强化技能训练素质的课程体系，从而体现成人课程的综合性、实践性、时代性和选择性的特点。要把学科体系、社会需要和学生发展三者辩证地结合起来，科学地确立人才培养目标和培养规格。在教材编写中，要注意反映科学技术的新成就，突出新知识、新技能、新工艺的传授，贯彻“少而精”的教学原则，坚持理论“够用”为度，增加实践操作方面的教学内容。要注意改革教学方法，配备先进的教学设备，采用现代化的教学手段。

5 提高教师队伍素质，树立“乐于从教”的新风

教师是实施教育的主体，教师队伍素质的高低，必定要影响到实施素质教育的效果。对成人高等教育教师综合素质的要求是：过硬的政治素质，高尚的职业道德，精湛的专业知识，健康的心理素质。也就是说：①要求教师具备较高的政治修养，有坚定的理想信念，忠诚于党的教育事业。②为人师表，做人楷模。要具备高尚的道德情操，严谨治学的学风。关心爱护学生，用自身的人格魅力感染学生，提高其道德水准。③要具备丰富的专业理论、专业知识和专业技能。业务知识要从单一型向复合型发展，力争成为一专多能的“双师型”教师。④教师要有良好的心理品质，要有爱心，乐于奉献，宽容豁达；要以健康的心理素质，成熟稳健的性格，对学生进行热情、科学、理智、耐心地施教，使学生在完成学业的同时形成良好的心理品质。

参考文献：

[1] 中共中央、国务院. 关于深化教育改革全面推进素质教育的决定 [N]. 光明日报 1999-06-13.

[2] 江泽民. 在第三次全国教育工作会议上的讲话 [N]. 中国教育报，1999-06-16.

对我国中西部欠发达地区高职可持续发展的思考

在市场经济条件下，进入大众化阶段的我国高等教育，正面临以调整结构和提高质量为主要特征的改革的严峻挑战。对于高职高专院校而言，如何办好高职高专教育，以更好地承担起为我国的经济发展和和谐社会的构建开发人力资源、实现劳动力转移和人力资源向人才资本的转变、直接向社会输送应用型高技能人才的任务，是当前迫切需要解决的问题。

一、高等职业教育是我国普通高等教育的一支重要力量

近年来，我国高等职业教育取得了显著的成绩，趋于良好的可持续发展态势，主要表现在以下方面：

1. 政策法规环境显著改善

1996 年 5 月 15 日全国人大通过的《中华人民共和国职业教育法》第十三条规定："高等职业教育根据需要和条件由高等职业学校实施，或者由普通高等学校实施。"这是我国第一次把高等职业教育以法律的形式固定下来的标志。

1998 年颁布的《中华人民共和国高等教育法》第六十八条规定："本法所称高等学校是指大学、独立设置的学院和高等专科学校，其中包括高等职业学校和成人高等学校。"这进一步确立了高等职业教育的法律地位。继而在 1999 年国务院批转的教育部《面向 21 世纪教育振兴行动计划》、同年 6 月的《中共中央、国务院关于深化教育改革全面推进素质教育的决定》等文件中也对发展高等职业教育的意义、作用和要求等做了具体的阐述。

2000 年 1 月，《教育部关于加强高职高专教育人才培养工作的意见》归纳了高职高专教育人才培养模式的基本特征：以培养高等技术应用性专门人才为根本任务；以适应社会需要为目标；以培养技术应用能力为主线设计学生的知识、能力、素质结构和培养方案；毕业生应具有基础理论知识适度、技术应用能力强、知识面宽、素质高等特点；以"应用"为主旨和特征构建课程和教学内容体系；实践教学的主要目的是培养学生的技术应用能力，并在教学计划中占有较大比重；"双师型"教师队伍建设是提高高职高专教育教学质量的关键；学校与社会用人部门结合、师生与实际劳动者结合、理论与实践结合是人才培养的基本途径。这就要求不同类型的高职高专院校都要按照高等技术应

用性专门人才的共同宗旨和上述特征，相互学习、共同提高、协作攻关、各创特色，办好我国的高等职业教育。

2. 高职规模几乎占半壁江山

首先，在中央大力提倡发展高等职业教育的政策环境下，经过近几年的“扩招”和学校的内涵发展，我国高职高专教育已占普通高等教育的半壁江山。据统计，“2004 年全国共招收普通本科、高职（专科）学生 447.34 万人，比上年增加 17 万人，增长 17.05%；其中本科招生 200.92 万人，高职（专科）招生 237.43 万人。普通本科、高职（专科）在校生 1333.50 万人，比上年增加 224.93 万人，增长 20.29%；其中本科在校生 737.84 万人，高职（专科）在校生 595.65 万人。”其次，高职高专院校设置数已占全国普通高校总数的近 2/3。“2004 年全国共有普通高校 1731 所，其中本科院校 684 所，高职（专科）院校 1047 所。”[1] 从湘、鄂、渝、川、黔五省市看，2004 年共有普通高校 302 所，其中本科院校 111 所，高职（专科）院校 191 所；截至 2005 年 5 月，五省市共有普通高校 316 所，其中本科院校 114 所，高职（专科）院校 202 所。[2]

3. 大学分层发展理论有利于高职发展

关于高校分层发展理论目前讨论得较多，笔者较为赞同克拉克·科尔的观点。他认为，“一个社会至少应该具备三种类型的高等学校”。[3] 一是“X”模式，学校的中心问题是学问，主要任务是培养研究生、开展科学研究，在国家或国际水平上运作，即我们常称的研究型大学。二是“Y”模式，学校的主要任务是根据社会职业需要对本科生进行专业训练和普通教育素质培养，在国家或地区水平上运作，即教学科研型大学。三是“Z”模式，学校的主要任务是根据社会的任何需要和用人单位的选择，培养实用性人才，在地区或地方水平上运作，即应用教学型大学，也就是我们所指的高职院校。在这三个层次中，研究型大学数量最少，但水平最高；应用教学型大学所占比例最大。以美国为例，据有关资料显示，美国高等学校的结构是：41%为两年制社区大学；20%为大学专科；18%为只授学士学位的普通大学；15%为只授硕士学位的普通大学；6%为可授博士学位的普通大学，其中 3%为研究型大学。[4]

4. 我国经济社会发展需要大量的应用型人才

一方面，随着我国产业布局、产品结构的调整，岗位结构和就业结构将发生变化，新岗位不断产生，旧岗位不断组合，不同产业之间的从业人员大幅度流动，高层次的一线应用型人才需求必然加大。另一方面，经济全球化使中国越来越深层次地参与国际分工和国际间的交流与合作，中国经济近年来的快速发展和发达国家制造业的外移，正在促使我国成为最吸引外商投资的国家，并逐步成为世界重要的制造中心。但由于原来经济和文化教育基础比较薄弱，目前我国的劳动者素质和劳动生产率都比较低，人才的数量特别是高层次人才数量严重不足。以 2000 年为例，我国 3900 多万专业技术人员中，具有副高级以上职称的人员仅占总数的 5.7%；在我国约 700 万技术工人的队伍中，初级工占 60%，中级工占 35%，高级工仅占 5%；而发达国家高级工的比例一般占 30%～40%。要提高中国企业的劳动生产率和全球竞争力，关键问题是提高产业的技术含量，特别是掌握具有自主知识产权的核心技术，这对劳动者和各类专门人才的素质提出了更高的要求。因此，大力发展高职高专教育是近期我国高等教育的必由之路。

二、目前高职教育发展的困境

1. 办学层次低，学生就业困难

高等职业教育与普通高等教育是我国高等教育体系不可分割的两个部分，但培养目标明显不同：前者具有职业技术性特征，其主要任务是培养生产、管理、服务等社会各行业第一线的高级应用型人才，将科学技术转化为生产力；而后者的培养目标具有学术和研究性，其主要任务是培养科学创新人才，发展科学技术。因此，两者的关系应该理顺，不能混淆，也不能相互替代。但现行高职教育仅定位于大专，层次单一，不符合知识经济时代的发展趋势。随着扩招后大学毕业生数量的猛增，就业问题显得越来越突出。从近几年毕业生的就业情况来看，大学毕业生一次就业率普遍下降，研究生就业好于本科毕业生，高职（专科）毕业生就业形势最差。这一现象不仅不利于整个高等教育事业的健康快速发展，而且还容易诱发其他社会问题。

2. 师资队伍参差不齐

教学质量呈下降趋势。众所周知，我国的高职院校，除少数办学历史悠久的专科学校外，绝大多数职业技术学院都是近年来由部分成人高校、教育学院更名或由几所中专学校合并“升格”而组建的，其师资队伍中绝大多数仍是中专教师。虽然他们中的多数人的学历水平有了提高，但毋庸讳言，其教学水平、教学能力、教学观念仍大多停留在原中专层次上，“双师型”教师严重不足。教学质量是高校管理和教学水平等各项综合指标的综合体现，由教师水平、教学条件、教学环境和管理制度等多种因素决定。从教学条件来看，多数职业技术学院虽然名称改了，层次上去了，但教学资源仍未改变多少，教室拥挤，教学仪器陈旧，图书资料奇缺，科研条件和氛围不浓，严重影响教学质量的提高。特别是近几年来的扩招，高职院校生源质量下降尤为突出，学生的文化基础普遍不高，给课堂教学增加了难度，教学质量出现下降趋势。

3. 管理水平不高，办学理念陈旧

如前所述，多数高职院校是由成人高校、教育学院“更名”或由中专学校独立或合并“升格”而组建的，故多存在着管理水平不高、办学理念陈旧的问题。管理水平的提高和制度建设的完善往往要经过数年时间的冲突、磨合，办学理念也要根据学校的办学方向、培养目标和所在区域经济社会发展形势进行整合、提炼，才能使学校走上持续健康发展的道路。培养人才、科学研究、社会服务是高等学校的三大职能，亦是高职院校的基本职能，只不过侧重点不同罢了。在市场经济条件下，在我国高等教育进入大众化阶段的新时期，作为高职院校，应将以人为本的基本办学理念具体化为“市场需求、产学结合、就业导向”，即以服务为宗旨，以市场需求为原动力，以就业为导向，走“产学”结合的改革发展之路，培养数以千万计的应用型高技能人才，努力办好让人民满意的高职教育。

4. 政府投入少，引资渠道不畅

我国高职高专教育大多实行省、地共建，以地为主的管理体制，办学经费主要由地方政府财政投入。但是，一方面，由于地区经济发展的不平衡，大多经济欠发达地区的财政仍是“吃饭财政”，没有多余的财力给予高职院校充足的办学经费，“重视在会议上，落实在文件中”的现象相当普遍。另一方面，行业与企业的参与也缺乏政府或宏观层面的鼓励与支持；除了一些重点建设的专业之外，目前还没有系统的为政府所认可的标准培训或其他标准的职业教育产品，故而行业参与的积极性不高。银行作为金融企业，也是按照“低风险、高回报”的经营理念来开展业务的。由于他们对高职高专教育的发展有所顾虑，故融资的门槛很高，学校很难从银行贷到款项。

三、加强湘鄂渝川黔边区高职教育的思考

1. 合作沟通，搭建平台

高职教育规模虽已占我国普通高等教育的半壁江山，但地区差异很大，校均规模也极不平衡。2004 年“普通高校校均规模（全日制本专科在校生）由上届的 7143 人增加到 7704 人，其中本科院校由上年的 11 662 人增加到 13 561 人，高职（专科）院校由上年的 2893 人增加到 3209 人”，[1]其差异之大可窥见一斑。“发展才是硬道理”。高职教育要发展，一靠政策支持，二靠加大投入，三靠提高自身能力。建立湘鄂渝川黔边区高职院校校际协作会就是一个好办法。通过这个平台，可以交流院校在建设、发展、改革中的办学经验；可以探讨上述地区高职教育发展趋势及其对策；可以设立学术委员会，筹办学术刊物，提供学术信息；可以互聘教授，举办学术讲座，促进提高教育教学质量；等等。

2. “产学”结合，优化职能

发达国家实施职业教育的成功实践和我国近 20 年的探索与实践表明，“产学”结合、校企（社）联手的办学模式是我国高职教育发展的必由之路。它不仅能更有效地培养满足生产、建设、管理、服务第一线需要的具有较高综合素质和较强实践能力的应用型高技能人才，而且能更进一步促进办学质量、办学水平和办学效益的提高。进入大众化阶段的我国高等教育，随着每年毕业生数量的大幅度增加，已经由卖方市场走向买方市场。作为一种学历层次最低的高等教育，高职高专教育必须首先面对日趋激烈的就业市场，经受就业压力带来的严峻考验。要想在巨大的就业压力和激烈的竞争中胜出，高职教育必须坚定地树立和坚持以就业为导向的办学理念，以取得社会对学校的认可度。因此，要在人才培养过程中，坚定地以就业为导向进行学制改革，以就业为导向设置和改造专业，以就业为导向创新人才培养模式，以就业为导向加强教学基本建设，以就业为导向推进教学改革，以就业为导向改革教学管理和学生管理，切实提高学生的职业能力、职业素质和岗位适应能力，从而提高学生的就业率。

3. 加强管理，突出特色

学校特色是一所学校的生命力之所在，一般由人才特色、办学特色、管理特色三部分组成。高职高专有两个主要特征：一个是“高”，一个是“职”。“高”决定了它必须以一定的现代科学技术、文化和管理知识及其学科为基础，着重进行高智力含量的技术教育；“职”则决定了它主要强调应用技术和职业技能的实用性和针对性。因此，在构

建高职教育课程体系中，必须按岗位标准要求设定人才培养目标，并牢固树立职业本位思想，把知识、能力、素质培养贯穿课程建设的始终。在加大技术基础课程比重的同时，注重人文素养的培养，构建一个基础宽、技能精，针对性强、适应面广的具有高职高专教育特色的课程体系，以培养独具特色的高职人才。

4. 提升层次，适应社会

本科高职要适度发展，并最终在我国建立从专科、本科到研究生的完整的高职教育体系。因为从整体而言，具有独立从事研究和设计能力的人才与从事技术技能工作的人才各有特长，是两种类型的人才，没有高低的区别。建立高职高专本科以上体系，可以纠正人们认为高职低人一等的观念，有利于缓减高中毕业生的升学压力，为考生架起进入高等学校（主要是高等职业学校）的另一座桥梁。应像普通高校那样，单科类的高职学校命名为××职业技术学院，多门类多层次的高职学校可命名为××技术大学。同时，可借鉴世界上某些国家的做法，逐步建立适合中国国情的高职教育体系的学位制度：高职自身的体系应该由专科、本科以及研究生三个层次组成。可以有二年制、三年制，也可以有四年制，条件成熟、社会需要时还可以多种形式培养硕士研究生。可以通过实行学分制，根据学分积累情况颁发毕业证书，并授予副学士、学士、硕士学位。对三年制高职毕业生中达到一定理论知识和能力要求的一般授予副学士学位。这样，可使我国实行的继续教育和终身教育体系更加完善。

参考文献：

[1] 教育部. 2004年中国教育事业发展状况统计公报 [N]. 人民政协报，2005-03-02.

[2] 教育部. 教育部公布全国普通高校名单 [EB/OL]. 中国教育网，2005-05-24.

[3] Clark Kerr. Higher Education Cannot Eseape His State Uni Versity of New York Press, 1994：70.

[4] 朱时清. 我国建设一流大学的几个问题 [A] 中外大学校长论坛文集（第二辑）[C]. 北京：中国人民大学出版社，2004：286-287.

[5] 孟昭上. 高等职业教育现状与对策刍议 [J]. 中国高教研究，2004（6）.

三、基础教育

四川农村基础教育的现状与对策研究

教育是立国之本，基础教育是教育事业的基石，是我国科教兴国的奠基工程，是促进地方教育事业发展和两个文明建设的动力之一。它对提高中华民族素质，培养各级各类人才，促进社会主义现代化建设具有全局性、基础性、先导性作用。我国是一个农业大国，农村人口占全国总人口的78%，农村中小学生占全国中小学生总数的75%。办好中国基础教育的重点与难点都在农村，中国人口负担转化为巨大人力资源优势并继而成为人才资本的希望也在农村基础教育。四川是一个农业大省，也是一个人口大省，同时也是一个教育大省。因此，检视四川农村基础教育的现状，探讨其发展的途径，对实现省委省政府提出的“科教兴川”战略，推进四川社会主义新农村建设具有重要的理论价值和实践意义。

一、现状评估

从总体上来看，四川农村基础教育的现状表现出两个非常明显的特点，概言之，就是成绩是可喜的，问题是存在的。

（一）取得的成绩

近年来，在四川省委省政府的高度重视下，在广大农村基础教育工作者的共同努力下，四川农村基础教育的改革与发展取得了可喜的成果。一是“普九”任务基本实现，“两基”（基本普及九年制义务教育和基本扫除青壮年文盲）成果得到进一步巩固。截至到2004年12月，四川省181个县（市、区）中已有150个县（市、区）实现“普九”目标，“普九”人口覆盖率达到96.24%；177个县（市、区）基本扫除青壮年文盲，青壮年非文盲率保持在95%以上。二是农村中小学办学条件得到逐步改善。通过大力实施农村中小学标准化建设工程、农村中小学布局调整和危房改造工程、国家贫困地区义务教育工程等，加大了对农村基础教育的投入力度，农村中小学基本建设速度加快，校舍危房面积不断减少，校舍建筑面积、体育运动场（馆）面积、图书装备水平、音乐器具配备率、美术器具配备率、实验仪器配备率等各项指标多已达到或接近国家相关标准。学校办学条件得到明显改善，办学效益显著提高。三是各级各类教育协调发展。义务教育得到了迅猛发展，2005年，全省共有小学1.9万所，招生109.2万人，在校小学生714.5万人，小学学龄儿童入学率达到99.4%；共有普通中学4995所，招生163.4万人，在校学生485.5万人。同时，职业教育开始显露生机，民办教育乘势而上。四是教育质量得到显著提升。通过提高教师和校长队伍素质，全面提高了学校管理水平；通过深化教育教学改革，提高了办学水平和教育质量。

（二）存在的问题

成绩固然是可喜的，但四川农村基础教育在改革与发展过程中存在的问题也是突出的。概括起来，主要表现在以下几个方面：

1. 教育经费投入不足

从2001年开始实行加大中央与省级财政转移支付力度，建立“以县为主”的农村义务教育投入体制以来，农村义务教育的投入情况有了较大的改观，农村地区义务教育经费的来源结构发生了较大变化，政府预算内的经费投入已经占到农村义务教育经费的80%以上，农村教师基本工资有了保障。同时，从2001年起开始启动“两免一补”工作，中央与省财政投入力度不断加大，到2004年“两免一补”已经使3000万农村贫困家庭学生不同程度受益。[1]然而，农村义务教育投入状况虽然有了一定的改善，但这些改善相对于农村义务教育发展的需求，相对于学生、家长及社会各界的期望仍然存在着较大的差距。四川是一个农业大省，不仅农村人口数量众多，而且农村地域也相当广阔，相应地，农村基础教育也就面广点多，需要的经费也就更多。但四川省基础教育的经费总投入本身就有限，投入到农村基础教育中的经费也就不多。教育经费严重不足的状况，致使相当一部分农村中小学难以维持现有水平和规模，一些学校甚至连日常运转都很困难，更不要说扩大教育发展规模，改善教育教学条件，提高教育教学质量，促进教育事业的持续发展了。

2. 教师队伍现状令人担忧

教师是社会发展的先驱，担负着培养未来社会接班人的使命。教师的质量在一定程度上决定着一所学校、一个地区乃至一个国家发展的质量，同时也决定着整个民族素质的高低。一支优质、高效的教师队伍，不仅对教育事业的发展具有决定性的影响，对提高教育质量，培养高水平的人才，更会对经济的发展和社会的全面进步产生高效益。所以我们无论如何强调教师的重要性都不过分。但由于地理环境、生活条件、工作待遇等方面的原因，四川农村基础教育的教师队伍现状仍然令人担忧。突出表现在五个方面：一是教师数量不足，专任教师缺口依然很大；二是教师学历总体偏低，如果考虑很大一部分教师的最高学历非第一学历这样一个现实，则情况更为严峻；三是教师教学能力有待提高，学历达标并不意味着教学能力达标，农村基础教育教师队伍中不能胜任教学工作者大有人在，即便是拥有合格学历的老师也不例外，他们的教育观念、知识结构、教学技能等都有待提高；四是“教非所学”的现象突出，在农村中小学中，学语文的教物理，学数学的教历史，已经是见惯不惊的事情了；五是教师队伍不稳，农村基础教育不仅无法吸引具有教师资格的优秀人才，就连自己培养的教师也无法留住，教师流失现象十分严重。

3. 留守儿童问题突出

农村留守儿童主要是指由于父母双方或一方外出打工而被留在家乡，需要其他亲人或邻居照顾的处于义务教育阶段的儿童（6~16岁）。据统计，2003年我国农村流动人口已达到1.139亿。[2]四川是一个劳务输出大省，庞大的农村务工人员不断涌入城市，农村留守儿童不仅数量惊人，而且问题也非常突出。由于监护人对留守儿童学习介入过少导致的学习问题，由于缺乏亲情、感化关爱导致的生活问题，由于缺乏完整的家庭教育导致的心理问题，终将或多或少地转嫁给学校，最终转嫁给教师。而教师又无法与家长进行有效的交流和沟通，孩子心中的疑结与困惑缺乏家长和学校合作有效的化解方式，最终有相当多的留守儿童，由于委托监管人监管不力、缺乏家庭教育、教师工作繁重无暇顾及和自身自制力欠佳等原因，导致其学习目的不明确，学习态度不端正，道德自律意识不强，有的甚至走上违法犯罪的道路。目前，留守儿童的教育问题已引起学界和社会的广泛关注，农村教师如何担负起教育这部分学生的重任值得关注。

4. 民族地区农村基础教育发展滞后

四川是一个民族大省，有全国第二大藏区、最大的彝族聚居区和唯一的羌族聚居区，少数民族人口总数有460万之多。占四川省总面积62.4%的民族地区的51个县中，有20个国家扶贫开发重点扶持县，12个省定贫困县，其余19个县的地方财政也十分困难。尽管近年来国家和省级财政加大了对民族地区基础教育的投入，但民族地区农村中小学的教学和生活设施条件依然十分艰苦，仍未彻底改变过去那种缺教师、缺教室、缺教材、缺课桌的“四缺”状况，教育质量无法得到根本保证。2004年，四川省尚未实现“普九”任务的31个县就全部集中在甘孜、阿坝、凉山三州民族地区。

二、原因反思

应该说，农村基础教育出现如此窘境的原因是多方面的，但我们认为，主要还是观念和体制的原因所致。

1. 从观念层面来看

首先，一些地方政府和部分领导干部没有意识到教育是生产力发展的直接推动力，教育投资是生产性投资，而教育投资所产生的经济效益和社会效益是潜在的、非显性的，因而还存在重经济、轻教育，重眼前、轻长远的错误观念，把发展教育视为“短期难以出政绩”的“软任务”，农村基础教育经常被搁置于经济建设中心之外。其次，部分教师和家长对农村基础教育的认识也比较模糊，很难改变几千年以来的农业文明带给他们的传统的思维方式、行为规范和价值取向，把“离农”、“厌农”作为刻苦学习的前提，把升学当作基础教育的唯一目标和出路。由于学校只重视普通知识的传授，甚至在教育教学过程中简单模仿城市化教育模式，偏离了国家确立的“使农村教育切实转变到主要为农村经济和社会发展的服务上来”的方向。因此，培养出来的学生既不热爱农村，也缺乏建设农村的责任、激情和真正本领。[3]

2. 从实践层面来看

尽管我国的农村人口大大多于城市人口，但教育的重心却在城市，教学内容、教学标准和教学进度都是以城市学生的平均水平为基准而制订的。而对不同经济条件的地区，不同教育期待的家庭，不同学习能力的个体，大一统的教学内容显然无法满足诸多且存在巨大差异的个体教育要求。尤其是课程设置，基本没有考虑城乡差别，没有考虑农村基础教育和农村学生的实际，致使许多农村学生在初中教育的起步阶段就丧失了学习的信心和兴趣，由此而厌倦学习直至弃学。

三、对策研究

四川农村基础教育发展中存在的问题，不仅会制约四川基础教育整体水平的进一步提升，而且对推进四川社会主义新农村建设也有较大的影响。同时，农村基础教育的落后引发的教育公平问题，也正逐渐引起人们的高度重视，如果不及时解决，将演变成为一个人们普遍关注的社会问题，甚至有可能激化成为社会矛盾。鉴于此，我们必须多方着力，采取切实有效的措施，提高农村基础教育的水平。

1. 加大经费投入力度，确保农村教育经费“三个增长”

教育是培养人的活动，同其他领域的活动一样，教育活动的进行，必须投入一定的社会劳动，耗费一定的人力、物力和财力。但教育活动本身并非物质生产部门，所以需要进行物质消费，消耗社会一定的产品和财富，包括雇用教师、教学管理人员，修建教学楼、学生宿舍，购买图书、仪器设备等费用。教育要发展，就必须要有与之相适应的教育经费。[4]因此，加快农村基础教育发展的第一要务就是加大资金投入力度，确保农村基础教育经费“三个增长”，即各级人民政府教育财政拨款的增长高于财政经常性收入的增长，按在校学生人数平均数计算的教育经费逐步增长，教师工资和学生人均公用经费逐步增长。要充分发挥县（市、区）政府对于农村基础教育的主导作用，以加大农村基础教育的投入。要建立和完善教育资金相对独立的运行机制，克服教育经费被挤占、截留、挪用的现象，建立合理的教育经费管理机制，把教育经费真正落实到各级学校，从而确保农村中小学教职工工资按时足额发放，确保农村中小学校舍的维护、改造和建设，确保维持学校正常运转的基本支出需要。同时，在积极发展公办教育的同时，还要鼓励和吸引社会力量参与农村基础教育，大力开发民间教育资源。在农村高中阶段教育和幼儿教育，应建立以政府投入为主，多渠道筹措资金，公办学校、民办学校和中外合作办学共同发展的多元办学格局。

2. 依托地方高师院校，提升农村基础教育整体水平

师范院校坚持面向基础教育办学，促进地方教育事业发展和三个文明建设是中国师范教育长期发展战略之一。地方高师院校建在地方，主要由地方政府负责管理，其本身所具有的“高教性、师范性、地方性”特征决定了在确定其服务对象时，必须面向地方，面向基础教育，为地方基础教育的发展服务。[5]而农村基础教育是整个基础教育事业中最关键、最薄弱的一环，这就决定了地方高师院校在服务地方基础教育时，必须以农村基础教育为主，要多角度、多层面、全方位地服务于农村基础教育，推动农村基础教育的全面向前发展。四川省目前共有地方师范院校或以师范教育为主的地方高校 10 所，除四川师范大学设在成都以外，其余 9 所均建在各地市州，这些学校所具有的人才智力优势、科学研究优势和图书情报优势将是推动当地农村基础教育不断向前发展的有力保障。第一，地方高师院校作为高级知识分子的集散地，汇聚了大量教学、科研、管理方面的专家和学者，既承担着为农村中小学校培养合格师资的重任，又是开展农村中小学教师在职培训、进修的重要力量，同时还是培训农村中小学现代远程教学点管理人

员、维护设备正常运转（包括设备维护和更新、改造）的主力军。第二，科学研究是高等院校的重要职能之一，地方高师院校不仅有重视教育科学研究的优良传统，而且还有一批活跃在教育科研领域前沿、具有较强科研能力和丰富科研成果的科研工作者。地方高师院校通过开展卓有成效的科学研究，能够为农村中小学的教育教学改革提供理论支撑和实证研究，帮助其改进教育教学方法，提高教育教学质量。第三，地方高师院校具有丰富的图书情报资源，科技信息来源广泛，科研成果密集，实验设备较好。这是众多的农村中小学所不能企及的，但这也正是他们所企盼的。因此，地方政府必须高度重视当地高师院校，要从政策、资金等方面鼓励和支持当地高师院校服务农村基础教育。地方高师院校要把农村中小学作为理论联系实际、教育调查和教育科研的重要基地，积极参与基础教育改革的试验，并结合当地农村基础教育改革中提出的问题，开展教育科学研究。地方高师院校的教师要与农村基础教育教师建立稳定的关系，提供教育教学指导和咨询，参与教改实验，推广适合当地师资、设备条件的先进教学方法和教学手段，以提高农村基础教育的教育教学质量；要在与农村中小学的密切联系中，了解农村基础教育的实际，并根据当地对基础教育教师知识结构、能力结构的新要求，改进学校的教育教学工作。

3. 强化政府责任，充分发挥政府宏观调控作用

地方各级政府促进农村基础教育发展的责任主要体现在：一是投入责任。地方各级政府必须不断增加教育投入占 GDP 的比重，调整基础教育经费支出结构，加大对农村基础教育的投入力度，保证农村基础教育经费来源的可靠性、稳定性。同时，还要建立规范、公平的公立学校资源分配制度和贫困生助学制度，坚持对贫困地区、薄弱学校和困难群体进行倾斜。二是规划责任。要在深入调查研究的基础上，制订本地农村基础教育发展和改革的规划，精心组织实施，加强统筹协调，及时研究解决突出问题。积极开展农村中小学的标准化建设，有计划、有步骤、因地制宜地推动农村中小学布局调整，按照小学就近入学、初中相对集中、优化教育资源配置的原则，合理规划和调整学校布局。农村学校和教学点要在方便学生就近入学的前提下适当合并，在交通不便的地区仍需保留必要的教学点，防止因布局调整人为造成学生辍学或失学。同时，学校布局调整要与危房改造、规范学制、城镇化发展、移民搬迁等统筹规划，调整的校舍等资产要保证用于发展教育事业。三是督查责任。要重点督查“以县为主”的农村义务教育管理体制和“保工资、保安全、保运转”目标的落实情况，以及“两基”攻坚和巩固提高工作的进展情况。要建立对县（市、区）级人民政府教育工作的督导评估机制，并将督导评估的结果作为考核领导干部政绩的重要内容和进行表彰奖励或责任追究的重要依据。四是服务责任。地方政府必须树立服务农村基础教育的观念，坚持依法行政，认真执行教育法律法规，狠抓农村基础教育各项政策的制定和落实，切实维护广大农村教师和学生的合法权益。

4. 重视媒体宣传报道，引导社会舆论关注农村基础教育

社会舆论是反映和表达人民群众愿望、要求的一种形式。它主要通过报刊、广播、电视、网络等宣传媒介，把广大群众关心、关注的重大问题和对此问题所持有的观点、

意见以及解决这些问题的建议或意见反映出来，传播开来，使这一问题成为人民普遍关心的热门话题，成为全社会关注的焦点。这种舆论的力量对政府来说，既是一种压力，也是一种动力。它能促使和推动政府采取各种步骤、措施，把社会舆论所反映和关注的热点问题引入政府的议事日程，作为优先问题加以解决，在某些特定情况下甚至会产生决定性影响。我国“希望工程”的实施就是先有新闻媒体对贫困地区失学儿童的情况进行报道，从而引起政府的重视，引起全社会的关注的。[6] 为此，要发挥新闻媒体的舆论导向作用，及时组织广大新闻单位、宣传媒体深入农村基础教育第一线，客观报道农村基础教育的现状和面临的困境，大力宣传农村基础教育事业中涌现出的先进个人和先进集体的模范事迹，积极营造加快农村基础教育发展步伐的良好舆论氛围，引导全社会关注农村基础教育。同时，还应组织社会各界人士开展对农村基础教育的广泛讨论，提高全体人民对农村基础教育的地位与作用、价值与目标的认识，形成重视农村基础教育的舆论和社会行动，并在广泛讨论的基础上，举力兴之、集智聚之，从而制订有科学性和可行性的农村基础教育改革与实施方案。

参考文献：

[1] 杜育红．关于农村义务教育投入保障机制的思考 [J]．华南师范大学学报：社会科学版，2006 (1)：103-105.

[2] 中央教科所课题组．农村留守儿童问题调研报告 [J]．教育研究，2004 (10)：15-18.

[3] 欧小军．中国农村基础教育问题与对策研究 [J]．教育导刊，2005 (12)：14-15.

[4] 程方平．中国教育问题报告——入世背景下中国教育的现实问题和基本对策 [M]．北京：中国社会科学出版社，2002：74.

[5] 唐华生．我国地方高师院校发展定位管窥 [J]．达县师范高等专科学校学报，2005 (1)：81-84.

[6] 赵鹏程．教育基本理论研究 [M]．成都：四川大学出版社，2003：329-330.

地方高校与新农村建设共生双赢的理论和实践

在全面建设小康社会和构建和谐社会的时代背景下，党中央、国务院明确提出了建设社会主义新农村的宏伟目标，并将其作为全党工作的重中之重，这既是系统破解“三农”问题的重要举措，也使地方高校面临着新的发展机遇。地方高校如何以此为契机，在积极主动服务于新农村建设的进程中进一步推动自身的改革与发展，切实增强学校的社会服务能力、市场竞争能力和自身可持续发展能力，努力开创地方高校与新农村建设共生双赢的新局面，应是当前和今后一段时间我们重点关注的课题。

一、地方高校与新农村建设共生双赢的内涵解读

双赢（Two-Win）一词是博弈论中的术语，其本义是指对博弈双方都有利的行为和结果。亚当·斯密最先将双赢这一思想运用于经济领域。他认为，厂商在为消费者提供物美价廉的商品的同时，得到了应得的利润，这是既利己又利他的双赢。[1]近年来，随着全球经济一体化的纵深发展以及中国加入WTO后经济实力的不断增强和综合国力的不断提升，双赢逐渐被越来越多的国人所熟悉，并纳入了理论研究的视野，其使用频率越来越高，由此延伸的多赢、互赢、共赢、同赢等，使这一理念有了新的发展，赋予了时代的内涵。它已成为新形势下政治交往、经济交往乃至个体社会交往中共同奉行的一条基本原则，实践也证明这一原则有着重要的现实意义和指导意义。因而，在地方高校服务于新农村建设的进程中，将构建共生双赢的合作机制作为我们所践行的主导思维方式和行为方式，不仅是时代所赋予的客观要求和必然选择，而且还是贯彻落实科学发展观的重要体现，是构建和谐区域社会的内在要求。

事实上，社会主义新农村建设的重大战略决策一经提出，就得到了高等教育界的积极回应。各高等院校尤其是为数众多的地方高校，迅速行动，通过采取多种措施、多种方式，积极投身于服务新农村建设的实践中，产生了一些典型的经验和做法，取得了一定的成效。如山东临沂师范学院的“500博士、教授送科教到乡村”，苏州大学利用苏州丝绸业发达的地方特色，重点发展蚕丝学科，使其成为国内唯一的实现了从种桑、养蚕到丝织、印染、服装设计和制作等一条龙的特色学科群，等等。但从目前的实际情况来看，地方高校在服务于新农村建设的进程中，还存在着服务意识不强的突出问题，一些地方高校还不能积极主动地在服务新农村建设方面有所思、有所为，缺乏主动服务、

积极服务、长期服务、有效服务的意识。究其原因，主要还是没有看到新农村建设与教育发展的互动双赢关系。基于此，我们提出了“地方高校与新农村建设共生双赢”这一新的发展理念和发展模式，旨在通过全面、准确地把握新农村建设的教育诉求及实践路径，既力求充分发挥地方高校在人才培养、科学研究、文化引领等方面的重要作用，推动新农村建设目标的早日实现，又期望能够把握新农村建设这一重大机遇，并以此为契机进一步促进地方高校端正办学方向，理清办学思路，拓展办学空间，检验办学水平，提升办学的经济效益和社会效益，从而开创地方高校与新农村建设共生双赢的新局面。

二、地方高校与新农村建设共生双赢的模式架构

为了能够确保地方高校与新农村建设共生双赢取得最大实效，我们不仅需要用科学的发展观来指导这一重要实践活动，还需要进一步拓展思维，创新思路，紧紧围绕以下三个中心，着力构建具有科学性、发展性、创新性的合作机制。

（一）以人才培养为中心，构建地方高校与新农村建设共生双赢的创新机制

社会主义新农村建设所涉及的内容方方面面，但归根结底还是新型农民的培育。当前，我国农民科学素养水平较为低下，职业技能严重缺乏的现象还比较突出。根据有关资料显示，目前全国4.97亿农村劳动力中，具有高中及以上文化程度的仅占12.4%，初中文化程度的占50.2%，小学及以下文化程度的占37.3%；受过职业技术培训的不足5%，受过技能培训的仅为1%。[2]由此造成农村各种专业技术人才极为匮乏，农业产业结构调整、农技推广、产品营销、农产品的深加工与出口创汇、农业附加值的提高等，都受到了根本性的制约。地方高校作为区域社会的人才培养中心和人才聚集地，具有十分突出的人才优势。因而，在建设社会主义新农村的进程中，必须充分发挥其人才优势，为推动农村经济社会发展服务。一方面，地方高校要充分发挥学校在长期的办学实践中形成的办学特色和办学优势，如教师教育优势、农林教育优势、医疗卫生教育优势等，为建设社会主义新农村培养大批“下得去、留得住、用得上、干得好”的高层次应用型人才，以满足新农村建设的人才需求。另一方面，还要通过建立健全引导机制、激励机制、保障机制和管理机制，引导和鼓励教育、卫生、农林、经济、管理等方面的专业技术人才和高级知识分子深入广大农村地区，传播科学文化知识、开展职业技能培训、推广科学研究成果，为农村培养出一大批有觉悟、懂科技、善创业、留得住、用得上的乡土人才。这就要求地方高校要认真调研、准确分析所在区域新农村建设对人才需求状况和人才素质结构提出的新要求，并以此为契机进一步深化教育教学改革，合理调整培养目标、课程体系和教学内容，不断提升人才培养质量。从这一意义来看，以“人才培养”为中心，构建地方高校与新农村建设共生双赢的合作机制不仅具有较强的可操作性，而且还具备一定的现实基础，是地方高校深化教育教学改革的重要契机和创新举措。

（二）以科学研究为中心，构建地方高校与新农村建设共生双赢的科研机制

科学研究是地方高校的一项重要职能，同时也是地方高校服务于新农村建设的重要优势。通过开展切实有效的科研工作，不仅能为新农村建设提供新理论、新技术，同

时，通过科研成果的转化，也将使地方高校取得最大的经济效益和社会效益。因此，地方高校必须高度重视科研工作在服务于新农村建设中的重要地位和重要作用，并以此为中心着力构建与新农村建设共生双赢的合作机制。从地方高校来看，主要应立足于学校的办学特色和科研优势，从当地农村经济和社会发展的实际需要出发，成立类似于“新农村建设研究中心”的科研机构，组织既有深厚的专业知识，又有较强研究能力和良好职业道德的科研工作者，紧紧围绕新农村建设中急需解决的关键问题，开展科技攻关、专业咨询、项目协调、投资论证等。[3]从广大科研工作者来看，要在坚持原有研究方向的同时，适应新农村建设的目标和任务，主动调整科研方向，拓展研究领域，把农业发展、农村建设和农民遇到的难题作为自己当前和今后一个时期重要的研究课题，积极主动地加入到为新农村建设服务的研究队伍中来。同时，针对当前我国农民科学文化素质相对较低，接受和掌握新知识、新技术还比较困难的现状，地方高校还必须着力构建一套完善的、行之有效的科研成果推广机制，确保研究成果能够得到及时的使用和广泛的推广，以产生最大的经济效益和社会效益。

（三）以文化引领为中心，构建地方高校与新农村建设共生双赢的发展机制

加强农村文化建设，是建设社会主义新农村、满足广大农民群众多层次多方面精神文化需求的有效途径，对促进农村经济发展和社会进步，实现农村物质文明、政治文明和精神文明协调发展，具有重大意义。地方高校是区域社会文化传承的阵地、文化创新的基地、文明播种的园地，担负着孕育先进文化、创造先进文化、传播先进文化的重要责任，理应以其强大的文化优势服务于农村文化建设，致力于引导和营造“遵纪守法、文明友爱、民主和谐”的社会主义新风尚，为社会主义新农村建设创造安定祥和、稳定宽松、文明向上的社会环境。一方面，要充分发挥地方高校的文化创造优势，鼓励和支持学校的文艺工作者、文化创作者自觉承担起社会责任，按照科学发展观与构建和谐社会理念的要求，结合学校所在区域的历史和文化特色，精心组织、精心创作更多的符合和谐要求、倡导和谐精神的优秀文化艺术产品，满足人民群众日益增长的精神文化需要，满足建设社会主义和谐社会的实践需要。另一方面，要充分发挥地方高校文化资源相对集中的优势，将学校的图书馆、艺术馆、体育馆等适时免费向社会开放，为社区居民提供信息、知识、体育、娱乐、休闲等服务。[4]同时，地方高校作为地方先进文化的创造点和辐射源，还要充分发挥其文化传播优势，要引导广大师生员工深入农村社区，大力宣传以“八荣八耻”为主要内容的社会主义荣辱观，切实推动和加强农村公民道德建设；要引导广大农民崇尚科学，破除迷信、移风易俗，树立科学健康文明的生活方式，形成尊老爱幼、家庭和睦、邻里互助、文明和谐的农村新风尚；要通过开展普法教育，增强农民的法制观念，提高农民依法行使权利和自觉履行义务的意识，为社会主义新农村建设提供良好的法制环境；要引导和培育农民的民主意识，不断增强村民自我管理、自我服务、自我教育、自我发展的能力，营造民主管理的氛围。

三、地方高校与新农村建设共生双赢的实践策略

构建地方高校与新农村建设共生双赢的合作机制本身是一个复杂的系统问题，因而

如何保证“双赢”，使双方在价值目标上实现整合，仍有大量问题亟待研究解决。笔者认为，当前，主要应立足以下四方面开展工作：

（一）深化认识，筑牢地方高校与新农村建设共生双赢的思想基础

党的十六届五中全会做出的建设社会主义新农村的重要战略部署，是我们党在深刻分析当前国际国内形势、全面准确把握我国经济社会发展阶段性特征的基础上，从党和国家事业发展的全局出发确定的一项重大历史任务，是坚持科学发展观和统筹城乡发展战略在我国农村的全面实践，是系统破解“三农”问题、全面建设小康社会与构建和谐社会的重大举措，也是统揽全局、着眼长远、与时俱进的历史性选择，事关我国改革开放和现代化建设的大局。面对建设社会主义新农村的重大历史任务，地方高校必须站在全局和战略的高度，树立“以服务求支持，以贡献求发展”的理念，进一步增强社会责任感和历史使命感，正确认识地方高等教育在推进社会主义新农村建设过程中的重要地位和重要作用，牢固树立主动服务、长期服务和有效服务的观念，彻底杜绝一切形式主义的观念和做法，把思想和认识统一到服务于新农村建设的中心上，把智慧和力量凝聚到服务于新农村建设的实践中，并将其作为今后一个时期学校改革与发展的重点任务。要破除地方高校服务于新农村建设仅仅是单纯地付出而没有任何回报的陈旧观念，把服务于社会主义新农村建设纳入学校的人才培养和学科、专业建设规划，准确定位，有前瞻性地、战略性地确定地方高校为新农村建设服务的着力点和结合点，从而筑牢地方高校与新农村建设共生双赢的思想基础。

（二）宣传引导，营造地方高校与新农村建设共生双赢的舆论氛围

一方面，地方高校要依托校园网、校园广播、校园电视、校园宣传栏、学报、校报等思想宣传阵地，通过开展新农村建设专题研讨、举办学术报告、实地参观考察等多种形式，深入开展服务新农村建设的宣传教育活动，使广大教职工充分认识中央关于建设社会主义新农村战略部署的重大意义，充分认识服务新农村建设对弘扬办学理念、彰显办学精神、体现办学水平、提升办学实力的重要价值和现实意义，不断增强服务新农村建设的责任感和使命感，努力营造关注农业、关心农村、关爱农民的良好氛围。另一方面，要充分发挥新闻媒体的舆论导向作用，积极组织广大新闻媒体深入新农村建设第一线，深入采访、报道新农村建设的现状及面临的困境，尤其要对新农村建设中涌现出来的先进集体、先进个人的先进事迹以及所取得的好的做法和典型的经验，通过报纸、杂志、广播、电视、网络等各种宣传媒介进行宣传报道，以此来激发社会各界服务于新农村建设的热情，使新农村建设成为区域社会全体成员的共同追求和行动指南，进而在全社会形成强大的舆论氛围和精神动力。同时，地方政府还应组织社会各界人士开展对建设社会主义新农村的相关问题的广泛讨论，通过定期或不定期召开专题工作会议、开辟网上专题讨论区等多种形式，针对地方高校服务于新农村建设的途径、方式等进行工作研讨和经验交流，形成重视新农村建设的舆论导向和社会行动。

（三）完善机制，奠定地方高校与新农村建设共生双赢的组织保障

制度和机制带有根本性、全局性、稳定性和长期性的特点，任何一项工作的深入开展，都必须依赖于制度和机制的建立与完善。因而，要实现地方高校与新农村建设的共

生双赢，我们还必须完善相应的制度与机制。当前，主要应致力于完善地方高校服务新农村建设的组织领导机制。就目前的实际情况来看，大多数地方高校对社会服务工作的管理较弱，一般既没有设置专门的职能部门，也没有明确现有机构在为地方经济社会发展服务方面的业务职能，从而使地方高校服务于新农村建设的相关工作缺乏应有的组织保障，客观上造成该项工作难以深入有效开展。[5]因此，要想充分发挥地方高校在社会主义新农村建设中的支撑和引领作用，我们还必须要设立相应的职能部门或充分挖掘现有机构在为新农村建设服务方面的业务职能，从而奠定地方高校与新农村建设共生双赢的组织保障。需要特别指出的是，虽然地方高校服务于新农村建设更多的是出于一种高度责任感和使命感的自主行为，但地方政府及相关部门的提倡、推动、组织、协调、激励对地方高校与新农村建设共生双赢合作的正常、深入、持续、有效开展，仍具有不可替代的作用。因而，完善地方政府对地方高校服务于新农村建设的组织保障机制具有更加重要的现实意义。实践中，地方政府及相关部门应从全局、整体、长远的角度出发，通过政策指导、经费支持、招生就业等宏观调控措施，引导地方高校积极、主动地投身于社会主义新农村建设的宏图伟业中。

（四）强化研究，夯实地方高校与新农村建设共生双赢的理论根基

社会主义新农村建设本身是一项复杂的系统工程，涉及生产、生活、文化、管理等多个方面。因而，在促进地方高校与新农村建设共生双赢的实践中，不可避免地会出现一些新情况、新问题，这就特别需要有理论研究的支持、政策导向的帮助和趋势预测的启发。只有重视和加强理论研讨，地方高校与新农村建设共生双赢的实践探索才会更有成效。[6]在实践中，一是要使研究队伍专门化，着力构建一支年龄结构、职称结构、学历结构、学缘结构合理的、具有较强研究能力的专兼职结合的研究队伍；二是要使研究载体配套化，地方政府、教育主管部门、社科联、地方高校的科研管理部门等，要对开展新农村建设的理论研究在政策引导、资金投入、课题申报、学术交流等方面实行扶持和倾斜；三是要使研究范式多样化，要在遵循理论研究科学性、规范性、实用性的同时，学习和嫁接其他社会科学和自然科学的研究方法，如个案研究、追踪研究、实证研究、现场研究、实验研究等，做到研究方法丰富、多元、有效；四是要使研究成果实用化，要把研究所取得的成果及时运用在服务于新农村建设的实践中，并将实践证明有效的措施和方法转化为经常之举、普通之举；五是要使研究工作制度化，通过建立有效的经费投入保障机制、长效的研究激励机制、动态的研究考核机制等，确保研究工作的持续、高效、深入地开展。

参考文献：

[1] 田波，李家俊. 论全球化语境中“双赢”的内涵 [J]. 求实，2002 (9)：13-15.

[2] 赵亚辉. 中国科协书记处第一书记邓楠接受本报独家专访，解读全民科学素质行动计划纲要 [N]. 人民日报，2006-03-21 (11).

[3] 唐华生，叶怀凡. 地方高校服务新农村建设初探 [J]. 扬州大学学报：高教研究版，2007 (5)：3-5.

[4] 唐华生. 地方高校参与和谐文化建设的内涵、价值及有效途径 [J]. 安庆学院学报, 2008 (3): 1-4.

[5] 宋敏. 构建高等教育服务理念 [J]. 江苏高教, 2006 (2): 48-50.

[6] 唐华生, 叶怀凡, 唐炜. 构建教育服务新农村建设长效机制的哲学思考 [J]. 龙岩学院学报, 2008 (1): 111-114.

构建教育服务新农村建设长效机制的哲学思考

党的十六届五中全会通过的《中共中央关于制定国民经济和社会发展第十一个五年规划的建议》，明确提出了建设“生产发展、生活富裕、乡风文明、村容整洁、管理民主”的社会主义新农村的历史任务。这是构建社会主义和谐社会的一个具有里程碑意义的重要历史进程，是发展农业、繁荣农村、富裕农民的必然选择，是解决“三农”问题的一个历史性跨越。但社会主义新农村建设本身是一个长期的、艰巨的战略任务，是一个需要随着农村领域的政治、经济、文化的发展而不断推进的较长的历史过程，不可能一蹴而就。因此，教育在服务新农村建设的过程中，必须树立长期服务的观念，着力构建教育服务新农村建设的长效机制，以确保服务的长期性、针对性和实效性。

一、构建教育服务新农村建设长效机制的必要性

建设社会主义新农村涉及亿万农民的切身利益，是农民的愿望和要求，为的是农民，靠的也是农民，农民是新农村建设的主体。从新农村建设的需要来看，无论是产业发展、基础设施建设，还是精神文明建设、社会事业发展；无论从当前着眼，还是从长远考虑，都需要强大的智力支持和人才保障，都需要千方百计提高农民素质，把农民培养成为有文化、懂技术、会经营的新型农民。这既是新农村建设最为迫切的要求，也是新农村建设最核心的内容。[1]从这一意义上来看，教育理所当然地处于服务社会主义新农村建设的第一线，教育服务于新农村建设理应成为各级教育主管部门、各类教育机构以及全体教育工作者义不容辞的责任。因此，教育系统应按照党的十一届五中全会提出的“转变发展观念，创新发展模式，提高发展质量”的要求，进一步解放思想、更新观念，增强服务意识、大局意识，把思想和认识统一到服务于新农村建设的中心上来，把智慧和力量凝聚到服务于新农村建设的实践中来，举全教育之力，切实有效地服务于新农村建设。山东临沂师范学院将全院500名博士、教授组织起来，分专业组成教育服务团和科技服务团，节假日活跃在沂蒙山的村村寨寨，有针对性地进行教育、科技服务，就是很好的例子。[2]但是，从当前的实际情况来看，教育服务于新农村建设的途径、手段多样性与系统性都还处于探索阶段，大多数服务活动都局限于一时一地，还是短暂性the、阶段性的、非跟踪性的，缺乏全局统筹、运行实施、保障监督的长效机制，既难以推广，也难以持久。因此，要确保教育服务新农村建设的质量和效果，把这一利国利民

的好事办好，实事办实，我们就必须着力构建教育服务于新农村建设的长效机制。这不仅是必要的，而且是非常紧迫的。

二、构建教育服务新农村建设长效机制的重要性

我们认为，构建教育服务新农村建设的长效机制，不仅能够确保服务活动的深入、持久、有效开展，而且还具有以下三方面的重要价值：

第一，能够增强教育服务新农村建设的认识。社会主义新农村建设这一重大战略决策一经提出，就得到了教育界的积极回应，各级教育主管部门、各类教育机构和全体教育工作者，迅速行动，通过采取多种措施、多种方式、多种途径，投身于服务新农村建设的实践中，并取得了一定的成效。但从目前的情况来看，教育系统在服务于新农村建设的过程中，还存在着服务意识不强的突出问题，一些教育机构存在“无为”思想，习惯于传统办学思路，囿于旧的办学模式，看不到教育发展与新农村建设的互动双赢关系，因而不能积极主动地在服务新农村建设方面有所思、有所为，缺乏主动服务、积极服务、长期服务、有效服务的意识。而通过构建长效的服务机制，则能进一步增强教育系统的社会责任感和使命感，促使其更准确地把握新农村建设的内涵与要求，更深刻地认识各级各类教育在培养新农民、培育新风尚、建设新农村的过程中的重要地位和重要作用，积极主动地把自身的改革与发展纳入到新农村建设之中，有前瞻性地、准确地确定教育为新农村建设服务的着力点和结合点。[3]

第二，能够提升教育服务新农村建设的内涵。在全面建设小康社会和构建和谐社会这样一个大的背景下，党中央、国务院明确提出建设社会主义新农村的宏伟目标，并将其作为全党工作的重中之重。这既是系统破解“三农”问题的重要举措，也使教育面临着全新的发展机遇。从某种意义上讲，社会主义新农村建设过程同样也是不断增加教育投入、拓展办学空间的过程，是一次深化教育教学改革，提升教育教学质量的难得机遇。因此，通过构建教育服务新农村建设的长效机制，不仅能够充分发挥教育在人才培养、智力支撑、文化建设、精神引领等方面的重要作用，推动新农村建设目标的早日实现，而且能促使各级各类教育进一步端正办学方向，理清办学思路，拓展办学空间，检验办学水平，从而明确自身改革与发展的方向，进一步提升办学的经济效益和社会效益。

第三，能够拓展教育服务新农村建设的层面。我们所要建设的新农村，是“生产发展、生活富裕、乡风文明、村容整洁、管理民主”的新农村，我们所要培养的新农民，是“有文化、懂技术、会经营”的高层次的新农民，这客观上就要求教育系统在服务于新农村建设的过程中，不能仅仅局限于人才培养这一单一层面，而应在服务内容、服务层次方面有新的思考、新的谋划和新的举措，即为构建知识农村、科技农村、创新农村、和谐农村做出更大的贡献。而通过构建教育服务新农村建设的长效机制，则又能为教育的改革与发展提供一个相对稳定的环境，进而为教育系统进一步拓展服务新农村建设的内容、途径、手段等给予充分的制度保证。

三、教育服务新农村建设长效机制的具体构建

制度和机制带有根本性、全局性、稳定性和长期性的特点，[4]任何一项工作的深入开展，都必须依赖于制度和机制的建立与完善。因此，构建教育服务新农村建设的长效机制十分紧迫和必要。笔者认为，当前主要应构建以下五大机制：

第一，要构建教育服务新农村建设的宣传引导机制。首先，要加强舆论宣传，采取多种形式，使整个教育系统都能充分认识到中央关于建设社会主义新农村战略部署的重大意义，不断增强服务新农村建设的责任感和使命感，努力营造关注农业、关心农村、关爱农民的良好氛围；其次，各级地方政府和教育主管部门，要充分发挥其举办者和管理者的特殊地位和特殊作用，通过政策指导、经费支持、招生就业等宏观调控措施，引导各级各类教育机构积极、主动地投身于社会主义新农村建设的宏图伟业中，为建设社会主义新农村添砖加瓦；再次，对教育系统在服务于新农村建设中涌现出来的先进集体、先进个人以及他们的先进事迹，应及时通过报纸、杂志、广播、电视、网络等各种宣传媒介进行宣传报道，以此来激发教育系统服务于建设新农村的热情，使新农村建设成为整个教育系统的共同追求和行动指南，进而在全社会形成强大的舆论氛围和精神动力。

第二，要构建教育服务新农村建设的激励保障机制。从地方政府和教育主管部门这一层面来看，首先应不断增加教育投入，确保教育改革与发展所必需的资金，以保证当地教育质量的稳步提升，增强教育服务新农村建设的能力；其次，要将教育服务新农村建设的总体目标进行分解，并将分解后的指标作为当前一段时间能够实现的目标，以充分发挥教育系统的主观能动性和创造性，起到目标激励的作用。从社会层面来看，既要鼓励一切有能力的单位和个人捐资助教或集资兴教，营造全社会关心支持教育发展的良好氛围，从而增强教育服务新农村建设的积极性和主动性，也要组织开展有关教育服务新农村建设的评优选先活动，以达到精神激励的目的。从教育系统自身这一层面来看，则应实施有效的情感激励，通过制定相应的规章制度和奖励措施，鼓励和支持教师、学生通过学农助农、科技普及、信息传播、新产品研发等多形式、多途径、全方位地参与到新农村建设中。对在服务于新农村建设中涌现出来的先进集体、先进个人，要及时表彰、大胆奖励，以激励和引导更多的教育工作者和学生参与社会主义新农村建设。

第三，要构建教育服务新农村建设的评估管理机制。科学的评估和管理机制既是检验教育服务新农村建设效果的有效形式，也是激励教育更好地服务于新农村建设的重要手段。但由于教育服务于新农村建设仅仅是教育系统出于自身的使命感和责任感而产生的自发行为，国家和相关部门并未对此做出强制性的规定，更没有设置相应的管理机构或评估组织，因此，客观地说，当前教育服务新农村建设这一重要工作既缺乏统一的组织领导，也没有具体的考核和量化标准。这就导致了一些教育机构在服务新农村建设的过程中，不能实实在在干工作，甚至有搞形式主义和做表面文章的现象，严重影响了服务的质量和效果。为此，我们必须构建教育服务新农村建设的评估管理机制。当务之急，一是要在全面调查、了解新农村建设对教育的现实需要基础上，组织广大专家、学者、农村基层干部和有代表性的农民，制订科学的服务指标评估检验体系；二是要在各

地党委、政府领导下，建立健全教育服务新农村建设的组织管理体系。同时，地方政府、教育行政管理部门以及社会中介机构要对教育服务新农村建设评估所发现的问题和矛盾，作出的评价和结果，提出的意见和建议等，及时、准确、客观地反馈给相关职能部门及教育系统，以便他们根据反馈信息，及时采取应对策略，确保教育服务于新农村建设的有效性和指导性。

第四，要构建教育服务新农村建设的经验推广机制。教育服务新农村建设既是一项长期而繁重的历史任务，也是一个结合实际、不断探索的长期过程。因此，教育系统不仅要积极探索服务新农村建设的新领域、新方式、新途径，还要认真总结历史和现实中为“三农”工作服务的成绩和经验，把实践证明有效的措施和方法转化为经常之举、普遍之举，并不断加以完善。有鉴于此，我们还应着力构建教育服务于新农村建设的经验推广机制，将在实践中产生的好的做法和好的经验，及时推广开、传播开，使教育更好、更快、更广、更有效地服务于新农村建设。一是可以通过报纸、杂志、广播、电视、网络等各种宣传媒介，挖掘和宣传在服务新农村建设中涌现出的典型及其先进经验；二是可通过定期或不定期召开教育服务新农村建设工作专题会议、开辟网上专题讨论区等多种形式，针对教育服务于新农村建设的途径、方式等进行工作研讨和经验交流。

第五，要构建教育服务新农村建设的理论研讨机制。社会主义新农村建设本身是一项复杂的系统工程，涉及生产、生活、文化、管理等多个方面。因而，教育在服务于新农村建设的过程中，不可避免地会出现一些新情况、新问题，这就特别需要有理论研究的支持、政策导向的帮助和趋势预测的启发。只有重视和加强理论研讨，教育服务新农村建设的工作才会做得更积极、更主动、更有成效。因此，还必须构建教育服务新农村建设的理论研讨机制。一是要使研究队伍专门化，着力构建一支年龄结构、职称结构、学历结构、学缘结构合理的、具有较强研究能力的专兼职结合的研究队伍；二是要使研究载体配套化，地方政府、教育主管部门、社科联等，要对开展教育服务于新农村建设的理论研究在政策引导、资金投入、课题申报、学术交流等方面实行扶持和倾斜；三是要使研究范式多样化，要在遵循理论研究科学性、规范性、实用性的同时，学习和嫁接其他社会科学和自然科学的研究方法，如个案研究、追踪研究、实证研究、现场研究、实验研究等，做到研究方法丰富、多元、有效；四是要使研究工作制度化，通过建立有效的经费投入保障机制、长效的研究激励机制、动态的研究考核机制等，确保研究工作的持续、高效、深入地开展。

参考文献：

[1] 河南省邓小平理论和“三个代表”重要思想研究中心. 新农村建设应加强农村人力资源开发 [N]. 光明日报，2006- 07- 08（6）.

[2] 邢兆远. 临沂师院五百名博士、教授送科教到山村 [N]. 光明日报，2005- 10- 06（3）.

[3] 王振如，宋丽润. 首都农职院校服务新农村建设的着力点和结合点 [J]. 北京教育：高教版，2006（5）：11- 13.

[4] 江泽民. 论三个代表 [M]. 北京：中央文献出版社，2001：23.

提升基础教育发展质量的若干思考

《中华人民共和国国民经济和社会发展第十二个五年规划纲要》（以下简称《纲要》）明确提出：各级党委要准确把握发展趋势，科学谋划发展蓝图，努力创新发展模式，加强对发展的统筹协调，切实提高发展质量。[1] 基础教育是国民教育体系的基石，是提升综合国力和国民整体素质的关键，是推进社会公平、构建和谐社会的基础，是实现人的全面发展的重要途径。基础教育的发展是社会发展的重要组成部分，不断提升基础教育的发展质量已成为新形势下基础教育发展面临的突出问题。基于此，笔者拟对提升基础教育发展质量的客观要求、现实意义和基本思路做一粗略探讨，以期能对促进我国基础教育事业在“十二五”时期又好又快发展有所启示和借鉴。

一、提升基础教育发展质量的客观要求

马克思主义哲学认为：发展是事物由小到大、由低级到高级、由旧质到新质的运动变化的过程。发展的内涵主要有两方面：一是事物在数量上的增加，包括事物在规模、物理量及性能状况等方面的变化；二是指事物在质量上的变化，包括内在构成要素关系与比例的调整，以及由此而出现的新的特征与功能。依据发展的内涵，我们可以推定，提升基础教育发展质量必须紧紧围绕发展这个中心，在以下几方面有所突破：

1. 提升基础教育发展质量就是要进一步更新发展理念

发展理念是人们关于发展的内涵、本质、目的和要求的总体看法，是基础教育发展的宏观指导思想。发展理念对基础教育发展有着根本性、全局性的重大影响。有什么样的发展理念，就有什么样的发展道路和发展模式。如果没有科学的发展理念、超前的发展眼光，即使有着强烈的发展愿望和良好的发展资源，同样也难以实现健康持续发展。基础教育是培育人的事业，是人才资源开发的基础，人的发展是基础发展的终极目标。因此，判断基础发展理念是否具有先进性，首先要看其是否有利于人的发展，是否有利于人类社会的发展以及是否能促进人类与自然的和谐发展。[2] 面对新时期的形势和任务，进一步提升基础教育发展质量，内在地要求我们必须始终将教育摆在优先发展的战略地位，遵循教育发展规律、人才培养规律、身心成长规律，把发展教育的理念加快转变到科学和谐上来，把教育的工作目标从“有学上”加快转移到“上好学”上来，把教育的工作重心加快转移到内涵建设为主上来，把育人模式加快转换到为了一切孩子和孩子的全面发展上来，切实增强基础教育的核心发展力，努力为区域经济社会发展提供有力的人才支撑和智力支持。

2. 提升基础教育发展质量就是要进一步夯实发展条件

基础教育发展必须以基本的办学条件作为支撑，它包括师资队伍、教学经费投入、校园面积、教学用房、实验仪器设备、图书信息资料等。离开了这些最基本的要素，基础教育发展就成了“无米之炊”，基础教育发展质量也就无从谈起。因此，要着力提升基础教育发展质量，就必须进一步夯实其发展条件。而在基础教育的诸多发展条件中，教师无疑是居于首要地位的发展条件。教师的质量在一定程度上决定着一所学校、一个地区乃至一个国家发展的质量，同时也决定着整个民族素质的高低。一支优质、忠诚、高效的教师队伍，不仅对教育事业的发展具有决定性的影响，如产生高质量的教育，培养高水平的人才，更对地方的经济发展和社会进步具有推动性和引领性作用。所以我们无论如何强调教师的重要性都不过分。[3]因此，提升基础教育发展质量，必须进一步加强教师队伍建设。正如《国家中长期教育改革和发展规划纲要（2010—2020年）》（以下简称《纲要》）所指出的：要把教师队伍建设摆在突出位置，切实提高教师的地位待遇，吸引优秀人才长期从教、终身从教，建设一支师德高尚、业务精湛、结构合理、充满活力的高素质专业化队伍，造就一批德才兼备的教育家。

3. 提升基础教育发展质量就是要进一步提高发展效能

发展的效能性表现为在运用社会资源（包括自然资源、经济资源、文化资源等）满足社会需要、实现发展目标时具有集约性，能做到以较小的投入获得较高的产出，从而使社会运行成本低，损耗少。一个社会的发展具有效能性，必然意味着人的能动性、创造性和活动力得以充分发挥，同时也意味着对原有的缺少效能的社会体制、社会结构的改造、改革。[4]基础教育发展的效能性是指基础教育在发展过程中所产生出来的效益、效率和功能等。考察基础教育发展质量的效能性应注意两个环节：一是社会资源和自然资源的动员、组织、开发和利用情况。资源是发展的最基本的前提，对资源的有效动员、组织、开发和利用是确保获取发展质量的基本条件之一。二是各个发展环节之间内耗程度的大小。不合理的内部结构，会使许多效能在形成以后，便在发展环节中消耗或抵消于不必要的相互冲突、摩擦、纠纷之中，造成一种无谓的浪费。所以，内耗程度越低，发展的效能就越高。同时，有质量的基础教育发展还表现为基础教育系统对其自身运转中出现的矛盾、冲突、故障具有化解和修复能力，以及在运转出现失衡时具有建立新的结构平衡以保持良性运行的能力。这也充分体现了基础教育发展质量的调适性特性。

二、提升基础教育发展质量的现实意义

发展是人类亘古以来的追求。人类在对发展由低到高逐步深化的认识过程中，发现了蕴涵于发展之中的质量问题。在发展进程的任何一个时间点上都存在数量和质量的问题，只是人类长期以来对发展数量过分强烈的追求，才导致了人类社会的许多发展问题。也正因为如此，如今发展的质量问题才愈显突出和重要。对基础教育而言，新形势下提升其发展质量不仅具有重要的理论价值，而且还具有重要的现实意义。

1. 提升基础教育发展质量是学习实践科学发展观的迫切需要

科学发展观是对党的三代中央领导集体关于发展的重要思想的继承和发展，是马克

思主义关于发展的世界观和方法论的集中体现，是同马克思列宁主义、毛泽东思想、邓小平理论和“三个代表”重要思想既一脉相承又与时俱进的科学理论，是我国经济社会发展的重要指导方针，是发展中国特色社会主义必须坚持和贯彻的重大战略思想。深入学习实践科学发展观，需要将思想认识上的收获转化为指导科学发展的实际能力，转化为推动科学发展的实际行动。《纲要》进一步确立了基础教育优先发展的战略地位，确定了今后10年我国基础教育改革发展的目标和任务，全面部署了基础教育改革与发展的重大措施。可以说，我国基础教育站在了新的历史起点上，正面临着新的形势和任务。要进一步开创我国基础教育的新局面，就必须以科学发展观作为理论指导，既要尊重教育发展的客观规律，又要适度超常规发展，着力提升发展质量。

2. 提升基础教育发展质量是构建和谐社会的迫切需要

构建社会主义和谐社会，是我们党从全面建设小康社会、开创中国特色社会主义事业新局面的全局出发提出的一项重大战略任务，适应了我国改革发展进入关键时期的客观要求，体现了全党全国各族人民的根本利益和共同愿望。教育的基本功能之一，就是通过教育使社会地位不利者的素质得到提升，以改变其社会境遇。特别是在现代社会，人们受教育程度与其职业、收入、社会地位等密切相关，教育在很大程度上已成为社会个体的发展基础和前提，使更多的人都能受到相应的教育，将直接促进社会公平的日趋实现。基础教育是每一个人能在社会中生存和继续学习所必需的最基本的教育，是每一个人生存、发展的基础。因而，基础教育被看作是实现社会公平的“最伟大的工具”。[5]尽管政府对保障基础教育公平做了大量工作，但由于现阶段我国教育体制的某些缺陷，基础教育领域内存在不公平现象仍然屡见不鲜，这将在一定程度上加剧社会的不公，进而影响到和谐社会的构建。因此，提高基础教育受教育机会和享有基本公共服务的公平，是进一步实现基础教育持续健康发展的必然选择，应成为各级政府和全社会的共识，成为我们制定公共教育政策的基本出发点，成为今后基础教育发展的主要价值取向。而这也正是提升基础教育发展质量的重要内容和着力点。

3. 提升基础教育发展质量是建设创新型国家的迫切需要

建设创新型国家是党中央、国务院从全面建设小康社会、开创中国特色社会主义事业新局面的全局出发做出的重大战略决策，也是应对知识经济时代世界科技竞争、增强我国自主创新能力的必然选择。建设创新型国家，科技是关键，人才是核心，教育是基础。教育是知识创新、传播和应用的主要基地，也是培育创新精神和创新人才的摇篮。基础教育在国民教育体系中教育人口最多、教育年限最长、教育内容最广、教育影响最大，对增强全民创新意识、支撑培养高层次创新人才的高等教育发展、提升国家整体创新能力，都具有重要影响和推动作用。然而，由于历史、体制、文化、投入和师资等诸多因素的影响，基础教育阶段的一些学校及教育工作者对培养创新人才的重要性还认识不足，对如何培养创新型人才还研究不多，缺少培养创新型人才的意识、方法和环境，教学中探究性、研究性活动还不多，培养的人才仍不能完全适应当今时代发展的需要。因而，为了尽快实现建设创新型国家的宏伟目标，我们还必须积极推进基础教育创新，转变教育观念，开展课程与教学改革，着重提高学生的创新意识和创新能力，从而为创新人才的成长培育良好氛围，为创新型国家的持续发展奠定坚实基础。[6]从这一意义来看，建设创新型国家迫切需要进一步提升我国基础教育的发展质量。

三、提升基础教育发展质量的基本思路

进入21世纪以来，我国基础教育事业的发展取得了辉煌的历史成就，既进一步提升了全民素质，也有力地促进了经济社会发展和社会文明程度的提高。与此同时，我们也必须清醒地认识到，当前我国基础教育的发展仍面临着一些新情况、新问题，主要包括：城镇化进程加快背景下义务教育均衡发展的问题，转变人才培养模式背景下提升基础教育质量的问题，普及学前教育和推动普通高中多样化发展的问题，中小学教师队伍建设问题等。因此，进一步提升基础教育发展质量，必须坚持以科学发展观为指导，紧紧围绕以下几方面着力：

1. 充分发挥地方政府在提升基础教育发展质量中的主导作用

在“以县为主”的基础教育管理体制下，地方政府作为基础教育投入的重要主体，是区域教育发展的规划者、决策者与执行者，拥有教育执法权、行政权、较大规模的资源调配权、区域教育规划权和实施行政奖惩权，在区域教育发展中始终处于领导地位，理应在提升基础教育发展中发挥主导作用。[7]具体来说，地方政府在提升基础教育发展中的主导作用主要体现在以下三方面：一是要不断加大教育经费投入。地方各级政府必须不断增加教育投入占GDP的比重，调整基础教育经费支出结构，加大对基础教育尤其是农村基础教育的投入力度，确保农村基础教育经费“三个增长”，即各级人民政府教育财政拨款的增长高于财政经常性收入的增长，按在校学生人数平均数计算的教育经费逐步增长，教师工资和学生人均公用经费逐步增长，保证基础教育经费来源的可靠性、稳定性，切实扭转基础教育经费严重不足和“集资办校，收费办学”的现象。二是合理配置城乡教育资源。我国基础教育实行“地方政府负责、分级管理、以县为主”的管理体制，县级政府承担了经费投入的主要责任。但由于各地经济发展差异较大，县级及以上地区的教育财政投入极不平衡。在县（区）内，虽然县（区）政府可以对区域内教育经费实施统筹，但统筹机制不完善，加之存在学校预算外资金，致使县（区）内教育经费配置也难均衡。[8]因此，在教育投入相对不足、公共教育资源有限的情况下，要进一步提升基础教育的发展质量，政府必须依据法律的规定，运用行政权力，通过计划手段实现对基础教育的财力资源、物力资源和人力资源的分配和组合，进而从根本上决定基础教育的发展方向、重点和水平，保证基础教育的运行符合国家意图，与经济社会发展相适应。三是促进区域教育均衡发展。《纲要》明确把义务教育均衡发展作为义务教育发展的重中之重，提出到2020年基本实现区域内均衡发展，确保适龄儿童少年接受良好的义务教育。各级政府既要积极实现发展方式的转变，以统筹、协调和可持续发展的理念指导基础教育的规划布局及其政策的制定与实施，尤其要采取积极补偿政策改善落后地区、薄弱学校的教育条件，提升弱势群体的受教育水平。又要克服为促进均衡而片面强调统筹与集权的倾向。要更好地运用法律和财政等间接手段，发挥地方政府与学校的积极性，适当引入市场机制和社会力量。这样才可以使基础教育生机勃勃、均

衡而富有个性地发展。

2 充分发挥学校主体在提升基础教育发展质量中的能动作用

学校是教育教学活动的发生地，是体现教育发展质量的窗口。[9]因而，必须确立各级各类学校在提升基础教育发展质量中的主体地位，充分发挥其能动作用。一方面，要牢牢把握全面实施素质教育这个主题。胡锦涛总书记多次强调指出，全面实施素质教育的核心是解决好培养什么人、怎样培养人的重大问题，这应该成为教育工作的主题。素质教育是促进人的全面发展的教育，也是全面提高教育质量和创新人才培养水平的教育。在实施素质教育的目标上，应继续抓好两大重点：一是以创新德育工作机制为切入点，使学校德育工作有新的突破；二是以培养学生的创新精神和实践能力为核心，使人才培养模式改革有新的突破。在实施步骤上，下一阶段要继续以义务教育阶段为重点进行突破，实行全面配套的综合改革，把义务教育阶段的学生从过重的课业负担中解放出来，从"应试教育"的桎梏中解放出来。另一方面，要始终坚持提高教育教学质量这个中心。当前，我国基础教育发展已进入到一个新阶段，对教育教学质量的要求也提高到了一个新的层次，赋予了新的内涵。因此，必须要围绕提高教育教学质量这个核心，推动基础教育的发展目标、政策重心、经费分配、资源配置和教育工作评价标准的整体性变革，统筹好基础教育发展的规模、质量、结构和效益，重视巩固发展成果、优化教育结构、突出发展重点，推动基础教育持续健康发展。同时，还要充分发挥广大中小学校尤其是农村学校在社区文化建设中的引领作用。农村中小学是当地文化集中的地方，是优秀文化传承的重要载体，学校教师和学生是当地受教育程度较高、最容易接受新思想和新科技的人群。因此，提升基础教育发展质量，还应从促进基础教育与当地社区的互动关系这个更宽阔的视野出发，充分扩展和发挥其特有的文化引领功能，直接服务并推动当地经济社会发展。

3 充分发挥社会各界在提升基础教育发展质量中的支撑作用

基础教育是我国现代化建设的一项伟大事业，是国家发展的均衡器，是富民强国的战略性产业。[10]按照利益相关者原则，基础教育的使用者不仅包括受教育者即学生，也包括政府、社会、高一级学校、学生家长乃至学生日后的就业单位等诸多利益相关者。因此，进一步提升基础教育发展质量还必须充分发挥社会各界的支撑作用，各行各业都应该关心基础教育，监督和支持基础教育，竭力为基础教育发展保驾护航。尤其是在当今社会激烈竞争的格局中，功利心态使老百姓对教育的认识存在一定程度的扭曲，许多基础教育改革政策经常处于不利的被动解释局面，所以一定要主动加强正面宣传力度，形成良好舆论氛围，引导社会各界应以更加宽容的心态，客观公正地看待其所存在的问题与不足，既不以偏概全，也不求全责备，而是要给予其更多的关心、理解、爱护与支持。尤其对于基础教育的重要地位、作用及基础教育改革发展中涌现出的先进个人、先进集体及其模范事迹等，新闻媒体更要大力加强正面宣传与友好报道，积极营造有利于基础教育发展的舆论环境和社会氛围。只有这样，才能不断提升基础教育的社会认可度和美誉度，促进基础教育事业更好更快地发展。同时，还应通过宣传报道、政策激励等措施，引导社会各界人士积极参与基础教育的改革、发展，尤其是要引导社会各界人士对基础教育学校办学质量进行有效监督。发达国家的实践和经验也表明：当基础教育学校的办学质量受到社会有效监督时，基础教育的高质量就有了比较可靠的保证。如此，也为基础教育发展质量的提升奠定了坚实的基础。

参考文献：

[1] 中华人民共和国国民经济和社会发展第十二个五年规划纲要 [N]. 人民日报，2011-03-17 (1).

[2] 李尚卫，杨文淑. 基础教育价值观新论 [J]. 内江师范学院学报，2010 (5)：107-110.

[3] 唐华生，王正兰，叶怀凡. 四川农村基础教育的现状与对策研究 [J]. 成都大学学报：社会科学版，2007 (2)：106-109.

[4] 张兰英. 论发展的质量 [J]. 南平师专学报，2006 (3)：20-22.

[5] 程方平，毛祖桓. 中国教育问题报告——入世背景下中国教育的现实问题和基本对策 [M]. 北京：中国社会科学出版社，2002：168.

[6] 魏壮伟. 创新型国家的构建与基础教育的使命 [J]. 科学大众，2008 (7)：12-13.

[7] 唐华生. 县域基础教育质量监控体系的多维构建 [J]. 四川文理学院学报，2010 (3)：66-69.

[8] 汤林春. 基础教育均衡发展的现实困境与政府抉择 [J]. 上海教育科研，2009 (10)：1.

[9] 李永梅. 基于建构主义的课程设计理念与实践 [J]. 四川文理学院学报，2010 (3)：76-79.

[10] 周济. 优先发展 科学发展——在国家教育行政学院2008年秋季开学典礼上的讲话 [J]. 国家教育行政学院学报，2008 (11)：3-16.

县域基础教育质量监控体系的多维构建

基础教育质量是提升国家竞争力的决定性因素，是一个国家综合国力的重要标志之一。近年来，随着我国“两基”攻坚任务和目标的实现，基础教育工作的重心已逐步从促进规模、数量的发展转移到提高质量和效益的轨道上来。构建科学合理的基础教育质量监控体系，促进基础教育的持续健康发展，已成为我国基础教育质量发展亟待解决的问题。但由于我国基础教育线长、量大、面广，发展不平衡，各地基础教育的发展状况也不尽相同，因而，在目前的情况下要构建国家基础教育质量监控体系还有一定的困难。区域构建应当成为一种重要策略。尤其是在“以县为主”的基础教育管理体制下，县域基础教育质量监控体系的构建具有更加重要的现实意义。基于此，笔者拟对县域基础教育质量监控体系的构建思路作一粗略探讨，以期能对促进我国基础教育的内涵发展有所裨益。

一、县域基础教育质量监控的多主体确认

监控主体是质量监控体系中最重要的构成要件，监控主体的构成状况直接影响着监控体系的优劣，最终影响到质量监控的信度与效度。基础教育的质量不仅关系到举办者、办学者的责任和利益，而且与社会、民众特别是受教育者的利益密切相关，这就决定了多种力量要对基础教育质量进行监控。因而，要构建县域基础教育的质量监控体系，首先必须明确质量监控的主体及其应承担的责任和义务，以确保质量监控的有效实施。

1. 政府主体的职责

在“以县为主”的基础教育管理体制下，地方政府作为基础教育投入的重要主体，是区域教育发展的规划者、决策者与执行者，拥有教育执法权、行政权、较大规模的资源调配权、区域教育规划权和实施行政奖惩权，在区域教育发展中始终处于领导地位，理应成为基础教育质量监控的强力控制主体。但政府对基础教育质量监控的强力控制并不意味着政府应承担无限的责任，相反，“政府应从没完没了的琐碎小事所淹没的平原上撤退，进而在明朗的、可策略性‘总揽全局’的制高点避难”。[1]换言之，政府对基础教育质量的监控功能主要应体现在宏观层面，其主要职责是通过制度化、常态化、周期性的督导、检查和评估活动，了解区域基础教育的质量状况，进而利用政策和法规进行宏观管理，促进基础教育质量不断地改善与提高，使其更符合国家和人民的利益需要。

2. 学校主体的使命

学校是教育教学活动的发生地，是体现县域教育发展水平和教育质量的窗口，同时也是开展教育质量监控的主阵地。因而，构建县域基础教育质量监控体系，必须确立各级各类学校在质量监控中的主体地位，充分发挥学校领导、教师和学生等“教育当事人”在质量监控中的积极作用，从而不断提高质量监控的针对性和有效性。与政府权力部门相比，学校主体属于弱势控制主体，拥有有限权力、控制有限资源，主要在教育系统内发挥局部作用、有限作用，在权限范围内发挥根本性作用。但从教育质量的生成和发展的视角来看，学校则是更具专业监控能力的主体。它不仅可以监控教师素质的合格情况、教育投入的到位情况，还可以对学生的学习准备情况、身心发展情况等进行有效监督，并及时采取相应的针对性措施加以调控。尤其是在监控教师的教学方法和教学内容是否科学合理这一点上，学校比政府和教育主管部门更具优势。因此，在县域基础教育质量监控体系中，政府及教育主管部门必须确立和保障学校的主体地位，学校自身也应积极、主动地开展内部质量监控。

3. 社会主体的作为

基础教育必须确保每一个受教育儿童健康成长。那么如何才能够使实现这个“确保”呢？一个有效、便捷的方法就是要实现社会对基础教育学校办学质量的有效监督。[2]国外发达国家的实践和经验也表明：当基础教育学校的办学质量受到社会有效监督时，基础教育的高质量就有了比较可靠的保证。因此，构建县域基础教育质量的监控体系，还应把以学生家长为代表的社会主体纳入质量监控主体的范畴，形成政府、学校、社会“三位一体”的稳定的质量监控的三角形主体。但现实中，大多数学生家长认为教育孩子是学校和教师的事，他们只关心有没有优秀的教师，有没有先进的教育教学设备，而对教育质量关心不够，尤其是对学生的知识基础和心理准备的关注不够。几乎没有家长主动要求去听教师上课，多数家长不了解孩子在课堂上的表现。[3]因此，学生家长应该在方便的时候到课堂听课，了解孩子的课堂反应，了解教师的上课情况。学校也应该为家长提供了解孩子课堂表现的便利条件。

二、县域基础教育质量监控的多对象考量

基础教育是一个庞大的系统工程，影响基础教育质量提高的要素涉及众多领域，加强质量监控，应把对基础教育质量产生直接或间接影响的各个要素全部纳入监控视野，突破只对个别领域、个别要素监控的局限。但长期以来，我国基础教育质量监控主要集中在政策执行和学生学业质量两个方面，表现出一定的局限性。结合我国当前对基础教育质量的总体要求，县域基础教育质量监控的对象还应在以下三方面有所拓展和深化：

1. 教育目的监控

教育目的是指教育所要培养的人的质量和规格的总要求，即解决把受教育者培养成什么样的人的问题。[4]按照《中华人民共和国教育法》的规定，我国现阶段的教育目的是“培养德、智、体等方面全面发展的社会主义事业的建设者和接班人”。这一教育目的内在地规定着受教育者的具体质量要求，既是衡量人才是否合格的标准，也是衡量教

育质量高低的重要标准。基础教育是以提高国民的基本素质为根本宗旨的普及教育，教育目的应该是其质量的主要衡量标准。因而，实施基础教育质量监控，必须将教育目的纳入监控对象的范畴。要通过监测，全面准确把握我国基础教育的质量状况，科学诊断我国基础教育质量存在的问题和原因，为教育决策提供科学依据。在此基础上，不断探索基础教育发展的规律、人才成长的规律和教育管理的规律，引导全社会树立正确的人才观和教育质量观。[5]实践中，对教育目的的监控主要应考察“三个符合度”，即：学校培养目标和质量标准符合社会、学生需要和国家规定的程度；学校实际工作状态符合学校确定的培养目标和质量标准的程度；学校人才培养结果（毕业生）符合学校确定的培养目标和质量标准的程度。

2. 教育过程监控

教育过程是教育要素在时间维度上的互动。教育过程监控就是对教育诸要素在教育活动中的运行情况进行监控，以及时了解各种教育环节的工作与质量状况。教育过程监控的具体指标可以有：学校人力资源使用情况、学校财力资源使用情况、学校教学资源及办学条件使用情况、教育质量研讨情况、各教学环节实施情况、教改情况、教学奖励情况、学校教学督导组织与活动情况、课程开设与开发情况、教育科研情况、德育工作情况、心理教育情况、学生课外组织与活动情况等。教育过程监控是教育质量监控中最难进行的监控，因为成功的教育过程是教育者在充分的教育资源的支持下，利用合理的教育方法和手段，积极影响学习者的过程。在这个过程中，学习者获得了知识，提升了能力，形成了习惯，还伴随着态度和情感的变化。一般来说，教育过程监控可以采用对不同主体访谈、不同主体间相互认证的方法进行。

3. 教育结果监控

教育结果是教育活动与教育过程的结果，也即是教育要素互动和经历一定教育时间之后的结果。教育结果历来是衡量教育质量的重要指标，理应成为质量监控的重点。但长期以来，我们对基础教育结果的关注主要集中在学生成绩、社会满意度、升学率、毕业率、家长满意率等方面，具有一定的片面性。[6]因而，为了更加全面、客观地反映县域基础教育质量，还需要我们从纵向和横向两个维度来监控教育结果。从纵向来看，就是考察经过基础教育的学生的进步程度和进步速度，在这个维度上我们可以通过基础教育的效能来考察其水平，这在一定程度上可以“屏蔽”学生原有水平对基础教育质量监控的影响；从横向来看，就是比较不同地区基础教育、城市与农村基础教育的结果和效能，以明晰教育系统的相对贡献。

三、县域基础教育质量监控的多机制保障

监控实施是质量监控工作的主体部分，监控工作效率的高低关键取决于监控实施的质量与水平。为此，我们还要着力构建县域基础质量监控的保障机制，确保质量监控制度的持续、正常运行。

1. 队伍支持机制

基础教育质量监控工作是一个多领域专家共同参与、具有很高技术含量的工作，不

仅涉及心理与教育测量学、教育评价学、教育统计学、学科教育学、教育心理学、教育技术学、教育经济学以及教育管理与政策分析等多个领域的专家，还涉及怎样进行有效的社会宣传、传播宣传等方面的专家。[7]因此，在实施县域基础教育质量监控的过程中，特别需要掌握一定专业知识的人才来参与这项工作。但从目前的情况来看，我们现有的基础教育质量管理队伍中，具有教育测量、教育评价、教育统计等方面专业知识的人才还相当缺乏，在一定程度上影响和制约了基础教育质量监控的深入开展。这就需要我们依托专业的教育质量监测与评价机构或有相关专业的高等院校，进一步加强教育质量监控专业人才的培养，不断壮大专业队伍，努力形成一支由课程、学科和教育评价、学业测量等方面的专家组成的专兼结合的专门化队伍，为教育质量监控工作提供理论咨询和技术支持。

2. 投入保障机制

基础教育质量监控是提高教育质量、培养创新人才的重要手段，同时监控工作是一项持续稳定、科学规范，具有很高技术性的系统工作。开展基础教育质量监控、实施和建立县域基础教育质量监控体系、创建基础教育质量认证体系等，必然需要大量的专项经费的支持。西方发达国家以及一些发展中国家对此非常重视，并投入了大量资金用于质量监控工作的理论研究、技术开发和实践推进。以美国为例，美国的联邦教育进步评价项目的费用直接由美国国会拨付，每年高达 1 亿多美元。考虑我国基础教育量大面广的特点，建议国家和地方财政均应划拨专项经费，用于质量监测工作的开展。其中，应以县级人民政府的专项投入为主。同时，在现阶段，我们还要特别注意创造良好的社会环境，通过各种途径宣传国家的教育质量政策，引导社会资金投入到基础教育质量监控领域。

3. 信息反馈机制

监控的核心是反馈。及时、准确、完整的信息反馈是质量监控的基础。基础教育质量监控所获得的信息是教育主管部门了解、判断教育质量的主要依据，是修正教育政策、调整教育质量发展目标的主要依据。因此，构建县域基础教育质量监控的信息反馈机制十分必要。一方面，要把监控所获得的信息及时地通报给相关质量主体，使其改进工作。另一方面，要通过发布质量监控报告，让公众、社会其他部门了解基础教育的质量发展状况和存在的问题，引导社会舆论正确评价、判断教育质量，形成有效的教育监督机制和保障机制。同时，还要及时地把监控对象存在的质量问题向监控对象反馈，以便监控对象及时改进教育教学活动。需要强调的是，教育质量监控重在根据监控结果对学校和区域性教育工作进行有针对性的指导，而不能对学生个人、学校或区域教育质量发展情况进行排队，搞成教育质量评比。

四、县域基础教育质量监控的多方法运用

教育质量监控的方法很多，但没有哪一种方法是绝对优异的，它们都有各自的适应范围，只有将多种方法结合起来，发挥各自的优势和作用，才能从不同的侧面反映基础教育质量的实际状况。因此，在实施县域基础教育质量监控时，还应使用多样的监控方

法，从而提高监控的有效性。具体来说，主要应注重以下三个结合：

1. 单项监控与综合监控相结合

单项监控是对监控对象的某一方面进行的监控，或者是对监控对象在某一时间范围内的变化情况进行的监控。单项监控不仅能为改进某一方面的工作提供依据，而且能为被监控者提供改进和努力的方向。综合监控不是单项监控的累加，而是对监控对象全方位的、多角度的综合各种因素的系统监控。基础教育本身是一个多边系统，而这些系统又有相对独立性，质量监控需要与各层次的教育活动同步进行，以判断各层次、各方面的效果，从而改进各层次、各方面的工作。因此，实施基础教育质量监控，必须坚持单项监控与综合监控相结合。这也是提升质量监控效果的重要方法。

2. 个体监控与群体监控相结合

个体监控是对教育者或受教育者的个体进行的监控。如：对学校的教学条件进行评估；对教师的教育教学工作进行检查；对学生的学习成绩进行测试。这种监控的作用在于使被监控对象提高水平，达到预期的目标。群体监控是针对某一群体或几个群体进行的监控，其主要目的是为一个地区或一所学校的教育决策、教育管理和教育改革服务。群体监控的各种活动，通常都采用不记名的形式，这样既能减轻监控群体中的个体的心理负担，又较易获取真实的信息。为了充分整合这两种监控方法的优势，需要我们在监控工作中结合实际情况，将二者综合运用起来。

3. 静态监控与动态监控相结合

静态监控的重点在于考察基础教育现有的实际水平，判断其是否符合一定的质量标准，并据此予以认可，其主要目的是考核教育任务完成的程度和水平。动态监控则更注重对教育过程的监测的调控，其主要目的是对基础教育质量的发展和进步做出价值判断。对基础教育而言，其质量保障和质量提升是一项复杂的系统工程，不是一蹴而就可以完成的，也不是一劳永逸就可以实现的。仅仅依靠静态监控不能反映整个发展过程，也无法把握其发展方向。而仅仅依靠动态监控也无法判断其是否达到相应的质量标准。因此，在县域基础教育质量监控中，必须坚持静态监控与动态监控相结合，但要以动态评价为主，注重对学校发展的纵向比较，鼓励学校在原有的基础上不断进步和提高，使基础不同、条件不同的学校在发展过程中都能不断获取成功的经验。

五、县域基础教育质量监控的多规范遵守

基础教育质量监控是拥有一定权力的群体的工作，也是利益相关者的工作。为了避免权力群体的权力滥用和利益相关群体单纯地维护一己之利，县域教育质量监控必须遵循一定的原则。这有利于将基础教育质量监控变成一种专业权力的行为，有利于通过基础教育质量监控促进县域基础教育功能的实现，在理性监控中提高教育质量。

1. 规范性原则

基础教育发展有一定的规律性，对基础教育的质量监控同样也要体现出这种规律性。换言之，实施基础教育质量监控必须要遵循规范性原则，保证教育不是按照某些人的意志进行，不是违反教育规律进行。这就要求我们对基础教育的发展规律和发展趋势

要有一个科学、正确的认识，对基础教育的各种主体关于基础教育的观点和看法要有一个正确的认识。教育行政部门、学校和家长要了解基本教育规律，了解和遵守教育法规，努力按教育法规和教育规律办事。[8]要把教育渗透到与学生相关的每一件事、每一个活动、每一个环境中，使学生在有教育意义、体现教育规范的事件、活动、环境中成长。相应地，这些事件、活动、环境就变成了现实的教育资源和积极的教育影响。

2. 整体性原则

县域基础教育是由各种要素组成的一个系统，无论是教育机构、学校、教师、学生等内部要素，还是县域的社会、经济、文化等外部要素，都制约着基础教育的发展。基础教育质量监控的过程面对的是整个教育工作，如果只抓局部不顾整体，只强调某个方面而忽视各个方面，必然导致整个监控体系失去平衡，作不出全面的价值判断，也难以反映监控对象的真实情况，难以提供可靠、有效的反馈信息，从而影响县域基础教育的发展。所以改革和完善县域基础教育质量监控制度必须坚持“全面评估、全程监控、全员参与”的整体性原则，以县域文化、经济、社会对教育的综合要求作为质量监控的范围，得出有代表性和科学性的结论，从而充分发挥监控的引导和控制功能，促进县域基础教育的整体发展。

3. 发展性原则

从根本上说，基础教育质量是一个动态变化的过程，它必然会随着教育教学改革的深入发展而不断呈现新的面貌，不断在曲折中向前发展。同样，作为促进和保障基础教育质量的重要手段之一的质量监控制度，也会是一个与教育质量发展和提高同步的动态变化过程。所以，建立和健全县域基础教育质量监控制度必须遵循发展性原则，坚持与时俱进、不断创新。这就要求我们在制定制度时要以发展的先进理念为基础，稍超前于现实，以利于监控的发展和监控制度的革新。发展性原则还要求，监控制度必须立足于监控对象的发展，既要以监控对象的发展为出发点，更要以监控对象的发展为归宿点，一切为了对象的发展，把监控中揭示的不足视为发展的契机和推动力。

参考文献：

[1] 杰夫·惠迪. 教育中的放权与择校：学校、政府和市场 [M]. 马忠虎，译. 北京：教育科学出版社，2003：46-47.

[2] 高青兰. 试论我国基础教育确立全人教育观的必要性 [J]. 西华师范大学学报：哲学社会科学版，2008 (4)：100-103.

[3] 唐华生，叶怀凡. 四川农村基础教育的现状与对策研究 [J]. 成都大学学报，2007 (2).

[4] 章培鑫，杜学元. 浅谈教育目的与社会需要的辩证关系 [J]. 四川文理学院学报，2009 (1)：78-80.

[5] 周济. 全面开展质量监测　建立健全基础教育质量保障体系——在教育部基础教育质量监测中心揭牌仪式上的讲话 [J]. 人民教育，2008 (5)：2-3.

[6] 唐华生，叶怀凡. 构建农村基础教育质量保障体系的思考 [J]. 宜宾学院学报

2007 (1)

[7] 王少非. 国家义务教育质量监测：一个模型构想 [J]. 教育发展研究，2006 (3)：5-9.

[8] 李娟，秦玉友. 农村义务教育质量监控研究 [J]. 教育理论与实践，2009 (9)：33-35.

四、教师队伍

论高校创新精神及创造性教师的培养

一、创新精神和创造性教师

创新（Innovations）一词有两种含义：一是指前所未有的，即今天所说的创造发明之义；二是指将某种知识引入到新的领域并产生新的效益。比尔·盖茨是公认的知识经济时代的代表人物，但给他带来巨大财富的几乎没有一个是他自己的发明创造，都是别人发明创造的东西他拿过来加以变化、重新组合，进行开发，最终使他成为全球首富。

关于创新精神，目前理论界尚无统一界定。石国兴先生认为，创新精神有广义和狭义之分：广义的创新精神属于心理或意识范畴，包括与创新相关的一切认知（尤指创造性思维和想象）、态度、情感、意志和个性（包括个性倾向性、自我意识、个性心理特征）等；狭义的创新精神特指与创新活动有关的，对创新活动提供动力（引起、推动、维持、激励等）和导向作用的非智力的心理品质，着重体现在个体思维与创造（有创造的欲望或意识）、敢于创造（有怀疑、批判、探索、求实、冒险、牺牲等精神）两个方面。[1]

创新精神有着丰富的内涵。一般说来，它包括创新意识、质疑与批判精神、探索与求实精神、拼搏与坚韧精神、冒险与牺牲精神等方面。其中，树立创新意识是具备创新精神和培养创新能力的源泉。

创造性是一种思维能力，也有广义和狭义之分。广义的创造性思维是指认识史上第一次产生、有一定科学意义和社会价值的思维活动；狭义的创造性思维是指凡是没有有效方法可直接利用的、不存在确定规则可遵循的一切思维活动。美国创造教育学家史密斯认为：创造型教师应该是吸收教育科学新成果，并把它们积极地应用于教学上、能够发现新的切实可行的教学方法的教师；而另一位创造教育权威米伊尔则指出：创造型教师是给人或集体学习提供体验的机会、应用别人的教学思想、并且自己也有独创见解的人；我国的教育专家申纪云在《创造性教学》一书中则把创造型教师定义为：创造型教师具有创造性教学思想和教学方法，善于从客观的实际和具体的教学条件中出发，制订最优化的教学方案，致力于培养创造型的学生和卓有成效的教师。[2]

综合以上论述，笔者认为：创造性教师是指那些善于吸收教育科学成果并将其积极应用于教育教学中，具有开拓精神和创造能力，有独到见解，能够发现行之有效的教育教学方法的教师。他们具有创新性的教育观、知识结构、个性特征、教学艺术和管理艺术，特别是创新性的教育教学方法。

二、培养创造性教师的意义

1. 培养创造性是教师自身发展的迫切需要

教师的劳动是创造性的劳动，他的“作品”是活生生的人。他“需要有作家般的眼光、追求和创造力”。[3]所以，教师需要在长期的教学实践中刻苦学习，反复磨炼、不断创新，使自己具备教学所需要的各种素养和能力。正如海明威所说：“作品有如冰山，露在水面上的只有八分之一，其余八分之七隐藏在水下。”如果把教师的教学比做冰山，那么“露在水上”的部分就是教师的创新教学风格及其教学成果，而那“隐藏在水下”的部分则是教师内在的教学素养。教师的教育工作，不是单纯地传授知识、经验和文化，更重要的体现在培养人、在塑造心灵、在变革精神世界方面。即使在传授知识的时候，也要讲清知识来自于创新、重在应用的道理。因此，一位优秀的教师应该是教育目的的实现者、教学活动的组织者、教学方法的探索者和教育活动的创新者。

当前，知识经济已初见端倪，信息社会已悄然而至。面对新知识、新信息的不断产生和更迭，新学科、新领域的不断开创和发展，作为传授最新知识、培养学生创新能力的高校教师更应“春江水暖鸭先知”，成为新知识浪潮的弄潮儿。值得注意的是，当前教师继续教育中的“煲剩饭”现象使得教师在真正意义上的知识更新、知识“充电”处在一种薄弱的自发状态，加之由于高校连年扩招，教师工作量倍增；市场经济的冲击，使得部分教师“身在曹营心在汉”，故教师应有的知识体系与结构已不能完全适应社会的发展，网络的出现和冲击使得大多数教师无从适应。如果教师仍意识不到这些潜在危机，或停滞不前，或故步自封，必将遭受时代遗弃的命运。因此，为了自身的发展，防患于未然，教师必须进行终身学习，并在工作实践中不断完善教学方法，拓展创新思维，提升教学水准；并不断跟踪科学前沿，提高自身独立的科研能力，从而跟上时代前进的步伐。

2. 培养创造性教师是深化教学改革、培养21世纪创新人才的需要

培养21世纪的创新人才是我国高等院校的迫切要求与历史使命，然而传统的依靠一张嘴、一支粉笔、一块黑板的“填鸭式”教学模式严重忽略了学生的创造性，限制了学生潜能的发挥，根源之一就是缺乏创造性的教师。过去教师的职责仅仅被认为是“传道授业解惑”，教师被认为是“已经定型了的东西的传声筒；既定思想和既定材料的供应商；照章行事而毫无创见的盲从者。”[4]这一面貌亟待改观，否则将影响高等学校教学改革的深入进行。因为无论是教学内容的改革，还是教学方法的改革，最终的实施者都是教师。呆板的方法是教不出活泼的学生的。学生创造性思维能力的培养需要创造性教学。我们要反对“灌输式”教学，提倡“少讲多悟”的创造性教学，鼓励学生提出新观点、新思路，寻求多样性地解决问题之道，形成开放式的思维态势，使思维具有深刻性、广泛性和全面性。创造性教学是否能有效地进步，在很大程度取决于教师的创造性，因此教师创造性的培养是高等学校深化教学改革的关键。

3. 培养创造性教师是创办一流大学的前提和基础

江泽民同志在庆祝清华大学建校90周年大会上的讲话中提出了中国要在21世纪建设成若干所世界一流大学的目标，“211工程”和“985工程”随之启动。纵观世界一流大学，无

不具有卓越的师资队伍，强大的教师阵容和一批世界著名的大师级学者。清华大学老校长梅贻奇先生曾经强调：“大学者，非谓有大楼之谓也，有大师之谓也。”无独有偶，美国哈佛大学原校长科南特也曾说过：“大学的荣誉不在于它的校舍和人数，而在于它的一代代教师的质量。”这是因为高校人才培养的质量，成果价值的高低最终将取决于教师。教师质量是保持学校声望和地位的最重要因素，因为最优秀的教师能够吸引最优秀的学生，做出最高水平的研究成果，取得最大限度的外界支持和更多的社会认可。“教育在培养民族创新精神和培养创造性人才方面，肩负着特殊的使命。”“教育创新与理论创新、制度创新和科技创新一样，是非常重要的，而且教育还要为各方面的创新工作提供知识和人才基础。”[5]很难想象，一个毫无创造性的教师能培养出优秀的学生。只有具备较高的创造性思维修养和良好的创造精神的教师，才能教出敢冒险、敢出头，具有创新精神的人才。因此，没有创造性精神的教师，就谈不上一流的教师队伍的建设，更谈不上一流大学的建立。

三、培养高校创造性教师的途径

1. 营建创造氛围，鼓励教师创造性发展

一是要营建有利于创造的学校组织氛围。美国心理学家斯特恩（G. G. Stern）经过对多种因素的分析概括，认为有两大因素可构成学校的组织氛围，即发展性压力和控制性压力。所谓发展性压力，是指强调理智活动（求知、思考、变革等）、成就、务实精神、尊重个性完整、关心程序的条理性等这样一些组织氛围。控制性压力是指具有强烈的压抑和限制特征的组织氛围。要构建有利于教师创造性发展的组织氛围，学校领导者要做到：①在全体教师中积极倡导创造，鼓励创造，并要率先垂范，勇于创造，敢于创造；②相信在广大教师中蕴涵着巨大的创造潜能，要千方百计给他们提供发挥创造才能的机会；③减少有碍创造的限制和规定，因为创造需要自由与宽松的条件，而过多、过细、过于整齐划一的限制势必影响广大教师创造性的发挥。

二是要营建有利于创造的教学氛围。要大力提倡开放教学，坚持教学民主。封闭、专断的教学氛围是消磨学生创造性的腐蚀剂。首先，要排除以教师为中心，鼓励学生的科学探讨精神。教师并非真理的化身，他（她）只不过是带领学生探索真理的领路人。在教学中，学生有权质疑，有权发表自己的见解。教师应该以理服人，鼓励学生提出并坚持言之有理的观点。事实证明，学生的一些质疑或问题，往往会成为启迪教师创造性思维的“火花”或“助推剂”。其次，要在教学内容上体现探索性和开放性。多为学生设计科学探讨的问题情境，鼓励学生结合教材研究一些现实问题或科学上的经典问题，让学生自己探索得出结论，或在原来的基础上结合时代特点加以大胆的想象和发挥。

2. 改革教师体制，创造良好环境

在改革开放的大潮中，被人们视为“象牙塔”的高等教育是教育领域进行改革的最后一个城堡。由于诸多因素，至今高等教育体制还存在着许多弊端。这些弊端抑制了教师的创造欲望，不利于教师的创造性发展。

首先，在教师的管理体制中，要改变对教师管得过多、统得过死的现象。如许多高校要求教师统一大纲、统一教材、统一进度等，诸多的“统一”限制了教师自由的教学活动空间，缩小了教师施展个性的舞台，使教师的创造性无法得以发挥。因此，应该考虑给教师一定的自主权，避免教师劳动成为单调重复的行为，以教师创新的个性来影响带动学生创新个性的形成，使其从事的教学活动焕发活力。

其次，要引进竞争机制，增强教育的活力。我国高等学校中教师专业技术职称的评定和职务聘任亟待改革。一方面，要进一步引入竞争机制，破除专业技术职务终身制，由身份管理转向岗位管理，实行按需设岗，公开竞争，择优聘任。并以此作为学校内部管理体制改革的枢纽，增强教育的活力，提高办学效率。为此，要进一步完善评审条件，加强政策导向；要坚持职业道德标准，强调务实学风，倡导创新精神，提倡教育与经济、科技和社会间的紧密结合。另一方面，要完善按岗聘任，强化聘任管理。通过科学设岗，按岗定职，优化教师职务岗位资源配置，充分发挥效益。在严格定岗、定职的基础上，按照公开、公正、择优的原则，强化岗位聘任，并实行严格的聘任考核制度。

3. 加强人文教育，培养人文精神

高校教师，尤其是理工科教师，自然科学知识丰富，而文化哲学知识相对贫乏，人文精神欠缺。知识经济时代的教育将更加重视人的综合素质，即人文精神和科学精神的相互渗透与融合。人文精神对大学教师的价值观、思维方式、情感动力、灵感与顿悟有深远影响，必须强调人文精神是大学教师基础性素质要求的重要性。[6]因此，教师不但要接受专业知识的深造，还必须接受人文教育的熏陶，培养包括以弘扬爱国主义精神为主要目的的民族精神，以集体主义为核心的价值观和道德观，以社会主义为核心的社会公德与法制观念，以马克思主义哲学为主要内容的世界观与方法论，以陶冶情操为主要目的的文学、艺术修养等人文精神，从而成为一个真正和谐发展的人。美国学者菲尼克斯提出知识层级时说，有些人具有许多不能产生质的变化的知识，却又缺乏许多必备知识；也有的人只有符号化、描述性知识，而缺少技能性知识、感受性知识。这种人被菲尼克斯称为“不调和的人”。他主张要进行调和的发展，即我们平常所说的人文教育。人文精神的塑造为创造性的形成准备了合理的基础。“我们高校领导要牢固树立人文精神这一理念，积极为教师创造条件，打破传统文、理学院老死不相往来的局面，鼓励理工科教师相互合作、相互交流和相互学习，共同提升人文精神。”[7]

4. 重视科研活动，提高创造能力

教学与科研是高校内部的两项重要活动：教学是教师向学生传授知识的过程；科研是教师自我增长知识的过程，包括专业科学研究和教学科研。在我国的高校中，重教学而轻科研的现象较为普遍，特别是近几年高校的连续扩招，教师工作量大大增加，轻科研的现象更为突出，有些高校甚至只搞教学不搞科研。研究表明，科研活动是培养教师开拓精神和提高教师创造力的一个重要途径，因为科研活动能以其独特的抽象思维将从事科学研究的人带到一个崇高的境界，以此净化头脑、锤炼意志，使思维更活跃更敏捷。通过科学研究，教师能不断使专业知识和相关学科的知识得到扩展，并以这些新知识、新技能来充实自己、强化自己，从而提高创造能力。因此，高校要将科研活动提到一个重要位置，加强对科研工作的领导和规划，加大对科研经费的投入，从而创造良好的环境，营造科研氛围，提高教师的科研水平。

5 强化教师的职业修养，塑造完美人格

由于教师的教育活动具有相对独立性，其教育对象不是表态的物体，而是具有活生生的灵魂与生命的学生，故教育过程是教师与学生情感的交流、心灵的交汇与碰撞过程。教师不仅要用自己广博的知识去育人，而且更重要的是用自己高尚的人格去熏陶人。尤其是在知识经济时代，丰富的知识已不再是师者的主要条件，高尚、健全的人格才是师者的生命所在。因此，高校必须加强教师的师德师风建设，树立人民教师“以德立身，以身立教”和“德高为师，身正为范”的良好形象。完美人格是指认知与情感高度协调统一的人格。具有创新精神的教师，不但应具有创新性的教育观、知识结构、教学艺术和管理艺术、教育教学方法，而且必须具备创新性的个性特征，即完美的人格。一位加拿大的学者曾经比喻说：认知与情感好比乐曲的低音与高音，教师是驾驭乐曲基调并使之和谐的人。如果教师在教学中只突出认知而忽视情感，学生很有可能成为感受力低下、情感发展不好的人，那不仅会影响学生德性、审美以至精神的健全，同时还会伤害到认知本身的发展。[8]一般说来，教师的情感人格越丰富越富有魅力，对教育教学的影响和作用也就越大。因此，具备完美人格的教师能以其独特的人格魅力去关爱、鼓舞和感染学生，从而能激发学生学习的热情，取得良好的教学效果。

6 引进创新人才，造就一流队伍

面对人才争夺日益激烈的严峻形势，高校不但要依靠自己的力量培养创造性教师队伍，而且还要加大人才引进的力度。在人才引进上不能墨守成规，必须敢于创新，努力探索多种人才引进的形式与途径。在引进人才的过程中，要合理规划，明确标准，严格把关，切忌缺乏规划，盲目攀比；对人才引进后的使用、管理和开发要重视，特别是在当今科技飞速发展、知识更新速度日益加快的信息时代，对引进人才也要适时地进行有步骤、有计划、多途径的培训，让其不断地吸收新知识、新思想，掌握新方法、新技能。只有这样，才能让引进人才“进得来、用得上、干得好、留得住”。

参考文献：

[1] 石国兴. 创新精神、创造性人格及其培养 [J]. 河北师范大学学报：教科版，2002 (3).

[2] 谭晓曙. 创造型教师的培养与师范教育的改革 [J]. 武汉教育学院学报，2002 (5).

[3] 现代教学基础 [M]. 上海：上海教育出版社，1985.

[4] N·戈培尔，波特. 教师角色的转换 [M]. 译者不详. 长沙：湖南教育出版社，1998.

[5] 江泽民. 在北京师范大学建校100周年庆祝大会上的讲话 [N]. 光明日报，2002-09-09 (A1).

[6] 陈雪丽. 高校青年教师创新教育素质的培养 [J]. 江苏高教，2001 (4).

[7] 朱小蔓. 教育的问题与挑战——思想的回应 [M]. 南京：南京师范大学出版社，2000.

[8] 朱小蔓. 关于教师创造性的再认识 [J]. 中国教育学刊，2001 (6).

运用哲学思维探索新建本科院校教师管理思路

现代管理科学的发展趋势已经深刻表明，管理已不仅是一种管理手段、管理方式和管理艺术的体现，而且还是一门内涵丰富、应用广泛的新兴学科。随着新建本科院校办学规模的不断扩大，教师数量的不断增加，教师管理的难度越来越大，要求也越来越高。如果仅仅停留在传统的经验管理的层面，不注重理论的提升作用，管理就很难上层次，上水平，更不能突出其理论性、实践性、科学性的特点。正如恩格斯所言："一个民族要想站在科学的最高峰，就一刻也不能没有理论思维。"[1]有鉴于此，笔者拟结合马克思主义哲学的基本原理，对新建本科院校运用哲学思维开展教师管理的理论与实践问题作一粗略探讨，以期能对新建本科院校实现管理科学化有所裨益。

一、新建本科院校运用哲学思维开展教师管理的内涵

哲学是关于世界观的学问，是系统化、理论化的世界观和方法论，是人类思维进行高度概括和提升的结果，反映了一个民族抽象思维的最高水平。哲学思维把整个世界的最一般本质和最普遍规律作为自身的反映对象，是一种真理性与价值性相统一的无限思维。从本质上而言，它是一种理论思维，不同于具体科学思维；从内容上来看，它是一种超越时间和经验的思辨活动，具有不确定性和笼统性，比科学思维更抽象、更概括，也更开阔。哲学思维具有三个特点：一是超验性，相对于我们习惯的、保守的、经验的、反映的视野，哲学思维的视野则是超验的，即超越表象的、具体可感的、经验的事物，哲学思维的过程也是超越经验的存在而达到超越存在的提升过程；二是理想性，对于理想的标准的追求，对于个体和人类命运的终极关怀是哲学思维不可或缺的，离开了这种对理想目标的设定和追求，人们将只能囿于功利和实用主义的层面而难以自拔，更难以用哲学思维的方式进行理性的思考；三是反思性（或称批判性），它要求以批判性的方式对思想进行再认识，把思想本身作为"问题"予以追究和审视，在对思想尤其是对构成其思想的前提的反思批判过程中，不断揭示思想、辨析思想、鉴别思想、选择思想，进而实现整个思想的逻辑层次的飞跃，实现在思维方式、价值观念、审美意识和终极关怀方面的变革。[2]

高等院校担负着人才培养、科学研究、社会服务三大职能，高等院校的教师正是履行这三大职能的重要载体。人才培养质量的不断提高、科学研究实力的不断增强、社会

服务能力的不断拓展，都有赖于一支高水平的教师队伍来实现。从这一意义上来看，对教师队伍的管理既是新建本科院校管理实践活动的重点也是难点。从当前的实际情况来看，新建本科院校在教师管理实践中还面临着一定的困难，存在着一些问题，突出表现为：以"人治"为主、以经验为主，管理的随意性很大，还没有建立起科学、合理、完善的教师队伍管理体系和机制；一些学校论资排辈现象还一定程度存在，"尊重知识、重视人才"还仅仅停留在标语和口号层面；管理人员忙于应付繁杂的日常事务，管理重点不突出，管理效率低下，致使学校教师队伍教书育人的主动性、积极性和创新性明显不够，教学质量和科研水平无法迈上新的台阶，制约了学校的进一步发展。这就迫切需要新建本科院校教师管理主体克服狭隘的经验主义管理观，掌握哲学思维的本质，运用符合科学规律的辩证唯物主义哲学观点认识问题、解决问题，深刻揭示事物发展的内在规律、转化因素、普遍性与特殊性，以全面、发展、联系的观点思考教师管理的内在规律，探求正确的管理方法，实施科学决策，推动学校的跨越式发展。

二、新建本科院校运用哲学思维开展教师管理的价值

新建本科院校运用哲学思维开展教师管理，不仅有助于提升学校的管理品质和管理效益，而且还具有以下三个方面的现实意义：

1. 新建本科院校运用哲学思维开展教师管理有助于进一步推动管理学科发展

渊博的知识只有加上哲学眼光才等于智慧，日益丰富的学科知识需要哲学智慧的驾驭，才能从思维方式的高度实现突破。[3]哲学具有基础性与整合性的性质，既能为一切知识奠基，又能统合所有的知识。虽然在管理工作中哲学思维只起到工具作用，从它们本身并不能直接得出管理知识，但哲学思维本身是管理思维的一般前提，"系统论"、"蝴蝶理论"等管理理论就充分体现了"事物都是普遍联系并且发展变化"的哲学观点。因而，管理者只有自觉地以哲学思维为先导，经常用新的视角、新的观点思考问题，才能促进对管理学科知识的应用和创新，从而推动管理科学的发展。

2. 新建本科院校运用哲学思维实施教师管理有助于进一步探寻教师管理规律

教师管理实践中，许多问题的产生、发展和变化，归根结底是受相关事物发展规律决定的。从表面上看，人们对问题既可以这样解决，又可以那样解决，但事实上，真正起作用的是"背后"的规律。符合规律，问题就可以得到正确解决；违背规律，虽然问题有可能暂时解决，但有可能还会引发更多、更大的问题，甚至会受到一定的惩罚。例如，令许多新建本科院校领导层们非常棘手的学校发展和资金紧缺的问题、师资培养和人才逆向流动的问题，就是十分突出的事例。而通过运用哲学思维，则能够借助唯物主义辩证法的相关知识，从整体和根本的角度来观察问题和分析问题，以普遍联系的观点、发展变化的观点和矛盾分析的方法来解决问题，从而揭示管理规律。[4]

3. 新建本科院校运用哲学思维开展教师管理有助于进一步提升管理队伍素质

由于重教学轻管理等历史原因，新建本科院校教学管理队伍的建设普遍滞后于教师队伍建设，致使管理人员的管理理论水平普遍不高，管理实践能力偏低，管理创新能力不强。在当前努力建设合格本科院校的形势下，加强管理队伍建设的任务迫在眉睫。应

该说，新建本科院校大多数管理者并不缺乏对哲学几大规律、几对范畴的抽象理解，缺乏的是把哲学理念贯穿于管理过程、融合于管理工作中的思维能力和方法。虽然哲学本身并不能解决管理实践中的实际问题，但它却可以训练管理人员的思维，从而让问题容易得到解决。[5]每一个追求智慧的管理者都要学习哲学，向哲学要智慧，通过提高自己的哲学素养来提高自己的管理能力，进而提升整个管理队伍的素质。

三、新建本科院校运用哲学思维开展教师管理的实践

新建本科院校由专科升格为本科，标志着其已经具备了举办本科的基础和条件。但这只能说取得了本科办学资格，还不能说已经是合格的本科院校。因为，学校升格为本科，不是简单的学制延长和名称变化，而是办学层次的提升，是质的飞跃，这就需要在办学理念、队伍建设、培养目标、管理方式以及办学条件等方面进行根本性的转变，以实现学校的内涵升本。[6]从这一意义来看，将哲学思维运用在新建本科院校的教师管理实践，不仅是必要的，而且是紧迫的。笔者认为，当务之急是要树立以下三种思维：

1. 创新思维

创新（Innovations）是主体依据社会需要，在原有的事物基础上引申发散、推陈出新，产生既具有推动社会发展的潜能，又具有前沿性、价值性和超越性成果的行为活动，其本质在于超越，在于对现有的认识和现存的事物的超越。创新思维则是通过对已有经验知识和新的信息的综合、再造，创造出新的观点、新的理论、新的方法，从而使认识和实践取得突破性进展的思维方式。思维成果的创新性和思维活动的灵活性是其基本特征，它具体体现为思维的求异性、多向性和综合性。创新思维在管理活动中的运用和实践便形成了管理创新。作为一种创新模式，管理创新是立足于提高管理的适应性，为最大限度地满足人们对组织的需求，通过重组管理资源，以更有效的管理行为赢得竞争优势的指导思想和实践活动。因而，管理创新不是一种创新职能的体现，而是管理思维变革所形成的新模式；不是一般的着眼于实现当前管理目标和任务的活动，而是关注未来、发现创新机会的活动；它也不是一般的管理手段与方法的革新，而是对管理中包括制度、组织、文化等各个资源或要素的重组与创新。[7]这就要求新建本科院校在教师管理实践中，必须在创新理念指导下，创造性地采用新的措施手段，对管理要素进行扩展更新和优化组合，形成新的管理结构与模式，建立起一种新的“管理函数”，即明确新的管理措施方法与新的管理效果之间的关系，以作为构建新的管理机制的指导。这种活动的价值追求是形成新的管理格局，产生新的管理效果，促进教师管理系统综合效能不断提升。

2. 系统思维

系统思维即用联系的观点，从整体的角度思考教师管理实践中的问题，克服思维的孤立性和片面化。具体来讲，一是要从管理体系整体角度考虑问题。组织中的任何一个部门、任何一个层次、任何一个人都是作为系统的局部而存在的，都要服从于组织的整体目标，要站在组织整体高度处理部门利益、个人利益与组织利益的冲突，站在组织整体的高度来进行人力资源的开发和利用等。二是要构建组织内部各要素的合理结构。组

织系统整体功能的强弱，不是各个部分都达到最优状态，而是取决于各个要素的联系方式，即取决于结构，结构合理就会出现 1+1 > 2 的情境。所以增强组织整体功能要从结构上做文章，特别是当组织资源有限的情况下尤为如此。[8] 三是要抓住组织中的关键因素。在组织系统中，任何一要素都不是孤立的，而是具有相关性的，但在一定时期总是有一些因素对组织整体发挥着重要作用，决定着组织整体的状况，也即是管理学上所说的“关键少数”。这就要求管理人员在进行系统思考和处理管理问题前，要分析在管理体系中究竟什么因素是组织中的关键少数，要把主要精力集中于这些关键少数上，充分发挥他们对整个管理体系的重要作用。对新建本科院校而说，教师管理实践中的关键少数主要是具有代表性的各类先进典型，包括优秀教育工作者、教学名师、学术带头人。这些先进典型不仅具有坚定正确的政治方向、高尚的道德情操、良好的师德师风和职业道德，而且还具有扎实的学科基础知识、精深的专业造诣和较强的科研能力，以及丰富的教育科学理论知识和高超的教学艺术，这必将对整个教师管理系统和过程实施发挥积极的促进和影响作用。因此，在教师管理实践中，要将他们作为教师管理工作的主导力，充分发挥他们在教师群体中的模范带头作用。

三. 重点思维

重点思维即抓主要矛盾的思维。主要矛盾是占支配和决定地位的矛盾，它决定了事物的性质和发展方向。教师管理工作者终日面对各种纷繁复杂的事情，如果仅仅只是凭着感觉走，围着电话忙，想到什么干什么，碰到什么抓什么，肯定会陷入琐事之中，忙得焦头烂额而工作效果还不好。因此，必须养成把注意力转移到重要工作上的重点思维习惯，时刻明确自己的工作重点，并透过现象看本质，找出并设法控制那些最能影响重点工作的重要因素，集中力量予以解决。只有将有效的资源使用到关键的局部上，才能为自己的杠杆找到一个恰当的支点，“四两拨千斤”，达到事半功倍、掌控全局的效果。当前，新建本科院校在教师管理实践中的首要任务是从学校的实际出来，结合整个教师队伍的年龄结构、职称结构、学历结构以及不同学科专业教师的特点，运用观察、调查、谈话、座谈、问卷等各种手段，密切联系教师，尽可能多地了解教师各个方面的问题。[9] 这样，我们不仅能在管理实践中扬其长、避其短、用其才、改其过、尽其能、激其志，而且在处理有关问题、做出某些决定时，还能够减少盲目性，增强预见性，提高准确性。同时，在坚持“以人为本”，构建和谐社会的今天，在注重情感交流、体现民主价值的新时代，我们还应着力构建一个有利于教师成长、有利于才能发挥的量化测评考核体系，形成公开、公正、公平、高效的人员能进能出、职务能上能下、待遇能高能低的新型竞争激励机制，使人力资源得以充分利用和有效配置，以更好地为学校教育教学和科研工作服务。

参考文献：

[1] 马克思恩格斯选集：第 2 卷 [M]. 北京：人民出版社，1982：245.

[2] 姚东. 浅谈哲学思维的培养对高等教育的意义 [J]. 连云港师范高等专科学校学报，2004 (3)：66-68.

[3] 武惠庭. 重视提高医学生的哲学素养 [J]. 医学与哲学, 2006 (2): 74-75.

[4] 房燕玲. 医院管理者要注重哲学思维的培养 [J]. 中国医院, 2007 (7): 65-66.

[5] 彼得·凯斯特鲍姆. 领导者的内心修炼 [M]. 高秀娟, 译. 北京: 高等教育出版社, 2006: 151.

[6] 孟兆怀. 把四川文理学院尽快建成合格本科院校的思考 [J]. 四川文理学院学报, 2006 (6): 1-6.

[7] 唐华生. 管理创新: 新建本科院校核心竞争力提升的必然选择 [J]. 临沂师范学院学报, 2007 (4): 17-20.

[8] 闻英. 管理人才的哲学思维刍议 [J]. 中共福建省委党校学报, 2005 (9): 51-53.

[9] 张珍秀. 高职院校人事管理的哲学思考 [J]. 教育与职业, 2007 (9): 37-38.

师德、师理、师能：高校教师素质的内核

随着我国高等教育规模的不断扩大，高等院校的教师无论是数量还是质量都显得难以适应。2005 年，全国普通高等学校共有在校学生 1561.78 万人，教职工 174.21 万人，其中专任教师 96.58 万人，师生比为 1∶16.17。① 按照国家规定的 1∶14 的标准测算，高校专任教师数量缺口近 15 万。数量上的不足，其解决的途径相对容易，但优秀教师的培养却是一个漫长而艰苦的过程。美国斯坦福大学校长约翰·亨尼斯近日在上海召开的第三届中外大学校长论坛上发表了下述观点："中国大学未来面临的挑战是如何吸引优秀的师资，而不是优秀的学生。"[1] 因此，本文关注的焦点是教师的素质。

一、高等院校教师素质的内涵解析

高等院校担负着人才培养、科学研究和社会服务三大职能，高等院校的教师正是履行这三大职能的主力军。他们的素质决定着所培养的学生的质量，决定着科学研究的水平，对经济社会的持续发展和繁荣也起着非常关键的作用。那么，高等院校的教师应当具备哪些素质呢？笔者以为，可以主要概括为以下三方面：

（一）要有崇高的师德

所谓师德，亦即是教师的道德、品德。高校教师的师德主要包括三个方面的内容：首先，必须要有良好的思想道德，要有坚定、正确的政治方向，真正起到为人师表的作用。教师是学生在生活中接触最多的人群之一，教师正确的世界观、人生观、价值观对学生起着积极的导向作用，教师在生活中所表现出来的良好思想道德是学生思想行为的模范。苏联著名教育家苏霍姆林斯基认为："教师成为学生道德上的指路人，不在于他时时刻刻都在讲大道理，而在于他对人的态度（对学生、对未来公民的态度），能为人师表，在于他有高度的道德水平。"[2] 其次，要有良好的职业道德。高校教师肩负着把一代代青年培养成有知识、有纪律、有理想、有道德、有社会主义觉悟的接班人的重任，这是与人类社会文明的进步和发展具有密切联系的脑力劳动，因此，教师职业必然较其他职业道德的标准和要求要高得多。无数实践证明，教师职业道德本身就是一种巨大的教育力量，对学生起着潜移默化的作用。[3] 教师具备良好的职业道德既可以使自己明确教师在社会中的地位与作用、增强工作责任感，在工作中保持乐观向上、积极进取的精神状态，并能时刻以职业道德标准严格要求自己，自觉履行教书育人的职责，在社会中

① 数据来源：《教育部 2005 年全国教育发展事业统计公报》。

树立起为人师表的崇高形象；而且还可以通过学生和自己周围的人对社会上的其他人产生辐射作用，从而促进社会整体精神面貌的变化。因此，高校教师应当具有爱岗敬业的职业精神，刻苦钻研的探索精神，敢为人先的创新精神。要不断加强自身的道德素质修养，在工作中严格要求自己，敢于自我剖析、自我批评，时刻检点自己的工作作风，使自己的思想和行为符合教师职业道德要求。再者，要有健康的心理素质。高校教师的心理素质一般是指注意力持久、丰富的想象力、有顽强的意志力与承受挫折和失败的能力，习惯于接受挑战，乐于接受新鲜事物，能够适应环境的变化，由依赖性转为主动性，由从众性转为具有个性的独立性，由他律转为自律，以及丰富而又高尚的情感，良好的性格。实践证明，教师的认知、情绪意志、性格和兴趣等心理品质对学生的影响是任何其他教育手段所不能代替的。同时，没有积极的心态，宽松的情绪，坚强的毅力，高校教师也是很难完成艰苦繁重的教学与科研工作的。[4]

（二）要有全面的师理

所谓师理，亦即是教师的知识水平和科研能力。高校教师必须具备扎实的学科基础知识、精深的专业造诣和较强的科研能力，只有这样才能培养出高质量的学生，才能取得高水平的科研成果。专业知识水平是指教师的专业能力，通常包括学科基础知识、专业造诣、敬业精神、专业融合和自学能力，它是人才的必备素质。在学识浅薄教师的课堂上学生学不到知识，该老师也不会受到学生的尊重，更得不到同行的认可和社会信任。科研能力则表现为是否具有浓厚的科研兴趣，是否能够敏锐地洞察科研前沿，是否能够准确把握最新的科研动态，是否能够持久深入地开展科研活动，是否具有把科研成果推向纵深发展的能力。同时，高校教师在具备坚实的专业知识和学科理论的基础上，还应通过学习加强自身的人文素质修养，要进一步拓宽视野，用丰富的人文知识去优化气质，培养高尚的道德情操和高尚的人格。

（三）要有高超的师能

所谓师能，亦即是教师的教育教学技能。首先，高校教师要具有高超的教学艺术，能够根据学生的年龄特征、知识水平、理解能力，采取独特的教学风格、幽默风趣的教学语言，使学生在较少的时间内学到较多的知识，并充分发展认识能力，保证学生在认识和发展两方面都能高效率地达到预期效果。其次，高校教师必须掌握丰富的教育科学理论知识，并以其基本规律、原则、方法来指导教学，科学有效地组织教育和教学的全过程。在组织教学时，要求主次分明，详略得当；保障重点，照顾一般。且需将这些要求具体落实到各个教学环节上，即课前的计划与准备、课堂的组织与管理、课后的练习与辅导。要合理安排教学时间和知识传授点，目标明确，难易有度，教学活动始终围绕主线，脉络清晰，从而使整个教学流程有条不紊。最后，高校教师还要有熟练使用现代教育技术辅助教学的能力，要能运用信息理论、方法、手段和工具，利用计算机对教学设计、教学实施、教学评价过程中的有关信息进行获取、分析、处理、传递和利用。能将各种现代教育技术，如多媒体、课件制作、应用技术、信息技术等变成教学实践的工具和手段，为提高教学效率和质量服务。

二、高等院校教师素质的培养途径

（一）加强师德建设

为人师表，以德为先。教师不仅要对学生有知识能力上的影响力，而且还要有人格上的感召力（即人格魅力），只有这样，学生才会“亲其师而信其道”。要培养高素质的高校教师，就必须加强师德建设，而要加强师德建设，首先就必须切实加强教师的思想政治教育、职业道德教育和心理健康教育。要组织教师深入学习党和国家关于教育问题的路线、方针、政策，学习相关法律法规，做到以德修身，以身立教，以德从教；要坚持以马列主义、毛泽东思想、邓小平理论、“三个代表”重要思想和科学发展观武装全体教师，深入进行爱国主义、集体主义、社会主义教育；采取多种形式，生动活泼地开展“教书育人、管理育人、服务育人、环境育人”活动和以师德教育为核心、以青年教师为重点的爱岗敬业、为人师表教育，增强教师职业的自豪感、责任感、使命感，使他们热爱和忠诚党的教育事业，自觉履行教书育人的职责。同时，要大力倡导教师修身养德。应不断增强广大教职员工道德修养的自觉性和自律性，鼓励教师经常地进行自重、自省、自警、自励，从而实现以德修身、以德立威、以德服众，努力提高自己的道德修养和人格魅力。学校应组织教师开展丰富多彩的自我教育活动，树立先进典型，使教师学有目标，追有榜样，以充分发挥其积极性，达到自我教育和自我完善的目的。教师要努力在教书育人这一光荣而艰巨的工作中，不断地使自己的思想品德得到熏陶，精神生活得到充实，道德境界得到升华。[5]

其次，要把师德建设纳入学校管理体系。学校要制订切实可行的相关计划、标准、考核指标、职业道德规范，对师德建设提出明确要求，以充分发挥规章制度的约束力。要把师德评价纳入教师岗位职务年度考核体系。学校每学期对教师的师德进行一次全面考核，并将考核结果作为教师聘任、职务评聘、评先表优、工资晋升的重要依据。对不能尽职尽责，工作态度不端正，思想不稳定，在教学和育人过程中出现严重问题以及有悖于教师职业道德的行为要进行批评教育和严肃处理。

（二）重视师理学习

传道、授业、解惑是教师的天职，要想达到教书育人的目的，教师必须具备渊博的理论知识、过硬的业务本领、成功的学术成就和严谨的治学态度。而在这其中，渊博的理论知识又最为基本，“以其昏昏”是不可能“使人昭昭”的。

从教师自身来说，首先必须树立终身学习的理念。终身学习是指人的一生通过持续不断的学习活动来求得思想、意识和行动的变化，不断提高人的文化修养、社会经验和从业能力的过程。[6]随着科学技术的高度发展，信息的增加，人类思维方式、工作方式、生活方式等发生了根本性的变革，人们为了自己更好地生存和发展，就必须持续不断地学习。高校教师要通过终身学习，不断提高科学文化素养、知识水平，充实自己的知识储备，优化自身知识结构，使自己不仅具有扎实的自然科学、社会科学、技术科学的基础知识，还有精深的专业基础理论、专业技术知识、实践知识，专业学科的前沿知识，广博的相关学科知识以及教育科学、心理科学、管理科学等综合知识，以适应知识经济时代和现代社会不断发展变化的需要。[7]

其次，要确立教师专业化的思想。教师专业化是教师经较长时间的培训逐步向专业性职业标准接近的过程，实际包括了两个同步进行又各自独立的过程，即提高行业地位的专业性职业化以及职业实践所需要的知识和技能的专业性职业化。教师专业化有利于提高教师的社会地位，吸引社会优秀人才进入高校教师队伍；有利于提高高校教师的专业素质，保证教学质量；有利于教师教育的规范化、制度化、一体化。具体说来，教师专业化应体现在教师要经过专门的教育和培训，要有丰富的从事教师职业的教育学、心理学、社会学知识及学科专业知识，要有教育艺术和教学技能，要有良好的师德和教书育人的能力。

最后，要强化科学研究的意识。我国教育学专家查有梁先生说过："学然后知不足，教然后知困，研然后知美。知不足，然后能自反也；知困，然后能自强也；知美，然后能自创也。"我国著名学者钱伟长也曾说过："作为教师，一定要了解本学科最前沿的动态，要经常翻阅科技杂志，论文集，还要动手做实验，做数值研究，""只有那些在科研和学术工作中奋勇前进，在第一线冲锋陷阵的教师，才能通过自己亲历其境的创造经验，把知识讲活，培养出有创造力的和有发展观点的青年接班人。"[8]高校教师作为知识和科技的创新者，只有在科学研究中才能真正地进入科学的前沿，才能了解到他人的科研成果，才知道哪些问题还有待于解决，完善，哪些成果可以借鉴、参考；只有在科学研究中，教师的创造性探索能力、视野等才能得到进一步拓宽，才能适应我们这个时代的要求；也只有进行科学研究的人，参加科学创新的人，才能真正理解创新精神，从而在教学工作中培养具有创新精神的人。

从学校层面来看，各高等院校必须高度重视教师的在职提高。要通过培训、进修、参加学术交流和学术研讨会等方式，使教师及时更新自身知识结构体系，努力改善自身的知识结构，及时掌握和吸收本学科所涉及的最新知识与技能，特别是该学科的最新研究成果、教学法、教育理论等。同时，学校还应制定必要的政策、制度，鼓励和支持中、青年教师在职攻读硕士、博士学位，为提高教师的学历层次尽可能地创造条件。

（三）强化师能培训

从目前大部分高校的实际情况来看，教师的师能状况比较好，但也存在三个比较突出的问题：一是大部分青年教师由于刚参加工作不久，教学经验不足，教学责任心不够强，教学手段还比较单一；二是部分老教师由于接触计算机的时间较少，还不会或者不善于使用多媒体技术辅助教学；三是部分教师的语言表达能力欠佳，普通话还未达到相应标准，有极少数教师还在使用方言上课，开展双语教学更是无从谈起。这些现象尤其在地方高校和专科学校表现得更为突出。为此，各高等院校首先应成立专门的教学指导委员会，聘请有丰富教学经验的老教师担任指导专家，有针对性地对青年教师进行教学指导，以进一步提高他们的教育教学技能。其次，要充分利用本校的师资实施校本培训，要定期、不定期地开展计算机培训、普通话培训、英语培训等，以提高教师的语言表达能力和计算机操作能力。尤其需要特别指出的是，高校教师必须不断提高自己的语言表达能力，不仅要强化口语修养，提高口语表达的科学性和艺术性，还要提高自己的书面表达能力，以便熟练地运用汉语或者外语来表情达意和从事学术研究。

参考文献：

[1] 原春琳. 中国大学应首先吸引优秀师资而不是学生 [N]. 中国青年报，2006-07-15（1）.

[2] 苏霍姆林斯基. 和青年校长的谈话 [M]. 译者不详. 上海：上海教育出版社，1983：71.

[3] 黄蓉生. 教师职业道德修养 [M]. 重庆：西南师范大学出版社，2001：86.

[4] 及麓琳. 现代高校教师素质浅论 [J]. 南京航空航天大学学报：社会科学版，2000（12）：80-83.

[5] 唐华生，何霖. 西部地方高师院校教师队伍现状分析与对策研究 [J]. 三峡大学学报：人文社会科学版，2005（6）：105—109.

[6] 梁祝平. 高校教师素质论 [J]. 广西大学学报：哲学社会科学版，2000（4）：77-81.

[7] 王蓓颖. 论知识经济时代高校教师的素质要求 [J]. 江苏高教，2005（3）：115-118.

[8] 钱伟长. 教育和教学问题的思考 [M]. 上海：上海大学出版社，2000：89.

西部地方高师院校教师队伍现状分析与对策研究

教师是高等学校的主体，高水平的教师队伍是体现大学高质量教育的重要标志。清华大学前校长梅贻琦说："所谓大学者，非谓有大楼之谓也，有大师之谓也。"华中科技大学新任校长李培根院士指出：从长远看，影响学校声誉的是毕业生在社会上的总体表现，而不是经费、课题和PAPER。[1]此言一语中的，点明了一流的教师队伍在培养人才工作中的重要作用。

随着高等教育事业的迅猛发展，我国高校教师队伍数量不足、专业思想不稳定、科研水平不高、教学效果不理想等问题日益凸现，教师队伍建设已成为制约高等学校发展的"瓶颈"。而西部地方高师院校由于其办学理念、学术环境、办学经费等方面与其他重点大学、东部高校存在着较大差距，因此这一问题更加突出，教师队伍建设的任务更加艰巨。

一、西部地方高师院校教师队伍现状分析

近几年，随着高等教育的改革发展，西部地方高师院校教师队伍建设取得了巨大成就。但由于受到地方社会和经济发展水平的制约，也存在着一些问题，主要表现在以下几个方面：

（一）青年教师比例偏高，来源单一，高层次人才少

近年来的高校大规模扩招，给西部地方高师院校的发展带来了前所未有的机遇，不少地方高师院校都纷纷"扩校区、上规模"，其办学条件和环境得到了较大提高和改善。随着学生人数的剧增、新专业的举办，教师数量也有很大的增加。在增加的这部分教师中，绝大多数是青年教师。据统计资料显示，目前地方高师院校中青年教师所占比重已超过50%，有的学校还远远不止这一比例。[2]但与东、中部高师院校相比，由于受地方经济文化发展水平、学术环境、交通状况等环境因素的制约，西部地方高师院校对外地人才的吸引力明显偏弱，"近亲繁殖"现象严重。不少高师院校补充的青年教师多以本校毕业生留校为主，虽也有一部分来自其他师范院校，但来源学校相对单一，毕业于同一学校的教师过多，使得教师教学和学术风格相似，不利于学术创新。同时，尽管近年来高校补充的青年教师中具有硕士、博士学位的高层次人才逐年增多，但不少高师院校所进教师仍以本科生居多，高层次人才仍显不足。

（二）人心不稳，流动性大

教师队伍的稳定一直是高校师资管理中一大难题，尤其是高职称青年教师队伍的管理。对于西部地方高师院校而言，由于自身发展条件的制约，高职称教师、青年教师队伍人心不稳、人才流失现象更为严重。不少教师因为某种突出的才能，或具有高职称、高学历而被条件更好的单位挖走；很多青年教师也往往通过公务员招考转为公务员，读研、读博毕业后直接转行或是单方毁约跳到其他待遇较高的高校；还有一些教师在表面维持教师职业稳定性的同时，把大量的时间和精力投入到第二职业，为多所学校兼课或兼做外单位顾问等。能走的走了，一些由于种种原因走不了的教师则是“身在曹营心在汉”，当“撞钟和尚”，这给学校的教学管理和工作秩序带来很大的负面影响。

（三）教育观念落后，教学水平不高

近年来，不少高师院校在学校的发展实践中加大了师资队伍建设的力度，经过社会、高校、个人多方面的共同努力，教师队伍的素质有了明显改善，学历层次有了显著提高，也出现了一些个性鲜明、风格独具的优秀人才，但仍有不少教师教育观念落后，教学手段陈旧单一。加之扩招后工作量增大，部分教师已经成为一架为教学而教学的机器，重教学过程轻教学目的，重教学工作量轻教学质量，重理论教学轻能力培养，严重影响了学校教学水平的提高。这也导致了不少教师心理压力偏大，出现了不同程度的职业倦怠现象。

（四）科研力量薄弱，学术整体水平偏低

西部地方高师院校由于受地方主义、官僚主义影响较深，教师在科研工作中往往各自为政，缺乏协作交流意识，形成有影响的学术团队较少。青年教师难以得到老教师的有效帮助和指导，实践机会少，科研经验不足，找不准科研课题，研究过程缺乏生命力。加之受当地经济环境和学校效益的影响，不少高校科研经费短缺，教师很难获得科研经费的资助，由此造成青年学术带头人和骨干教师数量紧缺，这对正处于新老交替关键时期的西部地方高师院校是一个沉重的压力和不小的隐患，严重制约着西部地方高等师范教育的发展和人才培养的质量。

二、西部地方高师院校教师队伍建设的途径与对策

坚持以人为本，树立全面、协调和可持续的发展观，促进经济和人的全面发展，这是我们党在社会主义市场经济条件下对经济社会发展规律认识的重要升华，是对邓小平理论和“三个代表”重要思想的坚持、运用、丰富和发展，也是我们党执政理念的一次飞跃。[3]科学发展观是多层次发展观，其本质和核心就是以人为本，这给新时期高校教师队伍建设指明了方向。就高等教育事业而言，树立和落实科学发展观，就是要坚持以人为本、以教师为本，促进高校教师队伍和高等教育持续、协调发展，构建中国特色社会主义现代化教育体系，全面建设小康社会，实现现代化的宏伟目标。因此，在新时期，加强西部地方高师院校教师队伍建设，提升西部地方高师院校的竞争力，就必须深刻认识树立和落实科学发展观的重要意义，要坚持以科学发展观为高校教师队伍建设的指导思想，按照科学发展观的要求，加强西部地方高师院校教师队伍建设。

（一）加强师德建设，是西部地方高师院校生存和发展的前提

德为师之本，师者须德高。师德应该是一个与社会主义市场经济体系相适应的符合社会主义高等教育从业人员职业道德属性要求的、不断发展的思想道德体系。师德建设在学校的“三风”建设中居于关键地位：它是教风的核心内容，又是形成良好校风和学风的先导。具体表现在一名教师身上，就要求教师要模范执行公民道德规范，并用这些规范来教育和要求学生。同时，教师是人类文明的传播者，是社会进步的桥梁和纽带，而高师院校教师则是担负着培养未来的教师，为祖国教育事业打基础的重任。这就决定了他们必须自觉地把国家利益和人民利益放在首位，热爱和忠于教育事业，甘愿奉献。这是教师的职业特点对教师的职业道德的特殊规定。

当前一些高校，尤其是西部欠发达地区高校的教师队伍中，师德建设还存在着一些问题。诸如追求金钱名利、敬业精神淡薄、只教书不育人、媚于世俗搞不正之风、不注重自身形象等等。凡此种种，都与以德治国和高校教师职业道德格格不入，严重背离了科学发展观的要求，虽不是主流，但也在一定程度上阻碍了高校的建设和发展。

加强高校教师师德建设，第一，要切实加强教师的思想政治教育和职业道德教育。要组织教师深入学习党和国家关于教育问题的路线、方针、政策，学习相关法律法规，做到以德修身，以身立教，以德从教；要坚持以马列主义、毛泽东思想、邓小平理论、“三个代表”重要思想和科学发展观武装全体教师，深入进行爱国主义、集体主义、社会主义教育；采取多种形式，生动活泼地开展“教书育人、管理育人、服务育人、环境育人”活动和以师德教育为核心、以青年教师为重点的爱岗敬业、为人师表教育，增强教师职业的自豪感、责任感、使命感，使他们热爱和忠诚党的教育事业，自觉履行教书育人的职责。

第二，营造健康向上的校园育人环境，创造教师职业道德的良好氛围。要切实提高教师的业务素质和技能，努力提供有利于教师业务素质提高的条件和施展才华的舞台，使广大教师在教育教学实践中更好地实现自身价值；要积极开展学校精神文明创建活动，加强改进思想政治工作，努力形成教师讲师德、机关树形象、学生强素质、人人讲规范、学习有榜样的育人氛围，坚持正确的道德舆论导向，抓典型，树新风，弘扬正气，使广大教师确立爱岗敬业、乐于奉献的崇高师德。

第三，大力倡导教师修身养德。要不断增强广大教职员工道德修养的自觉性和自律性，鼓励教师经常地进行“自重、自省、自警、自励”，从而实现以德修身、以德立威、以德服众，努力提高自己的道德修养和人格魅力；同时，学校应组织教师开展丰富多彩的自我教育活动，充分发挥教师的积极性，达到自我教育和自我完善的目的。教师要努力在教书育人这一光荣而艰巨的工作中，不断地使自己的思想品德得到熏陶，精神生活得到充实，道德境界得到升华。

第四，把师德建设纳入学校管理体系。把师德建设纳入学校工作的重要议事日程，是高校精神文明建设的一项重要任务。学校要制订切实可行的相关计划、标准、考核指标、职业道德规范，对师德建设提出明确要求，以充分发挥规章制度的约束力。要把师德评价纳入教师岗位职务年度考核体系。学校每学期对教师的师德进行一次全面考核，

并将考核结果作为教师聘任、职务评聘、评先表优、工资晋升的重要依据。对不能尽职尽责、工作态度不端正，思想不稳定，在教学和育人过程中出现严重问题以及有悖于教师职业道德的行为要进行批评教育和严肃处理。

（二）确立教师专业化思想，是西部地方高师院校发展的必由之路

科学发展观强调全面、协调、可持续发展。对教育战线而言，教师专业化是我国21世纪教育改革的重要方向，是保证我国教育事业全面、协调、可持续发展的重要因素，同时也是教师自身全面发展的必然要求。

教师专业化是教师职业在长时期向专业性职业标准接近的过程，实际包括了两个同步进行又各自独立的过程，即提高行业地位的专业性职业化以及职业实践所需要的知识和技能的专业性职业化。具体说来，教师专业化应体现在教师要经过专门教育和培训，要有丰富的从事教师职业的教育学、心理学、社会学知识及学科专业知识，要有教育艺术和教学技能，要有良好的师德和教书育人的能力。教师专业化有利于提高教师的社会地位，吸引社会优秀人才进入高校教师队伍；有利于提高高校教师的专业素质，保证教学质量；有利于教师教育的规范化、制度化、一体化。因此，坚持科学发展观，严格教师标准，加强教师教育，促进教育研究，提高培训质量，这既是促进教师专业化发展的必经之路，也是西部地方高师院校发展的必由之路。[4]

世界是发展的，教师专业化方向不可逆转。笔者认为，西部地方高师院校要推动教师专业化发展，必须强调以下几点：

一是教师要树立新的专业发展观。过去，一些教师把自己的专业发展理解得很狭隘，他们认为参加寒暑假举办的继续教育学习或参加由学校举办的专家讲座就已经足够了。现在，我们必须改变这种观点。真正的专业发展要求教师自愿、主动、积极地参与到自身的专业提高中来。既要拓宽知识面，又要深化知识度；既要学习学术领域内的新成果，又要注意与社会生产发展的紧密结合。教师要把自己看成既是施教者，也是学习者，只有在“学习—施教—学习”的循环往复过程中，才能产生质的飞跃。

二是各级政府要大力推动教师专业化发展。政府在推动教师专业化方面发挥着主导作用。我国21世纪的教师教育，需要以科学发展观为指导，以教师专业化为改革方向，从政策体制上进行全面的改革，以满足我国新时期教育改革和发展的要求。西部地区各级政府应该在提供法律保障、政策支持、经济扶持、激励机制等方面制订相应措施，为教师提供更多完善自我、培训提高的机会。

三是西部地方高师院校要高度重视在职教师的专业化培训问题。西部地区众多地方高校包括高师院校，由于条件的限制，教师数量的增加远不及学生数量增加的幅度，使得大部分教师承担着繁重的教学、科研任务，而一部分教师的学历水平和经验又相对不足，一些教师的基本素质亟待提高。在这种情况下，各个学校必须结合自己实际情况进行学科专业化训练和教学基本技能素质训练，以形成规模化的、高效益的、专业水平较高的师资队伍和教育科研队伍。可以鼓励和支持青年教师在职攻读硕士、博士学位，为提高青年教师的学历层次创造条件。要加强普通话、计算机和外语培训，鼓励教师参加现代教育技术培训，提高其基础业务素质和使用现代教育技术手段的能力。同时，要求

教师及时更新自身知识结构体系，及时掌握和吸收本学科所涉及的最新知识与技能，特别是该学科的最新研究成果、教学法、教育理论等，并将之融入所教学科内容中去。还应该教育教师确立终身学习的意识和能力，在学习中认识自己的不足，努力改善知识结构并在实践中全面提高。

（三）加快创造型教师的培养，是西部地方高师院校发展的动力

创新是科学发展观的重要内涵。在新科技革命和知识经济迅速崛起的今天，创新精神和创新能力已经成为经济社会发展的决定性因素。我国正在着手创建国家创新体系，提高知识创新和科技创新的能力，以迎接国际竞争的挑战。历史发展的进程已经证明：综合国力的竞争实际上是人才的竞争；人才的竞争需要一流的教育，而一流的教育需要一流的教师队伍作保证。所以，建设一支素质优秀、结构优良、精干高效、勇于创新的教师队伍，是实施素质教育、培养创新人才的关键所在。时代呼唤教育的创新，呼唤创造型教师的培养。

培养创造性是科学发展观对教师全面发展的要求，也是教师自身发展的迫切需要。一位优秀的教师应该是教育目的的实现者、教学活动的组织者、教学方法的探索者和教育活动的创新者。面对新知识、新信息的不断产生和更迭，新学科、新领域的不断开创和发展，作为传授最新知识、培养学生创新能力的西部地方高师院校教师必须进行终身学习，并在工作实践中不断完善教学方法，拓展创新思维，提升教学水准；不断跟踪科学前沿，提高自身独立的科研能力，从而跟上时代前进的步伐。[5]

为此，西部地方高师院校必须以科学发展观为指导，加强对创造型教师的培养。

第一，营建创造氛围，创造良好环境，鼓励教师创造性发展。一是要营建有利于创造的学校组织氛围。学校领导者要做到：在全体教师中积极倡导创造，鼓励创造，并要率先垂范，勇于创造，敢于创造；相信在广大教师中蕴涵着巨大的创造潜能，要千方百计给他们提供发挥创造才能的机会；减少有碍创造的限制和规定，因为创造需要自由与宽松的条件，而过多、过细、过于整齐划一的限制势必影响广大教师创造性的发挥。二是要营建有利于创造的教学氛围。要大力提倡开放教学，坚持教学民主。要消除以教师为中心的观念，鼓励学生的科学探讨精神；要在教学内容上体现探索性和开放性，多为学生设计科学探讨的问题情境，鼓励学生结合教材研究一些现实问题或科学上的经典问题，让学生自己探索得出结论，或在原来的基础上结合时代特点加以大胆的想象和发挥；要进一步引入竞争机制，破除专业技术职务终身制，由身份管理转向岗位管理，实行按需设岗、公开竞争、择优聘任，并以此作为学校内部管理体制改革的枢纽，增强教育的活力，提高办学效率。

第二，加强人文教育，培养人文精神。高师院校的教师，尤其是理工科教师，自然科学知识相对丰富，而文化哲学知识则相对贫乏，人文精神欠缺。知识经济时代的教育将更加重视人的综合素质，即人文精神和科学精神的相互渗透与融合。人文精神对大学教师的价值观、思维方式、情感动力、灵感与顿悟有深远影响，必须强调人文精神是大学教师基础性素质要求的重要性。高师院校教师不但要接受专业知识的深造，还必须接受人文教育的熏陶，从而成为一个真正和谐发展的人。

第三，重视科研活动，提高创造能力。培养人才、科学研究、服务社会是现代高校的三大职能。教学是教师向学生传授知识的过程，科研是教师自我增长知识的过程，包括专业科学研究和教学科研。在我国的高校中，重教学而轻科研的现象较为普遍，特别是由于近几年高校的连续扩招，教师工作量大大增加，轻科研的现象更为突出，有些高校甚至只搞教学不搞科研。事实上，科研活动是培养教师开拓精神和提高教师创造力的一个重要途径。因为科研活动能以其独特的抽象思维将从事科学研究的人带到一个崇高的境界，以此净化头脑、锤炼意志，使思维更活跃更敏捷。通过科学研究，教师能不断使专业知识和相关学科的知识得到扩展，并以这些新知识、新技能来充实自己、强化自己，从而提高创造能力。虽然高师院校的主要任务是培养人才而不是学术研究，但也要将科研活动提到学校工作的重要位置，加强对科研工作的领导和规划，加大对科研经费的投入，创造良好的环境，营造科研氛围，提高教师的科研水平。

第四，引进创新人才，造就一流队伍。面对人才争夺日益激烈的严峻形势，高师院校不但要依靠自己的力量培养创造型教师队伍，而且要加大人才引进的力度，并做好"环境留人，感情留人"这篇大文章。在人才引进上不能墨守成规，必须敢于创新，努力探索多种人才引进的形式与途径。在引进人才的过程中，要合理规划，明确标准，严格把关，切忌缺乏规划，盲目攀比；要重视人才引进后的使用、管理和开发，特别是在当今科技飞速发展、知识更新速度日益加快的信息时代，对引进人才也要适时地进行有步骤、有计划、多途径的培训，让其不断地吸收新知识、新思想，掌握新方法、新技能。只有这样，才能让引进人才"进得来、用得上、发展好、留得住"。

（四）重视青年教师队伍建设，是西部地方高师院校可持续发展的基础

正如江泽民同志所说："青年兴则国家兴，青年强则国家强，青年有希望，未来的发展就有希望。"青年教师成长是高校人力资本建设的基础，是学校发展的未来。青年教师的成长也是西部地方高师院校提升竞争力，摆脱不利困境，走自己特色发展道路的出发点。重视青年教师培养，加强青年教师队伍建设，是西部地方高师院校可持续发展的基础。

西部地方高师院校要结合学校实际，创建切实有效的青年教师激励机制，充分发挥青年教师工作的积极性、主动性和创造性。在学校工作中，要有决心打破历史形成的论资排辈的常规，敢于重用优秀青年教师担当重任，为年轻人创造良好的创业和发展空间，逐步建立科学合理的竞争机制、激励机制、分配机制和协作机制。对有思想有能力的优秀青年教师要敢于破格重用，业务上高标准，工作上压担子，充分发挥其带头作用，在任用时要首重能力，不唯学历。[6]还要关心青年教师的生活，帮助他们解决生活中的实际困难，尽量满足他们在生活条件方面的基本需要，以稳定队伍，使之能安心工作。

要引导青年教师迅速完成从学生到高校教师的角色转换，适应教师职业需要。青年教师要确定自身发展目标，要使个人目标与学校发展目标相统一，尽快融入到学校大集体中去。同时，青年教师必须转变"不搞科研照样讲好课"的陈旧观念，改变"学术水平高就是好教师"的错误认识，正确处理好教学与科研的关系。要坚持"提高学科专业

水平与提高教育素养并重，提高教学水平与提升科研水平并重”的发展目标，实现教师个体的全面发展。

针对当前青年教师出现的职业倦怠等一些心理问题，学校要采取有力措施，帮助青年教师解决好心理矛盾。首先，要优化学校人际关系，使教师群体保持团结协作、和睦共事的良好氛围，为青年教师创设一个良好的人际心理环境。其次，应有目的、有计划地对青年教师进行心理健康知识教育，开展多种形式的心理训练，引导他们通过自我教育来提高心理健康水平。最后，定期对青年教师进行心理测试，了解其心理健康状况，引导青年教师正确对待已经出现的心理矛盾，有针对性地开展心理咨询与辅导活动，帮助他们提高心理承受能力和调适能力，使他们在面对任何压力和挫折时，都能做出相应的心理调整，以保持心理平衡。[7] 只有这样，加强西部地方高师院校教师队伍建设的目标才能落到实处，其提升竞争力的美好愿望才不会成为无源之水、无本之木。

参考文献：

[1] 赵振宇. 学生是学校的名片 [N]. 光明日报，2005-05-24 (04).

[2] 唐华生. 试论高校扩招与弱势高校的生存与发展 [J]. 临沂师范学院学报，2003 (4).

[3] 田建国. 关于科学教育发展观的思考 [J]. 中国高教研究，2004 (5).

[4] 滕明兰. 对推进我国教师专业化的思考 [J]. 中国高教研究，2004 (5).

[5] 唐华生. 高师院校加强对创新型教师培养的思考 [J]. 黑龙江高教研究，2003 (3).

[6] 沈振德. 高校青年教师激励机制研究 [J]. 湖州师范学院学报，2005 (3)

[7] 唐柏林. 加强当前高校青年教师工作的对策探讨 [J]. 长春工业大学学报：高教版，2004 (3).

地方高校青年教师心理压力探析

随着社会竞争的日益激烈，人们的心理问题日渐增多，心理健康已成为社会关注的焦点。就高校而言，相对于“211”、“985”工程院校和省、部级重点院校，地方高校的青年教师由于其在社会中所处的特殊位置、环境和所担当的特殊角色、使命，内心往往承载着比其他年龄段教师更大的负荷，一些教师由此产生了种种心理困扰。

一、当前地方高校青年教师心理健康状况分析

青年教师是高校的重要力量，是学校可持续发展的主力军，是学校的未来。从这个角度讲，青年教师的心理健康状况是关系地方高校发展，关系当地经济、文化、教育事业进步的一个重要问题。然而，当前地方高校青年教师心理健康状况不容乐观。近年来的一些调查和研究表明，高校青年教师因心理因素而导致的健康问题日趋严重，“心理疾患检出率已近一半，近10%的青年教师有中度心理障碍”。[1]而在地方高校，这一问题更为明显。高校青年教师作为一个特殊群体在很多方面具有相似性，但是由于个体经历的不同，其所呈现的心理健康问题也就有所差异。概括起来，有以下几种状况：

（一）职业倦怠

一般认为，“教师职业倦怠是指教师不能顺利应对工作时的一种极端反映，是教师在长期的压力条件下产生的情绪、态度和行为的衰竭状态”。[2]职业倦怠是地方高校青年教师群体中较为常见的一种心理状态，主要表现为怨职情绪的滋长，往往对教育和教学工作缺乏热情、不负责任，对学生缺乏爱心和耐心；工作态度消极，个人成就感降低，得过且过；不安于现状，认为工作本身缺少刺激，觉得工作过程中自我价值难以实现，工作一段时间后，开始敷衍塞责，并考虑更换其他工作或兼职。这一点，在地方高校或新建本科院校表现得更为突出。

（二）人际关系的隔阂

青年教师大多独立性较强，富有竞争性，在待人接物方面正义感强，对不合理现象不愿迁就和屈从，很容易被他人误解甚至排斥，这就造成青年教师厌倦与同事、他人交往，往往表现出拒绝意见、猜疑敌视、易激怒、好攻击或是退缩、冷漠等。这种人际关系方面的隔阂，给青年教师的自身完善和发展蒙上了一层阴影。

（三）身体的亚健康状态

高校教师普遍存在着亚健康状况，而青年教师更是亚健康的高发人群。严重的工作压力和心理压力，常常导致他们出现诸如疲劳、烦躁、易怒、过敏、紧张的反应，甚至

导致思维不灵活、记忆力衰退等心理机能的失调，极大地影响了青年教师的日常学习、生活和正常的教学工作。

二、地方高校青年教师心理健康问题归因

导致地方高校青年教师心理健康问题的原因是多方面的，社会压力、职业压力、工作压力、生活压力以及个体特征都有可能影响其心理健康。

（一）社会压力

随着社会政治、经济、文化环境的急剧变化，高校教师的社会地位和作用受到了严峻挑战。第一，文化的急剧变化给高校教师尤其是青年教师带来巨大的心理冲击。作为文化的传播者，教师需要迅速适应和学习新的文化，并不断运用这种文化变化来满足教学需要。第二，价值多元化使得高校青年教师心理活动加大。人们的价值取向和选择日益多元化，这已是不争的事实。青年教师思维活跃，容易接受新的东西，但分析判断、自我控制和调整能力不强，个人内部观念与人际间的价值冲突在所难免。青年时期所特有的强烈的主体意识、成长欲望，使得他们迫切希望找到适合自身发展的机会和途径，以成就一番事业，实现自身价值。这种随社会变革带来的个性化要求和价值功利化表现，与青年教师从小接受的正统教育以及中国传统的“师道尊严”很容易产生冲突，造成心理压力。第三，心理期待值与实现值之间的差距。青年教师对人生和社会的理解往往带有较强的理想主义色彩。然而，理想的期望值与现实生活的实现值却难以统一。受当地经济发展水平和学校发展状况的限制，一些地方高校的青年教师物质生活条件相对较差，其所获得的实际利益比预期的要少，加之社会上对个人价值多以收入多少为主要评价方式，极易引发青年教师与外地、外单位“比待遇”、“比收入”的攀比意识。偏低的收入使不少青年教师自尊心、自信心受损，由此造成心理压力。第四，教育改革的深入对高校青年教师提出了新的要求。新的教育价值和教育观念，新的教学方法和课程设置，有时超过了青年教师的接受能力和适应性。外界过高的期望使青年教师在竭力维持正常工作运转、保持自身形象的同时，深感力不从心，疲惫不堪。

（三）职业压力

其主要是指高校教师的职业声望、职业特点以及青年教师在角色化过程中所产生的压力和心理矛盾。教师劳动具有示范性、创造性、迟效性和劳动成果集体性等特点。要成为一名合格、称职的高校教师难度相当大，要求相当高。这对仅有较浅阅历和较少经验的青年教师而言，无疑是一种沉重的心理压力和负担。教师的职业声望是社会公众对教师职业的意义、价值及声誉的综合评价。我国教师的职业声望一直比较高，职业形象也一直比较好，这使得社会对教师提出了较高的角色期望，对教师的职业素养提出了相当高的要求。当这种期望值与自身利益发生冲突时，不少高校青年教师不能正确区分理想角色与现实角色的差距，容易出现角色问题，使自己陷入过重压力之中。

另一方面，尽管很清楚高校教师的责任和义务，但日益强化的功利观念与相对拮据的现实生活的强烈反差（尤其是地处经济欠发达地区的高校），使一些地方高校的青年教师对教师职业本身产生了一定的矛盾心理。当他们由学生角色马上转换到教师角色

时，其适应过程与教师职业要求往往一时又不太协调。有的青年教师由于自身对教师角色兴趣不大，故会出现烦躁不安情绪；有的青年教师因为自身素质因素，如语言表达能力、知觉能力、教学组织能力、科研能力有限等，往往也感到力不从心。这种个人与教师职业要求的冲突，在实际工作中极易引发青年教师的心理矛盾。

（三）工作压力

近年来随着高校的连续扩招，各地方高校不同程度地出现了师资紧缺现象，大量青年教师补充进来。青年教师作为高校教师中数量最大的群体，承担着较为繁重的工作任务。高校教师不但要教学，而且还承担着一定的科研任务，因而劳动复杂，紧张度大，心理压力不小。而地方高校的青年教师更是面临着重重困难。很多青年教师刚从学校毕业，经过简单的岗前培训就走上了讲台，尤其是一些本科学历的青年教师，缺乏必要的知识积累和社会阅历积淀，教学和科研工作都缺乏相应经验。加之不少地方高校地处经济欠发达地区，受当地经济环境和学校效益的影响，学校科研经费短缺，青年教师很难获得科研经费的资助。教学任务的繁重、科研任务的紧迫，不少地方高校的青年教师经常感受到难以摆脱的焦虑和压力，从而造成严重的心理负担。

（四）生活压力

不少地方高校发展状况不佳，效益不景气；或是为了生存发展，将有限的财力物力投入到学校建设上，使得教职员工待遇提高幅度不大。青年教师参加工作时间相对较短，职称普遍不高，又受学校政策和效益的影响，所以工资收入相对较低。但他们面对的生活问题却不少，要组建家庭，孩子老人又需要照顾，再加之住房改革、医疗改革，影响最大的也是青年教师。他们或有“成家”前后的焦虑，或有“上有老，下有小”的压力，或有经济上负担重、收入却不高的尴尬，或有对学校发展前景和自身前途的担忧，生活上的种种责任与压力给他们的心理健康产生了或多或少的影响。[3]

（五）个人因素

地方高校青年教师的心理健康也受其自身因素的影响。根据认知心理学的相关理论，外界刺激要经过人们的主观评价才能对人的身心产生影响，人的主观因素，尤其是个性品质则成为影响心理健康的重要环节。[4]个性左右着人们对现实的态度和行为方式，成为人们评价事物的主观指标，对人的心理健康有重要影响作用。不良的个性品质往往会给人的学习、工作、生活带来很多麻烦，增加不少压力。一些青年教师有着过于强烈的自我实现与自尊需要，却又缺乏自我认知能力，不能客观地认识自我和现实，目标不切实际，造成理想与现实差距太大，导致心理上的巨大失落；有的则固执偏激，较容易冲动，遇事不冷静，对情绪情感的控制不强，往往导致过激行为；有的青年教师则表现得内向孤僻、沉郁压抑，自卑感强，这些都不利于青年教师的健康成长和事业发展。

三、缓解地方高校青年教师心理压力的对策

青年时期是人生发展过程中的一个重要阶段。在社会发展进步与教育改革不断深入的过程中，在个体心理逐渐成熟的过程中，青年教师必然面对许多负担和压力。正确看待这些压力，采取积极策略去应对、缓解压力，是青年教师自身必须解决的一个问题；

为青年教师提供一个宽松、和谐的发展环境，帮助他们提高心理调适能力，是社会、高校义不容辞的责任。

1. 青年教师的自我调控

个体的自我调控是最重要、也最为行之有效的心理压力应对策略。青年教师要正确认识各种压力，学会驾驭压力，善于调节情绪，发展良好个性，增进人际交往，不断增强社会适应能力。

第一，要树立正确的人生观、价值观。青年教师应将人生的目的和意义建立在奉献和进取的基础之上，追求自身社会价值的优先实现，得到社会的认同和接纳。高校青年教师大多是近几年的大学毕业生，在当前纷繁复杂、急剧变革的社会生活中，在价值多元化的冲击影响中，应坚定自己的信念，对自己的人生进行理性的思考，为自己的人生道路打下坚实基础。学校的发展需要全体教职员工的齐心协力。青年教师一定要明白，只有学校事业进步，才可能为个体的发展提供优越的条件和更为广阔的空间。地方高校的青年教师在学校发展的关键时期，一定要有强烈的事业心和责任感，要识大体，顾大局，确立“校兴我荣、校衰我耻”的意识，把自身发展与学校事业紧密联系起来，在学校事业的发展进步中实现个体的发展，从而实现自身价值。

第二，正确认识自我，并根据现实环境不断调整自我认知。要根据现实环境改变不合理的认识与理念，真正客观地认识自我。只有深刻地认识自己，才能准确地自我定位，避免为自己涂上过于“理想化”的色彩。[5]要正确认识自己的个性、兴趣、优缺点、工作能力及自身角色。不少青年教师对自己缺乏了解，工作和生活目标定得太高或过于理想化，最终难免受挫，以致心理失衡。地方高校的青年教师在工作中，应纠正眼高手低、好高骛远的毛病，尽心尽职做好本职工作；要充分发挥自己的个性优势，扬长避短，克服不足，努力为自己营造宽松的心理环境；要勇于面对生活，挑战自我并不断超越自我，以良好、健康的心态，积极参与社会实践，弥补自身社会实践经验的不足，提高自身心理承受能力，不断增强社会适应能力。

第三，调节情绪，学会驾驭压力，主动积极地应对压力。青年教师要充分认识到压力及其反应是每个人都会体验到的正常心理现象，从而自觉调整心态，从回避压力转向主动面对，积极主动地去应对各种压力。要合理调节情绪，努力保持心理平衡。保持健康、正常、平和的心态，通过自我心理暗示给自己减压，是缓解各种压力的重要方法。青年教师要学会控制情绪，注意行为调节，尽量以平和的心态接物待人。当不良情绪已经发生时，可通过一些行为上的改变，如心理暗示、思维方式转换、情绪宣泄、转移注意力等进行心理调控。

第四，发展良好个性，建立和谐人际关系。具有和谐人际关系的人，心理健康水平相应较高，抗挫折能力和社会适应能力也愈强。青年教师要想获得成功，就必须通过对自己个性的不断丰富完善，提高人际吸引力，建立和谐的人际交往圈。要真诚待人，尊重理解他人；正确认识自己，不断反省自己，虚心接受他人的意见和建议；要掌握人际沟通的技巧，尽量避免误会，从而建立良好的人际关系，缓解心理障碍和压力。

2. 营造良好的成长环境

环境是个体成长的摇篮，对个体的发展起着潜移默化的影响。

第一，优化社会环境。要建立信任、支持的社会大环境。国家应采取切实措施，制定相关政策，加大对地方高校尤其是经济欠发达地区的高校的重视和投入力度，提高教师的经济待遇和社会地位，减轻教师过重的工作与心理负荷，为教师营造一个支持教师职业声望的社会氛围，创造一个融洽、温馨、积极进取的工作环境；要确立对教师职业的合理期望，给教师、尤其是青年教师营造一个轻松的成长环境。[6]

第二，营造良好的校园环境。地方高校在抓住当前高等教育大发展的良好时机，增强学校“硬件”实力、追求办学效益的同时，应充分认识到青年教师相关工作的重要性和紧迫性。各地方高校应有目的、有计划地对青年教师进行心理健康知识教育，开展多种形式的心理训练，引导他们通过自我教育来提高心理健康水平；要形成科学合理的管理机制和有效的激励机制，为青年教师创造实现人生价值的机会和条件；要关心青年教师的个人生活，帮助他们解决生活中的实际困难，尽量满足他们在生活条件方面的基本需要，以稳定队伍，使之能安心工作；要定期对青年教师进行心理测试，了解其心理健康状况，引导青年教师正确对待已经出现的心理矛盾，充分认识和了解其表现特征、形成原因，分析其存在的范围、失调的程度，有针对性地开展心理咨询与辅导活动，帮助他们提高心理承受能力和调适能力；要注意优化学校人际环境，使教师群体保持团结协作、和睦共事的良好氛围。

参考文献：

[1] 王满新，等. 区域性高校青年教师心理健康状况探析 [J]. 云梦学刊，2004 (1)：94-96.

[2] 李静. 试析当前我国高校青年教师的职业倦怠 [J]. 阿坝师专学报，2004 (4)：71-73.

[3] 朱运来，等. 试论新形势下高校青年教师心理矛盾及其调适 [J]. 伊犁师范学院学报，2002 (1)：67-70.

[4] 林崇德. 发展心理学 [M]. 北京：人民教育出版社，2003：263-264.

[5] 梁芹生. 高校青年教师职业压力归因及自我心理调控策略 [J]. 嘉应学院学报，2005 (3)：96-99.

[6] 王海翔. 高校青年教师心理压力的调查分析及对策 [J]. 宁波大学学报，2004 (5)：74-76.

五、德育工作

人的全面发展与高等教育的历史使命

马克思主义经典哲学认为，人的全面发展是一个渐进的社会历史发展过程，是历史发展的必然趋势。[1]江泽民同志继承了这一思想，他在庆祝中国共产党成立80周年大会上的讲话中，对推进人的全面发展的重要性，社会主义初级阶段如何逐渐实现人的全面发展以及人的全面发展与物质、文化发展之间的关系等方面都有精辟的论述。这些论述丰富和发展了马克思主义关于人的全面发展的学说，对当今及以后更长时间内如何逐渐实现人的全面发展和高等教育在推进人的全面发展中所起的重要作用等方面均有重要的论述，具有现实指导作用和深远的历史意义。

一、江泽民关于人的全面发展论述的丰富内涵

江泽民关于人的全面发展的论述，可谓高屋建瓴，内涵丰富。细心研习，他的论述主要阐释了如下几方面的内容：

1. 促进人的全面发展是社会主义的本质要求

在庆祝中国共产党成立80周年大会上的讲话中（以下简称“七一”讲话），江泽民强调指出，社会主义初级阶段人的全面发展，是“马克思主义关于建设社会主义新社会的本质要求。我们要在发展社会主义物质文明和精神文明的基础上，不断推进人的全面发展”。[2]他的这一重要观点，进一步从终极价值方面明确了社会主义的本质，完善了对社会主义本质的科学与价值相统一的认识，即：人的全面发展是社会主义现代化建设的应有之义，是社会主义本质的重要内涵。这一论述，继承和发展了邓小平理论中的社会主义本质理论，把对社会主义本质的认识提高到了一个新的高度。

2. 人的全面发展是我们党坚持最高纲领和最低纲领“目的性”与“历史性”相统一的当代目标任务之一

江泽民在“七一”讲话中指出：“我们是最低纲领与最高纲领的统一论者……共产主义社会，将是物质财富极大丰富，人民精神境界极大提高，每一个人自由而全面发展的社会。”[2]可见，按照他的观点，人的全面发展是共产主义社会的本质规定性，要实现共产主义，就要实现人的全面发展，这是属于党的最高纲领所要达到的目标。但是，共产主义社会人的全面发展不能一蹴而就，在没有进入共产主义社会以前，建立在物质文明和精神文明不断发展基础上的长期的人的全面发展的积累，是不可能实现的。为此，江泽民在“七一”讲话中把人的全面发展作为一个体现当前社会主义新时期本质的主题纳入现阶段人们的奋斗目标，要求在社会主义初级阶段要积极实现人的全面发展，这既

是党的最低纲领所要求实现的目标与任务，也是将党的最高纲领与最低纲领有机统一的现实基点。为此，他进一步指出：“我们建设有中国特色社会主义的各项事业……既要着眼于人民现实的物质文化生活的需要，同时又要着眼于促进人民素质的提高，也就是要促进人的全面发展。……我们要在发展社会主义物质文明和精神文明的基础上，不断促进人的全面发展。”[2]他的这一论述，坚持了为共产主义奋斗的正确方向，继承了马克思主义“人的自由全面发展”学说的精髓，更为重要的是提出了争取在社会主义初级阶段“推进人的全面发展”的有限目标上要有所作为。把人的全面发展纳入党在现阶段的基本纲领，作为全党、全民、全社会的目标任务提出，这显示出中国共产党对马克思主义人的全面发展学说的认识在整体上达到了一个新的高度，在理论思路和政策设计上作出了重大创新。

3. 人的全面发展是人的发展与社会发展的统一

马克思主义认为，人的发展是伴随着生产力的不断发展和社会关系的不断丰富而不断发展的。[3]江泽民进一步深入分析、论述了人的全面发展同推进经济、文化的发展和改善人民物质文化生活等社会发展互为前提和基础的辩证关系。他指出：“人越全面发展，社会的物质文化财富就会创造得越多，人民的生活就越能得到改善，而物质文化条件越充分，又越能推进的人的全面发展。社会生产力和经济文化的发展水平是逐步提高、永无止境的历史过程，人的全面发展程度也是逐步提高、永无止境的历史过程。这两个历史过程应相互结合、相互促进地向前发展。”[2]

4. 人的全面发展是人与自然关系的和谐发展

人类生活的世界是由自然、人、社会三部分构成的，人的全面发展不仅要处理好人与社会的关系，而且要处理好人与自然的关系。江泽民在“七一”讲话中指出，推进人的全面发展，“要促进人和自然的协调与和谐，使人们在优美的生态环境中工作和生活。坚持可持续发展战略，正确处理经济发展同人口、资源、环境的关系，改善生态环境和美化生活环境”，[2]进而为人的全面发展提供更加广阔的空间和更加有利的条件。

二、大力发展高等教育是促进人的全面发展的重要途径

人的全面发展涵盖了政治、经济、文化等诸多方面，其中，文化素养水平居于基础地位，影响并制约着其他方面的发展。而文化发展优劣又直接取决于教育程度的高低，因此，发展教育是促进人的全面发展的根本途径。教育的意义就在于“通过‘文化化人’的活动将社会成员从自然状态中提升出来，实现人的‘社会化’，成为一个秉承人类文化成果，并具有智慧与力量，能够担当社会主体责任的人。”[4]

（一）人的全面发展对教育尤其是高等教育提出了新的更高的要求

知识经济时代，教育已成为推动经济发展的全局性的基础产业。高等教育作为知识创新和人才培养的阵地，其发达与否决定了国家综合竞争力的强弱，也是决定人的全面发展目标能否实现的重要标志。要促进人的全面发展，必然对我国的教育尤其是高等教育提出新的更高的要求。

1. 高等教育要实现大众化目标

当前，高等教育的发展成为衡量一个国家经济社会发展水平的重要指标和内涵，这已是世界的共识。由于种种原因，我国高等教育的发展远远落后于发达国家。有资料表明，每百个居民中具有大学文化程度的人数，美国为46.5人，日本为20.7人，泰国为5.□人，而我国为2.7人。联合国宣布1999年10月12日为“60亿人口日”，全世界大学生数量正好约有6000万，而美国就有1400万。当时美国大学生占人口比例为5.591%，而我国为0.186%，他们是我们的30多倍！令人深思的是，当年我国人均GDP首次达到300美元以上，而美国GDP也正是我们的30多倍。[4]在知识经济时代，我们这样一个高等教育入学率如此低的国家，其经济发展速度何以能长期超过高等教育入学率高出我国几倍甚至十几倍的发达国家？因此，实现高等教育的大众化是21世纪头20年我国高等教育的发展目标。

2. 人才培养目标要注重创新

在知识经济时代，科技进步日新月异，综合国力和人才竞争日趋激烈。国家综合国力的增强和国际竞争力的提高，归根到底要依靠科学技术的进步和民族整体素质的提高。正因为如此，我们必须在21世纪的头20年里，始终以科学技术作为第一生产力。当前，“创新”已被提升到民族竞争力、生存力的高度加以重视。肩负着人才培养、科学研究、社会服务三大职能的中国高等教育必将面临着新的机遇与挑战。因此，我们在人才培养思路上，必须坚持体制创新是基础、观念创新是关键的指导思想，在人才观念、教育观念、质量观念和引导学生的择业观念上大胆创新，为社会培养数量更多、质量更优的高素质人才。

3. 社会服务功能要更加突出

当代美国著名教育家布鲁贝克在《高等教育哲学》一书中指出：在19世纪工业革命之前，高等教育的主要职能一直是保存、传授和发展高深学问，而现在它担负起为公众服务的职能。随着以经济全球化和知识经济为特征的21世纪的到来，大学的功能不再仅仅是科学研究，而直接的社会服务功能开始受到重视并日益彰显。高校为社会服务的内容必将更加丰富，服务的范围将会日益扩大，服务的形式也将更加多样化。

4. 终身教育要成为必然

信息社会和知识经济时代的一个重要特征就是知识传播、更新的速度加快，终身学习正日益成为社会的发展趋势，终身教育已成为当代国际教育领域中影响最大、传播最广的一种教育理念和思潮，成为越来越多的国家和地区教育改革和发展的指导原则。终身教育在我国同样受到高度重视。在1999年全国教育工作会议的讲话中，江泽民指出：“终身教育是当今社会发展的必然趋势，”“要逐步建立和完善有利于终身学习的教育制度。”这些重要论述高屋建瓴、思想深刻，具有重要的时代意义和现实意义。高等院校如何在新的历史时期尽量满足人们不同层次的学习需求，应成为必须着力思考和解决的问题。

（二）高等教育的发展要适应人的全面发展的需求

党的十六大明确提出了在21世纪前20年全面建设小康社会的奋斗目标。面对全面建设小康社会对高等教育提出的新要求，我们必须以促进人的全面发展为核心和动力，大力发展高等教育。

1. 以科学的教育理念为先导

理念是人们在科学理论指导下追求的一种理想，它是建立在对客观规律和时代特征深刻认识的基础上的。科学的理念是一种远见卓识，它能正确地反映事物的本质和时代的特征，指明事物发展的方向。实现理想是一个长期奋斗的过程，但科学的理念能指引和鼓舞人们沿着正确的方向为实现理想披荆斩棘、破浪前进。在当代，高校科学的理念应是“以人为本，崇尚学术，适应社会，走向世界”。其中，“以人为本”就是“以学生为本”和以“促进人的全面发展”为教育活动的崇高目标，这是新时期的大学教育必须确立的一种教育哲学观。

2. 建构完善的高等教育体系

改革开放以来，我国的高等教育体系逐渐形成，但与新时期全面建设小康社会的要求相比，还有许多不适应和需要完善的地方。当前，应进一步完善高等教育体系。高等职业教育、成人继续教育、现代远程教育等作为高等教育的重要组成部分和有益的补充形式，符合21世纪高等教育的发展方向，因而具有极大的潜力和广阔的发展空间，应受到特别重视。

3. 加快创新人才的培养

马斯洛在《人性能达到的境界》一书中指出：我们必须变得对创造过程、创造态度、有创造能力的人更感兴趣，而不单单是对创造产品感兴趣。造就这种人的社会将生存下来，不能造就这种人的社会将会灭亡。这绝不是危言耸听，相反，是在经济全球化的视野中对人才观的重新审视和界定。这一点也正逐渐成为人们的共识。因此，加快创新人才的培养，造就一大批拔尖人才，是我国高等教育在促进人的全面发展中所肩负的重大历史使命。

参考文献：

[1] 马克思恩格斯全集：第46卷［M］. 北京：人民出版社，1972.

[2] 江泽民. 在庆祝中国共产党成立80周年大会上的讲话［N］. 光明日报，2001-06-30.

[3] 马克思恩格斯全集：第26卷［M］. 北京：人民出版社，1972.

[4] 檀传宝. 教育是人类价值的生命中介［J］. 教育研究，2000（3）：6.

大学新生学习适应性问题探析

大学新生经过多年拼搏，最终实现了自己的理想，来到了梦寐以求的大学校园。由于环境的变更与角色的变化，许多新生一入学就产生了种种心理困惑。特别是在学习方面，大学学习与中学学习发生了质和量的突变，课程的庞杂、专业的陌生、教学方法的多样性、教学进度的跳跃性等特点，使他们难以适应。特别是有些学生适应期拉得太长，陷入学习负担过重、学习困难太大的苦恼和困惑之中。这些困惑或苦恼若得不到及时解决，将直接影响他们整个大学期间乃至今后更长时间的学习和成长。因此，帮助他们度过转型期并进入良性循环的健康发展阶段，把他们培养成德、智、体、美、劳全面发展的合格大学生，培养成社会主义现代化事业的建设者和接班人，是高校思想政治工作者、教育工作者的根本任务，这也是高校学风建设的一项重要内容。

一、大学新生对学习认识的不良心理倾向

据有关调查资料显示，相当多的大学新生中存在着各种不良心理倾向，主要有以下几种表现：

1. 松懈心理

中学阶段，学生的奋斗目标十分明确，就是为了考上理想的大学，因此容不得他们在学习上有丝毫的懈怠。但是到了大学后，他们主观上却有了一种歇歇气的思想，客观上大学宽松的学习环境使他们误认为可以松口气了，因而不少新生奋斗目标就像断了线的风筝，飘忽不定，只好跟着感觉走。表现在学习情绪方面，自我期望值不高，往往是消极、被动地学习。情绪高涨时，学习主动刻苦；遇到困难或不顺心时，他们则“三天打鱼，两天晒网”；平时更容易受外界诱惑的影响而把学习放到一边。

2. 空虚心理

中学教育和大学教育存在很大的差别：在中学阶段，高考的压力使得学生整天泡在“题海”里，没有喘息的机会，而在大学校园里，大部分时间都是由学生支配的；就学习方式而言，中学的学习比较被动，很多学习接受的是“满堂灌”的教育，而大学里的学习方式，则是灵活多样的，学生不再像中学时期那样被动接受知识；在中学里，由于学校和家长的严格管理和包办代替，学生的自觉性较差，而大学则要求学生增强生活自理和自我完善的能力。面对这些差别，不少学生感到茫然失措，难以适应学习环境的变化，于是便产生了空虚心理，整天无所事事，上网聊天、打牌消遣、蒙头睡觉、寻找感情寄托等成了他们打发属于自己时间的“最佳”选择。

3. 依赖心理

学习上的依赖心理是大部分新生不能适应大学学习的重要原因。中学阶段，尤其是高三阶段，学生每天的课程都排得满满的，课后有做不完的练习题和各种模拟试卷，考试更是“家常便饭”。他们的每一天甚至每一小时都由家长和老师“精确”地安排妥当，学生就像一部被操控的学习机器。而到了大学，许多学生仍然习惯于高中时那种在外界控制下的学习方式，对大学的自主学习方式极度不适应，他们习惯于课后等待老师布置作业，习惯于考前老师重点辅导。大学里没有了家长的反复叮嘱和督促，少了各种名目繁多的小测验，使他们觉得大学学习太轻松，有的甚至为课余时间不知如何消磨而苦闷，思想上和行动上仍然停留在“要我学”的层面上。

4. 虚荣心理

有些学生考入大学，便把自己看成是时代的骄子、社会的宠儿，不可一世，真有些飘飘然的感觉。他们爱慕虚荣，对别人的赞扬洗耳恭听、沾沾自喜，而对别人的批评却充耳不闻、不以为然。他们当中有的甚至不顾家庭拮据，摆阔气、讲排场，拿自己父母的血汗钱下馆子、购手机、泡录像厅、买名牌时装等，将此视为潇洒。这部分学生平时喜欢表现自己，举止轻浮，爱慕虚荣，学习生活没有明确的目标和具体的计划与安排，学习不够踏实，思想上不求进取。

5. 盲目乐观心理

刚入大学，不少新生认为自己已有多年的学习经历，积累了不少的知识和经验，各种大考小考见得多了，早已“久经沙场”，拿到大学文凭不过是“小菜一碟”，再加上刚入学时的一些基础课程与中学所学的内容貌似重复，学习时有“老本”可吃。这种对大学学习的盲目乐观心理，使他们认为只需花高中时一半的精力就足以应付大学学习。此外，刚入学时的新生群体对高校校园的很多人和事普遍有一种新奇感，对参与一些学生社团活动热情高涨，有的新生一学期下来已是身兼数职，许多活动中常常活跃着新生的身影，使他们应该在学习上投入的精力和热情大打折扣。结果，一些新生从入学时的高分落到了期末考试的“红灯高挂”，情绪自然一落千丈。

6. 自卑心理

大学的学习生活强调自我管理，各个方面都要依靠自己。有些学生认为大学环境宽松，因而陶醉于自由散漫之中，导致成绩下降，情绪低落。大学生是中学尖子的大组合，竞争激烈，有部分同学失去了优势，故由自傲变为自卑；有的学生因为自己考入的学校不够理想，或其他方面不如别人，因而感到理想破灭，前途渺茫，从此一蹶不振，有的甚至产生破罐子破摔的想法和混一天是一天的念头；再有，同学之间家庭贫富悬殊、城乡差异客观存在，生活不和谐等因素也是造成学生产生自卑心理的原因。来自城市和来自农村的学生学习生活习惯、爱好、作风、卫生状况等各不相同，常常会出现一些摩擦、碰撞，特别是一些来自农村和城市弱势群体家庭的学生普遍感到压抑、自卑。

二、提高大学新生学习适应性的措施

一般说来，大学生的学习是否卓有成效，智力条件已不是最重要的因素，因为能考入大学已是对其智力的部分肯定。重要的在于非智力因素，如学习动机、学习热情、学习观念、自控能力、有无毅力等，这不仅影响他们学习的速度和效率，而且制约着学生学习的方向，并决定着将来能否成才的问题。

1. 注重思想熏陶，加强教育

人生观、价值观教育是高校带有根本性的教育任务，具有长期性、反复性的特点。就大学新生而言，重点要抓好两个方面的教育：一是坚持以社会主义、爱国主义、集体主义教育为主旋律。大学新生为了高考获胜，高中时几乎泡在“题海”里，对人生观、世界观考虑得很少，升入大学后接触的外部世界一下子变得广阔无比，特别是通过传播媒体经常接触到西方世界的政治观、价值观，受到市场经济的负面影响，一些缺乏鉴别力、批判力的年轻人，很容易被污染。我们必须组织他们认真学习建设有中国特色的社会主义理论，培养和提高他们对现代西方社会的分析批判能力和对市场经济负面影响的识别与抵制能力；同时通过党团教育，使学生在思想上热爱党、热爱祖国、热爱社会主义，提高思想政治素质，并逐步确立进步的政治观和正确的世界观。二是加强明确学习目的性的教育。要组织开展“怎样做学问、怎样做人”的讨论，使学生对前述的几种心理所引起的消极作用有一个清醒的认识，培养他们实事求是、严谨治学的科学态度和吃苦耐劳、勤奋刻苦的精神。

2. 深化学习动机，培养自我提高的驱动力

学习动机是学生将学习愿望转变为学习行为的心理动因，是发动和维持学习行动的力量。它反映了学生的需要和愿望，并体现在意志行为的过程中。动机层次越高，成功的机会往往越大。大学生的学习动机包括自我提高的内驱力和适应今后社会需要、实现自我价值的外驱力。

学习动机的内驱力来自浓厚的学习兴趣、强烈的求知欲望和自我补偿因素。在大学新生的学习动机中，学习动力产生于兴趣的占多数，如因为喜欢某门课程或对某任教师的授课风格感兴趣，就会自觉努力地学好这门课程；而对不感兴趣的课程，则会出现逃课，上课打瞌睡、看小说、写信之类的现象，并较少考虑因此而对自己会产生的危害。随着年龄的增加，就业压力的临近，他们的学习动机逐渐指向活动的结果，即为未来就业的需要所支配，往往是需要什么，他们就主动地去学什么，需求指向十分明显。对学习有兴趣的人，学习主要不是为了满足获得他人的赞许或需要，也不是为了获得经济保障或寻找职业，而只是为了直接从学习中获得乐趣。对他们来讲，学习本身就是一种报偿，是一种可使他们获得满足的活动。从心理学的角度看，由兴趣而引发的学习动机往往更持久更深入。因此，对大学新生尤其要注重学习兴趣的培养。首先，要加强专业思想教育，培养学生的学科兴趣。既可请系领导和学科带头人为学生作报告，介绍专业特色和优势、专业的社会作用、发展前景，也可请高年级学生给新生谈专业学习体会，还可请本系优秀毕业生回校开讲座，谈社会对专业人才的需求和期望。其次，要注意发挥学习活动过程本身对学习兴趣的积极影响。

学习活动的外驱力来自于自我价值实现、适应今后社会的需要，它是激发学生个体心理活动与行为的动力，这种动力是由于对学习所产生的结果有兴趣而产生的。比如一

个学生刻苦学习英语，是因为改革开放和我国加入WTO后需要未来人才通晓一门外语，更直接的原因是学英语有利于留学、就业或拿学位，有利于实现自我的价值。因此，学校可通过“两课”阵地或其他教育形式，加强对新生的形势教育和成才报国教育，明确时代赋予大学生的历史使命和作为大学生所应承担的社会责任。让他们清楚，大学生走向社会后要取得社会生活的资格，必须要有扎实的基础知识和过硬的专业技术能力，而这种智能素质临到毕业前再做准备是来不及的。通过这样的教育，给新生一定的外部压力，进而逐步内化为学习动力。这种由外部因素所形成的动机往往含有一定的责任感和义务感，有利于新生尽早克服学习上的懈怠心理，实现由“要我学”到“我要学”的转变。

3. 确立新的目标，激发学习热情

学习动机是一种内在动力，往往通过个体的成就目标体现出来。目标是人们活动所追求的预期结果，是激发人的积极性并使之产生自觉行动的必要前提。无数事实告诉我们，正确的学习动机来自于崇高的理想和远大的目标。据调查，相当多的大学新生对“上了大学怎么办”的问题的回答不令人满意，持“没考虑”、“走一步，看一步”、“听天由命”思想的学生占将近一半的比例，表明了他们对自己今后的发展茫然无知的态度。当然，客观上刚入大学的新生也较难把握确立新的目标的基础。据此笔者认为，高校可通过新生的入学教育、“两课”教育和各种舆论宣传，使他们懂得一个大学毕业生将承担一定的社会角色；今天的学习和他们未来社会角色的一致性，学校培养目标和个人努力方向的一致性，就是他们确立新目标的基础，这是有效学习的前提。学生工作部（处）、院（系）思政干部、辅导员和班主任要适时帮助新生根据成才规格、社会需要和自己的情况，尽早确立新的奋斗目标，制订切实可行的学习计划。还可邀请毕业校友作报告、高年级学生谈体会，帮助大学新生树立学习的榜样。在经过一段时间的学习后，督促他们对自己的学习目标、效果进行检查，找出优势和不足，促进后续学习。

4. 引导学生转变学习观念

随着信息时代的到来，终身学习已成为21世纪的生存理念。大学生决不能把大学作为人生学习的终点站，把大学毕业作为自己的终极目标。我们要纠正大学新生那种“船到码头车到站”、大学学习可以松口气的思想，帮助他们树立“把学习当作现代生活的第一需要”的观点，树立终身学习的观念。因为无论是谁，如果不学习，便无力应付每天纷纷涌来的信息，无法面对日新月异的知识更新和技术革命，更无法适应未来的工作和生活。同时又要使学生清楚，社会化的学习是一种全新的学习模式，它与传统的学习方式有本质的区别。大学生应努力从由教师指导灌输下的学习向自主独立的学习转变，尽快改变中学那种被动的、听命于老师、满足于死记硬背的学习方法。要主动积极的培养自学能力，牢记古人“业精于勤”、“天道酬勤”、“学而不思则罔，思而不学则怠”的教诲，树立自主独立、勤于思考的学习观念。这是大学新生早日适应大学学习的关键。

心理学认为，人的学习与发展过程，是以人在意向心理活动的主导控制下，能动而有选择地获取科学文化知识、提高认识、发展各种智能并形成科学世界观及相应道德品质和行为习惯的过程。这是任何人都不能、也不可能代替的。因此，人人都应该学会独立自主地学习。要把自主学习的精神及早地贯穿到大学新生的学习过程中。通过教育，要让新生懂得：学生是学习的主体；大学生有条件在学习中发挥自己的主动性，才能真正达到高质量学习的目的。

5. 调整心理状态，锻炼自控能力

自控能力是指为达到既定的目标，能够自觉而灵活地控制自己的情绪，约束自己言行的意志品质。良好的自控能力是联系远大目标与锐意进取、不懈追求精神的桥梁和纽带。自控能力强的学生能迅速而及时调整自己的心理状态，善于排除不符合自己学习目标的主客观因素的干扰，迫使自己执行意志的决定，向既定目标奋进。自控能力弱的同学往往容易受周围各种不良因素的诱惑，遇到困难容易产生畏难情绪，缺乏为既定目标而奋斗努力的顽强毅力。笔者曾长期作过班主任工作，在与新生的广泛接触中发现，新生一入校就不求上进的人是极度少见的。他们大多数人都曾有过强烈的进取欲望，都曾有过努力学习、报效祖国的雄心壮志，但这种美好的愿望在不少学生中持续不了多久。因为相当多的大学新生长期以来学习靠的是“他律”，依赖的是严格的“监管”，缺乏自控能力。一旦脱离了这种外在的压力，且又面临太多的诱惑，故而难以“自持”，导致在进取中落伍。因此，学校的教学管理部门和学生工作队伍要针对新生的具体情况，制订教学策略，严格管理制度，开展校纪、校规教育。要利用多种形式组织学生学习有关规章，利用学校的制度来帮助学生养成良好的行为习惯，让他们在逐步适应中完成从“他律”到“自律”的过渡。人的自控能力是在实践活动中有意识地培养、在克服困难中逐步形成的。大学生的自控能力需要在大学这个集体中锻炼、在良好的学习氛围中形成，更需要在不断地克服学习和生活的困难中加以提高和长期保持。

参考文献：

[1] 朱菊芳. 高等教育学教程 [M]. 重庆：西南师范大学出版社，1995.

[2] 刘晓利. 市场经济影响下大学新生的特点和教育导向 [J]. 江苏高教，1996，(1).

[3] 成良臣. 大学生学习方法论 [J]. 达县师范高等专科学校学报，2002，(4).

高校加强网络教育和管理刻不容缓

1994 年，我国正式成为连接国际互联网的国家。十年来，互联网在我国得到了飞速发展和应用，青少年由于其对新事物的巨大兴趣和活跃的思想，成为网络的主要使用者。在高校里，网络逐渐深入到青年大学生日常生活的方方面面，对他们的思想观念、思维方式、行为模式、价值观念产生了深刻影响。这是新时期高校工作一个无法回避、亟待解决的重要课题。

一、网络对大学生的正面影响

网络所呈现的开放性、多元化社会，使得人与人之间的交往更为便利，视野更为开阔，这对大学生的健康成长，有着一定的积极作用。

1. 求知欲的满足

当代大学生处在一个飞速发展、竞争激烈的知识经济时代，对知识和信息的需求相当强烈。而网络具有信息面宽、量大、更新速度快的特点，使得大学生们能够在第一时间获得最新最丰富的信息资源，大大增加了他们的知识量，拓宽了他们的知识面。

2. 交往空间的延伸

正值青春期的大学生，具有较多的与他人交往的愿望和要求，欲寻求思想交流和心灵沟通的对象，希望借他人的认识和评价来反思、完善自我。但当代大学生又往往由于对他人的过分防范，在对外交往过程中产生逃避、自大、自卑心理，这使得许多大学生的交往活动不尽如人意。互联网则提供了一个相对宽松的虚拟交往空间，恰恰满足了当代大学生的交往需要，他们可以通过电子邮件、聊天室、论坛 BBS 等媒介与外界沟通联系，极大地延伸了交往空间。

3. 自我发展的实现

处于特殊年龄阶段的大学生，大多渴望尽力挖掘自身潜力，充分发挥自己才能，实现自身价值，获取更大成功。而现实的有限性往往极大地限制了他们这种无限的自我实现愿望的可能性，加之大学生心理的不成熟，在所难免会引发其失落、消极颓废等不良心态。互联网由于其开放性，给大学生提供了一个相对自由的施展个人才华的空间，他们可以通过网络实现自我肯定，相对虚拟地满足自我发展、自我实现的需要。不少学生更是因此而肯定了自身价值，在一定程度上增强了他们的自信心。

4. 独立个性的完善

网络信息传播的一个重要特点是交互性和平等性。网上的双向或多向信息传播方式，使得大学生可能独立地参加讨论，自由主动地了解各种信息，接受不同角度的建议，经过自己的判断整合，形成自己的观点。同时，在这个比现实世界更为广阔的虚拟空间里，他们可能会遇到现实世界里从未遇到的却需要自己独立解决的一些问题，这无疑极大地促进了大学生独立意识的发展，进一步推动了大学生个性的完善。

5. 创新意识的提高

对于当代大学生来说，网络时代的来临既是机遇，又是挑战。网络所展现的是一个开放的世界，如果不懂得运用网络获取信息资源，而只是一味埋头苦干，那就极有可能远远落后于他人。网络上丰富的信息资源，使大学生可以从中汲取养料，完善知识结构，学习发达国家的科学技术、管理模式和先进经验，并借助世界各地的专家、学者、技术人员甚至普通人的力量发现问题、解决问题。同时，网络这一虚拟的现实，又为学生提供了实践的舞台，在这里可以大胆尝试，不断开拓，培养创新意识和创新能力。

二、网络对大学生思想、心理、行为等方面的负面影响

互联网的不断发展，在给当代大学生带来诸多便利的同时，也对他们的思想、心理、行为等方面产生了一定的消极影响。

1. 多元化导致大学生世界观、人生价值观的迷惘

网络信息在增加人类社会世界性交往机会的同时，也带来了意识形态、文化、道德观念的冲突。不同国家有不同的主流意识形态，世界各民族都有自己独特的文化形态。当它们相互接触时，各种意识形态、文化之间的扩张与交流是在所难免的，由此便产生了更多的相互接触、相互影响甚至相互斗争现象。在网络环境下，大学生的世界观、人生观、价值观受到了极大冲击。多元化的激荡，尤其是以美国为代表的西方文化，使积淀在大学生头脑中的民族文化观念也受到了极大挑战，其世界观、人生价值观也逐渐变得不稳定，社会主导价值观和积极向上的人生观对大学生的激励作用逐渐趋于弱化。在多元文化相互激荡、影响、融合的条件下，在多元价值观、人生观的冲击下，大学生很容易陷入一个迷惘的境地，往往造成个体行为抉择的冲突困境，导致大学生内在世界观、人生观、价值观的冲突和迷失。

2. 不良信息影响大学生的道德品质和心理素质

随着互联网在大学校园的日益发展，各种封建迷信、腐朽思想、西方思潮以及色情、暴力等不良信息也大量涌入，这容易造成思想、心理尚未完全成熟的大学生是非观念模糊、道德意识下降、身心健康受到侵害。在互联网上的非学术信息中，很多与色情有关。而网络这种有别于传统媒体的双向传播方式，使得受众的主体地位增强，也就使得相关部门难于控制不良信息的传播，受众易于接触到不良信息。在网络用户中，大学生的比例接近一半。互联网上大量不良信息的泛滥，极易侵害大学生的身心健康，削弱他们明辨是非的能力和道德约束力。大学生正值青春期，其心理并非完全成熟，自控力也相对有限，在现实世界里，他们的欲望会受到道德、法律等社会规范的约束而相对节制，但在步入互联网这个相对自由的空间后，能使其自我欲望空前膨胀。

3. 长时间上网容易引发网络综合征，严重影响大学生身心健康和学业的完成

大学生自由支配的时间较多，而网络空间里到处都是新鲜事物，这对易于接受新事物并有着较强好奇心理和探索欲望的大学生有着无限的吸引力，往往导致相当一部分大学生对网络的过度迷恋，将绝大部分时间耗费在网络上。一些学生乐此不疲地长期泡在QQ上或聊天室里；近几年网络游戏的风靡，更是将一部分缺少自制力和现实追求的大学生牢牢套住，许多学生宁愿不吃饭、少睡觉也舍不得离开电脑半步。网上游戏或聊天时间过长，严重影响了学生的饮食习惯和作息时间，造成其身心疲劳，生物钟紊乱，大脑中枢神经系统长期处于极度亢奋状态，严重者可诱发各种病症，由此出现神经衰弱等“网络综合征”。这类患者在网上时往往表现出兴奋、注意力相当集中、反应敏捷等积极的情绪状态，而在现实的学习和生活中则产生魂不守舍、烦躁不安等表现。上网成瘾，易呈现出一种不自主地强迫性网络使用行为和在使用过程中不能有效控制时间，欲罢不能、难以自拔的现象。这给大学生带来了极其严重的后果，不仅摧残了他们的身体，而且由于大部分时间使用在网络上，很多大学生往往无法完成学业。

4. 造成人格障碍，影响大学生人际关系

人际交往需要时间和精力的投入。一些大学生由于沉迷于网络，过分依恋网络，人机相对封闭的数字化空间使他们在很大程度上失去了与人交往的机会，减少了与他人交往的愿望。人际交往的减少很容易加剧自我封闭心理，造成人际关系淡化，导致一部分大学生脱离现实，沉湎于虚幻世界。又因为不能有效地实现客观现实与虚拟现实间的角色转换，从而易形成心理错位与失调。他们过度地关注人机对话，淡化了个人与社会他人的交往，失去了对周围现实环境的感受力和积极参与意识，导致缄默孤僻、冷漠、紧张不安、缺乏责任感并养成诸多不良心理品质，进而形成人格障碍。这些学生在真实的交往中往往感到紧张、不适应，产生孤僻的情感反映，产生对现实人际交往的逃避和恐惧，严重影响了人际关系和人格发展，这是非常有害的。

5. 大学生网络违法犯罪行为逐渐增多

近年来，网络信息的隐蔽性和虚拟性，以及在网络社会里个体行为的自主性，导致大学生违法、犯罪行为日趋增多。在虚拟的网络空间里，由于摆脱了诸多方面的束缚，个体行为的自主性得到空前提高，大学生的主体意识得到充分展现，网上行为又具有相当程度的虚拟性和隐蔽性，加之目前还没有完善、成熟的法律法规来规范网上行为，所以一些缺乏自制力的大学生就很容易放纵自己的行为，忘记社会责任，丧失伦理道德，从而实施了一些网络违法犯罪行为，如黑客入侵、恶意制造散布电脑病毒、网络诈骗、偷窃行为、破坏活动等。大学生因为轻信网友而上当受骗，造成自己身心巨大伤害的案例也时有发生。更有甚者，在虚拟空间里尝试到摆脱社会规范束缚后的“自由”后，不自觉或不由自主地就将犯罪之手伸向现实世界，由此葬送了自己的前程，失去了真正的自由。

三、高校加强网络教育和管理刻不容缓

面对互联网发展的强劲势头，高校学生工作者应因势利导，趋利避害，一方面要加

强校园网络建设和管理，另一方面要加强对大学生的网络道德教育，引导学生树立正确的网络观，引导他们正确对待互联网，充分、合理地利用网络资源。

1. 充分利用网络的正面效应，加快校园网络建设，鼓励大学生上网

江泽民同志于2000年6月28日在中央思想政治工作会议上的重要讲话中指出："要重视和充分运用信息网络技术，使思想政治工作提高时效性，扩大覆盖面，增强影响力。"信息网络已是社会发展的必然趋势，是不可阻挡的时代潮流。正确运用网络手段对大学生的健康发展有着十分重要的意义。我国互联网近年来发展迅速，但离网络普及仍有相当大的差距。在高校里，尤其是西部地区条件相对要差一些的高校里，仍然还有一部分学生很少上网或是没有上过网，这其中很大程度上是由于校园网络设施的不尽如人意所造成。事实上，众多高校校园网的发展都没能满足当今大学生对上网的需求，因此有必要积极地发展网络，以充分发挥网络的积极作用。这就要求学校应尽快转变观念和思维模式，对在校大学生进行互联网操作的普及教育，使之掌握必要的网络知识和学会网络操作。同时，学校还应加快校园内的网络设施建设的布局，加强对大学生使用网络的管理，不仅要加强学校机房的规范化管理，还要加强学生公寓个人电脑的管理，有效限制学生上网时间，防止大学生无节制上网，把自律与他律紧密结合起来。

2. 引导学生树立正确的网络观，增强网络道德观念，加强网络伦理规范建设

网络是把"双刃剑"。正确的网络观，是大学生运用网络手段时趋利避害的关键所在。为此，学校有必要不遗余力地引导大学生树立正的网络观，增强网络道德观念，提高遵守网络的"游戏"规则的法制意识，由此约束大学生的上网行为。针对当前学生思想上的一些问题，要充分利用网络开展思想政治教育工作，引导学生自觉抵制西方意识形态的消极影响和各种错误、腐朽思想的冲击；大力弘扬优秀民族文化，引导大学生继承和发扬中华民族的文化瑰宝；教育大学生正确对待网络时代的人际交往方式的变化，引导他们确立积极健康、有助身心成长的人际关系；帮助他们正确辨别不良信息，提高互联网的有效利用率；加强网络法规教育和网络伦理教育，引导大学生确立正确的网络伦理，杜绝恶意的破坏行为。在当前网络法规不很完善的情况下，网络伦理教育的作用是十分突出和重要的。通过网络伦理教育，能够提高大学生的网络道德水平和网络行为自律意识，切实推动网络文明建设。

3. 加强网络心理健康教育，开展网络心理咨询，引导学生自我教育、自我调节

针对网络对部分大学生心理方面的负面影响，高校应充分利用网络内外资源，引导学生进行自我心理调节。首先，学校应开展形式多样的心理健康教育。通过开设网络心理健康教育专题讲座等多种教育途径，促进学生学会自我调节情绪，建立积极有效的心理防御机制。其次，可利用网络这个平台，建立心理咨询网站，开通心理咨询热线，通过咨询、诊断、干预的治疗来帮助大学生缓和解除其存在的网络心理障碍和心理疾病，并进行心理常识的宣传、心理问题的诊治，以增强心理健康教育的辐射力、吸引力、感染力。还可利用聊天室的功能开展团体心理咨询等。最后，高校的相关专业（"两课"、教育学、心理学）教师，应该成为对大学生进行网络咨询和辅导的主力军，配合学生工作部门在大学生中广泛开展网络心理健康教育，使大学生对过度上网带来的身心问题有

较多的了解，从而自觉调整自己的上网行为。

消除网络的负面影响，归根到底还是取决于大学生本身，需要他们不断提高自身素质，进行自我教育、自我调节。要引导学生正确地认识自我，客观评价和理智对待现实与理想自我的差距，在现实环境中去努力实现自我；要引导他们正确对待自我体验，在正确的世界观、人生观指导下，保持健康稳定的情绪状态，乐观对待生活；要引导他们正确地自我调控，提高自控能力，增强心理承受能力和抗干扰力，善于调适自我行为和心理状态，并能按社会要求进行自我规范，避免浮躁心理和急功近利思想，恰当地自我发展和自我满足，从而处理好自我实现与自制的关系，摆脱“迷恋网络”的状态，解决好心理错位和行为失调问题。

4. 加强网络文化建设，重视校园 BBS 的舆论引导

文化作为载体始终在有效地传播着各种各样的思想信息。为此，高校有必要以校园网为依托，努力营造一个健康向上的网络文化氛围，尽量为大学生提供一个良好的网上生活空间。加强网络文化建设，就要以邓小平理论、“三个代表”重要思想和科学发展观占领文化主阵地，抓好政治导向；要传播介绍优秀的民族传统文化，使大学生进一步树立起民族文化的认同感和自豪感；开设相关网站和师生个人主页，使之成为学校与个人、教师与学生之间交流的桥梁，并可以借此开展丰富多彩、生动活泼的网上教育、交流、讨论等活动。

目前，许多高校都建立了 BBS，上面往往是一些学生在现实中不愿说、不敢说的意见，甚至还出现了人身攻击或某些内容不健康的文章。对此，除要加强对 BBS 的监管外，还需要重视对其舆论的正确引导。学校应进一步建立和完善有关规章制度，规范网络运作，加强对聊天室、BBS 的管理，并通过必要的技术、行政、法律等手段，阻止各类不良信息进入校园。对现实中可能出现的各种 BBS 的信息舆论，教育工作者应及时作出反馈，防微杜渐，防患于未然；对提问者，坚持言之有据，评之有理的原则，即有问题可以提，但表达要适度，言辞要恳切，归根到底是解决问题而不是扩大矛盾；要以一种宽松的态度、柔和的手段与学生进行交流，既要理直气壮地对学生进行教育，又要恰如其分地使之心服口服，有效地选准切入点，抓住着力点，让工作事半功倍。

对大学生网络问题的教育引导也是一项复杂的系统工程，还需要社会各方面的协作。社会有关部门应加强对网络的规范管理，完善网络法规，严厉打击网络犯罪；通过各种手段，控制信息源头，正本清源，从外界防堵有害信息对大学生思想的侵蚀；还应通过广播、电视、报刊、网络等渠道普及网络知识，宣传网络道德与网络法规，尽力营造良好的社会氛围，依靠社会舆论力量影响大学生的网络行为，促使其健康成长。

参考文献：

[1] 李强. 互联网对大学生的心理影响及健康心理培养探论 [J]. 西南民族学院学报，2001 (10).

[2] 付小平，张蕾. 互联网对大学生心理、行为的负面影响及对策研究 [J]. 四川师范学院学报，2002 (1).

[3] 杨向平. 大学生思想政治工作与网络 [J]. 中国高教研究, 2004 (3).

[4] 张瑜, 张再兴. 网络思想教育研究的现状、问题与发展 [J]. 清华大学教育研究, 2004 (2).

[5] 孙江. 网络对高校思想政治教育工作的影响及对策 [J]. 平顶山师专学报, 2004 (4)

坚持以人为本　开创高校德育工作新局面
——兼论当前高校学生德育工作中存在的问题与对策

胡锦涛同志曾指出："一个有远见的民族，总是把关注的目光投向青年；一个有远见的政党，总把青年看作是推动历史发展和社会前进的重要力量。"大学生是青年中知识层次较高，最富潜力、最富创造性的群体，要赢得青年，就必须先赢得大学生。目前，我国在校大学生包括专科生、本科生和研究生在内约有2000万人，这是一笔宝贵的财富，这是一支充满生机和活力的队伍，是民族振兴的希望，是祖国富强发达的未来。在培养大学生能否为社会主义服务，如何为社会主义服务的因素中，德育起着决定性的作用。因此，充分认识德育育人的重要性，分析研究高校德育工作现状，积极开展多种形式的德育教育活动，切实增强和提高大学生德育素养，显得十分紧迫而必要。

一、当前高校学生德育工作存在的问题

应该说，整个高等院校对德育工作都是十分重视的。凡是讲到德育工作都有"加强"两个字；我们的口号是"学校一切工作都是为了改变学生的思想"、"政治是统帅"、"把德育工作放在首位"；我们有庞大严密的德育工作的组织机构；我们有众多的德育工作人员；用在德育教育上的时间也不少；等等。但德育工作的效果却不是很明显，存在的问题也不少，主要表现在以下几个方面：

（一）德育理解模糊化

如果在理论上对德育内涵缺乏完整的理解，在德育实践中就难免会出现偏差，甚至犯错误，影响德育整体功效的实现，制约人才素质的全面提高，必将受到历史的惩罚。而事实上，一些德育管理者、工作者在理论上对德育内涵都缺乏完整的理解，连对"德育是什么，什么是德育"这个最根本也是最重要的问题也认识不清，理解模糊。

有人认为，德育就是道德教育的简称，这种对德育概念的界定过窄。因为只有道德教育而没有思想政治教育的德育不是完整的德育，更不是完整的社会主义德育。也有人认为，德育就是思想政治教育，这种认识也是不全面的。德育是社会科学的一个分支学科，不能把它简单地等同于党在各行各业的思想政治教育而忽略道德教育，这方面的教训是极为深刻的。"文革"期间搞突出政治，用政治代替一切，冲击一切，使道德教育被忽视甚至被取消，影响了一代人的道德水平，造成整个社会风气滑坡，后果是极其严重的。还有人认为，德育既是思想政治教育、道德教育，也还包括法纪教育。其主要依据是邓小平同志提出的"四有"新人中，其中一条是"有纪律"。这种观点看似比较全

面，而且也很有新意，但实际上也没有坚持与时俱进的精神，忽略了新形势下心理健康教育在学生成长成才中的作用。因此，笔者以为，现代德育应该是包括思想政治教育、道德教育、法纪教育、心理健康教育四个方面在内的完整的统一体。其中，思想政治教育是根本，道德教育是核心，法纪教育是基础，心理健康教育是保障。高校德育是学校性质和办学方向的体现，必须按照党和国家要求，坚持一元的政治方向和一元的意识形态为导向。同时，由于德育工作的对象是有生命的人，所以德育还应当以个体的人的个性为基础。既要使个体的人社会化，又要充分发挥人的个性，把他们造就成为富有主体精神和创造力的人。德育工作推动社会发展是通过培养社会所需的人来实现的，所以德育应该以人为本，重视人的发展，把人的发展本身作为目的和德育工作的中心，这也是德育价值的核心所在。

（二）德育主体失落化

学校德育工作的对象主要是学生，因此，德育工作应该以个体的学生为基础，学生应该成为整个德育工作中的主体。事实上，在传统的德育工作中，我们往往把德育单纯地看作就是把一定的社会的思想观念、政治准则和道德规范传授给受教育者个体的过程，把学生单方面看成是完成社会规范的产物，德育只是完成这一任务的工具，学生只能被动地接受和继承既定的社会道德规范体系。在这种“旧范式”教育的指导下，学生循规蹈矩，唯命是从，不清楚自己的需要，成为没有自主行动能力的客体，一种被动的、只是接受先进道德的“容器”，学生作为一种主体性存在却在“德育的视线”中消失了。由此而造成的后果是我们培养了很多具有渊博的道德知识而无道德修养的人；学生对各种思想政治要求、道德法律规范谙熟于心，但却“知其善而不为，知其恶而为之”；重“大德”，轻“小节”，即只讲政治态度、政治观点，不讲基础道德，不讲行为规范。

（三）德育途径简单化

在德育工作中，方法和手段问题至关重要。这将直接影响德育工作的效果和质量。然而，在这些方面我们不仅研究不到位，就是在具体的实践中也有许多不尽如人意之处。形式的单一、手段的落后、内容的单薄、说教的乏力、评估的随意等导致德育效果的低下，成为制约德育工作进一步发展的“瓶颈”。德育工作机制中，采用自我设计、自我评估、自我检查的自我循环、自我封闭系统；德育管理中，实行严格的自上而下集中管理、层层管理模式，管理模式单一、僵化、缺少生机，缺少创新；德育教学中，教学手段单一、落后，教育内容普遍缺乏创新，且少数教师教学缺乏诚心，照本宣科，空洞说教，以至于学生学习兴趣降低，逆反心理增强；德育实践中，学生少有自觉、主动参与道德实践、社会实践，即使有那么一些德育活动，也是在学校、老师和社会的“要求”下，受某种“利益”的驱使，由整体对学生从上而下、自外而内地单向地“组织”或“发起”，并要求学生参加的，而这种参加在很多情况下学生都是被动的；德育评估中，缺乏科学的、具体的、与实际相结合的评估标准，评估手段单一，多以考代评，而且在评估中具有很大的随意性。

（四）德育研究和政策导向滞后

对高校德育而言，面对不断变化的社会和形形色色的挑战，特别需要有理论研究的支持、政策导向的帮助和趋势预测的启发。只有加强这些基础的和服务性的工作，德育工作才会做得更积极、更主动、更有力度，而我们在这方面的工作还很肤浅，还有许多禁区和误区，似乎调子唱得越高德育就会搞得越好，完全没有意识到德育需要深入到学习者的内心和情感世界，并最终落实于其言行举止这些关键性的问题。主要表现在这几个方面：缺少一支专门的德育工作研究队伍，对德育基础理论和德育工作方法创新的研究相对滞后；缺乏有效的德育激励机制，没有充分调动相关人员的积极性；缺乏有效的经费投入保障机制，德育研究必要的硬件和软件设施不到位；缺乏有效的评估机制，德育研究的动态考核、评估标准模糊，难度大；缺乏有效的德育经验推广机制，先进、典型的德育经验得不到及时的宣传推广。

二、坚持以人为本，进一步增强高校德育工作实效性

面对新形势和新挑战，高校德育工作者必须做好充分而必要的准备，认真贯彻执行党和国家的德育政策方针，积极转变观念，调整方向，采取相应的对策，建立健全德育教育机构，完善德育教育制度，形成德育教育网络，通过课内外等各种形式有计划地开展系统深入的德育教育，真正实现以德育人的目标。据此，笔者认为可以从以下几个方面着手：

（一）更新德育工作理念

要进一步加强和改进德育工作，提高德育实效，首先要解决的不是途径、方法问题，而是观念问题。只有观念更新才能引起方法的变革。现代德育观念强调发展人的潜能，从而焕发学生的主体性、能动性、积极性，注重学生的自我发展、自我完善。只有学校德育工作真正发挥了学生的主体能动性，德育的实效性才会不断增强。因此，高校德育工作必须树立以人为本的思想，重视学生自我发展和完善的需要，把人的发展本身作为目的和核心，确立学生在德育活动中的主体地位，不断去激发他们的能动性、自主性、创造性。德育应该是把人引向人的生活世界，引导他们去积极建构个人完整的生活经验，追求生活的完整性，在完整的生活建构过程中同时获得道德的美，以此实现德育教育的目的。

德育工作应坚持以人为本的原则，首先应在德育工作方法上体现以人为本。德育工作中，教师要彻底摒弃家长式的作风和绝对权威的意识，以引导者和协调者的形象出现，以民主的作风和疏导的方法提高学生的参与程度，以平等的身份与学生对话。其次，在德育内容上也应体现以人为本。要摆脱德育为社会政治服务的“实用工具化”倾向，重视德育“价值合理化”倾向，以提高学生的综合素质和精神品位，以促进学生健康、全面、和谐地发展为己任，把德育教育与学生的内在需要相结合，在解决学生思想问题时，尽可能地帮助他们解决学习和生活上存在的一些实际问题，将德育工作做细，使学生从内心感受到组织的温暖，从而把社会、学校对他们的要求变为自身的内在需要。只有这样，我们的德育工作才能润物细无声。最后，在德育教学中，要从实际出

发，把握住学生思想变化的脉搏，了解他们真实的内心需要，做到有的放矢，不回避学生所关心的“热点”、“难点”问题，并加以释疑解惑，正确引导，帮助学生正确地认识和实事求是地对待问题，将德育教育工作做深做细。

（二）坚持德育工作原则

高等院校是思想、文化和科学技术的前沿阵地，担负着为社会主义事业培养合格建设者和接班人的重任。因此，高等院校的德育工作应坚定不移地贯彻、执行党和国家的德育方针、政策、措施。具体地讲，应坚持以下几个原则：在整个高校工作中，要坚持“德育为首、育人为本”的原则。高校党政主要领导和相关部门负责人要切实把大学生德育教育工作摆在突出位置，把德育教育与教学、科研、社会服务等工作密切结合起来；在德育的管理体制上，要继续实行党委统一领导，党政工团齐抓共管，有关部门各负其责，全校师生大力支持的领导机制和工作机制；在德育教学中，要坚持正确的政治方向，用马列主义、毛泽东思想、邓小平理论和“三个代表”重要思想教育学生坚持社会主义方向，树立科学的世界观和正确的人生观、价值观，形成良好的思想道德品质，把大学生培养成为有理想、有道德、有文化、有纪律的一代新人；在德育工作中，要坚持全员育人与全面育人相结合的原则，把德育工作从消极防范和控制转向积极引导和真诚服务上来，要有服务学生的意识，进一步增加对学生的情感投入，理解学生，尊重学生，宽容学生，平等对待学生，德育工作要与解决学生的实际问题紧密结合起来，树立“一切为了学生、为了一切学生、为了学生一切”的思想和意识，把德育工作做到学生的心坎里；在德育实践中，要坚持理论教育与社会实践相结合的原则，高度重视德育实践并积极引导大学生参加社会实践和各种公益活动，在活动中提高学校德育的针对性、形象性和指导性，让学生学起来简明生动，用起来切实可行。

（三）丰富德育工作途径

传统的高校德育工作主要以德育理论教学和思想政治管理为主，面对新形势、新情况，高校德育工作必须丰富和完善德育工作途径。如果我们丰富的德育资源有一部分与专门的德育教学结合在一起，有一部分与学科教学结合在一起，有一部分与学生的生活结合在一起，则不仅可以使受教育者得到充分的德育指导，还可以使德育生活更贴近现实的生活与学习，便于学生理解和接受。同时，也能增强德育工作的针对性、实效性、吸引力和感染力。

第一，应坚守德育教学的主渠道，找准德育教学的着力点，以解决学生思想上的重点、难点、热点问题为突破口，善于发挥学生的主体作用，因势利导，深化、强化重点问题，疏导、分解热点问题，缓解、化解难点问题。第二，要主动占领网络文化新阵地，结合学生的思想特点和教育热点，精心设计主流板块，用正确、积极、健康的思想、文化、信息占领网络思想阵地，使网络成为弘扬主旋律、开展德育教育的重要手段。第三，要重视德育实践，建立大学生社会实践的保障体系，探索实践育人的长效机制，使大学生在社会实践活动中受教育、长才干、做贡献，增强社会责任感。第四，要充分发挥党团组织的示范作用，尤其是学生党员、入党积极分子、学生干部的模范带头作用。第五，要利用相对稳定的学生社团组织，开展丰富多彩的校园文化活动，陶冶大学生的情操。第六，要重视隐性德育，利用校园环境、校园文化、校园氛围、校园舆论、校纪校规、校史、人格示范等，从而对学生良好道德品质的形成施加一定的影响。

（四）提高德育工作者素质

德育工作者的素质是德育工作中最关键的因素之一，直接影响到德育整体功效的发挥。德育教学的具体实施，德育对象的个别关照和爱护，德育问题的发现与解决，德育方法的创新、包括一些德育现象的提出和具体分析，德育因素的整合利用，德育理论的完善和德育教材的修订和补充等，都要依赖高素质的德育工作者去努力探索和实践。因此，我们无论如何强调德育工作者的素质都不过分。广大德育工作者需要以高度负责的态度，率先垂范，言传身教，以良好的思想、道德、品质和人格给大学生以潜移默化的影响。各高等院校需积极创造条件，按照政治强、业务精、纪律严、作风正的标准，建设一支高素质的德育工作队伍，切实提高德育工作者整体素质。首先，应提高德育工作人员的政治素质、思想素质、道德素质和作风素质，以起到导向和示范作用。其次，应当通过培训、考察和学习，以扩大德育工作人员的知识面和工作视野，使他们能更好地同工作对象进行思想交流，做好思想的疏导和引导工作。最后，要组织德育工作人员学习高科技知识，利用计算机网络，促进高校德育工作手段的现代化和科学化。

（五）重视心理健康教育

在现代社会的经济活动和生活中，节奏的加快、矛盾的增加、人际关系的复杂等，都使得人们的精神较之以往更为紧张，因而，大学生产生心理疾病的数量也不同程度地增加。如果我们对待有心理疾病的学生，仍采用传统的、简单的德育方法进行解决，不仅可能会影响对这类学生的正常教育，甚至会将耐心细致的工作变为强力的压制和非善意的讽刺打击，导致师生间抵触情绪的加大，打击了学生的自信心和上进心，最终贻误学生的前程。这就迫切需要广大德育工作者高度重视并积极利用心理咨询、心理治疗等方面的知识去引导、解决大学生的思想困惑和心理疾病。这不仅要求我们要把从事心理咨询、心理治疗方面的专家、学者引入到整个德育工作队伍中来，而且要求我们现有的德育工作者多向他们学习、请教这方面的知识，掌握一定的心理诊断和辅导能力。这对了解学生心理状况，解决学生心理困惑，提高德育工作的实效性是至关重要的。老师应主动关注、研究学生中典型、敏感和棘手的问题，既要考虑到学生品德发展的不同年龄阶段的特征，又要考虑到品德发展的关键期、成熟期，以适应学生的个性发展差异的需要。

（六）重视德育基础研究

传统的德育管理已捉襟见肘，应接不暇，难以解释和解决相关的问题。主要依托于政治课、团队活动和班主任工作的德育活动受到了许多局限，如何在学校的常规管理中改善德育工作，已成为广大德育工作者极为关注的问题。同时，在新的形势下，特别是在我国加入 WTO 之后，对外交往更加密切的形势下，与德育有关的问题更会层出不穷，近年来出现的网络道德问题就是其中较为典型的例子。面对这些挑战和问题，各高等院校应积极应对，充分利用各种资源，加大对德育基础理论的研究，寻找新形势下提高高校德育实效的途径。学校领导应加大人、财、物及政策上的支持力度，鼓励教师进行德育基础研究。同时，广大德育工作者、教育者、哲学社会科学研究者也应积极、主动地加入到德育研究的队伍中来，进行经常的、连续的德育科研，将在长期的德育工作实践、教育教学过程中积累的丰富经验提升为可以推广的理论，丰富和完善德育理论体系，创新德育工作方法论。只有这样，才能不断改进德育方法，提高德育实效。

重视德育工作既是我们党的优良传统，也是我们党的政治优势。2004 年 10 月，中共中央、国务院适时发布了《关于进一步加强和改进大学生思想政治教育的意见》（简称《意见》），以党中央、国务院的名义下发加强和改进大学生思想政治教育的文件，在我们党和国家的历史上还是第一次。这既是对当代大学生的深切关怀，又是对全党、特别是高校德育工作者提出的新课题新要求。《意见》立意高远，总揽全局，具有很强的政治性、思想性、针对性和操作性，是现在和今后相当长一段时期内指导高校德育工作的纲领性文件。高校德育工作者应以此为契机，乘势而上，乘势而为，坚持以人为本，努力开创高校德育工作新局面。

参考文献：

[1] 周济. 抓住机遇乘势而上加强和改进大学思想政治教育 [N]. 中国青年报，2004-10-21.

[2] 冯文全. 论当前学校德育存在的问题及对策 [J]. 四川师范学院学报，2002 (3).

[3] 曹勇. 论高校隐性德育作用机制的优化 [J]. 河南师范大学学报：教育科学版，2002 (3).

[4] 程方平. 中国教育问题报告——入世背景下中国教育的现实问题和基本对策 [M]. 北京：中国社会科学出版社，2002：11.

[5] 李华晶. 从现代德育角度对德育作用的重新审视 [J]. 科教论坛，2004，(1).

[6] 韩美兰，吴俊清. 高校德育主体教育模式基本特征探析 [J]. 中国高教研究，2004 (5).

[7] 翁铁慧. 体现时代性把握规律性富有创造性——上海加强和改进大学生思想政治教育的几点思考 [J]. 中国高等教育，2004 (21).

略论新时期高校班主任工作中三大力量的作用

班级组织是学校教育、教学工作的基层单位。班主任是班级学生思想品德、学习和生活的组织者和指导者，是高校基层组织工作中的骨干。苏联教育家苏霍姆林斯基曾说过："谁要领导好教学和教育过程，谁就要精通教学和教育的科学技巧和艺术。"如果我们把"班"喻为一只乘风破浪向前驶进的航船，那么这只航船的掌舵人便是我们的班主任。"班"这只航船能否战胜风浪顺利到达彼岸，与我们执掌舵把的班主任关系重大。因此，在新时期，广大班主任当好班级的掌舵人，使全班学生成为德、智、体、美全面发展的社会主义新人，有着十分重要的意义。

高等师范院校是培养中学合格师资的摇篮，肩负的培育"四有"新人的任务更是意义深远。作为学校和系（室）领导教育工作的得力助手，学生班集体最有权威的教育者和组织者，学校领导联系全体学生的桥梁和纽带，学校、学生家庭和社会教育因素的协调者的班主任来说，其工作的职责就是教书育人。明确这一职责，有利于提高班主任为人师表的自觉性，有利于加强班主任执行党的教育方针的责任感，有利于处理政治与业务的关系，促进班主任思想素质和业务素质的全面提高。

笔者认为，要当好新时期高校学生班级这只航船的掌舵人，切实履行教书育人这一基本职责，必须充分发挥如下三大力量的作用：

一、人格力量

所谓人格力量，指班主任用英雄人物高尚品德和模范事迹以及自己为人处世的高风亮节，严谨的治学态度和忠诚于党的教育事业的献身精神，对学生成才起感染和教育作用。我们知道，教育质量的高低与否，关键在于教育者的素质。只有高素质的班主任，才会产生高素质的班级，也才会有班级高质量的教育。尤其是在新的历史时期，我们要全面提高班级的教育质量，在教育改革中充分发挥班集体的作用，实现当今素质教育的总目标，除学校、学生处和系（室）领导以及广大教师的领导和引导作用外，班主任也应该具有与新时期相适应的人格魅力，那就是：

（一）较高的思想政治素质

班主任的思想政治素质是衡量一位班主任合格与否的首要标志。政治素质是班主任的精神支柱，是班主任整体素质的灵魂，是对学生施以感染和教育作用的重要源泉。它决定着班主任的活动方向和工作态度，制约着班主任的道德准则，影响着班主任文化科学素质和能力素质的发挥。新时期的大学生，思想活跃但又略显单纯，求知欲旺盛但又难辨东西，积极上进但又经不起挫折，世界观虽已初步形成但又十分脆弱。他们急需人生航船的掌舵人，学习求知的良师益友，苦闷痛苦的倾听者。因此，作为陪伴他们度过大学生涯的班主任，要有坚定的共产主义信念，要有强烈的爱国热情，努力掌握科学的世界观和方法论；要有崇高的共产主义理想，坚定不移地坚持四项基本原则，维护改革开放稳定大局，热爱党的教育事业，富有敬业精神和献身精神，树立正确的人生观和价值观。把自己的理想和人民的大业、祖国的未来密切结合起来，集中精力，潜心于伟大的教育事业，热爱学生，关爱学生。只有如此，才能在当今育人工作中站得高、看得远，始终不迷失方向，掌握好班级这只航船的舵把，充满信心，下定决心，战胜风浪，乘胜前进。

（二）全面的专业文化科学素质

苏霍姆林斯基说："只有当教师的知识比教学大纲宽广得无可比拟时，教师才能成为教育过程中的真正能手、艺术家和诗人。"班主任要当好班级的引路人，不仅思想上要过关，而且专业知识还要过硬；不仅需要扎实的专业功底，而且还需具备广泛的文化、社科知识；既要使自己成为学生思想教育的骨干，又要在对学生文化知识的传授上拔尖。琴棋书画，古今中外，天文地理，名人掌故，都要略知一二。只有做到"博"和"专"的结合，才能实现"精"和"通"的完美，才能在对学生的教育过程中起到感染和教育作用。因此，我们要广吸知识营养，不断丰富和充实自己，真正使自己成为知识广博、业务精通、能挑大梁、打铁自身硬的人。只有这样，我们班主任才能成为学生仰慕的对象和学习的榜样，才能实现为21世纪培养"复合型"人才的目标，才能当好新时期班级的掌舵人，胜利地完成远航的驶渡任务。

（三）强烈的事业心和使命感

做任何工作都要有事业心，做思想工作的事业心要求更强烈、更持久。有了事业心，才能对工作尽心尽力，"衣带渐宽终不悔"；有了使命感，才能对工作义无反顾，百折不挠。如果说中学班主任的工作是偏重于"管"，那么高校班主任的工作则应偏重于"导"。经过十余年的寒窗苦读，一朝金榜题名，跃入"天之骄子"的行列，其喜悦之情是可以理解的，故而入学之初难免滋生放松一下的情绪；远离家乡，远离父母，初到陌生的环境求学，昔日喋喋不休的家长鞭长莫及，近乎牢笼的苦读生涯得到彻底解放，过去被压抑的萌动的青春心理得到完全的释放；随着市场经济体制的建立和逐渐完善，就业压力的增大而使涉世未深的莘莘学子感到苦恼和茫然。因此，高校班主任的工作更多的是心灵的碰撞和引导，这是长期的、艰巨的任务。学生思想的航船既可导向河汉搁浅，也能导入大海乘风破浪。我们不要轻易责备学生不该这样，不该那样，而要引导学生去干这样，去干那样。特级教师魏书生说："班主任应具备进入学生心灵世界的本领，不是站在这个世界的外面观望，更不是站在这个世界的外面牢骚、叹息、愤慨，而应该在这心灵的世界中耕耘、培育、采摘，流连忘返。如果真能这样，那他将感觉到自己日夜生活在幸福之中。"没有强烈的事业心和使命感，是无法进入学生的"心灵世界"中去的，也无法感觉到“自己日夜生活在幸福之中”的乐趣了。

（四）大公无私，严宽兼顾

大公无私，严宽兼顾是高校班主任当好新时期掌舵人不可忽视的人格魅力。班主任的任务既是具体的又是艰巨的：对上要当好各级领导的助手；对下是班级学生的全面负责人；对外是沟通社会和家长的桥梁。只有大公无私的班主任，才能不辜负人民的重托，完成好自身的重任。因此，我们班主任应大公无私，服从领导，服从大局，与兄弟班级在学校和系（室）的统一领导下，齐心协力，团结奋战，完成好上级下达的各项任务，确保学校教育教学质量的提高；我们班主任应大公无私，平等相待班上全体学生，真诚关心学生，切实解决学生的实际问题，以此赢得学生的信赖，从而调动所有学生的积极性，全面完成班级的教育教学任务；我们班主任应大公无私，与社会和学生家长坦诚相交，紧密联系，以其巨大的凝聚力，真正调动起一切积极因素服务于我们的教育事业，实现“让学生成才，让家长放心，让人民满意”的崇高目标。

面对实际的班主任工作，我们除要大公无私外，还得要严宽兼顾。严宽兼顾，是我们班主任当好新时期班级掌舵人重要的工作方法，也是体现班主任人格力量的重要特征。所谓“严”，就是在班级工作中，班主任要严格制度，严格纪律；既要严格要求学生，又要严格要求自己；既要教育学生遵纪守法，又要起好自身的表率作用。制度面前人人平等，不得凭个人的亲疏好恶乱开口子。所谓“宽”，就是在班级工作中，我们班主任要宽以待人。在指导思想明确以后，要放宽干部手脚，让学生当主人，由他们大胆地想，大胆去做，不要把他们当奴隶或“阿斗”，处处加以限制，事事老牵着走。对于他们的工作成绩，要给予肯定和表扬；对工作中的失误，班主任要勇于承担责任，并引导学生总结经验教训。对违纪学生不要一棒子打死，要多说服，重在正面引导，热心帮助他们，从心灵深处感化他们，让他们于反复回味中去醒悟、去自新，更不能随意以简单粗暴的言行去对待学生。要以民主的气氛去搞活整个班集体，切忌实行“白色恐怖”致使全班死气沉沉。班主任只有把“严”和“宽”兼顾起来，有张有弛地开展班级的教育工作，以此弹簧式的工作方式，促进学生全面发展，全体进步，实现育人目标，这也是班主任人格力量的具体体现。

二、情感力量

所谓情感力量，指班主任关心学生、热爱学生的情愫所产生的感化和熏陶作用。

“教育技巧的全部奥秘在于如何热爱儿童。”爱，是人的本能需要，是人们健康的心理需求。特级教师魏书生曾在《班主任工作漫谈》中说：“走入学生的心灵世界中去，就会发现那是一个广阔而又迷人的新天地，许多百思不得其解的教育难题，都会在那里找到答案。对学生细致入微的了解，使教师的教育工作如同有了源头活水，常做常新。”热爱教育事业，关爱每一位学生，是新时期高校班主任工作的又一重要力量。

（一）知心——实施情感教育的前提

全面深入了解学生的思想、学习和生活情况，是顺利做好班主任工作，实施情感教育的前提条件。许多优秀班主任的经验告诉我们，只有深入了解和研究学生，才能准确抓住他们思想问题的症结，找到打开他们心灵的钥匙。大学生来自不同的地域、不同的民族、不同的阶层，有着不同的思想品质、学业成绩、兴趣爱好、风俗习惯、才能和性格特点。因此，他们刚入学时，大多显得那样小心翼翼，循规蹈矩。但他们又都是当地学校的佼佼者，或此或彼都有骄人的成绩，故而他们入学时也期盼能遇上及时发现他们的"伯乐"。班主任一方面可以通过书面材料（档案材料、自我介绍等）了解和研究学生；另一方面，可以通过谈心、走访或在自然状态下观察学生的方法，进而了解学生的内心世界，奠定情感教育的基础。

（二）细心——实施情感教育的钥匙

大学生的自尊心都比较强，做事也都比较隐秘，不会像中学生那样容易坦率地敞开自己的心扉。因此，班主任工作的重要内容就是细心地用眼去看，用心去想，发现苗头，就要在思想上开导学生，切忌在班集体上动辄点名批评，否则事倍功半，甚至走向反面。男女同学交往密切，切忌武断地下"谈恋爱"的结论，而要细心地观察了解，到底是基于学习上的互帮互学、共同进步的目的，还是追求"不求天长地久，但愿曾经拥有"的感情寄托。是前者，给予鼓励，并提醒他们注意和广大同学互帮互学；是后者，要从前途理想、事业贡献上进行教育帮助。大学生的悟性都比较高，只要班主任对他们动之以情，晓之以理，他们大多数是能理解和接受的，只不过需要我们班主任多作一些"苦口婆心"的工作罢了。

（三）关心——实施情感教育的纽带

关心者，乃对某些学生给予生活的必要帮助也。近年来，一些家庭经济比较困难的学生也踏入了高校的大门。面对脸朝黄土背朝天的父母，他们不忍心再加重父母的负担；面对学校忙碌紧张的学习生活，他们每月为数不多的生活费更显得捉襟见肘。对此，班主任一方面要鼓励这些同学战胜暂时的困难，扬起生活的风帆；另一方面要积极向有关部门反映情况，请求及时给予他们雪中送炭的帮助；班主任在力所能及的条件下也可给予一定的资助，或者在这些同学自尊心允许的情况下发动其他同学给予帮助。数管齐下，必将温暖这些同学的心田，让其体会到社会主义大家庭的温暖，也使全班同学受到集体主义的教育和分享到团结合作的愉悦。休息日、节假日多到学生宿舍坐坐，以淡化学生思家的乡愁；寒来暑往，提醒同学们添衣防病；学期始末，告诫同学注意财物和人身安全；这些饱含着班主任情感的些许小事，点点滴滴都会化作同学们进取的动力。

（四）爱心——实施情感教育的法宝

一个班集体的学生，无论是学业成绩，还是思想道德品质方面，都有先进、中间和后进状态之分。各类学生都有自己的优点、缺点。"好"与"差"不是绝对的，先进、中间和后进也都是暂时的和相对的，在一定条件下可以相互转化。因此，做好后进生的转化工作，是班主任实施情感教育的法宝，往往能起到"一石激起千层浪"的作用。

马卡连柯说："教育工作中百分之一的废品，就会使国家遭受严重的损失。"后进生的产生和存在，不仅直接关系到部分学生的成长和前途，而且关系到全体学生整体素质的提高，严重影响着学校的教育教学质量。因此，做好后进生的转化工作，是新形势下学校教育工作的一个十分重要的课题。

做好后进生的转化，关键是班主任必须坚持“爱”字当头，不嫌弃，不歧视，用一颗爱心去温暖他们，关心他们，爱护他们。我们要牢记教育家陶行知先生所说：“你这糊涂的先生，你的教鞭下有瓦特，你的冷眼里有牛顿，你的讥笑中有爱迪生！”通过认真的调查分析，根据后进生特殊的心理状态和特点，用教师的行为去感染他们，用诚挚的师爱去弥补他们心理上的缺陷，消除他们心理上的障碍，打开他们心灵的窗口。师生关系融洽了，教育和转化就有了深厚的感情基础，就能起到“亲其师，信其道”的作用。

（五）诚心——实施情感教育的基础

早在千多年前，韩愈就在那篇流传千古的《师说》中提出了“师者，所以传道授业解惑也”的著名论断。这个论断，既言简意赅地道出了教师的性质，又说明了教师的任务，这是值得肯定的。但从另一个角度看，这似乎又为“师道尊严”的观点提供了佐证。教师并非完人，更非圣贤，在工作中也有偶尔失误甚至犯错误的时候。在班务管理工作中，班主任面对自己过去的失误甚至证明是错误的决定，要襟怀坦荡，公开认错，以求得学生的谅解。这不但不会降低自己在学生心目中的威信，反而会缩短师生之间的距离。

班主任的心灵对学生如果是一个未知的世界，那么就谈不上师生民主。班主任应该把自己对人生、对事业、对教学的看法都真诚地和学生倾谈，才会得到学生的充分信任，才能倾听到学生那发自肺腑的心声。师生在充分信任、理解的基础上共同畅谈人生、理想、前途，才能最大限度地发挥学生探求知识、争做“四有”新人的积极性。

三、环境力量

所谓环境力量，是指班主任利用校园内所创造的良好育人环境和社会上改革开放的大好形势对学生进行教育所起的潜移默化作用。在我国改革开放不断深入和社会主义建设取得重大成就的今天，在社会主义市场经济体制逐步确立的历史进程中，一些新的价值观念如自由、平等、竞争、开放等正在形成，并已成为一些大学生的口头禅，成为激励他们努力学习、适应生存的动力。但我们也应注意到，在市场经济冲击下原有的一些价值观念也发生了质变，极端利己主义和玩世不恭的观念在蔓延，诚实、正直、廉洁的价值观受到冲击，金钱的作用被无限夸大，吸毒、赌博和暴力再度兴起。这一系列健康和不健康的思想会对学生的身心发展造成极大影响。因此，怎样使学生弃恶扬善、明辨是非，是我们班主任的主要工作。

（一）通过集体活动，形成良好的舆论环境

马卡连柯说：“不管用什么样的劝说，也做不到一个正确组织起来的自豪的集体所能做到的一切。”班主任应借助组织生活、主题班会及校内外的一切活动经常提倡正确的价值观念、态度、评价、期望与行为，给每个学生的思想观念和行为模式一种外在的心理压力，造成一个良好的舆论环境，从而使每个学生按这一正确导向对照自己的行为，并努力缩小其间的差距。

（二）树立榜样形象，增强学生自信心和上进心

榜样的力量是无穷的。我们既要选取中外历史上的优秀人物作为青年学生学习的榜样，也要选取当代四化建设中的优秀青年作为他们效法的楷模。同时，也可以选取班上三好学生、优秀学生干部中的典型，作为其他学生首先和最终学习目标。必须指出的是，班主任应相信每个学生都是好学生，都可以成为榜样，因而必须从多角度观察学生，分析学生，寻找每个学生的闪光点。同时，在对学生的教育过程中，要注意后进生的转化工作，为其创造更多的自我表现的机会，对他们的微小进步则应给予表彰和奖励。

（三）注意引导学生稳妥交友，谨慎择群

现在的大学生年龄普遍偏小，又大多是第一次离开父母，因而具有一定的闭锁心理，不愿轻易吐露内心的秘密。尤其对教师具有防范心理，言谈举止有掩饰、隐蔽、婉曲的特点，因而往往把同伴间的彼此真诚、坦白、亲密、互助作为友谊的宗旨，重视同伴群体关系，具有较强的小团体意识。遇到问题时愿向同年龄、同性别或情趣相同的伙伴倾吐，而不肯向教师或父母透露，所以同学交往或"友伴群"关系是影响学生思想品质形成与发展的一条重要途径。因此，引导学生妥善交友、谨慎择群是非常必要的。

（四）主动与家长联系，做到学校家庭密切配合

由于家庭是学生思想品质形成和发展的重要环境，家长的思想意识、文化修养、职业特点、生活作风、行为习惯等都会影响子女个性品质。由于血缘与经济关系，其教育和影响具有早期、长效、深刻的特点；而且这不仅直接影响其子女本人，还会通过同学影响整个班级的思想品德和班主任工作效率。因此，班主任保持与家长的联系、沟通就显得十分重要。虽然高校没有条件开家长会，班主任也不可能搞家访，但通过电话、信件或寄成绩通知并请家长签注意见等形式，亦可沟通学生家庭与班主任的联系，从而形成教育合力。

六、统战理论与实践

邓小平多党合作思想探析

政党制度，是一个国家对各政党领导、执掌政权或参与、干预政治生活所作出的原则性规定与制度化安排。当今世界上绝大多数国家都实行民主政治，而民主政治的实现形式之一就是政党制度，因而确立和实行适合本国国情的政党制度关系到一个国家的发展和稳定。当代中国实行的政党制度，是中国共产党领导的多党合作和政治协商制度。它既不同于西方国家实行的轮流坐庄的两党制、多党制，也有别于某些社会主义国家实行的社会主义政党一党制，其显著特征可以简要表述为：共产党领导，多党派合作；共产党执政，多党派参政。江泽民同志曾强调指出："中国的政局要稳定，就必须稳定这个格局。"[1]

邓小平同志作为中共第一代领导集体的成员、第二代领导集体的核心，对我国政党制度的发展、完善做出了不可磨灭的贡献。他关于多党合作的思想内容丰富、见解精辟，具有鲜明的特色。

一、邓小平对多党合作思想的继承和发展

统一战线问题是中国革命的三个基本问题之一，也是中国共产党在中国革命中战胜敌人的三大法宝之一。与各民主党派建立联盟，是共产党发展壮大统一战线要解决的重要问题。在争取新民主主义革命胜利和建立中华人民共和国的斗争中，各民主党派都发挥了重要的作用。中华人民共和国成立后，由于革命的胜利，共产党内一部分同志滋长了骄傲和以功臣自居的思想情绪，在统一战线问题上也存在"左"的关门主义、宗派主义倾向：认为对民主党派不应在政治上去抬高他们，在组织上去扩大他们，给我们自己找麻烦。在当时的历史条件下，要不要民主党派的实质在很大程度上就是要不要统一战线的问题。毛泽东、周恩来等老一辈领导人对这些不恰当意见提出了批评：认为民主党派"是一根头发的功劳"、拔不拔去都一样的说法是不对的；从他们背后联系的人们看，就不是一根头发，而是一把头发，不可藐视。这些论述，饱含着对民主党派历史贡献的充分肯定，预示了共产党和民主党派团结合作的光辉前景。

邓小平时任西南局第一书记，他不仅坚决贯彻中央关于多党合作与统一战线的方针政策，而且从坚持和发展统一战线重要性的战略高度来认识和理解多党合作问题。他说，统一战线是一个重大的原则性问题，如果在共产党员中不弄清楚这个问题，我们的工作将受到很大的损失。他强调指出，统一战线是党的总路线总政策的一部分，最主要的是它的战略性而不是它的策略性，它的"本质就是团结大多数，孤立敌人"。他重点

批评了当时党内比较普遍地存在着的关门主义不良倾向，指出，有些人之所以在统一战线与多党合作问题上有种种错误认识，是因为他们“不从整个社会存在着各个不同的阶层这样一个复杂的情况来看问题”，“不懂得各民主党派都是有代表性的，他们所代表的阶层就喜欢听他们的话，相信他们，看他们的宣言比看我们的够味”。他对当时存在的几种比较典型的错误思想进行了深刻剖析，并在此基础上精辟地阐述了他的见解。他指出：我们的胜利，一方面是靠枪杆子打出来的，另一方面也和统战工作分不开；统战工作固然有其策略性，但更重要的是它的战略性，就是要广泛团结；等等。

邓小平的这些论述，深刻阐述了统一战线和多党合作的重要性和必要性，揭示了统一战线的本质特点，是对毛泽东统一战线思想的继承和发展，也是“文革”后他在统一战线和多党合作问题上拨乱反正的重要思想和认识根源。

二、邓小平多党合作思想的主要特点

邓小平多党合作思想既继承了毛泽东统一战线思想的主要精神，又科学地汲取了我国社会主义建设实践的经验教训，是邓小平理论中极具特色的组成部分。其主要特点表现在：

1. 发展了新时期党对民主党派的基本方针

邓小平在全国政协五届二次会议全体会议的开幕词中，阐述了新中国成立30年来社会阶级状况发生了根本变化后，指出：“各民主党派都已经成为各自所联系的一部分社会主义劳动者和一部分拥护社会主义的爱国者的政治联盟，都是在中国共产党领导下为社会主义服务的政治力量。”基于这样的分析，党中央对民主党派、工商联的方针，在原有的“长期共存、互相监督”的基础上，又增加了“肝胆相照、荣辱与共”的内容，把“八字”方针发展为“十六字”方针。这实质上是对新时期民主党派的政治属性作了科学论断，创造性地发展了党对民主党派的基本方针。这个方针不仅适用于中国共产党与民主党派的关系，也适用于中共同一切爱国的党外朋友的关系。

2. 确立了民主党派的参政党地位

进入新的历史时期，邓小平首先提出把已经存在的共产党领导的多党合作与政治协商制度发展成为国家的基本政治制度，并确立了民主党派的参政党地位。他在1979年10月指出：“在中国共产党的领导下，实行多党合作，这是我国具体历史条件和现实条件决定的，也是我国政治制度中的一个特点和优点。”这段论述，其意义不仅表明我国实行多党合作的必要性，而且肯定了多党合作是我国政治制度中的有机组成部分，从而在制度上保证了多党合作的长期性和在我国政治制度中的地位，使党和民主党派的合作进入了一个新的历史阶段。这是邓小平在多党合作理论上的一大贡献，也是对马列主义国家学说和统一战线学说独创性的理论贡献。

1989年1月，邓小平又指出：“可组织一个专门小组（成员要有民主党派的），专门拟订民主党派成员参政和履行监督职责的方案，并要求一年内完成，明年开始实行。”这个“方案”就是经与民主党派协商后于1989年12月颁布的《中共中央关于坚持和完善中国共产党领导的多党合作和政治协商制度的意见》。这是中国共产党领导的多党合作实践的结晶，是中国特色社会主义政党理论的具体体现，是推动我国多党合作制度化建设史上具有里程碑意义的重要文献。其重要意义在于：一是把中国共产党领导的多党合作由“政治制度”进一步明确为我国的一项“基本政治制度”；二是明确提出了民主党派是参政党的政治地位；三是明确了民主党派参政的基本点和发挥民主党派监督作用的总原则；四是既坚持了共产党的领导，又注意发扬民主，充分发挥了民主党派的作用。

3. 概括了新时期发扬民主的本质特征和基本形式

从民主角度认识多党合作和统一战线问题，是邓小平多党合作思想的重要特色。早在1941年，邓小平就提出了“三三制政权的实质是民主问题”的论断。20世纪50年代，他又一针见血地提出，民主党派和党外人士监督的关键在于发展党和国家的民主生活。经过“文化大革命”的沉痛教训，邓小平又把民主问题的极端重要性与社会主义的本质联系了起来，指出“没有民主就没有社会主义，就没有社会主义现代化”。

试析邓小平关于多党合作与民主问题关系的观点，不难发现其特点有二：一是认为党外人士监督的关键在于发展党和国家的民主生活。邓小平在全面论述中国共产党成为执政党后接受监督的必要性和重要性时指出：“执政党的地位，很容易使我们的同志沾染上官僚主义的习气。脱离实际和脱离群众的危险，对于党的组织和党员来说，不是比过去减少而是比过去增加了。”“执政党的地位，还很容易在共产党身上滋长着一种骄傲自满的情绪。”因此，“我们需要实行党的内部的监督，也需要来自人民群众和党外人士对于我们党的组织和党员的监督，其关键都在于发展党和国家的民主生活。”这些论述，实质上是阐述了发扬民主的本质特征。二是指出了人民政协是实现多党合作的重要机构，是发扬人民民主的重要组织。人民政协是最广泛的统一战线组织，与多党合作既有联系又有区别。对人民政协的性质、地位和作用，在不同的时期都有不同的认识和表现。邓小平一方面充分肯定人民政协在扩大民主中的作用，明确指出，人民政协是发扬人民民主、联系各方面人民群众的重要组织，是我们政治体制中发扬社会主义民主、实行互相监督的重要形式，从而为人民政协在新的历史时期充分发挥重要作用提供了理论依据；同时，邓小平也始终坚持毛泽东关于政协是统一战线组织而不是也不能是国家机关的思想，强调不能把政协搞成一个权力机构，更不能类似西方国家上院那样的组织。政协可以讨论，提出批评和建议，履行民主监督的职能，但无权对政府进行质询和权力监督。这就指明了人民政协是多党合作的重要渠道、机构和形式。

4. 强调了加强制度建设对于多党合作的重要性

邓小平多党合作思想之所以富有特色、影响深远，固然在于他把多党合作中的监督问题看作是国家政治生活中发扬民主的问题，并把人民政协作为多党合作的一个重要渠道、机构和形式，更在于他特别强调制度建设对于多党合作的重要性，并始终把多党合作问题放在国家整个政治制度建设的大格局上来认识和部署。这主要体现在以下三个方面。一是把多党合作的地位上升到我国政治制度的高度来认识。1956年后我国实行的政党制度，既不同于原社会主义阵营的一党制，也有别于西方国家的多党制。这种政党制度长时期内没有一个明确的说法。1979年10月19日，邓小平提出了一个著名的论断，即“在中国共产党的领导下，实行多党派的合作，这是我国具体历史条件和现实条件所决定的，也是我国政治制度中的一个特点和优点”。这个著名的论断首次提出和使用“多党派的合作”的概念，也是首次把多党派合作上升到我国政治制度层面的高度来认识，使其地位从政策层面上升到制度层面，从而为中国共产党领导的多党合作和政治协商制度成为我国社会主义民主制度奠定了坚实基础，因而具有重要的理论和实践意义。二是注重民主监督的制度化建设。这以1989年12月30日由中共中央制定下发的《关于坚持和完善中国共产党领导的多党合作和政治协商制度的意见》为标志。三是坚持中国共产党的领导是多党合作的根本前提。中国革命的历史经验证明，坚持中国共产党的领导地位是集中精力实现社会主义现代化的根本保证，任何企图放弃中国共产党领导的行动和言论，都会在事实上造成无政府主义的混乱甚至动乱、内战，而这就会从根本上损害中华民族的利益。基于此，邓小平强调指出：“我们党同其他几个党派长期共存，互相监督，这个方针要坚持下来，但是，中国由共产党领导，中国的现代化事业由共产党领导，这个原则是不能动摇的；动摇了中国就要倒退到分裂和混乱，就不可能实现现代化。”言简意赅，一言九鼎，中国共产党的执政党地位和各民主党派的参政党地位清楚明白，不可动摇。

三、加强自身建设是执政党和参政党共同面临的任务

在世界政党形式发生巨变的多事之秋，中国顶住压力，坚持共产党在国家政治生活中的领导地位而不搞各党派轮流执政，坚持民主党派在国家政权中处于同共产党合作共事和参政议政的地位而不向在野党、反对党发展，这是明智的选择和在实践基础上的创新。

加强自身建设是当代中国政党制度发挥功能、显示优越性的重要保障，是在维护中国政党制度格局不变的前提下，通过发展社会主义政党文明推动社会主义政治文明建设的基本条件。因此，执政党和参政党都面临着加强自身建设的任务，才能使邓小平的多党合作思想得到发展和创新。

中国共产党已经从领导人民为夺取全国政权而奋斗的党，成为领导人民掌握全国政权并长期执政的党；已经从受到外部封锁和实行计划经济条件下领导国家建设的党，成为对外开放和发展社会主义市场经济条件下领导国家建设的党。从社会主义在中国展现的蓬勃生机和活力看，中国共产党的领导水平和执政能力是合格的，是一个不负时代要求和人民希望的马克思主义政党。但正如非洲几内亚统一进步党的一个朋友所言，执政党的“优先地位并非没有弊端，如果不保持警惕最终可能导致墨守成规。因此，执政党需要保持警惕并经常向自己提出问题，使其战略适应纷繁复杂、不断变化的需要。执政党在没有竞争的情况下，容易流于平庸的统治和管理”。[2]近年来世界上一些执政几十年的政党下台、衰亡的教训警醒我们，共产党的执政地位也不是建政立制后的天然伴生物，党执政的时间越长，就越面临如何进一步提高执政能力和领导水平、提高拒腐防变和抵御风险能力这两大历史性课题的考验。中国问题的关键在于共产党，党能否始终做到“代表中国先进生产力的发展要求，代表中国先进文化的前进方向，代表中国最广大

人民的根本利益”，解决好发展和创新这一关系执政兴国的第一要务，接受新的历史形势下民心向背的再考验，将成为决定党、国家和民族的前途与命运的最重要因素。

各民主党派在新老交替加快（据统计，20 世纪 90 年代以来加入民主党派的新成员已占 90%左右）的情况下，也面临着如何“继承和发扬老一代领导人的优良传统，把民主党派建设成为同中国共产党亲密合作、能够承受住各种困难和风险的考验、致力于建设中国特色社会主义事业的参政党”的问题。[3] 特别是由于新时期社会阶层出现裂变与重构，民主党派成员的社会成分构成增多、社会基础面相应增大，更面临着一方面如何更好地承担起反映和代表所联系的特定群众的具体利益和要求的责任，另一方面要坚持同共产党亲密合作，拥护共产党的执政党地位的基本原则。对此，我们充满信心，也承认任重道远。

总之，只有中共和各民主党派都较好地解决了“建设什么样的党、怎样建设党”的问题，当代中国政党制度建设才能具有扎实的根基，才能将邓小平的多党合作思想发扬光大，才能避免“基础不牢，地动山摇”的结局。

参考文献：

[1] 江泽民. 论有中国特色社会主义（专题摘编）[M]. 北京：中央文献出版社，2002：1350.

[2] 贾小明. 执政能力与“三个代表”[J]. 中央社会主义学院学报，2002，(3)：45-48.

[3] 胡锦涛. 在走访各民主党派中央和全国工商联时的讲话 [N]. 人民日报，2002-12-29 (3).

民主党派贯彻落实科学发展观的角色定位

科学发展观作为马克思主义中国化的最新成果，是对社会发展本质的新揭示、发展主体的新阐述、发展内涵的新界定、发展规律的新探索、发展目的的新认识，是我国经济社会发展的重要指导方针，是发展中国特色社会主义必须坚持和贯彻的重大战略思想。[1]深入学习贯彻科学发展观，不仅是中国共产党的重大政治任务，也是各民主党派更好地履行职能、发挥参政党作用的客观需要。新时期民主党派工作要与时俱进，上台阶、上水平，就必须准确把握“四种角色”，以高度的历史责任感和满腔的政治热情全力投入到学习实践活动中去，充分认识贯彻落实科学发展观的极端重要性和紧迫性，切实增强贯彻落实科学发展观的自觉性和坚定性，不断提高服务经济社会科学发展和促进多党合作事业科学发展的能力。

一、站在新高度，把握科学发展观的精神实质，争做贯彻落实科学发展观的学习者

党的十六大以来，以胡锦涛同志为总书记的党中央立足社会主义初级阶段基本国情，总结我国发展实践，借鉴国外发展经验，适应新的发展要求，提出了以人为本、全面协调可持续的科学发展观。它运用马克思主义世界观和方法论，科学回答了21世纪新阶段中国面临的一系列重大理论和实际问题，深刻揭示了中国现代化建设的发展道路、发展模式、发展战略、发展目标和发展手段，集中体现了与时俱进的马克思主义关于发展的世界观和方法论，反映了当代发展的规律性要求，揭示了发展的科学性要求，是符合中国社会主义现代化发展需求的科学理论，是代表时代发展趋势的科学精神，同时也是中国共产党对社会主义市场经济条件下经济社会发展规律在认识上的重要升华，是中国共产党执政理念的一次飞跃，具有重要的现实意义和深远的历史意义。

科学发展观一经提出和确立，就在全党全军和全国人民中产生了强烈共鸣，得到了社会各界的广泛认同和高度赞誉。与此同时，各民主党派也按照党的十七大的安排和部署，开展了学习贯彻落实科学发展观的活动，为推进社会主义物质文明、政治文明和精神文明协调发展，构建社会主义和谐社会发挥了积极作用。但在实践中，影响和制约科学发展观贯彻落实的因素也还客观存在，一部分民主党派成员对科学发展观的认识尚不到位，甚至有些偏差。突出表现在两个方面：一是把科学发展观神秘化，认为科学发展观是高深莫测的学说，是政治家和理论家的事，与自己关系不大，因而不能认真学习、领会、贯彻、落实，未能充分发挥科学发展观的实践功能；二是把科学发展观庸俗化，将一些日常工作和生活中的微不足道的小事，死搬硬套地与科学发展观联系在一起，把

科学发展观的理论，到处乱用，到处套用甚至错用，使科学发展观的实践效果大打折扣。究其原因，主要是未能彻底领悟科学发展观的丰富内涵和精神实质。因此，各民主党派要贯彻落实科学发展观，首先就必须站在新高度，争做贯彻落实科学发展观的学习者。当务之急，是要通过开展丰富多彩的学习活动，组织广大成员认真学习党中央关于科学发展观的一系列重要论述，引导广大成员深刻领会和准确把握科学发展观的历史背景、科学内涵、精神实质和根本要求，真正把对科学发展观的认识变成一种理论信仰、一种精神力量、一种根本的思想方法和工作方法，从而克服把科学发展观神秘化和庸俗化的不良倾向，形成贯彻落实科学发展观的思想保障。

二、立足新起点，明确科学发展观的时代价值，争做贯彻落实科学发展观的实践者

我国的民主党派是各自所联系的一部分社会主义劳动者、社会主义事业建设者和拥护社会主义爱国者的政治联盟，是与中国共产党长期风雨同舟，患难与共的亲密友党，是我国社会政治生活中的一支重要力量，在全面贯彻科学发展观构建社会主义和谐社会中具有独特的优势和作用。从这一意义来看，加强民主党派的自身建设，既是民主党派加强自身发展的迫切需要，也是民主党派贯彻落实科学发展观的重要内容，更是民主党派践行科学发展观的具体体现。这就要求各民主党派必须进一步增强历史责任感和时代使命感，牢固树立和落实科学发展观，不断提高党派自身的政治把握能力、参政议政能力、民主监督能力、组织领导能力和合作共事能力，[2]努力把民主党派自身建设成为理论上清醒、政治上坚定、组织上巩固、制度上健全、人才上保证，充满活力，致力于建设中国特色社会主义事业的参政党，争做贯彻落实科学发展观的实践者。

一是要在民主党派的思想建设中贯彻落实科学发展观。参政党的思想建设是具有根本性的建设，可以体现参政党的政治主张、奋斗目标，以及参政党的性质、特征。当前，在贯彻落实科学发展观的时代背景下，民主党派思想建设的重点应是坚持用理论创新成果武装广大成员的头脑，提高民主党派成员贯彻落实科学发展观的能力，打牢贯彻落实科学发展观的思想基础。应通过学习教育，使广大成员进一步明确贯彻落实科学发展观是21世纪新阶段推动我国经济社会发展的必然要求，进一步明确科学发展观是我国改革开放和社会主义现代化建设必须长期坚持的指导方针，进一步明确以人为本、全面协调可持续是实现科学发展的本质要求，从而把思想认识统一到科学发展观上来，把力量凝聚到推动经济社会又好又快发展上来，不断增强贯彻落实科学发展观的自觉性和坚定性，并把对科学发展观的认识成果转化为促进发展的科学思路、服务发展的实际能力、推动发展的自觉行动。[3]

二是要在民主党派的组织建设中贯彻落实科学发展观。参政党的组织建设，指参政党根据形势的发展和政治任务的要求，遵循所确定的组织原则和组织路线，发展壮大组织，不断改进和加强组织制度、组织机构、组织纪律、领导制度，提高干部队伍素质和成员素质的一系列建设性工作。[4]组织建设是民主党派自身建设的基础，是坚持和完善中国共产党领导的多党合作和政治协商政治制度的重要组织保证。民主党派如果没有完整的组织系统、适合我国特色的组织结构、强有力的领导班子，那么她是不可能完成其

历史使命的。为此，各民主党派在加强组织建设的实践中，必须以科学发展观为指导思想，着眼于多党合作和政治协商事业的长远发展，从政治素质、能力水平、知识结构、年龄层次等多方面综合考虑，发现人才，培养人才，选拔人才，把那些有较强的组织领导和参政议政能力、在本职岗位有建树、有代表性的优秀中青年干部列入后备干部队伍名单，使多党合作事业后继有人，从而夯实民主党派职能发挥的组织基础。

三是要在民主党派的制度建设中贯彻落实科学发展观。制度建设是工作经验的升华和规范，具有全局性、稳定性、长期性和强制性。加强民主党派的制度建设，必须根据制度建设的内在规律，在坚持科学性和可行性的统一、实体性和程序性的统一、稳定性和灵活性的统一的基础上，稳步推进、循序渐进，不断把实践中好的、成功的经验用制度形式巩固下来。要着眼于推进中国共产党领导的多党合作和政治协商制度的制度化、规范化、程序化建设和有利于提高民主党派参政议政质量的要求，逐步建立起一套适合民主党派自身特点、有利于促进民主党派工作规范化和科学化运行的制度，健全参政党的工作机制，为民主党派更有效地发挥参政党作用奠定坚实基础。[5]在制度建设中，则要坚持民主集中制的原则，坚持实践创新的原则，坚持学习借鉴的原则，从而正确处理继承与发展的关系，稳定与创新的关系以及局部与全局的关系。

三、着眼新视角，对照科学发展观的根本要求，争做贯彻落实科学发展观的监督者

民主监督是民主党派履行职能的一项重要工作。这种监督是在坚持四项基本原则的基础上通过提出意见、批评、建议的方式进行的政治监督，是我国社会主义监督体系的重要组成部分。早在新中国成立之初，毛泽东就以其卓越的政治智慧和政治胆识，在借鉴中国革命历史和世界各国政党体制的基础上，确立了中国应该实行共产党领导的多党合作、政治协商制度，提出了民主党派与中国共产党要“长期共存，互相监督”。[6]江泽民也多次指出：“要完善民主监督机制，畅通下情上达的渠道，加大民主监督力度。”并强调：“我们党是执政党，必须自觉倾听人民群众和民主党派的意见，自觉接受人民群众和民主党派的监督，始终保持清醒的头脑，始终兢兢业业工作而不致懈怠。没有监督，就难以有效防止腐败。”[7]科学发展观的提出和确立，既给民主党派参政议政注入了先进的思想理论，也为民主党派履行民主监督职能提供了更为广阔的空间。因而，各民主党派应着眼新视角，对照科学发展观的根本要求，争做贯彻落实科学发展观的监督者。

这就要求各民主党派要坚持以科学发展观为指导，坚持站位高、调查实、研究深、立论准，紧紧围绕改革发展稳定大局，针对社会发展的重大事项和人民群众普遍关心的热点、难点问题积极开展民主监督工作，不断加大监督力度，努力提高监督实效，有效地促进各级国家机关落实和践行科学发展观，推进决策的科学化、民主化，维护和实现最广大人民群众的根本利益，促进社会全面进步和人的全面发展。具体来说，在思想上，要充分认识到实行以协商讨论和批评建议为主要形式的民主监督是发展社会主义民主政治的必然要求和基本内容，要用对事业负责、对人民负责、对发展负责的态度，敢于监督，善意监督和有效监督；在监督的内容上，要把履行职能的视角放在推进经济、

社会协调、可持续发展上，要以优化经济发展环境为重点，选择那些党和政府关注、人民群众反映强烈的问题进行重点监督，努力做到剖析情况广泛而有重点，分析问题全面而不片面、建言献策务实而不空泛，民主监督切实而不表面；在监督的形式上，要体现多样性和灵活性，充分利用调研报告、提案、议案、反映社情民意等形式，向党委和政府反映问题，提出具有前瞻性、针对性、可操作性的意见和建议。

四、开拓新思维，提升科学发展观的科学内涵，争做贯彻落实科学发展观的研究者

理论是行动的先导。只有学会和善于将实践经验上升到理论高度加以系统的认识，我们的工作思路和前进方向才能够更加明确；只有紧密结合新的实践进行理论创新，才能不断把学习和贯彻落实科学发展活动推向纵深。当前，在全党、全军和全国人民深入学习贯彻落实科学发展的实践活动中，部分同志还存在一些思想上的困惑，诸如：为什么要贯彻落实科学发展观，怎样贯彻落实科学发展观，如何提升贯彻落实科学发展观的实效，等等。这些都是贯彻落实科学发展观所面临的不容忽视和回避的问题，迫切需要我们在理论层面进行深入探讨，并做出令人信服的解释和说明，设计具有针对性和实效性的实践路径。各民主党派历来是知识分子荟萃的群体，素有“人才库”、“智囊团”之称，这既是对民主党派的褒奖，又充分表明民主党派的建言献策对经济社会发展具有重大影响和特别作用。[8]尤其是近年来各民主党派发展的新成员，大多数年富力强，具有高学历、高职称、高素质和深厚的理论基础和极强的研究能力。因此，各民主党派要进一步贯彻落实科学发展观，还应开拓新思维，提升科学发展观的科学内涵，争做贯彻落实科学发展观的研究者。

实践中，一是要成立专门的理论研究队伍，通过设计课题研究项目、指定研究内容等方式，组织具有深厚的理论基础和较强研究能力的党内外专家，围绕贯彻落实科学发展观的一般理论问题和实践中带有规律性、普遍性和前瞻性的问题进行系统研究，争取早出成果、快出成果、出好成果；二是要建立理论研究的经费支持制度，实行组织拨款和多渠道筹集资金相结合的办法，为理论研究奠定物质保障；三是要建立健全理论研究的各项规章制度，通过横向或纵向的方法，制订理论研究的中长期规划，明确研究方向和重点课题，指导和推动理论研究工作的开展；四是要建立理论研究的激励机制，定期对优秀理论研究成果和个人进行表彰和奖励；五是要建立理论研究的成果推广机制，把研究所取得的成果及时运用在贯彻落实科学发展观的实践中，以创新的理论推动实践的发展，并将实践证明有效的经验、措施和方法转化为经常之举、普遍之举。同时，各民主党派还应着力建立一批理论研究基地，形成以点带面、点面结合的理论研究网络。

参考文献：

[1] 赵建军. 把握科学发展观的三个哲学认识维度 [J]. 中国党政干部论坛，2007 (12)：51-52.

[2] 唐华生. 民主党派加强自身建设的基本原则和途径 [J]. 中央社会主义学院学报，2006 (6)：27-29.

[3] 鲁平，管红霞，耿联巧，等. 落实科学发展观　发挥参政党作用 [J]. 河北省社会主义学院学报，2007 (2)：10-13.

[4] 刘蓉宝. 用科学发展观统领参政党的组织建设 [J]. 山西社会主义学院学报，2008 (2)：30-33.

[5] 王军英. 试论用科学发展观引领民主党派自身建设的战略意义 [J]. 云南社会主义学院学报，2007 (3)：22-25.

[6] 毛泽东选集：第5卷 [M]. 北京：人民出版社，1977：394.

[7] 江泽民文选：第3卷 [M]. 北京：人民出版社，2006：146.

[8] 唐华生. 参政党社会服务的价值探讨和机制构建 [J]. 云南社会主义学院学报，2008 (1)：33-35.

人民政协在社会主义民主政治建设中的优势和作用管窥

中国人民政治协商会议（以下简称“人民政协”）成立以来已经走过63年的风雨历程。她“是中国人民爱国统一战线的组织，是中国共产党领导的多党合作和政治协商的重要机构，是我国政治生活中发扬社会主义民主的重要形式。中国人民政治协商会议是中国共产党把马克思列宁主义统一战线理论、政党理论、社会主义民主政治理论同中国具体实践相结合的伟大创造，是中国共产党同各民主党派和无党派人士、各人民团体和各族各界人士风雨同舟、团结奋斗的伟大成果”。[1]半个多世纪以来，人民政协以其独特的组织形式、结构功能和运行机制等优势，充分体现了社会主义民主的本质要求，有效地保障了人民民主权利的行使，已经成为具有中国特色社会主义民主政治不可替代的组织形式。

在新的历史条件下，坚持和完善人民政协这种民主形式，既符合社会主义民主政治的本质要求，又体现了中华民族兼容并蓄的优秀文化传统，从而具有鲜明的中国特色和优势。

一、推进社会主义民主政治建设是人民政协的光荣使命

在历史的长河中，我国是一个有着悠久历史文化传统的文明古国，但同时也是一个缺乏民主政治传统的封建大国。建立在自给自足的小农经济基础之上的封建专制制度延续了两千多年，集权主义和官僚作风根深蒂固，血缘宗法伦理及身份等级制度盘根错节，人治传统与臣民文化影响十分深远，至今仍然深刻制约甚至阻碍着我国民主政治的发展。当前，我国的改革发展正处在高风险的关键时期，国（境）外敌对势力亡我之心从未消退，“西化”、“分化”图谋变本加厉；国内社会利益关系更为复杂，新矛盾、新问题层出不穷。提高我国政治体制的社会适应性和有效性，以尽可能将民间的参政需求和民主冲动纳入到现行体制框架内来有序释放，进而提高中共科学执政、民主执政和依法执政的执政能力和领导水平，构建社会主义和谐社会，必须切实推进社会主义民主政治的建设。[2]

二、人民政协在社会主义民主政治建设中的独特优势

在推进我国社会主义民主政治的建设中，人民政协具有十分鲜明的独特优势。

（一）人民政协是我国基本政治制度的重要机构

“共产党领导、多党派合作，共产党执政、多党派参政”是我国的基本政治制度，人民政协是我国政治体制的重要组成部分，是基本政治制度的重要机构，在我国的政治生活中具有十分重要的作用。

民主政治的本质是一种国家制度，要充分发挥人民政协的民主作用，就必须首先明确其在国家政治体制中的地位。新时期我国社会主义民主政治建设的一大成果，就是把中国共产党领导的多党合作和政治协商制度规定为国家的一项基本政治制度，人民政协是践行这一制度的重要政治形式和组织形式。一方面，通过全国人民代表大会将这一基本政治制度写入《中华人民共和国宪法》，从而赋予其最高的法律效力；另一方面，党中央为发展和完善这一政治制度，加强新形势下的人民政协工作，还批准了新修订的《中国人民政治协商会议章程》（简称《政协章程》），制订了一系列的重要文件，如2005年和2006年连续颁发了两个5号文件（即《中共中央关于进一步加强中国共产党领导的多党合作和政治协商制度建设的意见》和《中共中央关于加强人民政协工作的意见》）等，从而使这一制度在新时期的稳步实施得到保障。胡锦涛同志在党的十七大报告中指出：“发展社会主义民主政治，必须坚持和完善人民代表大会制度、中国共产党领导的多党合作和政治协商制度、民族区域自治制度以及基层群众自治制度。”[3]这四项基本制度相得益彰、互为促进，成为了我国推进社会主义民主政治建设极具特色的法宝。

随着改革开放的深入和市场经济的持续发展，社会上呈现出利益格局多元化、组织形式多样化、阶层结构复杂化等特点，公民思想活动的独立性、选择性、多变性、差异性明显增强，通过人民政协的加强沟通、广开言路、拓展社会利益表达渠道等措施，使社会上分散的意见要求在现行政治体制内和民主法治轨道上得到有组织、有秩序的表达和宣泄，不断扩大公民的有序政治参与，已经成为当前中国民主政治建设的一项重要任务。同时，人民政协作为一个协商式的政治公共领域，能够借助于自身的组织优势和工作优势开展工作，已经成为执政党权威和国家权威通过非选举方式获得合法性的重要途径。

（二）人民政协是进行政治协商的重要平台

按照《政协章程》的规定，各级人民政协组织由若干个界别组成，包括执政党（共产党）、各民主党派、无党派代表人士以及各族各界知名人士，其组成不同于党代会和人代会。加强人民政协的政治协商，是发展社会主义民主政治、建设社会主义政治文明的应然之举。

人民政协是进行政治协商的重要平台，可从如下两方面体现：首先，人民政协的政治协商已经成为我国各级党委、政府研判和实施重大决策中必不可少的基本环节。江泽民同志曾经指出：“在我们这个幅员辽阔、人口众多的多民族、多党派的社会主义国家里，关系国计民生的重大问题要通过人民政协进行协商，广泛听取各民主党派、各人民团体以及各族各界人士的意见，由人民代表大会行使国家权力进行决策，由人民政府执行实施。这样一种政治制度，集中体现了我国广泛的人民民主。它对于我们实现决策民主化、科学化，避免或减少决策失误，保证各项方针政策的贯彻执行都具有十分重要的意义。"[4]胡锦涛同志在党的十七大报告中进一步明确提出："把政治协商纳入决策程序。"[5]这意味着一项大政方针或重大问题的决策和实施，大体上应经过"执政党提出——政治协商——人大通过——政府执行"这样一套程序。这套程序从制度设计上已充分认识到要用决策的规则来制约决策的权力，是完全符合中国的国情的，也体现了权力制约与行政效率的辩证统一。也就是说，中国的政治协商制度已上升到国家制度层面，而不是停留在决策咨询层面。这与西方国家将协商民主仅仅作为选举民主的补充，而未上升到国家制度层面有着本质的区别。这是从人民政协的实际作用来辨析的。其次，从人民政协的组织方式和活动方式来考量，人民政协为政治协商提供了重要的组织平台。人民政协的政治协商，是中国共产党领导的多党合作的光辉典范，是党和国家实行科学民主决策的重要环节，是执政党提高执政能力和执政水平的重要途径。把政治协商纳入决策程序，就党和国家的大政方针和地方的重要事项在决策之前和决策执行过程中进行协商，是政治协商的重要原则。就政治协商的主要内容看，主要有：国家的大政方针和地方的重大事项以及涉及政治、经济、文化和社会生活中的重要问题；各党派参加人民政协工作的共同性事务；政协组织内部的重要事务以及有关爱国统一战线的其他重要问题。其活动形式主要有：政协全体会议、常务委员会会议、主席会、专题协商会、各专门委员会会议、座谈会，以及根据需要召开的由政协各组成单位和各界代表人士参加的内部协商会议，等等。人民政协的政治协商，正是借助于这样一套相对规范的组织形式和活动形式而有效开展的。

（三）人民政协是参政议政的重要场所

参政议政是人民政协履行职能的重要形式，也是各级党政领导经常听取参加人民政协的各民主党派、人民团体和各族各界代表人士的意见和建议，切实做好各项工作的有效方式。人民政协的参政议政是对党和国家的重大决策，各地方的政治、经济、文化和社会生活中的重要问题，以及人民群众普遍关心的涉及民情、民生、民意的重点、热点、难点问题开展调查研究，了解社情民意，进行协商讨论，通过调研报告、提案、建议案或其他形式，向各级党委和政府以及有关部门提出意见和建议，起着推动其改进工作、提高执政为民服务的水平，增加公民对党和政府的认同感和信任度的重要作用。

公民借助于一定的组织形式参政议政，这是社会主义民主的重要实现形式。相比其他参政议政形式，人民政协的参政议政有着其他组织和形式不可比拟的特点和优势。

1. 具有制度化的特点和优势

江泽民同志曾指出："人民政协在我国的政治生活中具有不可替代的作用，它同人大、政府互为补充，相辅相成。"[4]这实际上指明了人民政协与人大和政府各自的地位和作用，从制度上和体制上确认了人民政协的政治地位。关于此点，我们不能不特别提到中共中央关于推进人民政协工作的3个重要文件，即1989年由中共中央批转的《中国人民政治协商会议全国委员会关于政治协商、民主监督的暂行规定》、1996年批转的《政协全国委员会关于政治协商、民主监督、参政议政的规定》和2006年由中共中央颁发的《关于加强人民政协工作的意见》。正是这3个重要文件，从一个侧面反映了我们党坚持不懈地推进中国特色社会主义民主政治建设的决心和进程，也反映了在党中央领导下的人民政协工作不断探索实践、不断开拓前进、不断创新发展的过程，也证明了参政议政作为人民政协的一项重要职能已得到中央的充分肯定，反映社情民意已成为人民政协独具特色的经常性工作。

2. 具有规范化的特点和优势

人民政协的参政议政职能并不是随意和偶然提出的，而是规范有序、有章可循的。改革开放以来，中共中央随着形势的发展，先后制定了一系列关于推进人民政协工作的意见和规定，除上述3个重要文件外，还有《中共中央关于坚持和完善中国共产党领导的多党合作政治协商制度的意见》（1989年）、《中共中央关于进一步加强中国共产党领导的多党合作和政治协商制度的意见》（2005年）和《中共中央关于巩固和壮大新世纪新阶段统一战线的意见》等。同时，全国政协也根据这些文件的基本精神，相继对《中国人民政治协商会议章程》进行了多次修订，使之更加符合新时期发展民主政治的要求。在实际政治生活中，参加人民政协的各民主党派、各人民团体、无党派代表人士和各族各界知名人士，对区域内的政治、经济、文化、社会生活中的重要问题以及人民群众普遍关心的问题开展调查研究，反映社情民意，通过调研报告、提案、建议案或其他形式，规范有序地向各级党委、政府和有关部门提出意见和建议，这是履行政协参政议政职能的具体体现。

3. 具有程序化的特点和优势

人民政协的参政议政不是临时性的、可有可无的，而是程序化的、相对固定的。从中央到地方，从中共中央总书记、国务院总理到各地的党政主要负责同志，每当有事关全局的重大决策出台前或每年元旦和政协全体会议期间，都要同各民主党派负责人或共商国是，或倾听意见，或通报情况；担任政协委员的民主党派成员与其他政协委员一起列席人民代表大会的主要会议，参加重大问题的协商讨论，就事关国计民生的大政方针和重大问题提出意见和建议；人民政协的常务委员会会议、主席会议、各专门委员会会议内容不断丰富，为各民主党派、各人民团体、无党派代表人士和各族各界知名人士更加广泛地参与政治协商创造了条件。近年来，围绕经济社会发展中的重要问题、文化大发展大繁荣问题、科技发展和创新问题、重大民生问题等，各民主党派、各人民团体和有关人士都积极参加人民政协同党和政府及有关部门的专题协商会，起到了广开言路、集思广益的作用，有力地促进了政府相关工作的开展。2012年5月30日闭幕的四川省政协十届第18次常委会，就省委书记刘奇葆同志代表第九届省委在全省第十次党代会提出的“科学发展，执政为民，为建设西部经济发展高地而奋斗”的鲜明主题，“六个载入四川史册”、“五个方面问题”的客观总结，“六点重要认识”的经验启示，“三个翻番”、“五个提升”的奋斗目标，“五个坚定不移”的发展之路进行了认真学习和充分讨论，一致表示将认真贯彻大会精神，结合本地实际，汇聚各方力量，凝心聚力，不折不扣地把省委的部署落到实处，抢抓新的发展机遇，奋力推进四川发展的新跨越。[二]

（四）人民政协是履行民主监督职能的重要渠道

民主监督是人民政协最早确定的两大职能之一（1996年1月14日召开的政协第八

届全国委员会常务委员会第九次会议通过的《政协全国委员会关于政治协商、民主监督、参政议政的规定》增加了“参政议政”职能的表述）。人民政协的民主监督与中国共产党党内的纪律监督、人民代表大会的权力监督、政府的行政监督以及包括新闻媒体在内的社会监督有机结合，形成了具有中国特色的权力运行的制约和监督体系。人民政协的民主监督虽然不具有国家权力性质，但是它作为我国社会主义政治监督体系的基本组成部分和重要环节，有着不可复制的独特优势，在社会主义民主政治和政治文明建设中起着不可替代的重要作用。

1. 具有监督主体的包容性和代表性的优势

人民政协是由界别构成的，而界别是随着社会结构的变化而变化的，并要集中地反映社会结构的多样性与一致性的统一，各个界别的成员则是社会各个阶级、阶层、党派、团体、民族等不同形式的共同体与各方面的代表性人物，而且是包括爱国统一战线两个范围即大陆范围内外所有中华儿女的代表。所以，以界别的方式构成的作为统一战线组织的人民政协，集中体现了爱国统一战线具有的巨大包容性和广泛代表性的特点。人民政协是我国最广泛的爱国统一战线组织，由共产党、各民主党派和人民团体以及各族各界优秀代表人士组成，这种广泛代表性决定了人民政协联系着方方面面的人民群众。因此，人民政协的民主监督是体现了广大人民群众意志的监督，有利于中共各级党委和政府及时听到来自不同方面的意见和建议，能够了解到其他渠道难以掌握的社情民意；能够从不同角度、不同层次充分反映各界群众对党和政府及有关部门的意见、要求和期盼，以维护稳定大局，缩小乃至消除执政党和各级政府与人民群众间的距离。

2. 具有监督内容广泛性和丰富性的优势

人民政协民主监督的主要内容包括“国家宪法、法律和法规的实施情况，中共中央与国家领导机关制定的重要方针政策的贯彻执行情况，国民经济和社会发展计划及财政预算执行情况，国家机关及其工作人员在履行职责、遵守法纪、为政清廉等方面的情况，参加政协的单位和个人遵守政协章程和执行政协决议的情况”，[6]等等。这种监督既有对外又有对内的特点，是全方位的双向监督，有着明显的特点和优势。人民政协是大团结、大联合的政治联盟，在政治上有着巨大的包容性。在这种包容性基础上的民主监督，能够做到知无不言，言无不尽，从而使其监督的内容具有广泛性和丰富性的优势。

3. 具有监督形式多样性和灵活性的优势

人民政协民主监督的形式主要有以下几种：借助政协全体会议、常委会议、主席会议向党委、政府及有关部门提出建议案；各专门委员会提出建议或有关报告；通过委员视察、委员提案、委员举报、大会发言、委员质询、反映社情民意或以其他合法形式提出批评和建议；参加各级政府及有关部门组织的调查和检查活动；政协委员应邀担任司法机关和政府部门的特约监督员；在实践中有的地方还创立了对政府部门工作进行民主评议等民主监督的新形式；等等。这些形式，既有政协组织的整体监督，又有党派、界别的特色监督及委员的个人监督，多个层面构成一个整体，从而形成全方位的多样性和灵活性的监督。

4. 具有监督结果实效性和高效性的优势

人民政协民主监督的实效性体现在三个方面：一是监督的经常性；二是高度的影响力；三是高层次的专业性。人民政协人才荟萃、智力密集，素有“人才库”之美誉，其中不乏诸多学科的专家学者和管理领域的行家里手，具有很强的专业优势。同时，由于他们具有代表性强，信息量大；位置超脱，视野宽阔；下通各界，上达中央等特点，故他们在履行监督职能时，往往不是情绪化地提出问题，而是进行冷静的理性思考，因而具有较高的准确性；他们的监督不是外行而是内行的监督，常常会提出具有针对性、前瞻性的意见和建议，能够抓住问题的实质和要害，所提建议有指导性和可操作性，故能收到事半功倍的效果。

5. 具有将体制外的监督和体制内的监督结合起来的优势

从人民政协的政治定位看，它不是国家政权机关，故它的监督是一种体制外的监督。但是，人民政协又是我国政治体系的重要组成部分，人民政协的民主监督也是我国社会主义监督体系中不可或缺的重要一环，因此，它的监督又不完全是体制外的监督，而是一种兼有体制外监督和体制内监督特点和优势的监督方式。这种监督方式的好处在于：一方面，它能超脱出体制自身的禁锢，克服体制内监督的弊端，消除人民群众对一些政府机关“既当运动员又当裁判员”的担心；另一方面，它也不同于其他体制外的监督性质和方式，不能涉及体制内部的事务。[7] 对此，第八、九届全国政协主席李瑞环同志的“尽职而不越位，帮忙而不添乱”就是生动形象而又准确深刻的诠释。

三、充分发挥人民政协在社会主义民主政治建设中的作用

大力推进社会主义民主政治建设，不仅是时代赋予中国共产党光荣而神圣的历史使命，也需要社会各阶层、各方面人士和广大人民群众的共同参与，更是一个涉及层面广泛、任务艰巨、十分繁杂的系统工程。人民政协作为我国政治体制的重要组成部分和基本政治制度的重要机构，必须在大力推进社会主义民主政治建设的进程中发挥更大优势，创新履职能力，争取更大作为。

（一）高举旗帜，突出主题，积极推进社会主义民主政治建设

在中国共产党的领导下，高举爱国主义和社会主义旗帜，弘扬“团结、民主”两大主题，是人民政协性质的集中体现，也是人民政协继往开来的坚定方向和永恒使命。在推进社会主义民主政治建设的进程中，必须把团结和民主贯穿于政协工作的全过程。要充分发挥人民政协的政治协商平台、民主监督渠道、参政议政场所作用，坚持求同存异、平等协商等原则，搞好统一战线内部的合作共事，增进政协组织与各参加单位之间、各党派之间、各族各界人士之间、委员与群众之间的紧密团结；要尊重和保障各族各界人士充分发表意见的权利，营造融洽和谐、生动和泼、宽松自由的政治氛围，鼓励各民主党派、各人民团体和无党派人士对党和国家的大政方针以及地方的重要事项畅所欲言，发表真知灼见，提出意见和建议；要畅通渠道，及时反映他们的意见和主张，通过人民政协这个政治舞台实现加强团结和凝聚力量的愿望；要发挥政协委员联系广泛的优势，开展海外联谊活动，通过各种形式，加强同港澳同胞、台湾同胞、海外侨胞及其

眷属的沟通联系，积极促进内地与港澳台地区和海外的文化、贸易、技术交流；要大力宣传“一国两制”方针，团结海内外中华儿女旗帜鲜明地反对“台独”和各种分裂势力，为促进祖国和平统一做出积极的贡献。

（二）协调关系，化解矛盾，努力维护社会的和谐稳定

政局稳定是社会稳定的重要前提，政党关系和谐是社会和谐的重要保障。新中国成立60多年来，无论面临什么样的复杂形势和艰难困苦，各民主党派和无党派人士始终同中国共产党保持政治方向一致、根本利益一致、奋斗目标一致，互相支持、互相帮助、互相监督，形成了稳定的政党格局和良好的政治局面。特别是面对国际敌对势力把政党制度作为西化、分化我国的重要突破口时，各民主党派和各族各界无党派人士始终立场坚定，旗帜鲜明，坚持和发扬同中国共产党风雨同舟、患难与共的优良传统，加强对各自成员的思想政治引导，深入开展政治发展道路主题教育活动、学习和践行社会主义核心价值观专题活动以及开展“同心”思想教育活动等，坚决抵御各种错误思潮的影响，不断巩固同中国共产党团结合作的共同思想政治基础。另外，在改革开放不断深化的历史条件下，经济结构和社会关系发生了许多新的变化，引发了一些新的矛盾和问题。人民政协作为广泛联系各界的重要组织，必须深入研究新形势下人民内部矛盾的新情况、新问题、新特点，发挥团结协调功能，促进社会和谐稳定。在工作中，要坚持群众观点，悉心汲取群众的智慧和经验，卓有成效地履行政协职能；要尊重民意，顺应民心，集中民智，多做理顺群众情绪的工作，多做化解矛盾的工作，多做调查研究工作；要更充分地运用批评、建议、提案、信息等手段，向各级党政领导机关和领导干部及时反映人民群众的意愿和要求，为各级党委和政府分忧，为社会的和谐稳定多做贡献。[8]

（三）突出优势，集思聚力，充分发挥人民政协的支持作用

人民政协是我国协商民主形式生长发育和发展的基本“场地”和丰厚“土壤”。人民政协鲜明的统战性、党派性、协商性、包容性和超脱性优势，通过充分履行政治协商、民主监督、参政议政三大职能，使我国社会政治生活中这种独特的协商民主形式，既与人民代表大会所体现的少数服从多数的票决式民主形式相区别，又在执政党的领导下实现了相互结合、相互依存、相互补充、相得益彰；既使最广泛最充分的民主与高度的集中有机地得到统一，也使人民政协团结和民主两大主题得到鲜活彰显，使“人民当家做主”这个“社会主义民主政治的本质”得以充分的实现和体现。[9]同时，如前所述，人民政协的构成除执政党外，还囊括了各民主党派、人民团体、无党派代表人士和各族各界知名人士，汇聚了大量的知识分子、专家、学者、社会贤达，可谓人才济济，智力密集。无论是以界别为单位，还是以个人为基点，在推进我国社会主义民主政治建设中，政协组织和委员要多做争取人心、凝聚民智、统一思想、增进共识的工作，努力为党和政府大政方针、政策的制定、执行提供政治支持；要围绕深化改革、经济社会发展和社会主义民主政治建设中的重大问题，积极开展深入的调查研究，进行必要的咨询和论证，提出有建设性的意见和建议，为我国的社会主义民主政治建设提供一切必要的智力支持。

（四）发扬民主，有序参与，开创社会主义民主政治建设新局面

各民主党派、无党派和各族各界代表人士广泛参加人大、政府、政协的工作，同中国共产党在中国特色社会主义道路建设中风雨同舟、合作共事，是我国政治体制的一个鲜明特色。“中国共产党的领导和充分发扬社会主义民主，是中国多党合作制度的本质要求”。它“既坚持中国共产党的坚强领导，又体现广泛民主；既保持一致性，又体现多样性；既规范有序，又充满活力”。“选举民主与协商民主相结合，是中国社会主义民主的一大特点。选举民主与协商民主相结合，拓展了社会主义民主的深度和广度。经过充分的政治协商，既尊重了多数人的意愿，又照顾了少数人的合理要求，保障最大限度地实现人民民主，促进社会和谐发展”。[10]据统计，到2008年年底，“民主党派和无党派人士共有18万多人当选为各级人大代表，35万多人担任各级政协委员，3.2万人担任县处级以上领导职务，30个省区市政府有党外副省长、副主席、副市长。越来越多的党外干部还担任了各级政府部门正职，在各自领导岗位上发挥了重要作用。同时，中国共产党在重大决策之前和决策执行过程中，坚持同各民主党派和无党派人士充分协商，坚持在人民政协同各党派团体和各族各界人士广泛协商，也是我国社会主义民主的一大特色”。[11]我们相信，在中国共产党的坚强领导下，在人民政协“团结”和“民主”两大主题的指引下，中共十七大报告提出的“要健全民主法制，丰富民主形式，拓宽民主渠道，依法实行民主选举、民主决策、民主管理、民主监督，保障人民的知情权、参与权、表决权、监督权”的要求能得到实实在在的落实和更加充分的体现，社会主义民主政治建设必将开创崭新的局面。

参考文献：

[1] 胡锦涛. 在庆祝中国人民政治协商会议成立60周年大会上的讲话［N］. 人民日报，2009-09-21（1）.

[2] 唐华生. 多党合作法制化建设的理论与实践［J］. 中央社会主义学院学报，2009（6）：18-21.

[3] 胡锦涛. 高举中国特色社会主义伟大旗帜　为夺取全面建设小康社会新胜利而奋斗［N］. 人民日报，2007-10-25（1）.

[4] 江泽民. 江泽民论有中国特色社会主义（专题摘编）［M］. 北京：中央文献出版社，2002，347.

[5] 把握新形势新任务　增进共识促发展［N］. 四川政协报，2012-05-30（ ）.

[6] 政协全国委员会. 政协全国委员会关于政治协商、民主监督的暂行规定［C］//关于人民政协的重要文件和重要论述选编. 北京：中国文史出版社，1999：24-28.

[7] 虞崇胜. 人民政协：社会主义民主不可替代的组织形式［C］//中国人民政协理论研究会秘书处. 中国人民政治协商会议理论研究会2009年论文集. 北京：中国文史出版社，2010：665-677.

[8] 唐华生. 苦练内功　提高参政议政实效［J］. 西部大开发，2009（11）：20-21

[9] 王继宣. 人民政协在我国政治体系中的独特地位和作用［J］. 重庆社会主义学

院学报，2010（4）：18-20.

[10] 国务院新闻办公室.《中国的政党制度》白皮书［N］. 光明日报，2007-11-15（1）.

[11] 贾庆林. 在中国特色社会主义道路上不断完善和发展中国共产党领导的多党合作和政治协商制度［J］. 求是，2009（21）：1-4.

践行社会主义核心价值体系
建设学习型参政党

中共十六届六中全会通过的《中共中央关于构建社会主义和谐社会若干重大问题的决定》指出："马克思主义指导思想，中国特色社会主义共同理想，以爱国主义为核心的民族精神和以改革创新为核心的时代精神，社会主义荣辱观，构成了社会主义核心价值体系的基本内容。"党的十七大、十七届四中全会又分别对树立和践行社会主义核心价值体系作了精辟阐述和全面部署。胡锦涛总书记在2010年党外人士迎春茶话会的讲话中再次强调："要大力建设社会主义核心价值体系，巩固全党全国各族人民团结奋斗的共同思想基础，这同时也是推进中国特色社会主义伟大事业的铸魂工程，全党全国各族人民要齐心协力，努力实现。"各民主党派作为中国特色政党制度的参政党，全面树立和践行社会主义核心价值体系，是关系我国多党合作事业的基础工程和灵魂工程，对于积极应对国内外形势的深刻变化，抵御国际敌对势力的西化、分化图谋，提高参政党自身建设水平，凝聚参政党智慧和水平，努力为推动科学发展、促进社会和谐献计出力，具有重大的现实意义和深远的历史意义。

一、深刻认识社会主义核心价值体系的丰富内涵

社会主义核心价值体系，是以胡锦涛为总书记的中共中央立足21世纪、新阶段不断变化的世情、国情和党情，深刻把握社会主义意识形态建设规律，继树立科学发展观、构建和谐社会等之后又一重要理论创新成果，是全国各族人民团结奋斗的共同思想基础，是实现我国科学发展、推进社会和谐的重要理论武器。社会主义核心价值体系的四个方面基本内容，相互联系、相互贯通，各具功能、各有侧重，构成了一个结构严密、层次分明的科学体系，渗透在经济、政治、文化、社会事业等各个方面，具有鲜明的政治性、战略性、科学性和现实性等基本特征。其中，"马克思主义指导思想"是社会主义核心价值体系的灵魂，"中国特色社会主义共同理想"是其主题，"以爱国主义为核心的民族精神和以改革创新的时代精神"是其精髓，"社会主义荣辱观"是构成社会主义核心价值体系的基础。

1. 灵魂：坚持马克思主义的指导思想

我国8个民主党派作为参政党，长期以来与中国共产党风雨同舟、患难与共，共同致力于民族解放、国家富强、人民幸福和新制度的建立与完善，为社会主义革命、建设

和改革开放，做出了不可替代的重要贡献。随着改革开放的深入和社会主义市场经济的发展，一些民主党派成员在根本利益一致性不断增强的同时，呈现出不同的思想观念、价值取向、行为方式和利益要求，其组织构成也从政治领域扩展到经济、文化、社会领域，由大城市拓展到中小城市，由公有制单位拓展到非公有制单位。因此，在当前经济体制深刻变革、社会结构深刻变动、利益格局深刻调整、思想观念深刻变化的新形势下，各民主党派必须坚持用社会主义核心价值体系建设的指导思想——马克思列宁主义、毛泽东思想、邓小平理论和“三个代表”重要思想、科学发展观的活的灵魂，引领其成员坚定信念、踏实工作，创新思路、不断开拓，加强对各种社会思潮的超前预测、加强对社会思想问题的深入研究、加强对社会思想发展的有效疏导，争做社会主义核心价值体系建设的实践者和开拓者。

2. 主题：实现中国特色社会主义的共同理想

社会主义核心价值体系既是精神理念，也包括现实的目标。核心价值体系的现实目标就是团结动员全国各族人民，为建设富强、民主、文明、和谐的社会主义现代化强国而努力奋斗。这个共同理想，集中代表了我国各族工人、农民、知识分子和其他劳动者、爱国者的共同利益和愿望，是保证全体中华儿女在政治上、道义上和精神上团结一致、奋发图强，克服困难，争取胜利的强大精神武器。在“富强、民主、文明、和谐”八字中，“富强”是社会主义经济的核心价值，“民主”是社会主义政治的核心价值，“文明”是社会主义文化的核心价值，“和谐”是社会主义社会和生态的核心价值。这些核心价值是相辅相成、密不可分的整体，是社会主义核心价值体系的重要组成部分。它们建设的程度反映着人民群众追求民富国强的理想；反映着人民群众坚持中国共产党的领导和人民当家做主与依法治国有机统一的理想；反映着发扬传统文化与时代进步的要求。[1]人民群众需要人与人、人与社会、人与自然的和谐相处和经济、政治、文化、社会、生态的协调发展。各民主党派要教育和引导全体成员充分认识到，把这个共同理想变为现实，既是执政党为之努力奋斗的目标，也是参政党义不容辞的责任和神圣光荣的使命。在当前以经济建设为中心的发展浪潮中，我们必须以诚实劳动、体面劳动、光荣劳动的辛勤汗水，来获取美好幸福的明天。

3. 精髓：弘扬伟大的民族精神和时代精神

以爱国主义为核心的民族精神和以改革创新为核心的时代精神是社会主义核心价值体系的精髓，是中华民族宝贵的精神财富。民族精神是一个民族在长期的共同生活和共同实践基础上形成和发展的，为民族大多数成员所认同和接受的思想品格、价值取向和道德规范。以爱国主义为核心的民族精神是中华民族生生不息、统一团结、薪火相传的精神支撑。[2]在中国五千多年历史长河中，中华民族形成了以爱国主义为核心的勤劳勇敢、团结统一、爱好和平、自强不息的伟大民族精神。时代精神是一个社会在最新的创造性实践中激发出来的，反映社会最新精神气质、精神风貌和社会时尚的综合体现。改革开放以来，我国人民以锐意进取、敢为人先的创新精神；自主、平等、竞争的效率观念；扶贫济弱、公平共享、以人为本的全面发展的人文精神；民主、科学、法制的治国理念，创造了以改革创新为核心的时代精神。正是依靠这种精神，中国创造了改革开放

30多年来举世瞩目的辉煌成就，赢得了世界各国人民的交口称赞。民族精神和时代精神是构成一个民族精神状态、精神支撑和精神动力的核心内涵，它们之间构成了相辅相成、相得益彰的关系；民族精神是时代精神的基础和渊源，时代精神则是民族精神在当代的继承和升华。各民主党派要进一步弘扬以爱国主义为核心的民族精神和以改革创新为核心的时代精神，继承和发扬各民主党派前辈爱祖国、爱人民、爱社会主义、淡泊名利、无私奉献的优秀品质，以及民主党派“自觉、自主、自为”的自我教育传统，不断增进与中共组织的政治共识和增强党派成员的政党意识，夯实多党合作的思想基础，确保中国特色政治制度得到更好地坚持完善和发展创新。

4. 基础：践行社会主义荣辱观的道德准则和行为规范

以“八荣八耻”为主要内容的社会主义荣辱观，是中华民族的传统美德、优秀革命道德与新时期时代精神的完美结合，是构建社会主义核心价值体系的基础，鲜明地揭示了当代中国最基本的道德准则和行为规范。它倡导爱国、敬业、诚信、友善等道德规范，强调开展社会公道、职业道德、家庭美德教育的重要，要求不断加强青少年道德建设，从而逐渐在全社会形成知荣辱、讲正气、促和谐的新风尚，建立男女平等、尊老爱幼、扶贫济困、礼让宽容的和谐人际关系，为构建社会和谐奠定坚实的基础。民主党派成员要以社会主义荣辱观为准绳，树立正确的世界观、人生观、价值观，明确参政党成员应具有的价值追求和行为规范；要在社会生活中自觉做“八荣八耻”的宣传者和实践者，履行好自己的建言献策、民主监督和参政议政职责，确保执政党的方针、政策的贯彻落实；要正确看待名、权、位、利的关系，正确处理个人与组织的关系，不断提升自己的道德情操和品格修养。

二、“两个坚持”是民主党派树立和践行社会主义核心价值体系的根本原则

民主党派作为与中国共产党亲密合作的参政党，树立和践行社会主义核心价值体系，是提高其成员的政党意识、巩固多党合作思想政治基础的必然要求，也是加强参政党思想建设的重要内容。笔者认为，民主党派在树立和践行社会主义核心价值体系的活动中，必须突出“两个坚持”，即坚持中国共产党的领导，坚持中国特色社会主义政治发展道路。

1. 坚持中国共产党的领导，进一步巩固和发展亲密合作关系

回顾我国民主党派的成长和发展历程，我们不难发现，坚持中国共产党的领导，保持与中国共产党的亲密合作关系，是贯穿民主党派成长史的一条红线，也是民主党派优良传统和创新发展的最集中体现。民主党派与中国共产党的亲密合作，大致可分为四个历史阶段：第一阶段是在民主革命时期，由于中共民主革命的纲领和各民主党派的政治纲领在基本方面是一致的，因此，在毛泽东统一战线理论指导下，在反帝爱国的共同政治基础上，中共与各民主党派由相互同情、相互支持到逐步加强合作，并经历了血与火的斗争考验，发展成为“风雨同舟、患难与共”的合作关系；第二阶段是1948年5月，各民主党派积极响应中共中央颁布的“五一口号”，自觉地、郑重地接受了中国共产党的领导，与中共一道，为推翻国民党反动统治和建立新中国而共同奋斗；第三阶段是新

中国成立以来的前30年，中共在执政条件下，继续加强与民主党派的合作，各民主党派参加国家政权，参与国家事务管理，投身社会主义改造和社会主义建设事业，与中共一道前进，一道经受考验；第四阶段是在社会主义现代化建设的新时期，建设中国特色社会主义成为中共与各民主党派的共同政治理想和团结合作基础，[3]“长期共存、互相监督、肝胆相照、荣辱与共”是中国共产党与各民主党派亲密关系的真实写照。

在新的历史条件下，坚持中国共产党的领导，进一步巩固和发展与中共的亲密合作关系，是各民主党派树立和践行社会主义核心价值观的当务之急：一是要深刻认识中国共产党的先进性，深刻认识中国共产党的领导是我国政党制度的巨大政治优势，是中华民族实现伟大复兴的根本保证，要不断增强接受共产党领导、与共产党团结合作的政治信念；二是要深刻认识我国社会主义政党制度的特点和优势，坚决抵制西方多党制、两党制的影响和渗透，恪守多党合作的政治准则，共同维护中国共产党领导的多党合作的政治格局；三是要以高度的政治责任感、历史使命感，努力做中国共产党的挚友和诤友，切实履行参政议政和民主监督职责，促进决策的科学化和民主化，促进共产党领导的加强和改善；四是要在工作中坚持共产党的领导与多党合作的统一，坚持共产党的领导与实行民主监督的统一，坚持共产党的领导与独立开展工作的统一，共同推进政党关系的更加和谐和多党合作事业的蓬勃发展。

2. 坚持中国特色政治发展道路，牢固树立多党合作的思想政治基础

坚持中国特色社会主义社会主义政治发展道路，就是要求各民主党派成员对我国“共产党领导、多党派合作，共产党执政、多党派参政”的政党制度有更深刻的理解，要从政治立场、政治态度上升到价值认同、价值追求的高度和深度，从而不断增进全体成员的政治共识，夯实多党合作的思想基础。历史证明，中国共产党领导的多党合作与政治协商制度是一种新型的政党制度，也是我国的基本政治制度。中国共产党在多党合作和政治协商制度中处于领导地位。中国共产党与参加合作的各个政党之间不是平分秋色、轮流执政或者执政党与反对党、在野党的关系，而是友党间亲密合作共事的关系、领导与被领导的关系、执政党与参政党的关系。中国共产党根据“长期共存、互相监督，肝胆相照、荣辱与共”的方针，采用协商民主的原则、制度和方法，与各民主党派建立起一种与西方竞争性政党制度和“三权分立”议会制度完全不同的新型政党关系。在这种新型政党关系基础上，形成的是中国共产党执政与各民主党派平等相待、政治协商、参政议政、民主监督的和谐统一关系。坚持这种中国特色社会主义政治发展道路，是以制度创新的形式推进中国特色政党制度的科学发展，是各民主党派树立和践行社会主义核心价值体系的基本准则。

三、“三个充分”是民主党派树立和践行社会主义核心价值体系的基本方法

民主党派树立和践行社会主义核心价值体系，应以正面教育为主，坚持理论与实践相结合，坚持继承与创新相结合，充分发挥民主党派各级领导班子、民主党派成员中人文社科领域专家学者的作用，采取民主党派成员喜闻乐见的形式，以形成主动参与、积极热情、学有所获的局面。

1. 充分发挥民主党派各级领导班子的表率作用

毛泽东同志曾经说过："政治路线确定之后，干部就是决定的因素。"民主党派各级领导班子成员在树立和践行社会主义核心价值体系的活动中，要率先加强学习，提高觉悟，深刻认识加强自身建设的表率和示范作用。当前，面对世界范围内各种思想文化的产生、发展，以及相互交织、影响、变化的现状；面对西方敌对势力的各种西化、分化图谋；面对国际国内经济形势的深刻变化、社会结构的不断调整、利益关系的不断重构；面对当前国际金融危机所带来的一系列难题；面对搞好政治交接和加强自身建设，提高创新履职两大历史课题，民主党派各级领导班子务必要保持政治上的清醒、坚定，认识上的统一、明晰，能力上的加强、提高，作风上的正派、过硬。这样，才能积极引导广大民主党派成员增强创新精神，提高创新意识，努力在创新中求发展，在创新中出成绩，切实把树立和践行社会主义核心价值体系转化为自觉追求，内化为价值观念，并成为广大成员的人生态度、行为准则和价值取向。[4]

2. 充分发挥民主党派成员中专家学者的引领作用

在我国现阶段，8 个民主党派共有成员 70 余万人，而他们所联系和代表的社会成员就更为广泛。就其职业性质和代表人员的范围看，有一部分是非中共的高中级知识分子，并联系着科学技术界、文化艺术界、教育界和医疗卫生界等领域的一大批知识分子。其中有许多是思想政治坚定、学术功底深厚、作风正派清廉的人文社会科学领域的专家学者。因此，在民主党派树立和践行社会主义核心价值体系的活动中，要充分发挥这些专家学者的理论研讨和宣传引领作用。要通过各级党校、社会主义学院举办培训班、研讨会或组织宣讲团等多种形式，在不断提高其自身素质和理论水平的基础上，培养他们成为马克思主义中国化最新成果的坚定执行者，中国特色社会主义共同理想的执著追求者，民族精神和时代精神的忠实传承者，社会主义荣辱观的带头实践者，成为民主党派成员中的中坚力量。

3. 充分发挥形式多样、寓教于乐的教育作用

在开展树立和践行社会主义核心价值体系的活动中，各级民主党派组织要根据民主党派组织和工作的特点，运用喜闻乐见的形式，以重要纪念活动、重大事件为契机，通过开展征文比赛、知识竞赛、专刊专栏、文艺表演等形式，广泛开展宣传普及工作，在组织内部营造有利于践行社会主义核心价值体系的氛围；要强化组织领导，把践行社会主义核心价值体系作为解决当前组织建设中诸如少数成员政党意识薄弱、基层组织建设软弱、履行职责能力不强、成员管理手段和方式落后、机关工作效率和水平有待提高、参政党理论建设滞后等一系列自身建设中存在的问题的手段；要以社会主义核心价值体系指导参政议政工作，促使广大成员立足现实、深入调研、睿智建言、献智发展，切实为和谐社会的构建贡献才智；要在社会服务中体现社会主义核心价值体系，更多地关注民生、民情、民意，努力使社会服务工作取得更大的实效，有效地发挥民主党派的作用和扩大民主党派的影响。

参考文献：

[1] 宋丽英. 以社会主义核心价值体系建设引领统一战线成员发展 [J]. 中央社会主义学院学报，2008（2）：37-39.

[2] 陈亚杰. 社会主义核心价值体系内涵的发展 [J]. 上海党史与党建，2007（1） 14-17.

[3] 袁廷华. 民主党派核心价值探析 [J]. 中央社会主义学院学报，2010（2）：21-24.

[4] 栗震亚. 努力树立和践行社会主义核心价值体系 [J]. 前进论坛，2010（5）：10-12.

多党合作法制化建设的理论与实践

改革开放以来，我国多党合作和政治协商出现了前所未有的良好局面。尽管世界各国政坛风云变幻莫测，政党政治跌宕起伏，波谲云诡，唯有中国共产党与我国8个民主党派在多党合作的格局中，以“共产党领导、多党派合作，共产党执政、多党派参政”的形式，和衷共济，相得益彰，日益显示出强大的生命力和旺盛的政治活力，为发展社会主义民主政治，建设社会主义政治文明，坚定不移地走中国特色的政治发展道路做出了积极的贡献。当前，在深入贯彻落实党的十七大精神，着力构建社会主义和谐社会的时代背景下，进一步加强我国多党合作法制化建设，不仅具有重大的理论意义，而且具有长远的社会政治改革的实践意义。

一、我国多党合作法制化建设的内涵

“法制”一词有多种含义。从狭义上说，它主要是指一种严格依法办事的制度。从广义上来说，它主要是指一国法律和制度的总称。本文所称的“法制化”是制度化、规范化、程序化的有机结合体。制度化是指在一定历史条件下形成的政治、经济、文化等方面的体系，要求各党派成员共同遵守的办事规程或行动准则；规范化是指对多党合作的内容、形式、要求等作出明确的规定，“干什么”、“怎么干”都有具体的要求和办法，以保证合作的实效；程序化就是指进行某项活动，开展某项工作，保证先后次序不被颠倒，真正做到有条不紊，防止随意性。[1]制度化、规范化、程序化既互相区别、又互相包含，是对立统一的关系。它分别侧重合作的依据、内容和形式：制度化是前提，规范化是关键，程序化是条件。制度化包含规范化、程序化；规范化含有制度、程序的内容；同时，制度化、规范化又离不开程序。“你中有我，我中有你”，缺一不可。从这一角度上来，制度化、规范化、程序化既是法制化建设的基本要求，也是法制化建设的主要内容，更是法制化建设的最终目的。换句话说，多党合作法制化建设的实质就是要通过一定的制度设计和制度安排，实现多党合作的制度化、规范化、程序化。

表面上看起来，多党合作法制化建设就是一个技术层面的问题，其主要是通过对多党合作实践中的一些好的经验、做法和措施加以总结，将其上升为普遍性行为规范，并通过新的规范性文件形式予以确认，从而在全社会推广实行。不可否认，这的确是多党合作法制化建设的基本内容和重要环节。但如果我们的眼光和思维仅仅局限在这一层面和范围内，那么对于我国多党合作制度的进一步完善和发展意义并不大。事实上，我国的多党合作政治制度作为一种制度安排，是作为执政党的中国共产党与作为参政党的各民主党派在治理与参与治理国家事务方面的权力配置，是各民主党派以及所联系的那一部分群众影响和制约政府权力的方法和措施，必须通过制度化、规范化和程序化才能得到实现。[2]因而，在推进多党合作制度法制化建设的实践中，我们必须要通过将多党合作的方法和措施上升为包括法律制度在内的各种制度，将多党合作中的权力（权利）的配置、合作的程序和合作的方法与内容以制度形式固定下来，使之成为具有稳定性、权威性、连续性和普遍适用性的规则，从而为实现规范化、程序化提供行为标准；同时，还要通过制度的运行，要求人们的行为按照制度的目标、遵循既定的程序，对现实政治生活中的多党合作关系发挥调整作用，完成权力配置、利益协调、权利救济，最终实现人们积极有序参与政治生活的规范化目标，使多党合作在制度上更加健全，政策上更加规范，程序上更加合理，操作上更加具体，实践上更加有效。

二、我国多党合作法制化建设的价值

多党合作政治制度的优势就在于，“既能实现广泛的民主参与，集中各民主党派、各人民团体和各界人士的智慧，促进执政党和各级政府决策的科学化、民主化，又能实现集中统一，统筹兼顾各方面群众的利益要求；既能避免一党执政缺乏监督的弊端，又可避免多党纷争、互相倾轧造成的政治混乱和社会不安定局面”。[3]在新形势新阶段，要想进一步发挥这种优势，关键是要准确把握多党合作法制化建设的价值，才能以更高的自觉性开展多党合作法制化建设的实践。

1. 加强我国多党合作法制化建设是依法治国的重要体现

依法治国是中国共产党领导人民治理国家的基本方略。健全社会主义法制，建立法治国家，是我国政治文明建设、政治体制改革的重要目标。坚持依法执政是中国共产党执政的基本方式，执政兴国必须使国家各项工作逐步走上法制化轨道。中国共产党领导的多党合作，作为国家政治制度的一项基本制度，作为政治文明的重要内容，必须符合国家法制建设的总要求、总趋势。根据实际需要和客观条件的可能，逐步将多党合作的有关重要原则，从党的政策主张上升为国家意志，以法律的形式规定我国的政党制度，规范政党和谐关系，明确政党法律地位，使政党在法律规定的范围内活动。这样，才有利于更好地坚持中国共产党的领导，巩固党的执政地位；才有利于更好地发挥民主党派的参政党作用，实现坚持中国共产党的领导、人民当家做主、依法治国的有机统一；才有利于更加充分发挥我国政党制度的特点和优势，构建中国特色的和谐政党关系。

2. 加强我国多党合作法制化建设是发展民主政治的迫切需要

发展社会主义民主，是建设政治文明的重要内容。人民当家做主是社会主义民主政治的本质要求，也是提高治国理政水平的根本途径。中国共产党领导的多党合作，是发展民主政治的一个重要组成部分，这项基本政治制度是与我国人民民主专政的国体和体现人民当家做主的根本政治制度的人民代表大会制度相适应的。[4]政治文明建设和政治体制改革，迫切需要进一步扩大公民的有效政治参与，丰富民主形式，健全民主制度，加强民主监督。坚持中国特色社会主义政治发展道路，就必须要加强多党合作，加强制度化、规范化和程序化建设，这样，就可以更好发挥民主党派的政治协商、参政议政和民主监督职能。只有把制度化、规范化和程序化建设不断向前推进，各民主党派在人大、政协、政府、基层的履行职能才能不断增强可操作性，才能更好地增进工作的有效性。

3. 加强我国多党合作法制化建设是提高民主党派参政议政能力的重要保证

要真正做到民主党派在国家政权建设和大政方针的决策上以政党的身份发表意见，并使这些意见能进入决策的机制之中，就必须在宪法和法律中确立民主党派的地位和作用，赋予他们受法律保障的民主权利和遵循法律的依据，使他们依照法定程序参与国家政治生活，从而实现政治协商和民主监督的经常化、规范化、法制化。只有这样，才能增强民主党派参与国家政治生活的法律意识和社会责任感，提高参政议政能力，更好地发挥政治协商和民主监督的作用。而加强多党合作的制度化、规范化、程序化建设，就是其中一项极其重要的制度法规保证。多党合作的各项规定越具体，要求越明确，民主党派就能更好地依法参政，依规操作，从而有利于提高工作积极性，增进主动性；有利于经验积累、总结和创新，增强参政议政能力，促进参政议政水平的不断提高。

三、我国多党合作法制化建设的途径

推进我国多党合作的法制化建设，是一项长期的、复杂的、艰巨的系统工程，绝不可能一蹴而就。这就要求我们必须要站在整体的高度，从宏观的角度来进行谋划和设计。笔者认为，当前主要应抓好以下三个基础建设：

1. 筑牢多党合作法制化建设的思想基础

多党合作制度法制化建设能否取得实质性成效，首先取决于社会成员的政治理念和政治认同感。社会成员必须对多党合作这一基本政治制度的历史发展、主要特点及基本价值有比较深入、全面的了解，特别是产生价值认同感，才能真正从思想上接受和重视它，从而使这一制度建设具备社会心理基础和思想基础。[5]因此，要进一步发展和完善多党合作制度，必须通过各种有力措施加大宣传教育力度，提高多党合作的社会影响力，形成全党全社会的共识，以进一步增强贯彻落实多党合作的自觉性。一方面，应形成以统战部为主导、宣传部为主体的分工合作的统战宣传教育责任体制，对开展多党合作和建设政治文明中的重要方针政策、重要事件活动要大张旗鼓地宣传普及，力求“家喻户晓、人人皆知”。另一方面，必须建立起稳定有效的宣传教育机制，要把统战工作、多党合作的宣传纳入各级宣传部门工作规章之中，并经常检查和考核；要在党报党刊上设专栏加大宣传力度，做好多党合作教材书籍的出版发行工作，编辑出版多党合作的政策文件汇编，并设立多党合作宣传日。同时，各民主党派还要充分发挥自己人才库与智力库的优势，既可以单独或联合创办带有民主党派特色的报纸和刊物，还可以结合形势召开一些新闻发布会，宣传统一战线、多党合作的理论和政策，使更多的人了解我国推行多党合作制度的重要性和必要性。

2. 构建多党合作法制化建设的制度基础

在现阶段，中国共产党领导的多党合作和政治协商制度主要是在执政党的文件中予以确认，尚没有经过法定程序转变为国家意志。在宪法和有关法律中对中国共产党领导的多党合作和政治协商制度虽然作了一些规定，但只是对各政党的行为作出原则规范，还不够明确、系统、具体，尤其是对中国共产党领导的多党合作和政治协商制度本身及各政党的政治地位特别是民主党派的政治地位没有详细规定。在新形势下，迫切需要进一步规范中国共产党领导的多党合作和政治协商制度的政治结构与政治功能。基于多党合作这一社会关系领域的特性，以及我国社会的历史传统与现实经验，通过制订“政党法”等“硬法”目前暂时是不适宜的，目前主要应通过完善“软法”进行调整。就目前的实际情况来看，在我国推行多年的多党合作领域，已经存在着一整套较为系统和成熟的法律体系，该法律体系以宪法为根本依据，以不同层次的“软法”为主体内容，主要包括中央文件、《中国人民政治协商会议章程》和各地方文件、人民政协各级组织规章制度等。这不仅是我国多党合作法制化建设的制度储备，也是推进我国多党合作法制化建设的现实基础。因而，我们不仅完全有必要在宪法、法律条文和法规条例等文件中对政党制度作出规范性的规定，而且还必须制定出一些关于政党制度的专门的法律、法规，以法律的形式来规范多党合作的内容、形式和程序。[6]这是因为，对政党制度作详细的法律规定，一方面可以使政党政治具有明确的宪政上的合法性，把政党置于宪法的保护之下，确保政党活动和政党的合法权益不受侵犯；另一方面，把政党的活动限制在宪法允许的范围之内，使政党制度运作更加制度化、法律化，更加有利于社会政治生活的稳定，有利于民主的确切保障。

3　夯实多党合作法制化建设的理论基础

理论研究是制度建设的基础。完善和发展我国多党合作制度，加强多党合作制度法制化建设，必须有相应的理论作先导和铺垫，否则，制度建设就不会有明确的发展方向和目标。当前，要特别注意加强多党合作的基础理论研究。只有加强基础理论研究，才能夯实多党合作制度法制化建设的基础。但目前恰恰这一领域的研究还比较薄弱。如：理论界对于“参政党”和“监督党”的提法和定位是否准确；制定“政党法”或“政党关系法”的可能性与必要性；参政党在完善和发展社会主义民主政治中的作用；改革开放条件下多党合作事业发展的基本规律和21世纪新阶段多党合作事业发展的思路和工作重点等；尚需进一步研究，以早日达成共识。此外，与多党合作有关的其他理论问题也不能忽视，特别是党派自身建设理论，影响党派的生存和发展，并直接影响多党合作的前景。诸如：如何看待并研究各政党趋同化问题（包括民主党派与共产党趋同化以及民主党派之间趋同化）；如何重构民主党派政治纲领和组织发展理论，以便使民主党派在建设和发展过程中，既能坚持中共政治领导，又能较好保持自身特色和历史传统，形成一支相对独立的政治力量，更好地为国家政治民主化做出贡献；如何建设高素质的参政党；等等。[7]这些都是我国多党合作政治制度进一步发展和完善所面临的不容忽视和回避的问题，迫切需要我们在理论层面进行深入探讨，并做出令人信服的解释和说明，设计具有针对性和实效性的实践路径。有鉴于此，我们还必须站在构建社会主义和谐社会的时代背景下，既借鉴世界政党制度建设经验，又立足于国内新的实践和新的发展，紧紧围绕多党合作法制化建设中的重点问题、难点问题和热点问题进行深入研究和广泛讨论。由此，形成一整套系统成熟、紧扣时代发展脉搏、富有创新精神的多党合作法制化理论体系，以指导、推动和规范多党合作法制化建设的实践。

参考文献：

[1] 陶春健. 中国共产党领导的多党合作制度的制度化、规范化、程序化建设研究[D]. 上海：华东政法大学，2007：19.

[2] 农工党湖北省委会课题组. 论多党合作制度建设中的程序先行——关于多党合作制度化、规范化、程序化的新思考[J]. 湖北省社会主义学院学报，2007（2）：13-18.

[3] 国务院新闻办公室. 中国的民主政治建设白皮书[N]. 人民日报，2005-10-20（10）.

[4] 丁荣茂，等. 加强多党合作制度化规范化程序化建设的探析与思考[J]. 江苏省社会主义学院学报，2005（4）：31-34.

[5] 黎晓武. 论多党合作与政治协商制度的法治化[J]. 南昌大学学报：人文社会科学版，2008（2）：66-71.

[6] 邵明石. 中国多党合作制度历史演变和发展论析[D]. 济南：山东大学，2006：37.

[7] 唐华生. 民主党派加强自身建设的基本原则和途径[J]. 中央社会主义学院学报，2006（6）：27-29.

构建反腐倡廉长效机制的现实意义与实践路径

“坚持标本兼治、综合治理、惩防并举、注重预防的方针，以完善惩治和预防腐败体系为重点，强化权力制约和监督，深化改革和创新体制，拓展从源头上防治腐败工作领域，努力形成拒腐防变教育长效机制、反腐倡廉制度体系、权力运行监控机制，切实提高反腐倡廉建设成效，为全面建设小康社会提供有力政治保证。”[1]这是胡锦涛总书记在中共第十七届中央纪律检查委员会第二次全体会议上所作重要报告中对反腐倡廉工作提出的新要求，也是当前和今后一个时期反腐倡廉建设的重点任务。落实这一要求和任务，关键是要以更高的自觉性和创造性推进反腐倡廉制度建设，致力于构建具有更强科学性、系统性、针对性、实效性的反腐倡廉制度体系。有鉴于此，笔者拟就构建反腐倡廉长效机制的现实意义、实践路径与基本原则做一粗略探讨，以期能对推进新形势下反腐倡廉建设的深入开展有所裨益。

一、构建反腐倡廉长效机制的现实意义

我们所要构建的反腐倡廉长效机制，是一种着力于教育、制度、监督三者并重、相互配套的机制，而不是“单打一”的机制；是一种着重于工作创新，在实践中不断探索完善的机制，而绝不是一劳永逸、故步自封的机制。[2]构建这样一种长效机制不仅有利于推动反腐倡廉的深入开展，而且还具有以下两方面的现实意义：

1 是建设和谐社会的必然要求

胡锦涛同志在党的十七大报告中提出：“和谐社会要靠全社会共同建设。”[3]社会是由一定的经济关系和国家权力机构、法制、道德规范等上层建筑构成的一个活的有机体。社会的和谐也就是有机体的各要素之间的协调、统一和发展。而腐败现象就像病毒一样侵蚀和干扰社会各要素的协调统一，使国家权力运作失衡，使法律执行不公，道德观念退步，从而危害人民群众的利益，破坏社会公共秩序，破坏民主政治制度、法律制度等上层建筑领域。[4]一言以蔽之，腐败行为所引起的后果是腐蚀社会有机体，破坏上层建筑、经济基础，破坏社会的和谐。而反腐倡廉工作要解决的核心问题就是通过查处腐败分子，规范从政行为，保障人民群众的经济利益和民主权利不受侵害，使社会秩序规范有序，社会精神风貌健康向上，人与人之间和睦相处。从这一意义来看，构建反腐倡廉的长效机制，既是建设社会主义和谐社会的必然要求，也是建设社会主义和谐社会

的重要保障。

2. 是提高党的执政能力的重要举措

从根本上说，腐败是私有制的产物，是同马克思主义政党的性质格格不入的。一切腐败现象都是损害人民利益的，执政基础最容易因腐败而削弱，执政地位最容易因腐败而动摇。腐败问题不仅是人民群众最为关注的社会问题之一，也是我们党最大的执政威胁之一。如果党内发生腐败问题而我们又不能有效加以防范和抑制，任凭腐败分子以权谋私、贪赃枉法，就会严重涣散党员、干部的信心和斗志，严重销蚀党的创造力、凝聚力、战斗力，我们就难以有效贯彻落实党的理论和路线方针政策，也就难以推进党和人民事业的发展，更谈不上提高党的执政能力、巩固党的执政地位了。正因为如此，胡锦涛总书记在2005年1月召开的中央纪委第五次全体会议上就明确指出：反腐倡廉能力是党的执政能力的重要体现，是巩固党的执政地位的重要保证，全党要从提高党的执政能力、巩固党的执政地位的战略高度进一步认识做好反腐倡廉工作的极端重要性，始终把反腐倡廉作为一件大事来抓。

二、构建反腐倡廉长效机制的实践路径

制度和机制带有根本性、全局性、稳定性和长期性的特点，任何一项工作的深入开展，都必须依赖于制度和机制的建立与完善。反腐倡廉是关系国家发展全局、关系最广大人民群众根本利益、关系社会公平正义和社会和谐稳定的重大问题和紧迫任务，更应加强制度建设，着力构建长效机制。当前，主要应构建以下四大机制：

1. 构建反腐倡廉的宣传教育机制

实践表明，通过深入开展反腐倡廉宣传教育，能够进一步增强党员干部特别是领导干部的党性观念，强化宗旨意识，增强辨别是非和识别美丑的能力，树立正确的权力观、政绩观、地位观和利益观，时刻牢记手中的权力是人民赋予的，只能用来为人民服务，绝不能以权谋私，真正做到立党为公，执政为民，清正廉洁。因此，构建反腐倡廉长效机制的首要任务是要构建长效的宣传教育机制。一方面，我们要将反腐倡廉宣传教育活动制度化，充分利用干部培训、述职述廉、民主生活会、考核帮建、诫勉谈话等时机，通过理论灌输教育、干部自我教育、典型示范教育、反面警示教育等多种形式，把反腐倡廉教育贯穿于党员干部教育管理的全过程，不断筑牢党员干部拒腐防腐的思想防线。另一方面，在教育形式上要力求创新，在发挥好集中教育、经常性教育和激励警示教育等传统教育的优势的同时，充分运用网络、闭路电视、多媒体、手机短信等现代化手段，通过征集廉政格言、编印廉政手册、发送廉政短信等形式，广泛开展健康向上、形式多样的廉政勤政教育，着力引导党员干部对照先进典型学品德、找差距、看不足，运用反面典型论危害、谈教训、明是非，始终保持共产党员的政治本色。

2. 构建反腐倡廉的组织领导机制

在中共中央颁布的《建立健全教育、制度、监督并重的惩治和预防腐败体系实施纲要》（以下简称《实施纲要》）中，明确要求建立"党委统一领导，党政齐抓共管，纪委组织协调，部门各负其责，依靠群众支持和参与的反腐败领导机制和工作机制"。因

面，我们必须按照上述要求建立和完善反腐倡廉的组织领导机制。各级党委、政府要把各方面的力量和资源有机整合起来，将反腐倡廉建设融于发展、改革和行政管理之中，与建立法治政府、转变政府职能紧密结合，形成党委统一领导、党政齐抓共管的良好局面。纪检监察机关要在党委领导下，自觉围绕中心，服务大局，在大局下思考、在大局下谋划、在大局下行动，全面履行党章赋予的职责和任务，积极协助党委抓好党风廉政建设和组织协调反腐败工作，当好党委的参谋助手。各地各部门党政主要负责同志作为反腐倡廉建设的第一责任人，要坚持标本兼治、综合治理、惩防并举、注重预防的战略方针，切实推进惩治和预防腐败的制度体系建设，进一步加强对反腐倡廉工作的领导、指导和督促，经常分析研究反腐倡廉形势和部署安排反腐倡廉工作，及时把握新情况新动向，及时采取切实有效措施解决新问题。[5]同时，还要高度重视社会各界和广大群众有关反腐倡廉方面的诉求，努力保护人民群众的反倡廉热情，积极动员和引导广大人民群众参与反腐倡廉工作。

3. 构建反腐倡廉的督查惩处机制

强化监督既是反腐倡廉的重要手段，也是提高党的反腐倡廉能力的重要内容。加强对权力运行的制约和监督，是有效预防腐败的关键。权力失去监督，必然导致腐败；制度失去监督，必然流于形式；教育失去监督，则一定苍白无力，这已是不争的事实。[6]为了遏制腐败现象，保持政府部门的清正廉洁，必须建立健全对权力的监督制约机制，使滥用职权的越轨行为得到及时有效的制裁和纠正，使弄权营私者无隙可乘。对发生严重违反反腐倡廉制度的案件和对严重违规案件不及时查处的部门和单位，对落实反腐倡廉制度措施不得力、问题长期得不到有效解决的部门和单位，要根据规定追究有关领导的责任，包括追究疏于教育责任、管理不善责任、督察不力责任、查纠不明责任，等等。通过落实责任制和实施责任追究，确保反腐倡廉制度落到实处，确保制度在反腐倡廉中发挥出应有的效用。同时，还要切实发挥惩治的震慑作用，严格依纪依法查处大案要案。坚决惩治腐败是我们党执政能力的重要体现，有效预防腐败更是我们党执政能力的重要标志。查办案件是惩治腐败的重要手段，只有惩治有力，才能增强教育的说服力、制度的约束力、监督的威慑力、源头治腐的推动力。[7]

4. 构建反腐倡廉的理论研讨机制

理论是行动的先导。只有坚持不懈地学习党的反腐倡廉理论，才能提高我们认识和处理新形势下各种复杂矛盾的能力；只有善于将实践经验上升到理论高度加以系统的认识，我们的工作思路和前进方向才能够更加明确；只有紧密结合新的实践进行理论创新，才能不断开拓反腐倡廉工作的新局面。因此，我们还必须着力构建反腐倡廉的理论研讨机制，通过开展卓有成效的理论研究工作，从根本上推动反腐倡廉建设与时俱进，开创党风廉政建设和反腐败工作的新局面。这就要求各级纪检监察干部要在熟练掌握有关政策法规以及认真做好各项具体工作的同时，进一步重视、加强理论学习和理论研究，深入开展工作调研和理论探讨。这不仅是深入推进党风廉政建设和反腐败斗争的迫切需要，也是纪检监察干部提高自身素质的迫切需要。当前，各级纪检监察干部主要应围绕贯彻落实党中央关于反腐倡廉建设的各项决策和部署，将思想统一到十七大精神上来，以十七大精神为指导，着眼于新情况、新问题的深入研究，着力于反腐倡廉重大实践问题的理论思考，抓住工作中带有规律性、普遍性和前瞻性的问题，进一步探索新形势下反腐倡廉的新思路、新途径和新方法。并要将研究成果及时运用到反腐倡廉建设中去，以创新的理论推动实践的发展，进而推进党风廉政建设和反腐败工作深入开展。

三、构建反腐倡廉长效机制的基本原则

在构建反腐倡廉长效机制的实践中，我们不仅要坚持以邓小平理论和“三个代表”重要思想为指导，深入贯彻落实科学发展观，解放思想、实事求是、与时俱进，用发展着的中国化的马克思主义指导反腐倡廉建设的新实践。同时，还要坚持以下几个方面的原则：

1. 增强主动性原则

近年来，我国反腐倡廉的力度不断加大，反腐倡廉的成效也十分显著。但是，正如胡锦涛同志所说：“现在一些腐败现象仍然比较突出，反腐败斗争的形势仍然是严峻的。”究其原因，虽有多个方面，但根本原因还是在于适应新形势下反腐倡廉要求的制度体系和工作机制不够健全以及制度的执行不够严格。因此，我们必须在思想上进一步提高对制度建设的重视程度，不断增强反腐倡廉制度建设的使命感、责任感、紧迫感，进一步加大对制度建设的推进力度，以高度的自觉性和有力的举措来抓好制度设计和制度落实。

2. 体现科学性原则

并非任何制度都能治腐防腐，只有科学的制度才能成为反腐的利剑。从现实情况看，当前存在于制度建设方面带有普遍性的问题之一，是制度设计不够科学。因此，落实胡锦涛总书记在 2007 年“6·25”讲话中提出的“更加注重制度建设”的要求和任务，就需要重点在增强制度的科学性上下功夫。不仅要深刻认识、严格遵循制度建设的基本规律，坚持应然性与实然性、普遍性与特殊性、超前性与可行性相统一的基本原则，以科学的理念科学的态度、科学的精神、科学的方法来设计科学的反腐倡廉制度。[8] 同时，还必须保证所设计的制度具有可行性，在现实中行得通、做得到。

3. 遵循系统性原则

制度有无系统性，是制度是否科学、健全的重要标志。从反腐倡廉制度建设的现状看，系统性不强的问题比较突出。这不仅表现在实体性制度、程序性制度和监督保障制度的相互照应和衔接上，也表现为一些单项制度的具体化程度不高以及缺乏相应的配套制度的支持。有鉴于此，落实“更加注重制度建设”的要求和任务，就必须在抓制度建设的过程中立足全局，切实加强整体规划和统筹协调，既重视基本的制度又重视具体实施细则，既重视单项制度的建设又重视制度的配套与协调，使各项制度彼此衔接、环环相扣，形成整体合力。

4. 把握规律性原则

任何事物的发展都有其固有的规律性。只有准确把握其规律性，才能增强工作的前瞻性、针对性和有效性。反腐倡廉工作也是如此。因此，在构建反腐倡廉长效机制的实践中，我们必须认真总结新形势下开展反腐倡廉制度建设的新经验、新做法，认真研究

新形势下开展反腐倡廉制度建设的新问题、新情况，认真把握新形势下开展反腐倡廉制度建设的新规律、新特点，认真探索新形势下开展反腐倡廉制度建设的新途径、新方法，真正使我们所构建的长效机制能够体现时代性、把握规律性、富于创造性。

5. 提升实效性原则

构建反腐倡廉的长效机制不能只满足于面上的活动，追求一时的轰动效应，而是必须注重实效，力求取得实实在在的效果。这就要求我们既要以求真务实的精神状态和真抓实干的工作作风，认真落实中纪委安排的各项工作任务，在狠抓工作落实上体现实效性；又要把反腐倡廉与各地、各部门的实际工作有机结合，在结合实际中体现实效性；还要把反腐倡廉建设同解决群众反映强烈的突出问题结合起来，推动群众反映强烈的热点难点问题的有效解决，使广大人民群众能够真正感受到反腐倡廉宣传教育的实际成果，在解决实际问题上体现实效性。[9]

6. 突出创新性原则

随着社会经济的发展，新情况、新问题不断出现，反腐倡廉制度建设也不断面临新的挑战。因此，我们在构建反腐倡廉长效机制的实践中，既要深入实际，深入群众，了解新情况，不断总结反腐倡廉工作实践中的经验和教训，从而研究新对策，解决新问题；也要站在大局的高度，敢于和善于更新思想观念，打破旧的条条框框，走出符合实际的新路；同时还要用发展的思路和改革的办法审视和策划反腐倡廉制度体系建设，加强全局性、前瞻性研究，解决新问题，总结新经验，在继承中发展，在发展中创新。

参考文献：

[1] 胡锦涛. 加强以完善惩治和预防腐败体系为重点的反腐倡廉建设［N］. 中国青年报，2008-01-16（1）.

[2] 李正印. 全面推进反腐倡廉长效机制建设［J］. 前进论坛，2003（10）：29-30.

[3] 胡锦涛. 在中国共产党第十七次全国代表大会上的报告［A］. 十七大报告辅导读本［C］. 北京：人民出版社，2007：40.

[4] 王建新，李延龄. 推进反腐倡廉工作构建和谐社会［J］. 长白学刊，2007（3）：123-124.

[5] 许云昭. 把反腐倡廉建设放在更加突出的位置　学习胡锦涛同志在中央党校重要讲话的体会［J］. 党建研究，2007（9）：15-17.

[6] 黄生贵. 反腐倡廉：党的执政能力建设的关键［J］. 湘潮，2007（7）：26-27.

[7] 朱明国. 加强反腐倡廉建设为科学发展提供保障［J］. 中国监察，2007（18）：10-11.

[8] 王建英，力竞. 反腐倡廉关键在于更加注重制度建设［J］. 党政干部论坛，2007（11）：4-6.

[9] 金道铭. 把握规律性增强针对性注重实效性　做好反腐倡廉宣传教育工作的一些体会［J］. 先锋队，2007（6）：4-5.

民主党派加强自身建设的基本原则和途径

《中共中央关于进一步加强中国共产党领导的多党合作和政治协商制度建设的意见》（简称《意见》）中明确指出：党委要把支持民主党派加强自身建设作为一项重要政治责任，要支持民主党派根据各自章程规定的参政党建设目标，按照坚持中国共产党的领导、发扬社会主义民主、体现政治联盟特点、体现进步性和广泛性相统一的原则，以思想建设为核心，以组织建设为基础，以制度建设为保障，把自身建设提高到新的水平。这就为民主党派进一步加强自身建设创造了更加广阔的空间。作为参政党的各民主党派，应以学习贯彻《意见》精神为契机，切实加强自身建设。要不断提高党派自身的政治把握能力、参政议政能力、民主监督能力、组织领导能力和合作共事能力，努力把自身建设提高到一个新的水平。

一、民主党派加强自身建设的价值取向

从理论层面来看，各民主党派应把不断完善民主党派自身建设理论体系和促进多党合作事业发展作为加强自身建设的根本。目前，各民主党派的自身建设相对滞后于执政的中国共产党。其主要原因是，各民主党派在国家经济、政治和社会生活中的地位和作用较多是通过其旗帜性领导人物的个人影响来体现的，还没有从政党建设发展规律的层面上，对自身建设问题进行全面、深入的探讨。近年来，随着各民主党派组织上的新老更替，新一代民主党派代表人士担起了领导重任。就地方组织而言，他们往往社会经历比较简单，政治锻炼和考验的机会较少，与老一代领导人相比，他们的威望、能力以及服务奉献意识都有所欠缺，因而他们在组织中的感染力和号召力有待加强。同时，由于各地方组织的领导人大多由专家学者所担任，而他们过去一般都从事专业技术工作，缺少从事领域广阔的社会工作和政治工作经验，并缺乏与中共长期合作的经历，故政治辨别力和政治把握力也有待提高。就整体而言，民主党派的自身建设尚未形成完整、系统的理论体系，这就难免使民主党派自身建设与多党合作制度建设的要求存在不同程度的不相适应状况，从而或多或少影响和制约了我国多党合作制度优越性和参政党职能作用的充分发挥。因而，加强对民主党派自身建设问题的理论探讨，有利于深化对民主党派自身建设和发展规律的认识，有利于逐步完善民主党派自身建设的理论体系，更有利于促进我国多党合作理论的发展。

从实践层面来讲，各民主党派应把确保参政党建设的正确发展方向，推动民主党派不断发展、进步和提高作为加强自身建设的根本。《意见》在更高的层面上规划了我国今后一段历史时期社会主义民主政治的蓝图，预示着我国的民主政治将有一个更新的发展。最近，胡锦涛同志在全国统战工作会议上再次强调："中国共产党领导、多党合作，中国共产党执政、多党参政的多党合作政治格局，体现了我国社会主义民主政治的本质要求，是我国社会主义制度的一个政治优势。巩固和发展我国社会主义政党关系，实现我国政党关系长期和谐，根本在于坚持走中国特色社会主义政治发展道路，关键在于坚持和完善中国共产党领导的多党合作和政治协商制度。"因此，探讨民主党派自身建设问题，努力加强参政党的自身建设，既是学习和贯彻《意见》精神的题中之意，更有利于指导民主党派在参政议政的实践中，坚持真理，修正错误，确保参政党建设沿着加强中国共产党领导的方向发展。这样，民主党派就能不断适应新形势、新任务、新发展的要求，发挥人才相对集中的优势，充分调动所联系成员的积极性与主动性，紧紧抓住发展这个第一要务，围绕经济建设的中心，按照构建和谐社会的要求，通过深入实际的调查研究，提出具有宏观性、超前性、可操作性的建议，以及中肯、负责任的意见和批评，使民主党派在层次更高、质量更好和领域更加广泛的社会实践中，充分体现和发挥参政党的价值和作用，并且在实践中不断推动民主党派自身建设的发展与完善。

二、民主党派加强自身建设应坚持的基本原则

（一）必须坚持中国共产党的领导

中国共产党是建设中国特色社会主义事业的领导核心。中国共产党成立 85 年来的历史证明，只有在中国共产党的领导下，中国才能解放，才能繁荣，才能富强。民主党派半个多世纪的历史，就是一部在中国共产党的领导下，在与中国共产党亲密合作的过程中，不断前进、不断进步、不断发展的历史。因此，民主党派加强自身建设，必须坚持共产党的领导，坚持以马克思列宁主义、毛泽东思想、邓小平理论和"三个代表"重要思想为指导，坚持社会主义初级阶段的基本路线、基本纲领和基本经验，坚持"长期共存、互相监督，肝胆相照、荣辱与共"的基本方针，保持宽松稳定、团结和谐的政治环境。要不断提高接受中国共产党领导的自觉性和坚定性，坚决抵制"政治多元化"、"政党轮替"等错误思潮的影响，巩固多党合作的政治基础。

（二）必须发扬社会主义民主

充分发扬民主，是我国社会主义政党制度的本质属性。只有充分发扬民主，才能充分调动民主党派成员的积极性和创造性，为经济建设和社会主义民主法制建设贡献全部智慧和力量。参政党建设要体现发扬民主的原则，一是要认真贯彻"长期共存、互相监督，肝胆相照、荣辱与共"的方针，提高参政议政、民主监督的水平，为发展社会主义民主贡献力量。二是要认真贯彻民主集中制原则。民主集中制是各民主党派规范党内生活、处理党内关系的基本准则，也是进行制度建设必须遵循和坚持的基本原则。

（三）必须体现政治联盟的特点

民主党派是各自所联系的一部分社会主义劳动者、社会主义事业建设者和拥护社会主义爱国者的政治联盟。这就决定了民主党派具有在一致性基础上的多样性和包容性。只讲一致性，民主党派就没有存在的必要；只讲多样性，民主党派就不能体现中国统一

战线的特色。因此，加强民主党派自身建设，应当充分考虑民主党派政治联盟的特点，坚持一致性与多样性的统一，高举爱国主义和社会主义的旗帜，在坚持四项基本原则的基础上，实现广泛的团结，调动一切积极因素，为促进社会主义经济建设、政治建设、文化建设、社会建设服务，为促进香港、澳门长期繁荣稳定和祖国和平统一服务，为维护世界和平、促进共同发展服务。

（四）必须体现进步性与广泛性的统一

民主党派的进步性集中体现在与中国共产党通力合作，共同致力于建设中国特色社会主义事业；民主党派的广泛性则体现在其成员来自不同的社会阶层和群体，民主党派反映和代表所联系的这部分群众的具体利益和要求。现阶段，我国还存在着不同阶级、阶层和社会群体，一方面存在着共同利益基础上的具体利益的差别和矛盾，特别是随着改革的深化和社会多样性的发展，更加需要民主党派继续保持广泛性，从而发挥政治参与、利益表达和社会协调作用；另一方面，在复杂多变的国际形势和开放性、多样性的社会环境下，更加需要民主党派继续坚持和发展进步性，加强与共产党的亲密合作，带领广大成员沿着建设中国特色社会主义道路前进并做出实际贡献。因此，在参政党建设中，必须坚持进步性和广泛性的统一，使民主党派成为在共产党领导下，团结所联系的社会群众致力于中国特色社会主义事业建设的桥梁和纽带。

三、民主党派加强自身建设的着力点

民主党派只有不断加强自身建设，努力提高其作为一个政党的素质和形象，练好“内功”，才能在最大程度上发挥政治协商、民主监督、参政议政的基本职能。具体来说，应从以下几方面着力：

（一）以政治交接为主线

政治交接问题是一个事关全局、意义深远的根本性问题。政治交接的内容比较广泛，概而言之，就是要加强领导班子建设，使他们不断增进对中国共产党的基本理论、基本路线的共识，增进对多党合作制度的共识，增进对全党工作大局的共识，坚定不移地走中国特色社会主义道路；就是要继承和发扬民主党派自觉接受中国共产党的领导、高举爱国主义和社会主义的旗帜、与中国共产党通力合作、共同致力于社会主义事业的光荣传统；就是要使民主党派与中国共产党肝胆相照、荣辱与共的亲密友党关系更好地延续和发展，使民主党派的政治纲领和政治路线更好地延续和发展，使民主党派老一代领导人坚定的政治方向、高尚的思想品德、朴实的工作作风、与时俱进的革命精神更好地延续和发展，从而使中国共产党领导的多党合作和政治协商制度更好地延续、完善和发展。

（二）以理论建设为重点

一个政党的形成不能没有理论的支撑，一个政党的实践活动不能没有理论指导，可以说，理论思维的成熟是一个政党政治上成熟的重要标志。客观地说，当前各民主党派理论建设和理论研究还明显滞后于实践的发展，还不能完全适应21世纪参政党建设的要求。实践对理论的急切呼唤，要求参政党重视和加强理论建设和理论研究。因此，各民主党派要在多党合作制度中发挥更大的作用，就必须借鉴中国共产党的建党经验，加强理论建设，形成一整套系统成熟的理论基础，以指导、推动和规范参政党建设的实践，并成为参政党思想建设的理论支撑和依据。同时，理论建设还应与政治协商、民主监督、参政议政等实践工作相结合，要通过持续不断地开展理论学习和理论研究，使协商上档次，监督上水平，议政议到点子上。

（三）以思想建设为核心

思想建设是各民主党派加强自身建设的中心环节，其根本任务是学习马列主义、毛泽东思想，学习邓小平理论，学习江泽民“三个代表”重要思想和科学发展观的内涵与要求，提高成员的政治素质和思想道德水平，增强对建设中国特色社会主义的共识，提高接受中国共产党的领导、贯彻基本路线和基本纲领的自觉性，深化对参政党地位、性质和历史使命的认识，在重大问题上分清是非，自觉地保持坚定正确的政治方向，为巩固和发展同中国共产党的团结合作奠定坚实的思想基础。思想建设的主要内容包括马列主义基本理论教育，基本国情和基本路线教育，多党作优良传统教育，形势、政策和任务教育以及爱国主义、社会主义和集体主义教育。各民主党派的各级领导班子成员，特别是一把手，要进一步提高对思想建设重要性的认识，把思想建设作为一项长期的政治任务来抓。要经常研究思想建设工作，从全局上考虑加强思想建设的思路和方式、方法，加强工作部门和队伍的建设。

（四）以组织建设为基础

组织建设是民主党派自身建设的基础，是坚持和完善中国共产党领导的多党合作和政治协商制度的重要组织保证。加强民主党派组织建设，就是要提高民主党派的整体素质，从组织上保证实现政治交接，以更好地发挥参政党作用。组织建设的主要任务是：以邓小平理论为指导，加强领导班子建设；在总结经验的基础上，推进基层组织建设，以注重政治素质为重点，做好组织发展和成员的教育管理工作，加强后备干部队伍建设；增强组织功能，为更好地履行政治协商、民主监督、参政议政职能和健全内部管理机制，提供组织保证。

搞好组织建设必须首先努力建设高素质的领导班子。要提高领导班子成员的政治素质和业务素质，形成新老结合的、具有梯度年龄结构和知识分子群体结构的合理的领导集体。要抓紧选拔培养后备干部，把后备干部的物色、考察、培养、选拔等各项工作制度化、规范化。其次，要认真做好组织发展工作。要坚持政治标准，注重政治素质，建立健全组织发展程序，严格把好入口关。最后，要加强基层组织建设。基层组织建设的总体要求是：建设团结向上的领导班子，制定切实可行的制度措施，丰富基层组织的活动内容，采取生动多样的活动形式，发挥基层组织的作用，把提高成员总体素质的任务落到实处。

（五）以制度建设为保障

制度建设就是根据民主党派性质、任务的要求，把长期以来党派工作中和党内生活中的经验、教训加以概括和总结，逐步建立一套适合自身特点的、适应组织运行需要的制度，并努力做到科学化、规范化，使各项工作有章可循。制度建设在民主党派处理内部和外部关系中发挥着不可替代的作用，是民主党派进行理论建设、思想建设、组织建设必不可少的载体，是民主党派自身建设中带根本性、长期性、保障性的建设。当前，民主党派开展制度建设迫切需要建立四项工作机制：一是建立健全参政议政、民主监督的工作机制；二是建立健全反映社会政治信息的机制；三是建立健全联系、团结和自我教育的机制；四是建立健全民主党派机关的工作机制。在制度建设中，还必须坚持民主集中制的原则，坚持实践创新的原则，坚持学习借鉴的原则，从而正确处理继承与发展的关系、稳定与创新的关系以及全局与局部的关系。

党外知识分子工作是新时期统一战线的基础性工作

江泽民同志在第19次全国统战工作会议上明确指出："统一战线汇集了大量知识分子和专家学者，他们在继承发展中华民族的优秀文化传统，学习吸收外国的先进科技文化成果，提高全民族思想道德素质和科学文化素质等方面，发挥着重要作用。"这既是对新时期党外知识分子重要作用的充分肯定，又提出了新时期统战工作的基本任务，为统一战线工作指明了方向。"党外知识分子工作是统一战线的一项基础性工作"。党外知识分子是特指没有加入中国共产党的知识分子，其中包括参加各民主党派的知识分子和没有参加任何党派的无党派知识分子。党外知识分子是我国目前知识分子队伍中人数最多的群体，约占总数的70%左右。做好党外知识分子工作意见十分重大。为什么说党外知识分子工作是21世纪统一战线的一项"基础性工作"？笔者认为，这是由以下五个方面的特点所决定的：

一、工作性质的政治性

党外知识分子工作是一项政治性很强的工作，因此，我们必须从讲政治的高度来认识其"基础性"。粉碎"四人帮"后不久，党中央明确宣布：知识分子包括党外知识分子是工人阶级的重要组成部分，它和工人、农民一道是社会主义现代化建设的三支基本依靠力量；同时，党外知识分子又是新时期爱国统一战线的基础力量，是党的统一战线工作的对象。既是"重要组成部分"、"基本依靠力量"，又是"基础力量"、"统战工作对象"，这种"双重身份"正是党外知识分子工作具有很强的政治性的重要体现。"重要组成部分"，是充分肯定了整个知识分子阶层的阶级属性，把知识分子包括党外知识分子同工人、农民并列，是从劳动方式的差别上加以区分，这种差别并不是阶级差别，知识分子并不是工人、农民以外的一个阶级。"基本依靠力量"，是充分肯定了知识分子包括党外知识分子与工人，农民一样，在社会主义现代化建设事业中具有同样重要的地位和作用。"基础力量"和"统战工作对象"，是从党的统一战线工作的角度来看，党外知识分子工作属于党与非党之间的联盟，党外知识分子理所当然应属于党的统战工作对象的范围。正是由于党外知识分子具有这种"双重身份"，因而从新时期一开始我们党就明确地把党外知识分子工作列为统一战线重要的"基础性工作"。

二、工作意义的重要性

党外知识分子工作意义的重要性，从根本上说是因为知识分子包括党外知识分子，在新时期我国改革开放和现代化建设中具有特殊的地位和重要的作用。

一是在社会主义物质文明建设中的骨干作用。当今世界科学技术突飞猛进，科技在经济发展中的作用越来越重要。邓小平同志深刻指出："四个现代化，关键是科学技术现代化。""没有科学技术的高速度发展，也就不可能有国民经济的高速度发展。"[1]"我们国家，国力的强弱，经济发展后劲的大小，越来越取决于劳动者的素质，取决于知识分子的数量和质量。"[2]因此，从这个意义上说，没有知识分子就没有社会主义的物质文明。

二是在社会主义精神文明建设中的主力作用。精神文明建设的根本任务，是适应社会主义现代化建设的需要，落实"爱国守法、明礼诚信、团结友善、勤俭自强、敬业奉献"的基本道德规范，培养有理想、有道德、有文化、有纪律的社会主义公民，提高整个中华民族的思想道德素质和科学文化素质。而知识分子作为人类科学文化知识的重要继承者和传播者，作为美好精神产品的重要创造者，是精神文明建设的主力军。

三是在改革开放，建立和完善社会主义市场经济体制中的重要作用。邓小平同志指出："经济体制的改革和国民经济的发展，迫切需要大批既有现代化的经济、技术知识，又有革新精神、勇于创造、能够开创新局面的经济管理人才，特别是企业管理干部。"[3]改革主要是更新生产关系和上层建筑中不适应生产力发展的一系列相互关联的环节和方面，目的是发展社会生产力。

四是在社会主义民主与法制建设中的重要作用。知识分子在加强理论研究，宣传、普及民主和法律知识，提高全民族的民主素养和法制观念方面，都可以做出自己独特的贡献。

五是在实际决策科学化、民主化过程中的重要作用。从中央到地方决策的研究、论证、制定和执行，都离不开知识分子的参与。

鉴于知识分子包括党外知识分子在我国改革开放和现代化建设中的重要地位和特殊作用，江泽民同志精辟地指出："在现代化建设和改革开放的实践中，我们越加深刻地认识到，同历史上任何时期相比较，中国人民从来没有像今天这样，对自己的知识分子提出如此广泛、如此迫切的要求。"[4]正是党外知识分子工作对我国改革开放和社会主义现代化建设具有的这种重大意义，才决定了党外知识分子工作是新时期统一战线的"基础性工作"的地位和作用。

三、工作范围的广泛性

党外知识分子工作范围的广泛性，源于党外知识分子分布领域的广泛性。江泽民同志在第19次全国统战工作会议讲话中明确指出："现在，统一战线的工作范围包括：各民主党派成员，无党派人士，党外知识分子，少数民族人士，宗教界人士，非公有制经济人士，香港、澳门同胞，台湾同胞、去台人员留在大陆的亲属和回大陆定居的台胞，出国和归国留学人员，海外侨胞和归侨侨眷，原工商业者，起义和投诚的原国民党军政人员等。”对21世纪我国统一战线工作范围的上述12个方面对象再进行分析，不难发现，其成员基本上都是党外知识分子。

(1) 党外知识分子大多具有较高的科学文化水平和丰富的实践经验，有较强的社会活动能力，能积极参加各个方面的社会活动，他们中有不少人参加了民主党派，党外知识分子已成为民主党派的重要成员和基础力量。据统计，我国各民主党派成员的80%都是中、高级党外知识分子。

(2) 在无党派知名人士、原工商业者、少数民族上层人士、爱国及宗教领袖人士、原国民党起义投诚的党政人员等方面的代表人物，基本上都是有成就、有影响的党外知识分子。

(3) 随着改革开放和社会主义市场经济体制的建立，在非公有制经济人士中，党外知识分子的比重也明显增加。

(4) 海外侨胞和归侨侨眷，港澳台同胞和相关人士、出国和归国留学人员中的绝大多数都是党外高级专家、学者。

党外知识分子分布领域的这种广泛性，使党外知识分子在加强和扩大党与非党的广泛政治联盟、实现统战工作的任务中，具有非常独特的地位和不可替代的作用。因此，党外知识分子工作范围的广泛性，是党外知识分子工作作为新时期统战工作“基础性工作”的显著标志。

四、工作对象的代表性

江泽民同志在全国统战工作上强调指出：“统一战线工作的重点是社会有关方面的党外代表性人士。”

党外知识分子是党外代表性人士的“源头”。“党外代表性人士”是指中国共产党以外的各民主党派、无党派人士中具有广泛社会影响和广泛代表性的各界人士，而不是指普通党外群众。一般说，党外代表性人士都具有较高的文化水平，在所从事的专业领域中具有较深造诣或较大影响，有较广泛的社会联系和一定的活动能力，有较强的参政议政水平。目前，我国党外代表性人士的对象主要包括6个方面：各民主党派、工商联及有关人民团体中的领导骨干；在改革开放和“两个文明”建设中做出贡献的无党派知识分子；行政、司法部门的党外领导干部；民族、宗教界代表人物；爱国、敬业、守法的非公有制经济代表人士；港澳台同胞、海外侨胞中拥护祖国统一并有一定影响、有一定经济实力和有学术造诣的代表人士。上述对象中绝大部分来源于党外知识分子。做好党外知识分子工作，就是抓住了各个领域党外代表性人士的“源头”，就可以源源不断地为党外干部队伍输送人才，就为重点做好党外代表性人士工作奠定了重要的基础。

五、工作政策的特殊性

党对知识分子包括党外知识分子政策的特殊性，主要表现在党的十一届三中全会以来对知识分子政策的一系列重大调整。

一是把新中国成立初期对从旧社会过来的知识分子实行的团结、教育、改造的政策，适时地调整为“政治上充分信任，工作上放手使用，生活上关心照顾”的政策。政治上充分信任是指使党外知识分子在调资、晋级、进修、奖励以及出国等方面享受平等的机会和待遇；各级人大、政府、政协选配了大批有才能、有贡献的中青年党外知识分子，使他们在政权建设和参政议政中发挥重要作用；大胆提拔一批政治素质高、业务能力强的党外知识分子充实到适当的领导岗位；积极做好在知识分子中发展吸收中共党员的工作。工作上放手使用是指把用非所学的知识分子包括党外知识分子调整到最能发挥他们专长的岗位上去；充分发扬民主，使党外知识分子能够无拘束地提出意见和建议，坚持实行不打棍子、不戴帽子、不抓辫子、不装袋子的“四不”方针，认真对待他们的意见和建议，择善而从；在文学艺术和学术研究上坚持“百花齐放、百家争鸣”的方针。生活上关心照顾是指采取切实措施，提高党外知识分子的待遇，改善他们的生活和工作条件，使他们能专心于本职工作；加强政治思想工作，引导他们将实现个人价值与实现祖国现代化的伟大事业紧密结合起来。

二是第 19 次全国统战工作会议上，江泽民同志明确指出，要适应新情况新变化，进一步落实和完善党的知识分子政策，并适时提出了“培养人才、用好人才、吸引人才”的工作政策。这是随着国际范围科学技术的迅猛发展和知识经济的蓬勃兴起，面对国际国内人才竞争的日益激烈，党的知识分子包括党外知识分子政策的重大创新。在 21 世纪，我国发展的关键是人才问题，知识分子包括党外知识分子工作的核心问题也是人才问题。在江泽民同志提出的“三才”政策中，培养人才是基础，吸引人才是重点，用好人才是关键。只有用好人才，才能吸引人才；只有用好人才，才能为培养人才确定方向。这一丰富和发展了的党的知识分子政策特别是党外知识分子的政策，必将进一步密切中国共产党同党外知识分子的联系，极大地激发广大党外知识分子在实施科教兴国战略和推进公民道德建设中的积极性、主动性和创造性。

参考文献：

[1] 邓小平论统一战线 [M]. 北京：中央文献出版社，1991：136.
[2] 邓小平文选：第 3 卷 [M]. 北京：人民出版社，1993：120.
[3] 中共中央关于经济体制改革的决定 [M]. 北京：人民出版社，1984：35.
[4] 江泽民. 论科学技术 [M]. 北京：中央文献出版社，2001：15.

多党合作的光辉起点

——从“五一口号”看我国多党合作政治制度的形成和发展

1948年4月30日，在人民解放战争取得节节胜利的大好形势下，中共中央发布了《纪念“五一”劳动节口号》，郑重提出：“各民主党派、各人民团体及社会贤达，迅速召开政治协商会议，讨论并实现召集人民代表大会，成立民主联合政府。”[1]这一庄严的号召发表以后，立即获得各民主党派、各人民团体、无党派民主人士的热烈响应。各民主党派领导人和著名爱国民主人士陆续进入解放区，与中国共产党一起筹备召开新政协，共商建国大计。由此，揭开了中国共产党领导的多党合作事业的新篇章。60年后的今天，重温这段历史，回顾共产党和各民主党派肝胆相照、协商建国走过的光辉历程，对系统总结党领导的多党合作的宝贵经验，确保今后多党合作继续沿着社会主义方向健康发展，具有十分重要的意义。

一、我国多党合作政治制度的形成背景

一个国家实行什么样的政治制度和政党制度，不是以某个人或某个政党的主观意志为转移的，而是由这个国家的政治经济状况、民族文化传统和特定的社会历史条件等共同作用的结果。[2]不同的政党制度有着明显的差别，即使在同类政党制度中，不同国家由于国情不同也有差别。中国共产党领导的多党合作制度是在中国革命、建设和改革实践中产生和发展起来的，是中国共产党把马克思主义统一战线理论和政党学说与中国具体实际相结合的伟大创造，是中国共产党同各民主党派、无党派人士长期团结奋斗的重大理论成果和实践成果，是建设社会主义政治文明，实现民主政治的制度化、规范化、程序化的重要组成部分和具体体现。它既不同于西方资本主义国家实行的两党制或多党制，也不同于苏联等一些国家实行的一党制，是符合中国国情的基本政治制度，具有巨大的优越性和强大的生命力。这一制度的形成不仅具有丰富的理论基础，而且还有其深刻的历史背景和现实需求。

一方面，旧中国是一个半封建半殖民地的国家，几千年封建社会中占绝对优势的经济基础是传统的农业生产方式，在此基础上不可能形成资产阶级政党制度赖以产生和生存的经济基础和社会条件。这就决定了西方两党制和多党制在中国没有生存的土壤，从而为中国共产党领导的多党合作政治制度的形成提供了生存空间。另一方面，以蒋介石

为首的代表大地主大资产阶级利益的国民党，背叛孙中山先生的革命遗志，违背中国民主政治的发展潮流，独揽国家一切权力，推行“一个党、一个主义、一个领袖”，实行一党专制独裁，打击和迫害民主进步力量，结果不仅没有改变中国积弱积贫的状况，反而将中国推向了更加动荡、腐败和黑暗的深渊。这就对中国共产党领导的多党合作政治制度的形成提出了现实需要。同时各民主党派、无党派人士作为中国共产党的同盟者、合作者，在反帝反封建和争取民族独立、国家富强、政治民主等方面与中国共产党有着共同的奋斗目标，他们的政治主张与中共民主革命时期的政治纲领基本吻合，他们在成立初期就有向工农寻求支持与合作的强烈的政治愿望，并在以后长期的政治斗争中，同中国共产党建立了不同程度的合作关系，以更加自觉的态度同中国共产党真诚合作、和衷共济，共同致力于中国革命、建设和改革事业，为中国民主政治发展汇聚强大合力，从而为中国共产党领导的多党合作政治制度的形成奠定了历史基础，最终确立了“共产党领导、多党派合作，共产党执政、多党派参政”的多党合作和政治协商制度。

二、我国多党合作政治制度的发展历程

回顾我国多党合作政治制度的发展历程，笔者认为，可以分为如下四个阶段：

（一）我国多党合作政治制度的初步形成阶段（1921—1947 年）

中国共产党自诞生之日起，就把实现国家独立、民族自由和政治民主作为奋斗的方向，致力于团结一切可以团结的力量，不断加强同各民主党派和无党派人士的团结合作。1922 年月，中国共产党发表了《中国共产党第一次对于时局的主张》，并郑重表示：愿意同国民党等“革命的民主派及革命的社会主义各团体，共同建立一个民主主义的联合战线，向封建式的军阀继续战争”。[3] 1922 年 6 月，中共中央提出了共产党和国民党革命派以及其他革命团体建立民主联合战线的主张。同年 7 月，党的二大通过了《关于“民主的联合战线”的决议案》，指出在中国政治经济现状和中国无产阶级现状下，“共产党应该出来联合全国革新党派，组织民主的联合战线，以扫清封建军阀推翻帝国主义的压迫，建立真正民主政治的独立国家为职志”。1923 年 6 月，党的三大通过了《关于国民运动及国民党问题的决议案》，决定与国民党合作，共产党员以个人名义加入国民党，帮助孙中山改组国民党为民主革命联盟。1924 年 1 月，国民党召开的一大，确立了联俄、联共、扶助农工的三大革命政策。这既标志国共两党第一次合作的正式建立，同时也是中国共产党探索和其他革命党派合作的开端。抗日战争时期，中国共产党在解放区和抗日根据地的政权建设上，实行了“三三制”政权。“三三制”政权实际上是中国共产党领导的多党合作制的雏形，在这个政权里面，共产党、党外进步人士、中间分子各占三分之一。在“三三制”政权内，坚持共产党的领导地位；参加政权的各个阶级、阶层、党派一起合作共事，同舟共济。1945 年召开的中共七大，毛泽东在《论联合政府》中把建立多党合作的联合政府当作一个战略目标提出来，“召开国民大会，成立正式的联合政府。总之，都是联合政府，团结一切愿意参加的阶级和政党的代表在一起，在一个民主的共同纲领之下为现在的抗日和将来的建国而奋斗”。这是对多党合作制度的进一步探索。

（二）我国多党合作政治制度的正式确立阶段（1948—1956 年）

1948 年中共中央发布“五一口号”和向民主党派领袖发出“五一电报”，绝大多数民主党派先后发表通电、宣言、声明，或通过决议对中共“五一口号”予以热烈响应，标志着我国的民主党派开始公开、自觉地接受了中国共产党领导，是中国共产党领导的多党合作制度进入新阶段的标志。各民主党派发表声明、宣言、告全国同胞书，热烈响应中共的号召，积极促进新政协会议的召开，与中共一起开始了新中国成立的筹备工作。中国人民政治政协会议第一届全体会议通过的《共同纲领》，不仅规定了中国共产党的领导作用，各民主党派参政的职能，还明确了政协的组织形式和组织机构。中华人民共和国成立后，各民主党派宣布接受中国共产党的领导，先后都以人民政协制定的《共同纲领》和政协章程的总纲领作为自己的政治纲领。在此前提下，中国共产党继续坚持并发展了同各民主党派的合作，使这种合作由新民主主义时期的合作关系逐步成为一项政治制度。各民主党派都参加了人民政协和中央、地方各级政府的工作，并在共产党的推动下，参加了社会主义改造和经济建设，进行自我教育和自我改造。1954 年召开的第一届全国人民代表大会，通过了中华人民共和国第一部宪法，除明确中国共产党领导地位外，还明确“结成以中国共产党为领导的各民主阶级、各民主党派、各人民团体的广泛的人民民主统一战线”，为共产党领导多党合作的发展提供了宪法保障。从 1949 年至 1957 年相继召开了七次统战工作会议，同时制定下发了一系列文件，多党合作制度逐步完善。1956 年社会主义改造基本完成以后，中共中央及时总结了共产党同各民主党派长期合作的历史经验和国际上无产阶级专政的教训，明确提出同各民主党派“长期共存，互相监督”的八字方针，标志着中国共产党领导的多党合作和政治协商制度已经正式确立。

（三）我国多党合作政治制度的曲折发展阶段（1957—1976 年）

1957 年下半年，由于“左”的指导思想的影响，反右派斗争扩大化，民主党派的一些领导人被错划为右派分子，民主党派被作为右派的大本营遭到批判，给多党合作带来不良影响。1959 年至 1961 年，中共中央和毛泽东在统战工作中采取了一些政策措施，纠正了当时某些“左”的错误，在与民主党派的关系上，强调要把紧张关系松弛下来，提出分批给右派分子摘帽。在“文化大革命”时期，各民主党派遭到林彪、江青两个反革命集团的残酷迫害。民主党派被当作专政对象，许多民主党派成员和领导人受到迫害和冲击，从中央到地方，民主党派的各级组织被迫停止活动，成员锐减。但是，各民主党派在“文化大革命”中也受到老一辈无产阶级革命家的关心、保护，这在一定程度上阻挡或减轻了文化大革命带给民主党派的灾难，使民主党派看到了前途和希望。由于各民主党派在几十年社会主义革命和建设中，经过不断学习、实践和锻炼，已经树立了拥护共产党和为社会主义服务的信念，能够理解共产党在其发展中出现的历史曲折，因而能同共产党休戚相关，荣辱与共，即使在文化大革命这种极端困难的情况下，各民主党派也没有动摇爱祖国和拥护共产党、拥护社会主义的坚定立场，经受住了极其严峻的考验，与共产党一道，共同度过了这段严重挫折时期。总的来说，这一阶段的大多数时间内社会主义民主政治遭到破坏，党领导的多党合作和政治协商制度也遭遇重大挫折，在

"左"的思潮影响下，民主党派的主要任务是学习和改造，组织发展也进入停滞期。

（四）我国多党合作政治制度的不断完善阶段（1977年至今）

粉碎"四人帮"之后，特别是中共十一届三中全会以来，中国共产党同民主党派的合作进入了一个新的历史时期。以邓小平同志为核心的第二代中央领导集体大力拨乱反正，平反大量的冤假错案，落实对民主党派的政策，恢复民主党派的组织和工作，在继承毛泽东多党合作思想的基础上，结合新的历史条件，提出了一系列符合中国现代化建设客观需要和时代特点的新时期多党合作理论、方针和政策，多党合作事业得到了恢复和进一步的发展。1982年9月，在党的十二大报告明确指出：我们党要继续坚持"长期共存、互相监督"，"肝胆相照、荣辱与共"的方针，加强同各民主党派、无党派民主人士、少数民族人士和宗教界爱国人士的合作。从此，"八字方针"发展为"十六字方针"，成为新时期统一战线和多党合作的基本方针，标志着中共领导的多党合作事业在新的历史条件下的深化和发展，对进一步开创新时期多党合作的新局面具有重大的指导意义。1987年10月中共十三大的政治报告中，把共产党领导的多党合作和政治协商制度进一步界定为我国的基本政治制度，并把完善这一制度作为政治体制改革的主要内容之一。1989年12月，中共中央颁发了《关于坚持和完善中国共产党领导的多党合作和政治协商制度的意见》，这是我们党第一个全面阐述多党合作和政治协商制度的文件，在我国政党理论和建设实践上都具有重要的里程碑意义。1993年，八届全国人大一次会议将"中国共产党领导的多党合作和政治协商制度将长期存在和发展"载入了《中华人民共和国宪法》，上升为国家意志。1997年中共十五大将坚持完善这项制度纳入社会主义初级阶段的基本纲领。中共十六大以来，以胡锦涛同志为总书记的中共中央，着眼于推进社会主义政治文明建设，继往开来、与时俱进，对进一步坚持和完善中国共产党领导的多党合作和政治协商制度提出了一系列新的要求，继续推进了我国多党合作事业的发展。2005年，针对多党合作中产生的新经验、新情况、新问题，中共中央先后制定颁布了《关于进一步加强中国共产党领导的多党合作和政治协商制度建设的意见》和《关于加强人民政协工作的意见》两个文件，对多党合作理论进行了创新发展，对多党合作制度、机制作了进一步完善，有力地推动了我国政治文明建设的发展，推进多党合作制度化、规范化、程序化。与此同时，各民主党派按照"理论上清醒，政治上坚定，组织上巩固，机制上健全"的总体要求，以建设适应21世纪要求的参政党为目标，坚持以思想建设为核心，以组织建设为基础，以制度建设为保障，全面加强自身建设，参政议政和民主监督能力得到了明显提高。

三、我国多党合作政治制度的前瞻思考

多党合作政治格局的形成和稳定发展不仅体现了中国政治制度的特点和优点，而且也体现了中国共产党成熟地驾驭现代政治发展过程和善于处理各种政治关系的执政自觉和执政能力。中国政党制度的优势就在于，"既能实现广泛的民主参与，集中各民主党派、各人民团体和各界人士的智慧，促进执政党和各级政府决策的科学化、民主化，又能实现集中统一，统筹兼顾各方面群众的利益要求；既能避免一党执政缺乏监督的弊

端，又可避免多党纷争、互相倾轧造成的政治混乱和社会不安定团结。”[4]新形势下，要进一步完善多党合作政治制度，充分发挥其政治优势，关键是要以更高的自觉性，抓紧抓实以下两大建设：

一是要完善机制，抓好多党合作制度建设。如果说多党合作本身就是一种制度安排，是作为执政党的中国共产党与作为参政党的各民主党派在治理与参与治理国家方面的权力配置，是各民主党派以及所联系的那一部分群众影响和制约政府权力的方法和措施，那么，这种方法和措施必须通过制度化、规范化和程序化才能得到实现。[5]但在多党合作的实践中，恰恰是制度建设的不完善影响和制约了多党合作的效果。因此，要充分发挥中国共产党领导的多党合作政治制度的政治优势，就必须进一步完善机制，抓紧抓实多党合作的制度建设。一方面，我们要以《中共中央关于进一步加强中国共产党领导的多党合作和政治协商制度建设的意见》（中发［2005］5号）文件作为多党合作制度建设的出发点和依据，针对多党合作的现状，出台相关配套的制度，以便完善和充实这部多党合作的纲领性文件；另一方面，要通过将多党合作的方法和措施上升为包括法律制度在内的各种制度，将多党合作中的权力（权利）的配置、合作的程序和合作的方法与内容以制度形式固定下来，使之成为具有稳定性、权威性、连续性和普遍适用性的规则，从而为实现规范化、程序化提供行为标准；同时，还要通过制度的运行，要求人们的行为按照制度的目标、遵循既定的程序，对现实政治生活中的多党合作关系发挥调整作用，完成权力配置、利益协调、权利救济，最终实现人们积极有序参与政治生活的规范化目标，使多党合作在制度上更加健全，政策上更加规范，程序上更加合理，操作上更具体，实践上更有效。

二是要深化研究，抓好多党合作理论建设。新形势下的多党合作给中共及各民主党派都提出了更高的要求。同时，多党合作政治制度在发展过程中，也出现了一些新情况、新问题，正越来越引起人们的高度重视。诸如：如何看待并研究各政党趋同化问题(包括民主党派与共产党趋同化以及民主党派之间趋同化)；如何重构民主党派政治纲领和组织发展理论，以便使民主党派在建设和发展过程中，既能坚持中共政治领导，又能较好保持自身持色和历史传统，形成一支相对独立的政治力量，更好地为国家政治民主化做出贡献；如何建设高素质的参政党，等等。这些都是我国多党合作政治制度进一步发展和完善所面临的不容忽视和回避的问题，迫切需要我们在理论层面进行深入探讨，并做出令人信服的解释和说明，设计具有针对性和实效性的实践路径。有鉴于此，我们还必须进一步解放思想，实事求是，与时俱进，抓好多党合作的理论建设，不断开拓马克思主义政党理论发展的新境界，不断开创中国共产党领导的多党合作制度的新局面。统一战线和各民主党派的理论工作者、各级社会主义学院和各级党校的专门研究者、各普通高校和科研院所的理论工作者，要坚持以马克思列宁主义、毛泽东思想、邓小平理论、“三个代表”重要思想和科学发展观为指导，突破统一战线框架内的认识局限和思维局限，站在构建社会主义和谐社会的时代背景下，既借鉴世界政党制度建设经验，又立足于国内新的实践和新的发展，紧紧围绕多党合作中的重点问题、难点问题和热点问题，深入开展理论研究。由此形成一整套系统成熟的多党合作理论体系，以指导、推动和规范多党合作的实践。

参考文献：

[1] 中华人民共和国文选 [M]. 北京：中央文献出版社，1999.

[2] 刘延东. 历史必然性·伟大独创性·巨大优越性——论中国共产党领导的多党合作和政协商制度 [J]. 求是杂志，2006 (13)：13-16.

[3] 中央档案馆. 中共中央文件选集（第1册） [M]. 北京：中共中央党校出版社，1989：37.

[4] 国务院新闻办公室. 中国的民主政治建设白皮书 [N]. 人民日报，2005-10-25.

[5] 农工党湖北省委会课题组. 论多党合作制度建设中的程序先行——关于多党合作制度化、规范化、程序化的新思考，湖北省社会主义学院学报，2007 (2)：13-18.

试论参政党文化建设的内涵、意义与路径

中共十七届六中全会指出："物质贫乏不是社会主义，精神空虚也不是社会主义。"[1]胡锦涛同志在十八大报告中强调："全面建成小康社会，实现中华民族伟大复兴，必须推动社会主义文化大发展大繁荣，兴起社会主义文化建设新高潮，提高国家文化软实力，发挥文化引领风尚、教育人民、服务社会、推动发展的作用。"[2]参政党文化伴随着中国政党制度的产生而逐渐形成，是中华文化的有机组成部分。加强参政党的文化建设，不仅是参政党加强自身建设的重要组成部分，也是参政党在推动我国社会主义文化事业大发展大繁荣中的历史使命。新中国成立60多年特别是改革开放30多年来，在中国共产党的坚强领导和正确指导下，在"风雨同舟、患难与共、肝胆相照、荣辱与共"的历史长河中，已经初步形成了具有中国特色的参政党文化。

一、参政党文化的内涵和作用

参政党文化具有鲜明的政党文化特征。十一届全国政协副主席、民盟中央原第一副主席张梅颖曾指出："参政党文化是参政党理论的根基。加强参政党的文化理论建设，有利于参政党成员形成正确的政治信念、价值观念和思维方式，有利于正确认识自己的历史定位。"

根据我国参政党的性质和政党文化的内涵，"参政党文化"主要是指各民主党派在与中国共产党长期合作、风雨同舟的进程中所形成的本党派的政党文化，即坚定不移地接受中国共产党的领导，努力坚持社会主义先进文化前进方向，集中反映参政党成员整体的信仰追求、指导思想、价值观念、精神风貌、道德情操，以及对参政党性质、地位、作用的认知、情感、态度和各民主党派的组织特色、制度规范、行为作风等要素的具有参政党特色的文化。

参政党文化不仅具有弘扬正气、凝聚人心、净化心灵、陶冶情操、增长知识、提高素质、沟通感情、增进融和等功能，而且还具有"随风潜入夜，润物细无声"的特点。从文化的特性来看，参政党文化一旦形成，就会超越参政党成员个体而存在，成为参政党行为的基本准则，具有相对稳定性和历史发展性，能够逐步引导参政党成员在思想上、政治上和价值取向上取得一致，并对参政党产生持久、稳定的影响。

二、加强参政党文化建设的意义

1. 有助于推进学习型参政党的建设

中共十八大提出了“建设学习型、服务型、创新型的马克思主义执政党，确保党始终成为中国特色社会主义事业的坚强领导核心”的党建工作目标。众所周知，学习是知识输入的重要方式，是个人或组织形成应对各种局面能力的构成基础，是一个民族、一个国家繁荣昌盛的制胜法宝，也是一个政党在政治舞台上永葆青春，增强凝聚力、战斗力、号召力的不竭源泉。“共产党领导、多党派合作，共产党执政、多党派参政”是我国政党制度基本特征的精辟概括。中国共产党是中国特色社会主义事业的坚强领导核心，各民主党派是接受中国共产党领导、同中国共产党通力合作的亲密友党，是致力于中国特色社会主义事业的参政党。在中共提出要努力建设马克思主义“三型”执政党的党建工作新思路后，各民主党派随即积极响应，并结合自身建设的现状和实际，以及新形势对参政党提出的新期盼，提出了要努力建设“学习型参政党”的目标、任务和要求，这是新时期坚持中共领导的多党合作和政治协商制度长期存在和发展的必然要求，是提高参政党整体素质、巩固参政党地位、体现参政党进步性和广泛性、更好地履行参政党职能的客观需要。面对不断发展变化的世情、国情和党情，参政党要按照建设学习型参政党的要求，建立相关学习制度，采取各种有效措施，提供相关物质保障、制订落实激励机制，以增强各级领导班子、机关工作人员和广大参政党成员对学习紧迫性的认识，不断提高学习的主动性、自觉性和创造性。只有重视和善于学习，不断加强文化建设，努力建设适应时代发展要求的学习型参政党，才能确保各民主党派在政治舞台上的参政党地位，才能适应主动参与和积极推动文化大发展大繁荣的需要。

2. 有助于开创中国特色社会主义事业的新局面

建设社会主义现代化强国，实现中华民族的伟大复兴，不但应有坚强的领导、稳定的环境、发达的经济，也应该有颇具中国特色、中国气派的社会主义文化。这种文化具有强大的向心力和凝聚力，是激励全国各族人民排难争先、奋发向上、勇攀高峰的重要精神支撑和物质力量。中国特色社会主义文化孕育于中华民族五千多年的文明传承，创造于中国共产党领导全国各族人民反压迫、争独立、求解放、维和平的历史长河中；到了当代，又与中国特色社会主义实践进程相结合，因而具有鲜明的时代特色。历史经验告诉我们，当国家的经济建设发展到一定程度时，必须从意识形态领域的视野和实现民族复兴的高度来认识到加强文化建设是中国特色社会主义事业建设中不可忽视的重要因素，认识到构建社会主义核心价值体系是提升我国文化软实力建设的重要举措，是社会主义先进文化的精髓，是兴国之“魂”的重要观点。据此，各民主党派在2012年的相继换届中，均在修改后的党（盟、会）章中，增加或充实了“加强文化建设”的内容。如中国农工民主党在修改后的《中国农工民主党章程》中，明确规定将“致力于社会主义文化强国建设，树立中国特色社会主义共同理想，践行社会主义核心价值体系，弘扬民族精神和时代精神，开展爱国主义、集体主义、社会主义教育，推进社会主义文化的发展和繁荣，为提高全民族思想道德水平和科学文化素质，增强中华文化国际影响力贡献才智”作为该党的八项任务之一。[3]这是适应社会发展，加强参政党建设的适时之举和睿智之策。

3. 有助于提高我国综合国力的竞争力

胡锦涛同志在中共十七届六中全会第二次全体会议上讲话时指出：“在世界范围内各种思想文化交流交融交锋更加频繁的背景下，谁占据了文化发展的制高点，谁拥有了强大的文化软实力，谁就能够在激烈的国际竞争中赢得主动权。”[4]人类文明进步的历史充分表明，“没有先进文化的积极引领，没有人民精神世界的极大丰富，没有全民族精神力量的充分发挥，一个国家、一个民族是不可能屹立于世界先进民族之林。”[1]在面临国际形势风云变幻的新形势下，文化越来越成为一个国家综合国力的重要组成部分。“中国特色社会主义文化，是我们伟大祖国综合国力的重要标志。当今世界综合国力的竞争，不仅表现为科技实力、经济实力、国防实力等方面的竞争，也表现为文化方面特别是文化软实力的竞争。经济全球化引发了世界上本土文化与外来文化、积极文化与落后文化、历史文化与现实文化等各种思想文化之间的融合与斗争，总体上处于弱势的国家不但经济上面临挑战，文化上也面临着不断被侵蚀、同化、颠覆甚至灭亡的危险”。[4]因此，保护和传承本民族优秀文化传统，弘扬民族精神，发展文化软实力，积极吸纳其他民族的优秀文化成果，为我国文化的大发展大繁荣注入新鲜活力，推动中华文明的与时俱进。有助于提高我国综合国力的竞争力和尽早实现中华民族伟大复兴的“中国梦”。这既是执政党推进社会主义文化大发展大繁荣的目标和任务，也是参政党积极推进社会主义文化建设的义不容辞责任和义务。

4. 有助于提升参政党参政议政、民主监督的履职能力

新中国成立后，特别是中共十一届三中全会以来，各民主党派一直坚定履行“为执政党助力、为国家尽责、为人民服务”的政治承诺，[5]以高度的历史使命感和责任感，充分发挥参政党在我国政治生活中的参政议政、民主监督重要职能，并将其作为政党文化建设的第一要务。半个多世纪以来，参政党自觉遵守国家的宪法，继承同中共“长期共存、互相监督、肝胆相照、荣辱与共”的优秀传统，发扬“咬定青山不放松”的执著精神，在思想认识和具体行动上与执政党保持高度一致，从而赢得了执政党的高度评价和社会民众的交口称赞，提升了参政党的政治影响力和社会公信力。当前，在全球化与现代化背景下，加快实现国家整体实力的提升和全面建成小康社会、实现中华民族伟大复兴的“中国梦”，是执政党当前十分重要、极为紧迫的任务，也是参政党义不容辞的历史责任。加强参政党的文化建设，整合自身的文化资源优势，加大参政议政、民主监督的力度，提高参政议政、民主监督的质量，创新参政议政、民主监督的方式，扩大参政议政、民主监督的影响，是参政党加强自身建设的有力举措，也必将对促进中国特色社会主义事业建设取得更大成绩并实现全面建成小康社会的目标起着重要的作用。

三、加强参政党文化建设的路径选择

加强民主党派的文化建设是参政党建设科学化的一个子系统工程。构建参政党文化体系，从文化的视角来思考党派的建设问题，是新时期各民主党派强化自身发展、建设

"学习型参政党"的需要，也是进一步促进中共领导的多党合作事业的可持续发展和实现我国社会主义文化大发展大繁荣目标的需要。在全媒体时代，参政党必须认真思考这样三个问题：一是如何在众声喧哗中鼎力使执政党的声音最响亮；二是如何在众说纷纭中助力让政府提供的信息最可信；三是如何在众目睽睽中努力树立参政党的良好形象。通过构建参政党文化来加强参政党自身建设的科学化水平，不失为在新的历史条件下提高参政议政能力、创新工作内容、提升参政党形象的新思路。

（一）努力践行社会主义核心价值体系，增强国家的文化软实力

文化软实力是一个国家综合国力和国际竞争力的重要组成部分，其核心是这个国家国民的理想信念、核心价值观念、文化科学素质和民族文化传统、民族性格以及民族心理等所形成的现实力量。在当代中国，社会主义先进文化是我国文化建设特别是文化软实力建设的主题；社会主义核心价值体系是社会主义先进文化的集中体现，是我国文化软实力的核心和灵魂。加强社会主义核心价值体系的建设，是提高我国文化软实力的重要途径，有利于促进社会主义先进文化的传播，有利于提升包括各民主党派成员在内的社会公众对于社会主义核心价值体系的认同感，增强我国文化的吸引力和社会公众的凝聚力与向心力。

具体说来，各民主党派在加强文化建设、践行社会主义核心价值体系的活动中，首先要在思想上坚信马克思主义的指导思想、坚定中国特色社会主义道路信念、坚持社会主义核心价值体系在社会主义意识形态领域中的主导地位。参政党要积极引导全体成员认真学习马克思列宁主义、毛泽东思想、邓小平理论和"三个代表"重要思想，深入贯彻落实科学发展观，更好地用马克思主义中国化的最新成果武装头脑，指导新的实践。

其次，要以社会主义核心价值体系引领各种社会思潮，增强国家的文化软实力。一方面，要用中国特色社会主义共同理想凝聚力量，在参政党广大成员中广泛开展理想信念教育、国情教育和形势政策教育，积极推进马克思主义的中国化、时代化、大众化，进一步增强对中国共产党的领导、改革开放事业、全面建成小康社会目标的信念和信心，为中国特色文化事业的大发展大繁荣贡献自己的聪明才智。另一方面，对多种多样的文化思潮要始终保持清醒的头脑，采取尊重差异、包容多样的态度，以在包容中谋共识，在共识中求发展，自觉抵制庸俗、低俗、媚俗文化，积极倡导以"八荣八耻"为主要内容的社会主义荣辱观，增强社会主义核心价值体系的吸引力。

最后，积极传承中华民族优秀传统文化，增强国家文化软实力。参政党"要坚持不懈地用以爱国主义为核心的民族精神和以改革创新为核心的时代精神鼓舞斗志，大力弘扬爱国主义、集体主义、社会主义思想，增强改革创新意识，引导广大成员自觉地把个人价值追求融入到民族振兴、国家发展的伟大实践中，把个人理想抱负化作励志图强、创造崭新业绩的实际行动"，[6]使参政党文化更好地融入中国特色社会主义文化体系之中，为全社会传递更多的"正能量"，从而增强国家的文化软实力。

（二）大力开展参政党历史教育，弘扬参政党优良传统和作风

我国的各民主党派大都是在抗日战争和解放战争时期孕育、建立和发展起来的，具有反帝、爱国和追求民主的执著愿望。虽然在民主革命时期有时又表现出软弱性和动摇

性的一面，但在革命的转折关头都经受住了血雨腥风的考验，最终选择接受中国共产党的政治领导，是参加中国人民政治协商会议和共同创建中华人民共和国的一支重要政治力量，成为新中国成立后所创建的中国特色政党制度的重要组成部分，被执政党确认为是“参与国家政权，参与国家大政方针和国家领导人选的协商，参与国家事务的管理，参与国家方针政策、法律、法规的制定执行”的参政党。[7]历史已经证明，我国的各民主党派在与中国共产党的长期合作中，形成了许多优良的传统，包括贯穿于各民主党派成长、发展、壮大历程的爱国主义传统；追求科学、民主、求实的传统；自觉接受中国共产党的领导，与中共团结合作、共同奋斗、肝胆相照、荣辱与共的传统；以及“自觉、自主、自为”的自我教育传统；等等。

进入新时期以来，由于各民主党派的社会基础、成员结构发生了新的变化，组织规模有了较大发展，一些成员在价值观念和思维方式等多样性特征更加明显。目前，新一代代表人物已成为各民主党派领导班子的主体，他们对中国共产党领导的多党合作制度的期望值比较高，有强烈的民主意识、政党意识和参政意识。但与老一辈民主党派成员相比，他们也存在着缺乏在复杂环境中的磨炼，缺少与中国共产党长期合作、患难与共的经历和体验，对“共产党领导、多党派合作，共产党执政、多党派参政”的中国特色政党制度和政治体制的形成过程缺乏深入系统的了解。因此，大力开展历史传统教育，弘扬参政党的优良传统和作风，应是参政党开展文化建设的重要途径。

参政党要充分利用广播、电视、电影、音乐、报纸、刊物、网络等文化载体和借助各级党校、社会主义学院等阵地，组织广大成员尤其是各级领导班子成员认真学习我国多党合作的历史和各民主党派的历史和章程，充分认识我国多党合作和政治协商制度确立的历史必然性和巨大优越性；继承和发扬各民主党派老一代领导人与中国共产党风雨同舟、团结合作的优良传统，进一步增强接受中国共产党领导的自觉性和主动性；继承和发扬参政党积极开展自我教育的优良传统，努力做中国共产党的诤友和挚友；继承和发扬各民主党派优秀的爱国主义传统和追求民主、科学、进步的执著精神，在参政党文化建设中树立高度的文化自觉和坚定的文化自信，为全面建成小康社会和实现中华民族的伟大复兴做出更大贡献。

（三）大力弘扬中华传统文化，共创中华民族共有精神家园

中国传统文化是中华民族在长期的社会生活实践中积淀和传承下来的精神遗产，也是中华民族特有思维方式的精神体现。“中华传统文化，是指在长期历史发展过程中形成和发展起来的、保留在中华民族中间具有稳定形态的中华文化，包括思想观念、思维方式、价值取向、道德情操、礼仪制度、风俗习惯、行为态度、生活方式、宗教信仰、文学艺术、教育科技、文物典籍，等等”。[6]它是鼓舞中华民族团结奋进、继往开来的精神财富，是激励中华儿女全面建成小康社会、努力实现“中国梦”的不竭源泉。

我国现代著名国学大师张岱年先生把中国传统文化的思想基本概括为刚健有为、和与中、崇德利用、天人协调四个方面。他认为，《易传》中提出的“天行健，君子以自强不息”及“地势坤，君子以厚德载物”两个命题，集中体现了中国文化的精神实质。“自强不息”就是‘努力向上、决不停止”，这是中华民族不断进取、奋发有为精神的

写照；“厚德载物”指君子要虚怀若谷，以大地一样的胸怀包容万事万物。因此。‘自强不息”和“厚德载物”这八个字应是中华民族精神的高度概括。[8]卢秀华认为，中华传统文化应包括六个方面内容，即自强不息的奋斗精神；知行合一观；重视人的精神生活；爱国主义精神；追求真理、勇于奉献的精神和团结互助、尊老爱幼的伦理规范。[9]文化的传承绝不是简单的说教和灌输，而是要使人民感悟文化精神、沐浴文化传统，以达到潜移默化、耳濡目染的目的。数千年来，中华传统文化的思想已经深深植根于中华民族的民族心理和生活之中，成为我国包括参政党成员在内的各民族群众普遍认同和接受的人文精神。当前，我国既面临着发达国家在经济、科技等方面占据优势的压力，又面临着敌对势力实施“西化”、“分化”政治图谋的挑战，以及西方文化的不断渗透和侵扰。作为炎黄子孙，各民主党派成员要“以弘扬中华传统文化、建设社会主义先进文化为使命，以发扬爱国主义精神为核心内容，遵循继承优秀传统文化与弘扬时代精神相结合的原则，发展先进文化，支持健康文化，改造落后文化，抵制腐朽文化，不断满足人民群众的精神文化需求”，[6]为建设中华民族共有的精神家园贡献出应有的力量。这样，中国特色社会主义文化就具有鲜明的民族性和时代性，就拥有鲜明的中国气派和中国风格，从而增强中国特色社会主义文化的感染力和辐射力。

（四）建设高素质的文化人才队伍，为参政党文化建设添砖加瓦

我国参政党人才荟萃，智力密集，联系广泛，作用明显，成员主要由高、中级知识分子组成，其中不乏高层次、高素质的文化艺术人才，是社会主义先进文化的创造者和传播者。因此，各民主党派在加强参政党文化建设、推进我国文化建设大发展大繁荣、发展社会主义先进文化方面具有独特的优势。他们采取各种方式大力弘扬以爱国主义为核心的民族精神和以改革创新为核心的时代精神，宣传集体主义、社会主义和马克思主义思想，巩固全社会的共同理想，捍卫国家的基本价值观念；他们发挥自身优势，积极推进健康向上的文艺作品的繁荣和发展，为人民群众提供了大量优秀的文化产品和精神食粮，近年来相继推出了如《建国大业》、《肝胆相照》、《民主之澜》、《铁血丹心邓演达》等一批反映民主党派与中共亲密合作、共创伟业的影视剧和其他艺术作品，不仅丰富了参政党文化建设的内容，也展示了参政党文化建设的成果，更宣传了参政党在中国特色社会主义事业建设中的重要作用，提升了参政党在民众心目中的形象；他们传承中华民族崇尚和谐的优秀文化传统，大力宣传爱国守法、明礼诚信、团结友善、勤俭自强、敬业奉献等基本道德规范，有力地促进了诚信友爱、融洽和谐的社会环境的形成，为社会主义和谐社会的建设构筑了强大的精神支柱。

在推进参政党文化建设进程中，除要充分发挥高层次领军人物和专业文化工作者的中坚力量外，还要高度重视基层文化人才的引领和辐射作用，加强参政党基层文化队伍的建设。基层文化人才生活在基层，最了解人民群众对执政党和各级政府的赞许和期盼，最清楚人民群众的精神文化需求，最能够用人民群众喜闻乐见的文艺形式宣传马克思主义中国化的最新成果和执政党的大政方针。两支队伍的紧密结合，就能有效地为中国特色社会主义文化大发展大繁荣添砖加瓦，为构建内涵丰富的参政党文化谱写出绚丽多彩的篇章。

参考文献：

[1] 中共中央关于深化文化体制改革推动社会主义文化大发展大繁荣若干重大问题的决定 [N]. 光明日报, 2011-11-19 (1).

[2] 胡锦涛. 坚定不移沿着中国特色社会主义道路前进 为全面建成小康社会而奋斗 [M]. 北京: 人民出版社, 2012, 11.

[3] 中国农工民主党章程 [Z]. 中国农工民主党第十五次全国代表大会部分修改, 2012 年 12 月 9 日通过.

[4] 胡锦涛. 坚定不移走中国特色社会主义文化发展道路　努力建设社会主义文化强国 [N]. 光明日报, 2011-11-19 (1).

[5] 徐京跃. 习近平同党外人士共迎新春 [N]. 光明日报, 2013-02-08 (1).

[6] 刘保民, 徐丹, 宫利娟. 参政党服务社会主义文化建设的研究 [J]. 黑龙江社会主义学院学报, 2011 (3): 15-18.

[7] 中共中央. 关于坚持和完善中国共产党领导的多党合作和政治协商制度的意见 [Z]. 1989.

[8] 中华传统文化 [EB/OL]. wenku. baidu. com/view/18821fd380eb629... 2010-7-15 .

[9] 卢秀华. 论中国传统与现代化 [EB/OL]. www. 360doc. com/content/13/0312/08/90... 2013-5-1 .

后 记

2013年5月，随着一纸退休文件的下发，我离开了眷恋不舍的三尺讲台和科研工作岗位。65年的人生阅历，45年的工作历程，让我一下子跳转到含饴弄孙的退休生活，这个“急转弯”来得有些突然。好在我还有些许的思想准备和近期的工作计划。在领衔完成了专著《参政党建设科学化问题研究》书稿的写作和送审任务后，又马不停蹄地投入到计划中的学术自选集——《跬步斋文丛》（以下简称《文丛》）的收集、转录、选编和勘误工作。

《文丛》中选录的50篇学术论文，是从我在经历了云南、贵州两省民族地区长达12年的支边、支教生涯后，于1993年调入四川文理学院（原达县师范高等专科学校，2006年学校升本后更名）至2013年在国内数十家公开刊物上刊发的140余篇文章（其中，2003年评定教授职称时33篇，2004年后110余篇）中选定的。

《文丛》按照学科、专业内容，分为高等教育、高职与成教、基础教育、教师队伍、德育工作、统战理论与实践共六个部分。其中，高等教育20篇；高职与成教、基础教育、教师队伍、德育工作各5篇；统战理论与实践10篇。

在这里，有两点需要作出特别说明：

第一，我并非地道的教育学专业出身，而是学的师范教育专业。西南师范学院（今西南大学）中文系毕业后，我一直从事中学、中专的教学和班主任工作，也曾做过教学管理工作；调回四川后，也一直在中文系担任教学和班主任工作。2001年，学校安排我到学报编辑部担任常务副主编和高等教育研究所所长，并兼任部分教学任务；同时，还有省政协委员、农工党达州市委宣传部和文理学院支部主委等工作。担子重了，压力大了，而且最初我还是“光杆司令”。如何才能不辜负领导的信任？怎样才能担当起这份沉甸甸的责任？“勤能补拙，笨鸟先飞”；“学而不思则罔，思而不学则殆”；“不积跬步，无以至千里”……先贤圣哲的教诲，始终是我辈不断前行的永恒动力。修养要“牢骚太盛防肠断，风物长宜放眼量”；做人要“知事，知趣，知足，知恩”；工作要“自加压力，自寻动力，自讨苦吃，自得其乐”……这是我六十余年来悟出的人生真谛。《文丛》所收录的论文所涉及的学科、专业内容虽有点“杂”，且“珍珠”不多，但其毕竟真实记录了我近二十年来学术研究蹒跚前行的足迹。

第二，由于保存条件有限，《文丛》所收录的论文均是由刊发期刊誊录而成。这次辑录时仅对一些明显错误的标点符号和个别字句进行了勘误，并未对文章观点、逻辑关系、层次结构等进行改动，以力求反映当时的学术观点和学术水平，突出“真实性”。

因而少数文章的学术观点今天看来似乎较为肤浅、稚嫩，但却真实地反映了笔者学术成长的轨迹。

真诚感谢我所生活的时代。虽少年历经磨难，青年遭遇坎坷，因“文革”而辍学，因“出身”问题下放劳动。1969年下乡当知青，直至1978年考上大学。毕业后，携妇将雏下云南、赴贵州支边支教12年，1993年才调回四川。同大多数同龄人一样，终日为生活忙碌奔波，为家庭操劳嶙峋，为工作殚精竭虑，但毕竟我能从一个州河船工之子成长为一名大学教授，能够为国家教育事业的发展略尽绵薄之力。没有时代的进步、国家的培养、阅历的积累、个人的努力和同事、朋友以及家人的支持鼓励，这是绝不可能的。

衷心感谢四川文理学院给我提供了一个安静的工作和学术研究环境。45岁时方调回四川，才有了我连续二十年稳定的生活、工作、学习环境和条件。虽然由于种种原因，大学毕业后我从未有过进修学习提高的机会，但正因为学校“艰难困苦，玉汝于成”的优良传统，领导亲和的作风，同事融洽的关系，学术氛围的浓厚，才不断激发了我充满激情的教学和持续研究的热情。

特别要感谢何霖、叶怀凡两位青年才俊。他们分别于2003年、2004年入职我校，凭借着勤奋、好学的农家子弟本色和善思、睿智的当代青年特点，不但很快适应了工作，成为我的得力助手，而且和我一道从事课题研究工作，合作产出了一些研究成果。如今，他们已成为所在部门工作的行家里手，且能独立承担国家级课题的研究任务，这也使我感到十分欣慰和骄傲。

还要诚挚感谢西南财经大学出版社的责任编辑林伶女士和美术编辑，他们为本书的公开出版付出了艰辛的劳动。

是为记。

唐华生　谨识

2014年3月于四川文理学院“跬步斋”